新羅・加羅史 研究

이도학 지음

서경문화사

• 이도학 李道學

　경북 문경시 가은읍 출생. 문화재청 한국전통문화대학교 문화유산대학 학장과 일반
대학원 원장을 역임했고, 대통령 표창을 받았다(2011년). 현재 동일한 대학 문화유적
학과(융합고고학과) 교수로 재직하고 있다. 아울러 동아시아고대학회 회장과 한국연구
재단 전문위원, 고도보존중앙심의위원회 위원 등을 맡고 있다. 저서로는『고구려 광개
토왕릉비문 연구』와『후백제 진훤대왕』등 20권이고, 논문은「馬韓 殘餘故地 前方後圓
墳의 造成 背景」및「將軍塚과 周邊 高句麗 王陵 比定 問題」와『三國史記』溫達傳의 出
典 摸索」을 비롯하여 220여 편에 이른다.

新羅·加羅史
研究

초판인쇄일　2017년 2월 20일
초판발행일　2017년 2월 25일
지 은 이　이도학
발 행 인　김선경
책 임 편 집　김소라
발 행 처　도서출판 서경문화사
　　　　　주소 : 서울시 종로구 이화장길 70-14 105호
　　　　　전화 : 743-8203, 8205 / 팩스 : 743-8210
　　　　　메일 : sk8203@chol.com
등 록 번 호　제300-1994-41호
ISBN　　　978-89-6062-194-7　93900
ⓒ 이도학, 2017

 정가 25,000

필자는 그동안 발표했던 관련 논문들을 모아『新羅 · 加羅史
研究』라는 제목으로 출간하게 되었다. 필자는 지금까지 백제사
와 고구려사 연구에 상당히 많은 논문을 집필한 바 있다. 그렇
기는 하지만 필자는 고조선을 비롯한 다른 분야 연구도 소홀하
지 않았다. 그러한 선상에서의 성과물이 본서가 된다.

신라사에 대한 필자의 최초의 논문은 대학 때였다. 신라 왕
릉 비정에 관심을 가졌기에『동경잡기』를 비롯한 여타 지리서를
토대로 소재지를 검증해 보았다. 이러한 지리 고증은 확실히 재
미가 있었다. 그러한 가운데 경주의 김유신 장군묘의 위치에 대
한 확인 작업을 했다. 물론 碩學이요 大家로 알려진 분은 현재
의 김유신 장군묘를 부정하고 있었다. 필자가 검토한 바에 따
르면 김부식이 꼴 베는 아이와 소 먹이는 아이들 까지 알고 있
었다고 했을 정도로 유명한데다가, 후손이 하늘의 별처럼 많은
김유신 장군묘의 현재 위치는 맞다는 결론에 이르렀다. 본 논
문은 대학 때 집필한 후 30여 년 동안 서랍 속에 묻혀 있었다.
그러다가 우리 대학에 재직했던 정기영 석좌교수님의 칠순논총
에 급히 기고하게 되었다. 지금 보니 어설픈 글인지라 본서 게
재 여부에 대해 고심을 많이 했었다.

필자의 두 번째 신라사 논문은「羅唐同盟의 性格과 蘇定方被
殺說」(『新羅文化』2, 東國大學校 新羅文化研究所, 1985)이었다. 소
정방이 신라에서 피살되었다는 기록은『삼국유사』뿐 아니라 李
奎報의 祭文에도 보였다. 소정방 사망에 대한 唐 高宗의 반응
도 의문을 제기하게 해 주었다. 이후 필자는 답사를 토대로 신
라의 北進經略에 대한 논문 등을 집필하였다. 그리고 花郎의

기원에 관한 논문 집필 기회를 얻게 되었다. 이때 필자는 거의 통설화된 花郎의 기원에 대한 三品彰英의 학설을 반박하면서 祭儀 집단 기원설을 제기했다. 이로부터 세월이 흐른 뒤 구석기 유적으로 알려진 제천 점말동굴의 刻字들을 분석할 수 있는 기회를 얻었다. 그 결과 이들 刻字가 보이는 점말동굴은 신라 화랑의 修行이나 遊娛와 관련한 聖地라는 사실을 밝혔다.

신라의 王都 경주는 필자가 고등학교 수학여행 때부터 인연을 맺었다. 마당이 넓었던 안동여관과 토함산 기슭의 황성여관에 투숙했던 기억이 새롭다. 새벽에 토함산에 올라 석굴암 본존상을 한 바퀴 돌았고, 지금은 月池로 표기된 안압지도 들렀었다. 대학 때는 여름방학을 이용해 친구들과 동천 근처에 민박하면서 남산의 茸長寺址에도 올랐고, 귓전을 때리는 것 같은 천둥 소리를 들으며 허허벌판에 소재한 황룡사지를 통과했던 기억도 새롭다.

작년 한해만 하더라도 공무상으로도 慶州를 여러 차례 방문했다. 간혹 이런 생각이 스칠 때도 있었다. 필자에게 운명의 뒤틀림이 없었다면 신라사 연구에도 일정한 성과를 올릴 수 있었을 것이라고! 계림로에서 출토된 寶劍이나 적석목곽분 등은 신라 김씨 왕가의 정체성을 함축한 중요한 물적 자료였다. 필자가 인내를 가지고 접근했다면 관심을 끌만한 학설을 제기하였을 것 같았다.

본서는 필자가 그간 발표했던 신라사 뿐 아니라 가라사 논문까지 모아서 집성한 것이다. 여기서 加羅로 표기하니까 의아하게 여기는 이들이 있는 것 같다. 『삼국사기』에는 '加耶' 표기 빈도가 가장 많은 관계로 해당 표기로 공식화 되었다. 그러나 중요한 것은 신라인들의 加耶 표기가 아니다. 그들 스스로의 국호 표기를 존중해 주었어야 한다는 생각이었다. 이들이 사신을 파견하여 자신의 존재를 중국이라는 국제무대에 처음이자 마지막으로 올렸을 때의 국호가 '加羅'였다. 8세기 이전의 표기가 적힌『일본서기』에도 '加羅'로 표기되었다. 新羅 국호와 마찬가지로 가라인들 스스로의 자부심과 의미가 담긴 국호였다. 그렇게 판단되었기에 '加羅' 표기로 통일했다.

본서는 흩어져 있던 논문들을 집성한 것이다. 필자의 논문을 찾는 이들이 적지 않았다. 그렇지만 필자 스스로도 논문집을 찾지 못한 경우도 있었다. 山清의 仇衡王陵에 관한 논문이 대표적이다. 구형왕릉은 대학 때 읽었던 今西龍의『新羅史研究』에 언급되었기에 관심을 지니고 당시 남산에 소재한 국립중앙도서관에서 古書들을 대출하여 살폈던 유적이었다. 古書들에서 읽었던 구형왕과 왕비인 桂花王后의 영정을 實見하게 된 것은 大邱에 강의 나갈 때인 1986년 여름이었다. 그런데 影幀은 그후 도난당했기에 당시 필자가 촬영한 影幀 사진이 지닌 의미는 적지 않다. 현장이 없어진 유적으로는 경북 문경과 상주의 경계에 소재한 '唐橋'를 꼽을 수 있다. 木橋 자리에 일제 때 세워진 시멘트 다리이지만, 한글로 다리 이름 '당교'가 깊이 새겨져 있었다. 소정방 피살설의 현장인 唐橋도 지금은 남아 있지 않다. 필자가 과거에 슬라이드 필름을 담아 촬영한 사진 한 장이 옛 정취를 간직하고 있을 따름이다.

어쨌든 흩어진 논문들을 정리하여 독자들에게 편의를 제공한다는 차원에서도 본서를 짓게 되었음을 밝혀둔다. 본서의 출간과 관련해 본 대학의 이종철 전 총장님을 상기하지 않을 수 없다. 총장님께서는 노상 "이 교수님은 우리 학교의 보배입니다"라고 말하며 필자를 아껴주셨다. 필자를 대면할 때 마다 건강에 신경 쓰라고 당부하셨다. 그리고 1978년 5월, 제21회 전국역사학회가 개최되었던 서울대학교 발표장에서 처음 뵈었던 이융조 교수님을 상기하지 않을 수 없다. 눈이 샛별처럼 반짝거리고 자신감에 차 있던 모습이 지금도 선연하다. 그 밖에 탁월한 기억력으로 무령왕릉 발굴 당시의 상황을 재현해 주신, 살아 있는 문화재 사전이신 정기영 교수님을 빠뜨릴 수 없다. 필자를 사랑해주신 분들과의 고귀한 인연에 대해 감사를 드린다.

　작년 한해 동안 필자는 공개발표 9회에, 총 16편의 논문을 수록하였다. 이 중 등재지에만 6편의 논문을 게재했다. 필자가 지도하는 대학원생들은 총 7편의 논문을 등재지에 게재하였다. 열심히 살아왔다. 그러니 목표 있는 삶을 사는 이들 모두에게, 뜻하는 바 이루기를 기원할 뿐이다.

2017년 2월 25일

著者 李道學

新
羅
·
加
羅
史
研
究

제1부

정치사

1장
新羅 花郎徒의 起源과 性格에 관한 檢討

Ⅰ. 머리말

신라의 花郎徒에 관해서는 지금까지 많은 논의를 거쳐 괄목할만한 연구 성과가 축적되었다.[1] 사실 화랑도에 관한 연구만큼 인류학·사회학을 비롯한

---

[1] 화랑도에 관한 기왕의 대표적인 연구 업적은 다음과 같다.

鮎貝房之進, 「花郎考」『雜考』4, 朝鮮印刷株式會社, 1932.

池內宏, 「新羅人の武士精神について」『史學雜誌』40-8, 1929;『滿鮮史研究』上世篇 2, 1960.

池內宏, 「新羅の花郎について」『東洋學報』24-1, 1936;『滿鮮史研究』上世篇 2, 1960.

三品彰英, 『新羅花郎の研究』三省堂, 1943; 平凡社, 1974.

李基東, 「新羅 花郎徒의 起源에 관한 一考察」『歷史學報』69, 1976;『新羅骨品制社會와 花郎徒』, 韓國研究院, 1980.

金鍾璿, 「新羅花郎の性格について −特にその遊びに關して−」『朝鮮學報』82, 1977.

李基東, 「新羅 花郎徒의 社會學的 考察」『歷史學報』82, 1979;『新羅骨品制社會와 花郎徒』, 韓國研究院, 1980.

최재석, 「신라의 화랑과 화랑집단」『민족문화논총』8, 1987;『한국고대사회사연구』, 1987.

이종욱, 「신라 화랑도의 편성과 조직·변천」『신라문화제학술발표회논문집』10, 1989.

많은 방법론이 원용된 한국사 분야도 흔하지는 않을 것이다. 이는 화랑도가 국내외 학자들에게 깊은 관심의 대상이었음을 의미한다고 보겠다. 또한 오늘날 한국사 연구의 방법이나 문제의식이 한층 심화된 데다가 시야마저 크게 확대된 동향과 맥을 같이 한다. 그 결과 화랑도의 여러 특성 가운데 오직 무사도만을 관념적으로 강조하던 수준에서 벗어나게 되었다. 즉 화랑도는 그 자체 신라사의 성격 내지는 전개와 관련을 지으면서 보다 폭넓은 연구 대상으로 자리잡게 되었던 것이다.

그런데 본고는 신라 사회에서 화랑도가 점하는 몇 가지 문제 가운데 우선 그 기원에 관하여 검토해 보고자 하였다. 이러한 시도는 그간 선학들의 연구 업적에 힘입은 바 크지만 또 한편으로 그 연구에 의심되는 면이 포착되고 있기 때문이다. 가령 인류학·민속학·민족학에 대한 광범위한 지식의 원용과 화랑 관계 문헌을 거의 완벽하게 정리한 三品彰英의 개척적인 화랑도 연구에서 그러한 면이 발견되었다. 필자의 소견에 의하면 화랑도의 기원은, 신라의 사회조직뿐 아니라 종교적 祭儀와 관련하여 추구되어야 할 성질의 것이 아닌가 생각된다. 즉 화랑도의 여러 기능 가운데 원초적인 모습으로 짐작되는 주술적 기능을 주목한 결과, 중앙집권적 귀족국가의 출현과[2] 짝하여 분산적인 제의권의 국가적 통합이라는 관점에서 화랑도의 기원을 찾고자 하는 것이다. 이와 관련해 근래에 발견된 필사본『花郎世紀』의 기록을 주목하여 보았다.

필사본『화랑세기』에 관해서는 진위 논쟁이 아직까지 계속되고 있기 때문에 그 자료 이용에는 신중을 기하지 않을 수 없다.[3] 그 진위 논쟁은 필사본

김상현,「고려시대의 화랑 인식」『신라문화제학술발표회논문집』10, 1989.

李道學,「新羅 花郎徒의 起源과 展開過程」『정신문화연구』38, 한국정신문화연구원, 1990.

2) 이기백의 국가발전 단계론에 따른 것이다. 신라의 경우 6세기 초부터가 이 단계에 해당된다(이기백·이기동,『한국사강좌 –고대편』, 일조각, 1987, 152쪽).

3) 필사본『화랑세기』의 사료적 가치를 논한 것으로는 다음과 같은 논문이 주목된다.

『화랑세기』의 기록이 기존의 신라 사회사를 재검토해야 할 만큼 획기적인 내용을 풍부하게 담고 있는 데도 한 원인이 있을 것이다. 때문에 필자는 필사본 『화랑세기』의 사료적 가치에 대한 견해를 소개하여 정리한 바 있다.[4] 즉 필사본 『화랑세기』는 그 자체 문제가 전혀 없는 것도 아니지만, 그렇다고 위작으로 단언할 수 없는 부분도 있다. 설령 이 자료가 위작이라 하더라도 신라의 정치·사회사에 대한 새로운 인식을 시도하게 하는 실마리를 제공해 주었다는 점에서 그 발견 의의를 찾은 바 있다.

요컨대 이 같은 작업에 힘입어 신라의 국가발전, 특히 사회조직의 변화와 긴밀한 관계에 있는 화랑도의 기원을 재검토해 보고자 한다. 나아가 화랑도의 제정 동기를 그 시대적 배경과 관련하여 구명하고자 접근한 결과, 이 작업이 화랑도의 제정을 전후한 신라의 신앙·예술·사회상을 밝히는 데 어느 정도 보탬이 되리라고 본다. 그러나 매우 부족한 사료를 토대로 한 접근인 관계로 자연 논리의 비약과 상상이 거듭되었음을 인정하지 않을 수 없다. 다만 화랑도의 기원을 또 다른 시각에서 이해할 수 있는 여지를 제공하였다면 본고의 의의는 충분하지 않을까 한다.

Ⅱ. 화랑도의 기원과 제정에 관한 재검토

1. 화랑도의 기원에 관한 기존 통설의 검토

화랑도의 기원과 성격에 관한 학계의 통설은 三品彰英의 학설을 모태로 하

이재호, 『화랑세기』의 사료적 가치 -최근 발견된 필사본에 대한 검토」『정신문화연구』36, 1989, 107~124쪽.
권덕영, 「필사본 『화랑세기』의 사료적 검토」『역사학보』123, 1989, 155~201쪽.
4) 李道學, 「筆寫本 『花郎世紀』 發見의 意義」『우리文化』, 전국문화원연합회, 1989-12, 45~51쪽.

여 전개되었다. 또한 그 내용을 거의 그대로 답습한 것이었다. 즉 화랑도의 기원을 삼한 시기 촌락공동체 내부에서 발생한 청소년 조직으로 간주하면서, 골품제도가 확립된 6세기에 접어들어 그 조직이 국가에 의해서 半官半民 단체의 성격을 띠는 화랑도로 개편되었다는 것이다.[5] 이 같은 견해의 핵심이 되는 화랑도의 기원은 三品彰英이 지적하였던 『삼국지』와 『후한서』 한 조의 다음과 같은 기사에 각각 근거하고 있다.

　　그 나라 안에 무슨 일이 있거나 官家에서 城郭을 쌓게 되면, 연소한 勇健者는 모두 등가죽을 뚫고 큰 밧줄로 그곳을 꿰었다. 또 한 丈 남짓의 나무를 그곳에 매달았으나 온종일 소리를 지르며 일을 하는데도 아프다 하지 않는다. 그렇게 일하기를 권하며 또 이것을 강건한 것으로 여겼다(『삼국지』 권30, 위지 동이전 한 조).

　　그 사람들은 壯勇하여 소년 가운데 室을 만드는 데서 일을 하는 자는 곧 밧줄로 등가죽을 꿰어 큰 나무를 매어 달고 소리를 지르는 것으로 강건함을 나타내었다(『후한서』 권85, 동이전 한 조).

　여기서 三品彰英은 『삼국지』 한 조에 보이는 성곽 축조 기사를, 『후한서』의 '室'을 축조하는 기록과 관련지었다. 그래서 이 '室'을 청소년 고유의 집회소인 것으로 추정하였다. 이 때 수행한 청소년들의 행위를 원시적 성년식에 보이는 일종의 시련으로 인식한 바 있다. 즉 三品彰英은 이들 기사의 시련 행위를 신멕시코 박물관에 소장되어 있는 인디언 청년의 기괴한 자세를 묘사한 유화와 관련지어 성년식으로 파악하였던 것이다. 아울러 씨는 이 기사의 시련 행

---

5) 이기동, 「新羅 花郎徒의 起源에 관한 一考察」 『歷史學報』 69, 1976; 「신라사회와 화랑도」 『新羅文化』 1, 1984, 27~42쪽.

위를 대만 高砂族의 성년식에 견주어 생각하였다.[6] 그러나 이 같은 三品彰英 견해의 타당성 여부는 검토의 여지를 안고 있다.[7] 우선 '城郭'이나 '室'이 과연 청소년 집회소의 존재를 시사하는지는 의문이 제기되는 것이다. 왜냐하면 위에 기록된 "성곽을 쌓게 되면"이라는 『삼국지』의 기사는, 동일한 『삼국지』한 조의 "山海 간에 흩어져 살았으며 성곽이 없다"라는 문구와 상충되기 때문이다. 이 점이 씨 견해의 타당성 여부를 가늠해 주는 실마리가 된다고 하겠다. 즉 『삼국지』한 조의 성곽 유무에 관한 상이한 기록은 선학들도 지적한 바 있듯이 명백한 상충 기사가 된다. 그럼에도 오히려 위의 인용 기사를 토대로 삼한에 성곽이 존재한 것으로 간주하기도 하였다.

이러한 점을 유념할 때 『삼국지』한 조의 내용을 거의 全寫하다시피 한 『후한서』한 조[8] 가운데 위의 기사의 채록 배경을 다음과 같이 해석하는 게 가능해진다. 즉 성곽 유무에 관한 『삼국지』한 조 기사의 모순을 간파한 『후한서』찬자가, 『삼국지』의 '성곽'을 '室'로 수정 기재한 것이라고 하겠다. 『후한서』撰者는 『삼국지』에 기재된 '城郭'의 성격을, 『삼국지』를 토대로 옮겨 적은 "읍락이 잡거하며 역시 성곽이 없다"라는 『후한서』한 조 기사와의 상충을 피하고자 하였다. 그 결과 '室'로 축소 해석하여 기록한 것이다. 이는 찬자 나름의 일종의 합리적인 해석을 시도한 것으로 보인다. 다시 말해 『후한서』의 동일 기사에 보이는 '室'은 『삼국지』의 '城郭'과 구분되는 독자적인 사료를 토대로 작성된 문구가 아니라 탁상안출에 불과한 것이다. 이는 전해종이 "『후한서』동이전은 『삼국지』의 기사를 剪切·輯綴함으로써 개선보다 개악된 점이 매우

---

6) 三品彰英, 『新羅花郎の硏究』, 平凡社, 1974, 21~31쪽.

7) 이에 대한 최재석의 비판이 주목된다(최재석, 「신라의 화랑과 화랑집단」 『민족문화논총』 8, 1987, 440~442쪽).

8) 전해종, 『동이전의 문헌적 연구』, 일조각, 1980, 120쪽.

많으며, 특히 한전에 있어서 그것이 심하다"[9]라고 한 지적에서도 방증되어진다. 따라서 三品彰英의 주장과는 달리 '室'은 더 이상 원시적 성곽의 성격을 가진 청소년 전사단의 집회소로 간주할 수 있는 근거가 되지는 못한다고 하겠다.

이와 더불어 검토해야 될 문제는『삼국지』한 조에 보이는 청소년들의 시련 행위에 관한 기사이다. 여기서 그 행위의 가혹성은 접어 두고라도 성곽의 축조에 수반되는 시련 행위에 관한 문구에는 의문이 제기된다. 왜냐하면 이 기사의 '城郭'을 '室'로 받아들여 집회소로 간주하더라도, 과연 집회소 조영에 가혹한 시련을 요하는 성년식이 필요했을까 의심되기 때문이다. 그리고『삼국지』나『후한서』의 문구대로 한다면, 집회소 조영 때만 시련 행위가 있게 되는 격이라고 하겠다. 바꿔 말해 집회소 조영 없는 성년식은 존재할 수 없게 된다. 왜냐하면 이 문구에 의하면 三品彰英이 주장하는 청소년 집회소 조영이 전제되어야만 성년식이 가능하기 때문이다. 그러니까 성년식은 집회소 조영을 수반한다는 논리라고 하겠다.

그러나 청소년들의 시련 행위는 어디까지나 '城郭'이나 '室' 축조에 수반되는 일종의 力役이기 때문에 그 자체를 독립된 儀式으로 파악하기는 어렵지 않을까 한다. 과거에 이 문구를 과장된 문면으로 받아들여 청소년들의 노예노동이나[10] 지게노동으로[11] 해석한 것도, 이러한 시련 행위가 성곽 축조와 분리할 수 없기 때문일 것이다. 더욱이『삼국지』한 조의 "관가에서 성곽을 쌓게 되면"이라는 문구는, 삼한의 각 읍락은 독자적인 청소년 조직과 집회소를 지녔다는 三品彰英의 주장과는 달리, 성곽 축조가 읍락 자체의 소관이 아님을 뜻한다고 하겠다.

---

9) 전해종,『동이전의 문헌적 연구』, 일조각, 1980, 150쪽.
10) 白南雲,『朝鮮社會經濟史』, 改造社, 1933, 141~142쪽.
11) 李丙燾,『韓國古代史研究』, 博英社, 1976, 291~292쪽.

반면, 이 문구야말로 삼한의 성곽 축조는 '官家'인 '國' 주관 하에 단행되었음을 의미해 준다. 실제 당시의 생산력과 관련지어 볼 때, 삼한시기 단계에서 가혹한 시련이 요구되는 力役이 행하여졌을지는 몰라도 그에 상응하는 건조물이 읍락마다 존재하였다고 볼 수 있는 근거는 희박한 것이다. 저수지나 석축산성의 축조와 같은 대규모 토목공사는, 국가 주관 하에 4세기 중반 이후부터 본격화되었기 때문이다.[12]

지금까지의 문헌적 검토를 통해 화랑도의 기원을 삼한의 각 읍락 내 청소년 조직에서 찾는 견해는 재고를 요하게 된다. 화랑도의 기원은 오히려『삼국사기』의 화랑제도에 관한 기록에서 실마리를 찾는 게 본질에 접근하는 방법이 될 것 같다.

2. 화랑 기원 기사의 검토

『삼국사기』와『삼국유사』에는 화랑제도의 기원에 관한 기록을 명확하게 남기고 있다. 그럼에도 불구하고 이 기사를 면밀하게 검토하지 않고 홀시한 듯한 기존 통설에 대한 인상을 지울 수 없다.『삼국사기』권24, 진흥왕 37년 조에 의하면 화랑의 기원에 관하여 다음과 같이 기록하고 있다.

봄에 비로소 源花를 받들었다. 처음에는 임금과 신하가 인재를 알아 내지 못함을 염려하여 무리를 모아 떼지어 놀게 하여(類聚群遊) 그 행동거지를 본 후에 이를 천거하여 쓰려고 하였다. 드디어 미녀 두 사람을 택하였는데 하나는 남모라 하고 다른 하나는 준정이라고 불렀다. 모인 무리는 3백여 인이었다. 두 여자는 서로 어여쁨을 다투며 시기하여, 준정이 남모를 자기 집으로 유인하여 억지로 술을 권하여 취하게 한 후 그를 끌어다가 강물에 던져 죽였다. 준정도 사형에 처해지고 무리들은 화목을 잃고 흩어졌다. 그 후 다시 얼굴이 아름다운

---

12) 李道學, 「百濟 集權國家形成過程 硏究」, 한양대학교 박사학위논문, 1991, 86~91쪽.

남자를 뽑아 곱게 단장시키고 이름을 화랑이라 하여 그를 받들게 하니 무리가
구름 같이 모여 들었다. 혹은 道義로써 서로 연마하고 노래와 음악으로 서로
즐기며 산수에서 즐겁게 놀아 멀리 가보지 아니한 곳이 없었다(遊娛山水 無遠
不至). 이로 인하여 그 사람됨의 바르지 못함과 바름을 알게 되어, 그 중에 착
한 자를 가려 조정에 추천하였다. …

위와 비슷한 기사는『삼국유사』권3, 미륵선화 미시랑 진자사 조에도 보이
고 있는데 다음과 같은 내용을 담고 있다.

제24대 진흥왕의 성은 김씨이고 이름은 三麥宗인데, 또는 深麥宗이라고도
한다. … 또 (왕은) 천성이 風味가 있어 신선을 매우 숭상하였다. 인가의 娘子
들 가운데 아름다운 자를 뽑아 받들어 原花를 삼고, 무리를 모으고 인물을 뽑
아서 그들에게 효도·우애·충성·신의로써 가르쳤으니 역시 나라를 다스리는
커다란 방법이었다. 이에 南毛娘과 峧貞娘을 두 원화로 취하였는데, 모여든 무
리가 3, 4백 명이나 되었다. 교정은 남모를 질투하여 남모에게 술자리를 마련
하여 몹시 취하게 되자 몰래 끌어다가 북천에 버리고 돌로 그를 묻어 죽였다.
그 무리들이 (남모가) 간 곳을 알지 못하여 슬피 울며 흩어졌다. 그 음모를 아
는 사람이 있어 노래를 지어 동네의 아이들을 꾀어 길에서 부르게 하였다. 그
무리들이 이것을 듣고 남모의 시체를 북천에서 찾아 내고는 교정랑을 죽였다.
이에 대왕은 영을 내려 원화를 여러 해 동안 폐지하였다. 왕은 또한 나라를 흥
륭시키는 데는 반드시 風月徒를 먼저 일으켜야 한다고 생각하여, 다시 영을 내
려 양가의 남자로서 덕행있는 자를 뽑아 (이름을) 고쳐서 화랑이라고 하였다.
처음으로 설원랑을 받들어 國仙으로 삼았다. 이것이 화랑국선의 시초이다.…

이들 기사에 의하면 화랑도의 설치 목적은 인재 선발과 양성에 있었으며,
무리를 이끌던 수령이 여성인 원화였던 시기와 남성인 화랑이었던 시기로 나
누어짐을 알 수 있다. 이와 관련해 필사본『화랑세기』의 서문에 적혀 있는 다

음과 같은 화랑도의 기원에 관한 기록을 주목하고자 한다.

> 화랑은 仙徒이다. 우리나라에서 신궁을 받들어 하늘에 큰 제사를 지내는 것
> 은 연나라가 桐山에, 노나라가 泰山에 제사지내는 것과 같다. 옛날에 연부인이
> 선도를 좋아하여 미인을 많이 길러서 이름을 國花라 하였는데, 그 풍습이 동족
> 으로 흘러 들어와 우리나라에서는 여자로써 원화로 삼다가, 지소태후가 이를
> 폐지하고 화랑을 두어 나라 사람들로 하여금 받들게 하였다. 이보다 앞서 법흥
> 대왕이 魏花郎을 사랑하여 화랑이라 불렀는데, 화랑이란 명칭은 이로부터 시
> 작되었다. 이전에 선도들은 다만 신을 받드는 일을 주로 하여 國公들이 그들을
> 따라 나란히 다녔고, 후일에 선도들은 도의로써 서로 勉勵하였으므로, 이에 어
> 진 재상과 충성스러운 신하가 이로부터 선발되었고 훌륭한 장수와 용감한 병졸
> 들이 여기에서 나왔으니, 화랑의 역사는 알지 않을 수 없는 것이다.[13]

즉 화랑도의 기원은 신궁의 제사의식에서 비롯되었으며, 그 의식의 집행자
가 처음에는 여성이었으나 후에는 남성으로 바뀌었고, 처음에는 神만을 받
드는 업무를, 후에는 道義로써 서로 勉勵하는 사회교육의 기능을 가지게 되
었고, 종국에는 국가의 인재등용 기관으로 정착되었다고 적고 있다. 화랑도
의 기원과 변천에 관한 이 같은 필사본『화랑세기』의 문구는 그 위작 여부를
떠나 시사하는 바 크기 때문에, 오히려 그 기원을 재검토할 수 있는 실마리가
되지 않을까 한다. 그렇다면 필사본『화랑세기』는, 이 점만으로도 그 자체 충
분한 의의를 지니고 있다고 본다.

화랑도는『삼국사기』와『삼국유사』의 기사에서처럼 진흥왕 37년(576)에 제
정되었다기 보다는 그보다 시기를 올려 잡아야만 할 것 같다. 왜냐하면 울주

---

13) 이태길 譯,『花郎世紀』, 民族文化, 1989, 20쪽.

천전리서석에 의하면 법흥왕대에 이미 郞의 존재가 확인되고 있거니와,[14] 화랑인 사다함은 진흥왕 23년에 이미 출진하고 있을 뿐 아니라[15] 그가 최초의 화랑도 아니기 때문이다. 이와 관련해『동국통감』에 의하면 근거한 바는 알

울주 천전리서석 탁본

---

14) 이기동, 「신라 화랑도의 사회학적 고찰」『歷史學報』82, 1979;『新羅骨品制社會와 花郞徒』, 韓國硏究院, 1980, 331쪽. 그러나 씨가 주목한 울주 천전리 乙巳銘文의 '於史郞女郞'은 최근 '於史鄒女郞'으로 거의 판독되고 있어(문경현, 「울주 신라 서석명기의 신검토」『경북사학』10, 1987, 25~32쪽) 화랑과 관련지을 수 있을 지는 의문이다.

15)『三國史記』권44, 사다함전.

수 없지만 진흥왕 27년(566)에 白雲이 信義에 대한 포상을 받고 있다.[16) 이 기사에 의하면 그는 14세에 國仙이 되었다고 하므로 적어도 566년 이전에 화랑도가 제정되었음을 알 수 있다. 그리고 필사본『화랑세기』에 의하면 지소태후가 주관하여 화랑을 제정하였다고 한다. 그렇다면 그 시기는 지소태후의 섭정 시기인 진흥왕 초기라고 말할 수 있게 된다.

그런데 보다 중요한 사실은 화랑도의 기원은 그 초기 조직인 원화제에서 실마리를 구하여야 한다. 원화제의 기원은 화랑도 제정보다 훨씬 이전 시기로 상정된다. '源花'는 본디 고유명사라기보다는 화랑의 기원이 되는 선행 제도인 데서 그 명칭이 비롯된 것으로 보아 틀림없기 때문이다. 그런데 여성 수령과 그를 따르는 무리로 구성되어 있는 화랑도의 모태인 원화제는, 당시의 사회적 배경과 결부지어 그 단체의 역할을 검토할 때 그 실체가 밝혀지리라고 보겠다. 가령 무리를 거느린 여성 수령 출현의 사회적 배경에 초점을 맞춘다면 화랑도의 기원에 관한 구명이 어느 정도 가능하지 않을까 한다.

3. 신라 초기 여성의 역할과 원화제

源花制에서 알 수 있듯이 그 수령은 여성이었다. 여성 수령의 출현 배경은 신라 초기 여성의 역할과 관련하여 살펴보아야만 한다. 이와 관련해 우선 떠올릴 수 있는 것은 6部를 양분하여 왕녀 2인으로 하여금 각각 部 안의 여자를 거느리고 길쌈을 경주하는 '가배'를 꼽을 수 있다.[17) 왜냐하면 이 의식은, 신라 초기의 國俗이거니와 원화인 남모와 준정도 왕녀로 추정되는 여성이고[18) 또 그것이 2개 집단으로 구성된 점과 상호 연관이 있기 때문이다.

---

16)『東國通鑑』권5, 진흥왕 병술 조.

17)『三國史記』권1, 유리니사금 9년 조.

18) 孫晉泰,『朝鮮民族史槪論』, 乙酉文化社, 1948, 127쪽. 필사본『화랑세기』에도 남모와 준정을 모두 왕녀로 기록하고 있다(『필사본 花郎世紀』미진부공 조; 이태길 譯,

그러나 무엇보다 여성 가운데서도 왕녀 역할의 일부로서 사제적인 면모가 돋보이고 있는 점을 주목하지 않을 수 없다. 가령 仙桃山神母나 雲梯山聖母와 같이 왕비의 존재가 신적으로 여겨졌던 사례도 있다.[19] 그리고 남해차차웅의 여동생인 아로가 始祖廟를 주재하고 있는데서[20] 알 수 있듯이, 시조묘의 사제는 왕녀였던 것이다. 따라서 신라의 경우 제의 주관의 임무를 왕녀가 주관하지 않았을까 하는 느낌을 받을 수 있다. 그렇다고 할 때 "遊娛山水"와 본질적으로 부합되는 면을 지니고 있는 원화조직의 "類聚群遊"라는 유오적인 속성을, 왕족 여성만이 가질 수 있는 독특한 역할과 관련지어 보고자 한다. 즉 국가의 평안과 발전을 비는 의식임이 분명한 산천제의와 결부 짓는 것이 가능해 진다. 진흥왕 이전에도 원화는 존재하였겠지만 史書에 등장하는 남모와 준정은, 六堂이 본디 사제적 수령으로 지적하였던[21] 것처럼 소속 무리를 거느리고 산천에 제사지내는 역할을 수행한 것이다. 이를테면 국가적 산악신앙과 관련한 제의집단의 우두머리라고 하겠다.

이는 고구려 첩자에게 유인되고 있는 화랑인 김유신에게 신라의 三山護國女神이 나타나 위험을 모면하게 해준다든지,[22] 고대 산신의 성이 여성인 점에서도[23] 화랑과 산악신앙은 본디 상응관계에 있음을 암시받을 수 있기 때문이다. 또한 화랑도가 仙敎的 색채를 지니고 있고, 또 그 같은 성격을 띤 것으로 기록에 남을 수밖에 없음은, 본디 그 기원이 선교와 일면 표리 관계인 산악신앙과 결부되어 기원한 데 따른 것이 아닐까 한다. 그러니까 화랑도의 기

　『花郎世紀』, 民族文化, 1989, 28~30쪽).

19) 『三國遺事』 권1, 기이편, 신라시조혁거세왕 조 및 남해왕 조.

20) 『三國史記』 권32, 잡지, 제1 제사 조.

21) 崔南善, 「檀君神典의 古意」 『六堂崔南善全集』 2, 현암사, 1973, 202쪽.

22) 『三國遺事』 권1, 기이편, 김유신 조.

23) 孫晋泰, 『朝鮮民族史槪論』, 乙酉文化社, 1948, 270쪽.

능은 歌舞遊娛 기능·神靈과 교통하는 주술적 기능·군사적 기능·門徒에 대한 교육적 기능으로 나누어지는데,[24] 두 번째 기능과 관련지어 볼 때 그러한 것이다. 요컨대 왕녀의 임무 그것도 靈力을 상실하지 않은[25] 미혼 왕녀의 임무는 국왕 제의권의 일부를 분장받는 것으로 보인다.[26]

이와 더불어 왕실의 최고 임무 가운데 하나가 국가적 제의권의 장악이라고 할 때, 결론을 앞당겨 말한다면 원화제의 역할은 다음과 같다. 즉 신라는, 지방토착 세력의 정신적 기반이 되는 산악신앙이나 蘇塗信仰의 국가적 장악이 수반되어야만 중앙권력의 지방침투가 용이해진다. 또 그것이 진한연맹의 실질적인 통합 요체라고 생각할 수 있다. 그랬기에 신라는 중앙권력의 확대에 부응하여 원화조직으로 하여금 그 같은 임무를 수행하게 한 것으로 간주하고자 한다.

4. 제의권의 국가적 통합과 원화조직의 역할

원화조직의 역할과 관련하여 『일본서기』의 다음과 같은 기사는 시사하는 바 크다.

> 오하노구니[周芳]의 사바[娑麼]에 도착하였다. 천황은 남방을 바라보고 여러 卿들에게 詔하여 "남쪽에 연기가 많이 일어나고 있으니 반드시 적이 있을 것이다"라고 말하였다. 그래서 머무르면서 먼저 오호노오미[多臣]의 선조인 오야다케모로키[訊諸木]·구니사키노오미[國前臣]의 선조인 우나데[莵名手]·모노노베노기미[物部君]의 선조인 나쓰하나[夏花]를 보내어 그 정상을 살피게 하였

---

24) 유동식, 『한국종교와 기독교』, 기독교서회, 1969, 26쪽.

25) 니오라째 著·이홍직 譯, 『시베리아 제민족의 원시종교』, 신구문화사, 1976, 117쪽.

26) 나희라, 「신라초기 왕의 성격과 제사」 『한국사론』 23, 서울대학교 국사학과, 1990, 87쪽.

다. 거기에는 가무나쓰소히메[神夏磯媛]라는 여성이 있었는데, 그 무리가 대단히 많았다. 한 나라의 괴수였다. 천황의 사자가 왔다는 것을 알고 즉시 시쓰노야마[磯津山]의 賢木을 뽑아서 윗 가지에는 八握劍을 걸고, 가운데 가지에는 八咫鏡을 걸고 아랫 가지에는 八尺瓊을 걸고, 또 흰색 기를 배 뒤쪽에 세우고 參向하여 啓하기를 "원컨대 군대를 파견하지 말아주시오. 나의 屬類에는 결코 叛할 자가 없습니다. 마침 지금 귀순하려 하고 있습니다. 오직 남은 적이 있는데 그 하나는 하나다리[鼻垂]라고 이르며, 자기 마음대로 천황의 이름을 참칭하고 산골짜기에 들어가서 사람을 모아 우사[菟狹]의 하천 위에 진을 치고 있습니다."[27] ...

위의 기사에 보이는 '賢木'은 神殿에 봉헌하는 신목으로 이용된 나무를 가리킨다.[28] 이 신목의 가지에 팔악검·팔지경·팔척경과 같은 神寶인 도검·거울·구슬류를 걸어 놓고 祈求하였음을 알 수 있다. 이와 유사한 내용은『일본서기』신대기 제7단과 仲哀 8년 정월 조 기사에도 보인다. 이처럼 신목의 가지에 神器를 걸어 놓는 의식은 흡사 삼한의 소도를 연상하게 한다. 이는 다음에서 인용한『삼국지』한 조에서

또 諸國에는 각각 별읍이 있는데, 이를 이름하여 蘇塗라고 한다. 큰 나무를 세워 방울과 북을 걸어 놓고 귀신을 섬기는데, 도망하여 그곳에 오면 모두 돌려 보내지 아니 하므로 도적질하는 것을 좋아하게 된다.[29] (강조 : 필자)

라고 하여 큰 나무에 방울과 북을 걸어 놓는 의식과 상호 그 내용이 연결되기 때문이다. 아울러『일본서기』신대기 제7단에 의하면 神域을 경계하는 樹林

---

27)『日本書紀』권7, 景行 12년 9월 조.

28) 諸橋轍次,『大漢和辭典』권6, 大修館書店, 1969, 500쪽.

29)『三國志』권30, 동이전 한 조.

의 존재도 확인되고 있다. 이 역시 범죄자의 둔피처로서 기능할 정도로 일정한 면적을 지닌 소도의 규모와도 부합되고 있다.

이렇듯『일본서기』景行 12년 9월 조의 기사는 삼한의 소도와 비견되는 내용을 담고 있다. 이는 소도의 역할과 그것이 중앙권력에 흡수되는 과정을 약여하게 시사해 주는 귀중한 문구가 아닐 수 없다. 왜냐하면 이 기사는 大和政權의 수장이, 지방 수장이 지닌 제의권을 접수하기 위한 복속의식으로 해석되고 있기 때문이다.[30] 그리고 위의 기사에서 유추할 수 있듯이 일본열도 내 지방세력의 제의권은 대체로 여성 수장이 장악하고 있었다고 간주할 때 – 왜의 야마다이국의 여왕인 히미코가 무녀적인 성격을 지닌[31] 것도 당시의 분위기를 잘 나타내 주는 것처럼– 종래 궁금하게 생각하여 왔던 소도의 주재자 역시 여성으로 보는 게 온당하지 않을까 한다. 남해차차웅의 여동생인 아로가 시조묘의 주재자였듯이 천강하는 神·精靈의 憑坐로서 중요한 역할을 하였던 樹林의 제의도 여성 사제가 주관하였음을 시사 받을 수 있다. 실제 신라의 호국 3신이 여신이었던 점을 생각할 때,[32] 사제로서 여성의 역할을 전반적으로 환기하지 않을 수 없게 한다. 따라서 삼한에 있어서 천신에 대한 제의 주관자인 天君도 여사제일 가능성이 증대된다. 이는 源花의 後身인 화랑의 司靈者的 성격의 傅粉粧飾에서도 유추되고 있다. 왜냐하면 이는 男覡의 女裝과 等價値가 되는 것이므로,[33] 逆으로 원화의 성격과 당시의 사회적 배경을 잘 암시하기 때문이다. 요컨대 여성을 수령으로 하는 원화조직은 여성사제의 역할과 결부지어 볼 때 제의적인 성격이 강하다고 하겠다.

그러면 원화조직의 역할은 무엇이었을까? 이 문제를, 신라의 진한 통합은

30)『日本書紀』上卷, 岩波書店, 1980, 287쪽, 註 34.
31)『三國志』권30, 동이전 왜인 조.
32)『三國遺事』권1, 기이편, 김유신 조.
33) 三品彰英,『新羅花郎の硏究』, 平凡社, 1974, 123~125쪽.

군사적인 복속지배도 물론 있었겠지만 기본적으로는 동일 문화 영역의 제국을 종교적인 연합에 의해 통일했으리라는 지적과 관련지어 보고자 한다.[34] 금동관과 같은 호화로운 부장품을 갖춘 대형 봉토고분을 조영할 정도로 적어도 5세기 전반까지는 독자성을 확보하고 있던 지방 토착세력에 대한[35] 신라의 군사적 지배만으로는, 중앙집권적 귀족국가로의 발전을 설명할 수 없는 문제이기 때문이다. 반면 그 앞 단계인 삼한의 각 연맹이 군사와 제의를 공유하는 일종의 戎祀共同體였던 점을 상기할 때[36] 종교적인 측면에서의 역할을 생각하지 않을 수 없게 한다.

실제 초기 신라 왕실은 각 집단과의 연맹 또는 복속관계를 확고하게 다지는 방법으로 왕실의 시조를 全國家的 시조로 내세우고 그에 대한 제의를 정기적으로 거행하였다. 그럼으로써 제의에 참여하는 구성 집단이 하나의 시조왕 밑에 존재하고 있다는 공동인식을 가지고 그것을 주재하는 왕실의 권위를 인정할 수 있게 하였다. 나아가 신라는 복속하였거나 연맹 관계에 있는 諸集團의 수호신과 祭儀 地域을 왕실이 주관하는 제의체계에 흡수했다고 한다. 각 지역의 종교전문가를 왕권 하에 편성하여 왕실의 제의체계 내에서 일정한 역할을 담당하게 했다.[37]

5세기 중반 이후 신라는 연맹 관계의 틀을 완전히 깨뜨리면서 군사적 요충지이며 지방통치의 거점에 일련의 대규모 산성을 축조하게 된다. 그 결과 신라는 土城 중심의 단위사회를 형성하고 있던 삼한 이래 舊國 중심의 기존 지

34) 井上秀雄, 『新羅史基礎研究』, 東出版, 1974, 429쪽.
35) 李道學, 「新羅의 北進經略에 관한 新考察」 『慶州史學』 6, 1987, 26쪽.
36) 李道學, 「百濟 集權國家形成過程 硏究」, 한양대학교 박사학위논문, 1991, 115쪽.
37) 나희라, 「신라초기 왕의 성격과 제사」 『한국사론』 23, 서울대학교 국사학과, 1990, 102쪽.

배질서를 전면 해체시킬 수 있었다.[38] 여기서 한 걸음 더 나아가 신라는 6세기에 접어들어 州郡制度를 시행하여[39] 국가권력이 지방의 촌락사회에까지 침투하게 되는 교두보를 구축하였다. 이에 짝하여 신라는 그 이념적 통합까지 시도하였을 개연성이 크다고 하겠다. 즉 토착세력의 정신적 기반이었던 소도신앙에 대신할 수 있는 국가적 제의산악의 설정을 통하여 소도신앙의 해체를 유도하였을 것이다. 신라가 나력(경주)·골화(영천)·혈례(청도)와 같은 이른바 호국 3산이라든지 그 본거지인 경주평야 주변에 5악과 같은 국가적 산악을 설정한 것도,[40] 기실 기존 소도신앙 중심의 지방세력의 이념적 구심체를 해체하려는 데 근본 목적이 있었음은 두말할 나위 없기 때문이다.

이러한 측면에서 볼 때, 본디 신라의 전신인 사로국의 국읍 안에 소재한 천신에 대한 제의처는, 일종의 국가적 종묘인 신궁으로 승격된 반면 전국적으로 존재한 토착세력의 사상적 기반인 소도는, 기능이 약화되었거나 일부는 藪 등으로 편제된 것으로 생각된다. 『삼국사기』 직관지에 의하면 王都 내의 수림을 관장하는 관청인 藪宮典의 존재가 확인될 뿐 아니라,[41] 꼭 부합된다고 단언할 수는 없겠지만 『동경잡기』에 기록된 경주 내 6개의 藪 또한 사로국 내 6개 촌의 소도처와 어떠한 형태로든 연관될 가능성이 크기 때문이다.[42]

---

38) 李道學, 「新羅의 北進經略에 관한 新考察」『慶州史學』6, 1987, 24~26쪽.

39) 『三國史記』권4, 지증마립간 6년 조.

40) 이기백, 「신라 5악의 성립과 그 의의」『진단학보』33, 1972; 『신라정치사회사연구』 일조각, 1974, 194~215쪽.

41) 『三國史記』권39, 잡지 제8, 직관 中.

42) 『東京雜記』권2, 藪 條. 이 기록에 의하면 경주 내 7개 藪가 조선 후기까지는 보전되 었는데 "高陽藪 古與林井藪相連 令爲奸民割耕地田 分而爲二"라고 하였듯이 高陽藪 와 林井藪는 1개 藪인 셈이다. 그렇다면 6개 藪가 되지만, 이 수치는 6村과 결부 짓 기는 어렵다고 하겠다. 그러나 神聖樹林이었던 바, 그 연원은 사로국 시기까지 충분 히 소급될 수 있다고 보겠다.

수림이나 산악에 대한 국가적 관심은 다음과 같은『삼국사기』기사에 잘 반영되어 있다.

> 낭산에 구름이 일어나 바라보니 마치 누각과 같고 향기가 널리 퍼지며 오랫동안 없어지지 아니 하였다. 왕이 말하기를 이는 반드시 仙靈이 하늘에서 내려와 노니 아마 **이 땅이 福地일 것이다** 하여 이후부터 사람들이 수목을 베지 못하게 하였다. [43]

이와 같이 신라를 구성하는 각 집단의 제의를 왕실이 장악하고자 하였다고 하자. 그렇다고 할 때 중앙통치력의 확대 과정의 산물로서 5세기 말엽 내지 6세기 초의 신궁 설치와 [44] 동시에 명산대천 등에 대한 전국적인 제의체계가 지증마립간대에 확립되었다고 하는 [45] 사실은 주목된다. 즉 일원적인 종교의식은 집단의 통합과 유대강화에 가장 중요한 기능을 한다고 할 때 [46] 신궁 설치에 짝하여 신라의 영토 확장과 관련 깊은 호국 3산과 같은 국가적 제의산악이 설정되고 있는 것이다. 이는 신라 왕실 중심의 제의 대상지역이 확대되어가고 있음을 반영한다고 보겠다. 동시에 여기에는 필시 복속된 지역에 대한 초부족적 이념의 확대, 가령 사상적 통일의 임무를 지닌 소관 집단이 존재하였으리라고 짐작된다.

그렇다면 원화조직을 떠올리지 않을 수 없다. 이는 신라의 왕도와 지방에 소재한 소도집단의 제의조직을 중앙의 天神 혹은 시조신에 대한 제의조직으

---

43)『三國史記』권3, 실성니사금 12년 8월 조.

44) 최광식,「신라의 신궁 설치에 대한 신고찰」『한국사연구』43, 1983, 78~79쪽.

45) 신종원,「삼국사기 제사지 연구 −신라사전의 변혁·내용·의의를 중심으로」『사학연구』38, 1984, 37~45쪽.

46) 오경환,『종교사회학』, 서광사, 1976, 199~204쪽.

로 흡수·통합하는 임무를 수행하기 위하여 제정된 조직이 아닐까 한다. 다시 말해 원화조직은 신라 사회를 하나의 정치단위체로 결집시키는데 중요한 역할을 한 것으로 보고자 한다. 그 후신인 화랑도의 "산수에서 즐겁게 놀아 멀리 가보지 아니한 곳이 없다"는, 본디 지방세력의 이념적 기반을 초부족적인 중앙집권적 신앙으로 재흡수하는 역할 수행에서 비롯되었다고 인식할 수 있는 것이다. 요컨대 중앙집권적 국가체계의 확립과 관련하여 분산적인 제의권의 국가적 통합이라는 관점을 고려해 본다. 이를테면 이념 기반의 국가적 통제와 확대라는 측면에서 원화제의 출현배경을 생각해 볼 수 있지 않을까 한다. 이에 관해서는 부연 설명이 필요할 것 같다.

단재 신채호가 화랑도를 삼한시기 소도제단의 무사로 보았듯이[47] 화랑도와 종교적 제의의 연관은 분명하다. 화랑도의 "노래와 음악으로 서로 즐겼다"거나 "산수에서 즐겁게 놀았다"와 같은 풍류적인 요소도 그렇거니와, 이 과정에서 초자연적인 영험을 체험하거나 신령과의 만남도 이루어지고 있기 때문이다. 가령 울주 천전리의 전통적인 신앙성지에 화랑들이 遊娛 흔적이 발견되고 있거니와 대표적 화랑인 김유신의 중악석굴 및 열박산에서의 신비 체험에서도 확인된다.[48] 화랑도의 '遊娛'는 神과의 숭고한 융합으로부터 인간의 모든 문제를 해결하는 한 방법으로서, 일종 축제의 성격을 띤 종교적 행사였다.[49] 화랑도와 관련 깊은 신라의 향가가[50] 그 사상적 내용에 있어 다분

---

47) 丹齋申采浩紀念事業會, 『改訂版 丹齋申采浩全集』 中卷, 螢雪出版社, 1977, 104쪽.

48) 『三國史記』 권41, 김유신전.

49) 金鍾璿, 「新羅花郎の性格について -特にその遊びに關して-」 『朝鮮學報』 82, 1977, 38쪽. 화랑도의 遊娛와 관련하여 高城 三日浦의 西仙 遊娛地에 있는 "述郎徒南石行"이라는 岩刻을 주목하고자 한다. 이 岩刻은 西仙의 파악 및 그 遊娛地와 관련한 귀중한 문구가 된다. 그런데 이 문구의 '南石行'을 종래 "돌 위로 간다(魚叔權, 『稗官雜記』)"로, 혹은 四仙의 한 人名과 관련하여 해석하기도 하였다(南孝溫, 「遊金剛山記」). 三品彰英 또한 그 의미를 해석하지 못하였다(『新羅花郎の研究』, 平凡社, 1974, 136

히 초자연적·주술적·무격적인 전통을 띠고 있는 데서도[51] 뒷받침된다. 그러니까 화랑도는 신라의 무격적 문화의 감화를 강하게 받았지만, 그 문화는 화랑도에 국한되지 않는 신라 일반인의 사고양식과 심리 상태에도 깊이 뿌리를 두고 있는 것이다.[52] 어쨌든 이상과 같이 화랑도의 기원을 제의집단으로 인식한 필자의 추론은, 결과적으로 필사본『화랑세기』의 기록을 어느 정도 입증해 준 셈이 되었다.

6세기 중반에 접어들어 여성 수령이 이끄는 원화조직이, 男覡의 여장과 등가치가 되는 傅粉粧飾한 남성 수령의 화랑도로 개편된 것은, 이 집단의 본디 성격을 일면 유지하면서 전사단으로 소임이 확대된 데 따른 현상으로 보여진다. 요컨대 무녀의 역할이 남성의 사제적 권한으로 넘어가게 되는 것이 시대적 추세였다.[53] 그런 만큼 여성 수령의 원화조직이 남성 수령 중심의 화랑도로 개편된 것은, 결코 우연한 일이 아니라고 하겠다. 따라서 남모와 준정의 질투사건이 결코 원화 해체의 요인이 될 수는 없을 것이다. 남모와 준정은 원화조직의 마지막 수령으로 헤아려진다.

쪽). 그러나『眉叟記言』권28, 下篇, 山川 條, 楓嶽 項에 의하면 "楡岾在毗盧東九井南 我惠莊十二年 因古寺增作之最大刹 前川出南石"라고 하여 '南石'이 금강산 부근에 소재한 지명임을 밝혀주고 있다. 따라서 三日浦 岩刻의 上記한 문구는 "述郎徒가 (西쪽의) 南石으로 간다"로 해석되어진다. 단 여기서 '述'은 '永'으로 판독하기도 한다.

50) 池內宏,「新羅の花郎について」『滿鮮史硏究』上世篇 2, 1960, 527쪽.
51) 양주동,『增訂 古歌硏究』, 일조각, 1965, 55쪽.
52) 金鍾睿,「新羅花郎の性格について −特にその遊びに關して−」『朝鮮學報』82, 1977, 52쪽.
53) 上田正昭,「日本古代の王權と巫覡」『東北アジア世界における日本古代史講座』10, 學生社, 1982, 256쪽.

5. 화랑도의 설치와 그 목적

화랑도의 제정에 대한 기사는『삼국사기』권4, 진흥왕 37년(576) 조에 기재되어 있다. 그러나 앞서 지적했듯이 사다함이 화랑으로서 진흥왕 23년(562)의 대가야 정벌에 종군하고 있는 만큼, 그 제정은 진흥왕대(540~576) 전반기로 생각할 수 있다. 그런데 화랑도의 제정 목적은『삼국사기』진흥왕 37년 조의 말미 기사에서 언급한 바처럼, 당초 인재의 발굴 및 조정에의 추천에 있었음을 알 수 있다. 그러니까 화랑도는 인재의 양성과 등용에 목적을 두고 출발한 것이다.

이는 중고시대 초기인 법흥왕 7년(520)의 율령반포에 따라 소요되는 많은 율령관인과 무관을 획득할 필요가 있었다.[54] 이에 부응하여 화랑도가 하나의 교육체계로서 제도화된 것이라고 하겠다. 특히 신라의 중고시대는 유래 없는 정복전쟁의 시기였다. 화랑도 역시 그에 수반되는 전사단적 인적 자원의 확보를 위한 성격이 컸다고도 보겠다. 즉 정복전쟁을 통하여 확대된 신라의 영토와 주민을 통치하기 위해서는, 국가 통치조직 속에서 양성된 인적 자원의 수요가 급속히 증대되었기 때문일 것이다.

요컨대 인재 선발과 양성을 위한 조직인 화랑도는, 돌연히 제정되었다기보다는 三品彰英이 지적했듯이 중국 문화에서 배운 새로운 官邊制度와 민족적인 민간조직과의 교묘한 조합으로서[55] 국가 통치조직의 법제화 즉 조직화 과정 속에서 태동되었던 것이다. 그러니까 화랑도 제정의 사회적 배경을, 중앙집권화를 갖추어 가는 과정에서 관등제와 軍制의 정비에 따른 인재의 양성과

---

54) 이기동,「신라 화랑도의 사회학적 고찰」『歷史學報』82, 1979;『新羅骨品制社會와 花郎徒』, 韓國硏究院, 1980, 332쪽.

55) 三品彰英,『新羅花郎の硏究』, 平凡社, 1974, 216쪽.

등용이라는 측면에서 찾는 견해는[56) 적절하다고 보겠다. 필사본『화랑세기』
에서 원화의 폐지와 화랑의 설치에 지소태후가 중심적인 역할을 한 데서 시
사 받을 수 있다.[57) 즉 신라는 율령제정의 분위기를 저변에 깔고, 종래 왕비
가 관장하였을지도 모르는 제의적 성격의 원화 조직을 국가적 인재양성 기관
으로 개편하였던 것이다. 이들 조직의 수령이 여성에서 남성으로 바뀌게 된
것도, 이 같은 그 성격 변화에 말미암은 것이라고 하겠다.

Ⅲ. 맺음말

이상으로 화랑도의 기원을 중심으로 그 성격과 기능의 변천 과정을 검토해
보았다. 본고의 주요 내용을 요약함으로써 결론에 대신하고자 한다.

화랑도의 기원을 삼한 시기 촌락공동체 내부에서 발생한 청소년 조직으로
간주하였던 三品彰英의 설에 의문을 제기하였다. 왜냐하면 이 설의 근거가
되는『삼국지』동이전 한 조에 전하는 청소년들의 시련 행위는, 축성과 관련
한 토목공사에 대한 과장된 기록이 분명하므로 그 자체 독립된 의식인 성년
식으로 간주하기는 어렵기 때문이다. 그리고 위와 같은 조목에 보이는 "성곽
을 쌓았다"라는 기사가, 『후한서』에는 "室을 만들었다"로 기재되어 있다. 三
品彰英은 '室'을 청소년 집회소로 간주하였지만 역시 의문이 제기되었다. '室'
은 성곽 유무에 관한『삼국지』기사의 모순을 해결하기 위한『후한서』찬자
의 卓上案出的인 수정에 불과할 뿐 독자적인 사료가치는 없는 것으로 판단
되었다.

---

56) 최광식,『한국고대의 제의연구 −정치·사상사적 고찰을 중심으로』, 고려대학교 박사
 학위논문, 1989, 176쪽.

57)『필사본 花郎世紀』미진부공 조; 이태길 譯,『花郎世紀』, 民族文化, 1989, 28~30쪽.
 이와 같은 견해로는 손진태,『조선민족사개론』, 을유문화사, 1948, 127~128쪽.

화랑도의 기원에 관한 가장 기본적인 사료는 『삼국사기』 진흥왕 37년 조 말미의 기사가 된다. 이 기사에 의하면 화랑도의 전신은, 여성 수령과 그를 따르는 무리로 구성된 원화조직이었다. 왕녀로 추정되는 원화조직의 수령인 남모와 준정은, 신라 초기 왕녀의 역할과 관련지어 볼 때 사제적인 성격을 지니고 있었다. 그리고 원화조직의 "무리를 모아 떼지어 놀게 하였다"라는 유오적 속성은, 그 수령의 사제적 성격 및 그 후신인 화랑도의 종교적 제의와 연관됨을 생각할 때, 원화조직을 산악신앙과 관련한 국가적 제의집단으로 간주하였다. 결과적으로 이는 필사본 『화랑세기』의 기록이 어느 정도 타당함을 입증해 준 셈이다.

원화조직은 신라의 중앙집권적 귀족국가로의 발전의 산물이었다. 진한 연맹체를 통합한 신라는, 6세기에 접어들어 주군제도를 시행하여 국가권력이 지방에 침투할 수 있는 확고한 토대를 구축하였다. 그러나 신라는 군사적인 복속과 지배만으로는 지방세력에 대한 효과적인 통제가 이루어질 수 없음을 판단한 결과, 종교적인 통일을 시도하였다. 일원적인 宗敎儀式은 집단의 통합과 결속에 가장 중요한 기능을 하기 때문이었다. 그러므로 신라는 중앙통치력의 확대와 관련하여 신궁을 설치하는 한편, 이른바 호국 3산 및 경주평야 주변에 5악과 같은 국가적 산악의 설정을 통해, 지방 토착세력의 정신적 기반이 되어 왔던 소도신앙과 같은 이념적 구심체를 해체하고자 하였다. 요컨대 중앙집권적 귀족국가의 출현과 짝하여 분산적인 제의권의 국가적 통합, 이를테면 복속지역에 대한 이념기반의 국가적 통제와 확대라는 측면에서 그같은 임무수행 집단으로 원화조직의 출현을 생각하고자 하는 것이다. 『일본서기』 景行 12년 9월 조에서 大和政權의 首長이, 흡사 삼한의 소도신앙에 비견되는 지방수장의 제의권을 접수하는 복속의식이 확인되었다. 신라의 경우도 국가권력의 확대에 따라 이와 비슷한 과정을 거쳤으리라고 충분히 짐작되기 때문이다.

6세기 중반에 접어들어 여성 수령이 이끄는 원화조직은, 전분장식한 남성 수령의 화랑도로 개편되고 있다. 화랑도는 율령의 수용에 따른 법제화·중앙 집권화 시책의 한 소산으로서 출현한 것이다. 아울러 이때는 신라의 괄목할 만한 정복전쟁의 시기로서 전사단으로 그 소임이 전환되고 있었다. 이는 시대적 추세의 결과이기도 하였다. 그 결과 화랑도는 본디의 모습인 祭儀的 기능을 거의 상실했지만 그 성격마저 轉變하지는 않았다.

2장
新羅의 北進經略에 관한 新考察

Ⅰ. 머리말

신라의 北進經略은 소백산맥 以北으로의 진출과 더불어 한반도의 심장부인 漢水流域의 지배로 이어지게 된다. 그 결과 한반도의 정치적인 변화를 가져 왔으며, 나아가 三國 統一의 기반이 되었다는 점에서 각별한 관심의 대상이 되어 왔다. 그런데 신라의 北進經略은 「광개토왕릉비문」에 보이는 庚子年 (400) 出兵에서부터 실마리를 찾을 수 있다. 소백산맥 以北으로의 진출에 앞서 신라는 救援을 名分으로 出兵한 후, 竹嶺 東南의 일부 지역을 지배하고 있던 고구려세력을 驅逐하기 위한 힘겨운 생존 전쟁을 일차적으로 치렀기 때문이다.[1] 따라서 신라의 北進經略은 斷續 없이 진행되어 왔으며, 지역적으로는 소백산맥 以南에서부터 그 以北으로 확대되어 갔음을 볼 수 있다.

종래 이 방면의 연구는 주로 眞興王代에 집중되어 왔다.[2] 그러나 여기에는 신라의 내재적 발전과 국제적 기류에 관한 이해가 忽視된 게 아닐까 한다. 왜

---

1) 고구려의 소백산맥 以南 地域의 지배 과정에 관해서는 別稿에서 詳論할 예정이다.

2) 대표적인 논문으로 李丙燾, 「眞興大王의 偉業」『韓國古代史硏究』, 박영사, 1976, 668~684쪽을 꼽을 수 있다.

냐하면 眞興王代 신라의 興起는 결코 돌발적인 사건이 아니라, 소백산맥 以南의 고구려세력에 대한 축출의 연장선상에서 이해해야 될 성질의 것이기 때문이다. 이처럼 신라의 北進經略을 보는 시각의 차이 외에, 소백산맥 以北으로의 進出 시기라든지 그때 이용한 交通路에 관한 기존의 연구에 대해서도 검토의 필요를 절감하게 되었다. 아울러 신라의 한반도 중추부의 지배와 관련 있는 이른바 '竹嶺 以外 高峴 以內' 10郡의 위치에 관해서도 새롭게 구명하고자 한다.

그러나 보다 중요한 문제는 1세기 半 이상 추진돼 온 고구려의 南進經營이 종식을 고하게 된 배경의 구명에 있다. 종래 이에 관한 연구가 있기는 하였다.[3] 그렇지만 겉으로 표출된 현상만을 피상적으로 정리한데 그친 관계로 그 본질적인 문제 규명에는 접근하지 못하였다. 이 같은 한계를 극복하기 위해 고구려 왕권의 지배 원리와 당시의 국제관계 등을 관련시켜, 그 원인에 대한 구명을 시도하려고 한다. 이로 인해 三國의 정치적 변화 과정과 더불어 신라의 北進經略이 지닌 의의가 계기적인 측면에서 명료하게 밝혀질 것으로 생각한다.

II. 北進經略의 展開

1. 소백산맥 以南 地域의 回復

신라의 구원 요청을 받아 400년에 파견된 고구려군 步騎 5萬은 倭軍을 격파한 후, 여세를 몰아 낙동강 하류 지역까지 추격하여 백제·가라·왜의 연합군을 섬멸하고 있다.[4] 이 庚子年出兵을 계기로 고구려는 신라의 내정에 깊

---

3) 盧泰敦,「高句麗 漢水流域 喪失의 原因에 대하여」『韓國史研究』13, 1976, 29~57쪽.
4) 「광개토왕릉비문」永樂 10年 條.

은 영향력을 행사해 나가는[5] 동시에 영토적인 지배까지 병행하였던 것 같다. 『世宗實錄』 地理志와 『新增東國輿地勝覽』에 의하면 榮豊·奉化·禮安·臨河· 蔚珍·盈德·平海·寧海·淸河 등의 竹嶺 東南에서부터 迎日灣에 걸친 지역을 한 때 고구려의 郡縣이었던 것으로 기록하고 있기 때문이다. 榮州市 順興面 台庄里와 邑內里에서 6세기 전반기로 추정되는 고구려계의 신라 壁畫古墳이 남겨지게 된[6] 배경 역시, 고구려의 지배 사실과 무관하지 않을 것이다.

그런데 강고한 지배력을 신라에 着根시켰던 고구려는 5세기 중반을 고비로 신라 중심부에서 축출되었다. 이 같은 사실은 『日本書紀』 雄略 8年 條에 보이고 있다. 이 때 고구려는 반격을 개시해 筑足流城(현재의 大邱?)까지 進軍할 정도로 기민하게 대응하고 있다. 그러나 加羅·倭의 援軍에 힘입은 신라군에 격파되고 있다. 이 후 고구려의 신라 경영은 약화의 조짐을 보이게 된다.

전성기인 장수왕대임에도 불구하고 고구려의 신라 경영이 退縮 局面에 접어들게 된 배경은, 신라 자체 역량의 성숙과 적절한 同盟關係의 구축에서 찾을 수 있다. 그러나 보다 근본적인 원인은 고구려가 宿敵인 백제와의 전쟁에 총력을 傾注했던 관계로 신라 경영을 소홀히 한데 있었던 것으로 보인다. 백제 개로왕이 472년에 北魏에 보낸 國書에 의하면 "怨恨을 맺고 禍를 연속함이 30여 년이 되어 財物이 다하고 힘이 다하여 점차 저절로 쇠약하여 졌다"[7]고 할 정도로, 당시 고구려와 백제는 극심한 消耗戰을 전개하고 있었기 때문이다.

이 같은 고구려와 백제의 尖銳한 對決에 편승하여, 신라는 竹嶺 東南 지역에 미쳤던 고구려세력을 5세기 중반 후엽에는 소백산맥 以北으로 驅逐했던

---

5) 『三國史記』 권3, 訥祗麻立干 즉위년 조 및 『三國遺事』 권1, 第十八 實聖王 條.

6) 金元龍, 『韓國考古學槪說』 第三版, 일지사, 1986, 226쪽.

7) 『魏書』 권100, 百濟傳; 『三國史記』 권25, 蓋鹵王 18年 條.

것 같다. 이와 관련해『三國史記』에 보이는 다음과 같은 신라의 邊境 지역 築城 기사가 주목된다.

- 三年山城을 쌓았다[3年이라 한 것은 役事를 시작한 지 三年에 功을 마치었으므로 그렇게 이름한 것이다](慈悲麻立干 13年 條).

- 芼老城을 쌓았다(慈悲麻立干 14年 春2月 條).

- 一牟·沙戸·鑛石·沓達·仇禮·坐羅 등의 城을 쌓았다(慈悲麻立干 17年 條).

  仇伐城을 쌓았다(照知麻立干 7年 春2月 條).

- 一善界의 丁夫 三千을 징발하여 三年·屈山 등 2城을 改築하였다(照知麻立干 8年 春正月 條).

- 刀那城을 쌓았다(照知麻立干 10年 秋7月 條).

- 鄙羅城을 重築하였다(照知麻立干 12年 春2月 條).

위의 기사 가운데 470~490년에 걸쳐 신라의 대규모 山城築造와 改築이 있던 지역 중, 沙戸·鑛石·仇禮·坐羅城의 소재지는 명확하지 않다. 그렇지만 그 나머지 城들의 위치는 다음과 같이 밝혀지고 있다.[8]

三年山城 : 報恩/ 芼老城 : 軍威郡 孝令面/ 一牟山城 : 燕岐郡/ 沓達城 : 尙州市 化寧面/ 仇伐城 : 義城郡의 北쪽/ 屈山城 : 沃川郡 靑山面/ 刀那城 : 尙州市 牟西·牟東面/

---

8) 浜田耕策,「新羅の城村設置と州郡制の施行」『朝鮮學報』84, 1977, 3~5쪽에 의함.

이러한 지명 비정을 통해, 이 시기 신라의 築城·改築 地域이 대체로 신라의 西北 邊境 지역이라는 사실을 발견할 수 있다. 그런데 이 지역은 고구려가 지배한 바 있는 신라의 東北(竹嶺 東南) 지역과 대칭되고 있다. 이 사실은 늦어도 5세기 중반 후엽경에는 고구려 세력이 竹嶺의 東南 地域에서 退縮되었음을 뜻한다. 왜냐하면 고구려가 죽령의 東南 地域을 여전히 지배하고 있는 상황이라면, 그 반대편 지역에 신라의 대규모 築城과 改築作業이 진행될 수 없기 때문이다. 괴산군 청천면의 薩水原戰鬪[9]에서 알 수 있듯이, 오히려 이는 竹嶺 以北으로 후퇴한 고구려군의 주공격 방향이 신라의 西北 변경으로 전환된데 따른 방비책으로 보아야 할 것 같다.

한편 강인한 토착세력의 존재를 반영하는 金銅冠과 같은 호화로운 副葬品을 갖춘 大形封土古墳이 소멸되는 5세기 중반 이후[10]에 일련의 山城築造가 신라의 西北 邊境地域까지 확대되었다는 사실은 기존 舊小國의 편제와 관련 지을 수 있다. 왜냐하면 일사불란한 대규모 노동력이 동원되는 신라 중앙정부 주도 하의 山城築造를 통해, 土城 중심의 단위 사회를 형성하고 있던 三韓 이래 舊小國 중심의 지배 질서는 전면적으로 해체되었다고 보여지기 때문이다. 이렇듯 강력한 중앙집권화를 목적으로 한 軍管區的인 성격의 山城 중심의 지방 행정조직이 변경까지 확대될 수 있었던 배경은 고구려 세력의 축출과 무관하지 않을 것이다.

그렇지만 신라 경영의 교두보를 소백산맥 이남 지역에 지탱하기 위한 고구려 측의 시도가 없었던 것은 아니다. 481년 3월 고구려군은 말갈병을 이끌

---

9) 『三國史記』권3, 照知麻立干 16年 條.
10) 신라 영역권 내 舊小國에 소재한 대표적인 古墳의 編年은 다음과 같다.
　　義城塔里 고분은 5세기 전후, 안동 造塔洞 고분은 5세기 후반, 대구 飛山洞 34號墳과 內唐洞 62號墳은 5세기 전반으로 편년되고 있다(李殷昌, 「伽倻古墳의 編年研究」 『韓國考古學報』12, 1982, 188~195쪽).

고 狐鳴(靑松) 등 7城을 공취한 후, 신라 王都와 지척에 잇는 彌秩夫(興海)까지 파죽지세로 진군하고 있다.[11] 그러나 신라 및 백제·가라연합군의 반격으로 고구려군은 泥河(江陵) 서쪽까지 敗走하고 있다. 이 같은 고구려군의 기습 공격의 실패를 고비로 竹嶺 東南 지역에 잔존하고 있던 郡縣 대부분이 신라에 탈환되었을 것이다. 충주고구려비의 건립 연대로서 일단 481년을 지목한다면,[12] 狐鳴城과 彌秩夫戰鬪 직후에 충주고구려비가 건립된 배경은 필시 고구려 세력의 竹嶺 이북으로의 후퇴와 관련 있을 것 같다. 물론「충주고구려비문」의 '新羅土內幢主'라는 문구를 주목한다면, 신라 지역내(竹嶺 東南) 고구려군의 일부 殘留를 여전히 인정할 수도 있다. 그러나 전후 사정으로 보아, 충주고구려비는 이 문제를 포함한 새로운 次元에서 신라와 고구려의 관계정립의 소산이라고 하겠다.

어떻든 481년을 고비로 고구려 세력이 소백산맥 以南 지역에서 축출됨에 따라, 兩國間의 主戰場은 496년의 泥河戰鬪에서 보듯이, 소백산맥 以北으로 옮겨가고 있다.[13] 이는 곧 竹嶺東南 지역에서의 고구려 세력의 소멸을 시사해주는 것이다. 실제 500년에 신라의 照知麻立干이 竹嶺에 인접한 捺已郡(榮州)에 巡幸한 후 古陀郡(安東)을 거쳐 還宮한 사실[14]에서도 입증이 된다. 이처럼 소백산맥 以南의 原新羅 地域을 회복하게 된 신라는 505년과 512년에는 삼척과 강릉에 각각 州를 설치하면서,[15] 동해안을 따라 北進하고 있다.

---

11) 『三國史記』권3, 照知麻立干 3年 條.

12) 邊太燮,「中原高句麗碑의 內容과 年代에 대한 檢討」『史學志』13, 1979, 8~49쪽.

13) 『三國史記』권3, 照知麻立干 18年 條.

14) 『三國史記』권3, 照知麻立干 22年 條.

15) 『三國史記』권3, 智證麻立干 6年 條·13年 條.

2. 소백산맥 以北으로의 進出 時期

　5세기 후반을 고비로 고구려는 신라 지역 진출과 경영에서 손을 떼게 된다. 이 같은 원인은 대국적으로 백제와의 전쟁에 총력을 경주한 데서 찾을 수 있을 것이다. 그러나 고구려의 신라경영에는 전략적 취약성을 내재하고 있었던 점을 간과해서는 안 될 것 같다. 즉 소백산맥 以南지역에 분포한 고구려의 郡縣은 雞立嶺路와 관련 있는 문경이나, 그 인근의 예천 지역에도 미치지 못하고 있다. 이 사실은 곧 소백산맥 南北路를 이어주는 兩大 交通路인 雞立嶺路와 竹嶺路 가운데 雞立嶺路를 고구려가 확보하지 못했음을 뜻하는 것이다. 또한 뒤에서 상론하겠지만 예천 지역 관할의 또다른 交通路가 존재하였음에도 불구하고, 이것마저 장악하지 못했음을 시사해 준다. 따라서 소백산맥 以南에서 고구려의 지배 범위는 자연 竹嶺 東南지역에 偏在될 수밖에 없었다.

　죽령과 지척에 있는 예천을 고구려가 지배하지 못한 이유야 어디에 있든, 고구려군의 南下通路인 竹嶺路 서남편의 예천 지역이 줄곧 신라의 영향권 하에 있었던 사실로 인해, 고구려는 신라 경영에 부담을 안았을 것이다. 가령 예천 주둔 신라군이 죽령로를 기습하여 차단한다면, 소백산맥 이남의 고구려군은 보급과 수송에 심대한 타격을 입게 되기 때문이다. 이 같은 가정대로 신라가 자체 역량이 성숙한 시점에서 죽령로를 급습하여, 죽령로 入口의 풍기에 基木鎭을 설치했다면, 퇴축일로에 있던 고구려군은 결정적인 패배에 직면하게 되었을 것이다. 그렇다고 할 때 「충주고구려비문」의 '新羅土內幢主'는 죽령 동남 지역에 고립된 殘留 고구려군과 관련 있는 문구로 해석할 여지도 있다.

　어떻든 481년 이후 6세기 중엽까지 고구려와 신라는 소백산맥을 경계로 대치하게 된다. 이 기간 동안 兩國은 몇 차례의 局地戰을 제외하고는 별다른 대규모의 전투 없이 소강 국변을 맞이하고 있다. 이 같은 對外關係의 안정기를 이용하여 신라는 504년에 波里·彌實·珍德·骨火 등 12城의 築造[16]를 끝으로 지방의 단위 통치구역으로서의 山城築造를 완결짓게 된다. 이에 따라 신라는 그 이듬해에 山城을 근간으로 하는 州·郡·縣制를 실시하게 된다.[17] 이는 군사와 행정이 일치된 매우 효과적인 지방조직이었을 뿐만 아니라 중앙집권화를 촉진시키고, 강력한 국력을 신라가 결집시킬 수 있는 요체이기도 했다. 신라는 對外關係의 안정기를 이용한 효과적인 지방지배책을 통해, 소백산맥을 넘어 北進해 나갈 수 있는 기반을 축적해 가고 있었던 것이다.

그러면 신라가 소백산맥 以北으로 진출하게 된 시기를 살펴보아야만 하겠다. 이와 관련해『三國史記』眞興王 12年 條의 다음과 같은 기사를 주목할 필요가 있다.

> 王이 居柒夫 등에게 命하여 고구려를 침공해서 이긴 것을 틈타 10郡을 攻取했다.

그런데『三國史記』居柒夫傳에는 이 보다 자세한 기록을 다음과 같이 남기고 있다.

> 12年 辛未에 王이 居柒夫와 仇珍大角湌·比台角湌·耽知迊湌·非西迊湌·奴夫波珍湌·西力夫波珍湌·比次夫大阿湌·未珍夫阿湌 등 8將軍에게 명하여 백제와 함께 고구려를 침공하게 했다. 백제인이 平壤을 격파하자, 居柒夫 등은 이긴 것을 틈타 竹嶺 以外 高峴 以內의 10郡을 攻取하였다.

위의 두 기록 모두 진흥왕 12년인 551년에 신라군이 소백산맥 이북으로

---

16)『三國史記』권4, 智證麻立干 5年 條.

17)『三國史記』권4, 智證麻立干 6年 條.

진출한 것으로 되어 있다. 그런데 丹陽新羅赤城碑의 존재를 감안해볼 때, 신라가 소백산맥 이북에서 첫 점령한 지역을 丹陽으로 지목하는 것이 옳겠다. 그렇지만 소백산맥 이북으로의 진출 시기에 관해서는 이론의 여지가 있다. 왜냐하면 신라의 소백산맥 이북으로의 진출이 551년 이전으로 판단되는 근거가 있기 때문이다. 이와 관련해 娘城에 幸次한 眞興王이 國原城(忠州)에 居住하고 있던 大加羅의 樂師 于勒을 불러 河臨宮에서 가야금 연주를 듣던 때가, 551년 3월이라는 점을 주목할 필요가 있다. 더욱이『三國史記』樂志에는 다음과 같은 기사가 보인다.

> 于勒이 그 나라가 장차 어지러워지자 樂器를 가지고 신라로 투항하였다. 이에 진흥왕이 그를 받아들여 國原에 안치했다.

위의 기사는 551년 3월 이전에 이미 于勒이 國原城에 거주하였음을 시사해주고 있다. 于勒을 비롯한 大加羅 지배층의 國原城 徒民은 對服屬民施策이었다.[18] 그런 만큼 적어도 551년 이전에 국원성이 신라에 점령되었다고 보여진다. 이 같은 추정은 丹陽新羅赤城碑에서 阿干으로 기록된 比次夫의 官等을 통해 입증되어 진다.『三國史記』에 의하면 眞興王 12년(551)에 大阿湌이었던 比次夫가 丹陽新羅赤城碑에는 그보다 官等이 낮은 阿干으로 기록되어 있다. 이는 신라의 丹陽 진출이 551년 이전임을 제시해 주기 때문이다.[19] 따라서『三國史記』眞興王 12年 條와 居柒夫傳의 신라의 10郡 攻取 기사는 551년에 모두 경험한 일이 아니라, 전부터 점령해 나갔던 '竹嶺 以外 高峴 以內' 10郡 점령을 매듭지었다는 뜻이 된다.

---

18) 林炳泰,「新羅小京考」『歷史學報』35·36合輯, 1967, 82~109쪽.
19) 邊太燮,「丹陽 眞興王 拓境碑의 建立年代와 性格」『史學志』12, 1978, 33쪽.

Ⅲ. 北進路와 10郡

1. 北進路의 檢討

551년 이전에 신라는 소백산맥 以北으로 진출하고 있다. 이 때 신라는 어떠한 路程을 밟아 고구려의 別都였던 國原城[20]을 攻取하였을까? 여기서 소백산맥 南北을 잇는 兩大 交通路인 雞立嶺路와 竹嶺路의 이용 가능성을 생각해 볼 수 있다. 雞立嶺路를 장악하고 있는 신라로서는 龍夫院里城과 斗音里土城 등 첩첩의 要路에 山城이 포진한 竹嶺을 넘어 단양에 진입하기 보다는 雞立嶺을 넘어 곧바로 國原城으로 進攻하는 것이 용이하였을 것이다. 國原城이 고구려의 別都라는 사실 또한 신라의 점령 욕구를 재촉하였을 것이기 때문이다. 그렇지만 丹陽新羅赤城碑의 비중을 감안해 볼 때 동해안로를 이용한 北進을 제외하고, 소백산맥 以北에서의 신라의 첫 점령지를 단양으로 상정하는 것은 온당하다고 본다. 그러나 단양으로의 進入路에 관해서는 기존의 견해에서 벗어나고자 한다. 왜냐하면 交通路가 竹嶺路 뿐이라면 불가피하겠지만 굳이 막대한 희생을 치르면서까지 신라가 가파르고 험준한 竹嶺路를 이용하였는지는 의문이 제기되기 때문이다. 따라서 그 대안으로 竹嶺 왼편의 또다른 交通路를 지목하는 바이다.

이 길은 지금의 예천군 용문면과 문경시 산북면에서 시작하여 문경시 동로면 간송리에서 합쳐져 북쪽으로 이어지다가, 문경시 동로면 赤城路에서 길은 단양 赤城에 이르게 되는데, 赤城里의 '벌재'라는 고개만 넘으면 거의 평지에 가까운 길이 단양까지 계속된다.[21] 그런데 죽령로와는 비교가 안 될 정도로

---

20) 李道學, 「永樂 6년 廣開土王의 南征과 國原城」『손보기박사 정년기념 한국사학논총』, 1988, 豫定.

21) 필자의 답사에 의함.

평탄한 이 길의 入口가 '벌재'를 漢譯한 '赤城'인 점이 주목된다. 단양 赤城에
이르는 길의 入口에 다시금 赤城(벌재)이라는 지명이 붙게 된 내력은 단순한
고개 이름에서 연유했다기 보다는 단양으로의 進入路인데서 비롯됐다고 생
각된다. 앞으로 이 길을 편의상 赤城路라고 이름하겠다. 그런데 이러한 추정
이 타당성을 얻기 위해서는 赤城路가 三國時代에 존재하였다는 방증이 필요
하다. 그 방증으로 赤城路와 雞立嶺路의 分岐點에서 南쪽으로 1.5km 도로
변에 老姑城이라는 城이 소재하고 있는 점에서, 赤城路가 古代交通路로 이용
되었다고 추정한다. 왜냐하면 간송리에 소재한 老姑城은 '할미성'으로 俗稱되
고 있다. 할미성 名의 城들은 전국적으로 수를 헤아릴 수 없을 정도로 많다.
대개 시대가 오래 되어 城名을 잃어버린 삼국시대의 城에 흔히들 붙여지고 있
다는 사실을 필자는 看取하고 있기 때문이다.

老姑城이 삼국시대의 城일 가능성은 입지적인 여건과 築城 형태에서도 드
러나고 있다. 老姑城은 북서족의 도로변만 石築이고 나머지는 土築일 뿐만
아니라, 북서쪽은 높은 반면, 동남쪽은 낮은 지형에 입지하고 있기 때문이
다. 즉 老姑城은 오로지 交通路를 방비할 목적으로 築造한 城임을 알려주고
있다. 따라서 노고성은 交通路와 불가분의 관계에 있음을 말해 준다. 그러나
무엇보다 古代 交通路로서 赤城路의 실재 여부는 다음과 같은 사실에서 명확
하게 밝혀진다.

『三國史記』에 의하면 訥祗麻立干이 즉위하면서 고구려에 볼모로 간 아우
卜好를 구출하기 위해 3名의 地力 首長들을 招致하고 있다.[22] 이들 3名의 地
力首長은 水酒村干 伐寶靺과 一利村干 仇里迺 및 利伊村干 波老이다. 그런데
이들의 근거지가 모두 고구려와의 交通路에 소재하고 있다는 공통점을 지녔
다고 한다.[23] 그렇다고 할 때 추풍령로 및 죽령로와 관계 있는 2名의 首長과

---

22) 『三國史記』 권45, 朴堤上傳.

23) 金哲埈, 「新羅上代 社會의 Dual Oragnization (上)」 『歷史學報』 1, 1952, 44쪽.

함께 招致된 예천 지역의 首長인 水酒村干 伐寶靺 역시 그 자신이 관장하던 交通路가 별도로 존재하였을 것이다. 즉 竹嶺路가 榮州인 利伊村 곧 捺己郡의 소관이라고 한다면[24] 赤城路는 자연 예천(水酒村)의 관할이 될 수밖에 없기 때문이다. 물론 현재의 행정 구역상으로 赤城路는 문경시 동로면에 속해 있지만, 1914년 이전에는 예천군의 관할이었다. 한편 雞立嶺로는 예나 지금이나 문경 지역 관할이기 때문에 예천 지역 首長의 영향권 밖이라고 하겠다.

그렇다고 하면 이제는 신라가 적성로를 이용하여 소백산맥을 넘었는지의 여부를 살펴볼 차례인 것 같다. 신라가 赤城路를 이용했는지의 여부는 고구려의 關防施設 설치와 무관하지 않을 것이다. 그런데 赤城路가 시작되는 '벌재'에서 단양 赤城까지는 그 沿邊에 3개의 城 밖에는 존재하지 않고 있다. 그런데 대체로 평탄한 길의 연속인 赤城路 연변의 3개의 城 가운데 문경시 동로면의 황정산 계곡을 막아 축조한 鵲城은 삼국시대의 城이 아니기 때문에 論外로 돌릴 수밖에 없다. 그렇다면 단양읍 佳山里의 동남방에 소재한 貢文城과 대강면 稷峙里에 소재한 獨樂城만이 赤城路와 관련 있을 뿐이다. 그런데 자연지세를 이용하여 가파르게 築造한 貢文城과 獨樂城은 서로 연결되어 있기 때문에 하나의 城으로 파악될 뿐만 아니라 신라의 所築으로 생각된다.[25] 왜냐하면 이 城이 고구려의 所築 내지 소유라면 별다른 저항 없이 고구려군은 '벌재'를 넘어 老姑城을 점령한 후 문경·예천 지역으로 진출할 수 있을 뿐만 아니라, 계립령을 배후에서 공격하여 고립시킬 수 있게 된다. 그러나 문경과 예천 모두 고구려에 지배받은 적이 없기 때문에 단양읍을 굽어보는 貢文城과 獨樂城은 對高句麗 前哨基地 역할을 수행하던 신라 성일 수밖에 없다. 따라서 단양 赤城에서 남쪽으로 직선 거리로 11km 남짓 떨어진 이 城

---

24) 金哲埈, 「新羅上代 社會의 Dual Oragnization (上)」 『歷史學報』 1, 1952, 44쪽.
25) 실제로 이 城을 신라가 築造했다는 전승이 현지에 남아 있다.

에서 신라군은 北進을 개시했다는 결론에 이르게 된다.[26]

한편 丹陽新羅赤城碑에 보이는 '鄒文村幢主'의 鄒文村을 『新增東國輿地勝覽』에서 강원도 영월군 동편 40里에 소재했다는 '注文伊所'[27]에 비정한다면 다음과 같은 추측도 가능해진다. 즉 悉直州가 설치된 동해안의 三陟 방면에서 西進하여 영월까지 점령하고 있던 신라군 支隊가 赤城에서 本隊와 합류한 후 충주로 進攻하였을 가능성도 생각할 수 있다. 어떠한 路程을 밟았든 551년 이전에 신라 경영을 위한 고구려의 別都였던 國原城이 함락되었다는 사실은 고구려의 남한강 상류와 하류간의 水運交通은 물론 內陸交通까지도 위협을 안겨 주었을 것이다. 이로 인해 竹嶺의 西北 일원에 포진한 고구려 세력은 결정적인 타격을 입고 退縮되었을 것이다. 이 같은 勝勢를 타고 신라군은 550년에 道薩城과 金峴城을 攻取하게 되는데 道薩城이 지금의 괴산군 增坪이고 金峴城이 鎭川이라고 할 때[28] 소백산맥을 넘어선 신라의 주공격 방향은 단양→충주→증평→鎭川線으로 이어졌다고 보여진다. 그렇다고 할 때 신라군은 551년에 지금의 장호원 쯤에서 동맹관계에 있던 백제군과 합류한 후 驪州·利川을 지나 河南(漢城)을 攻取한 후 서울(南平壤)까지 점령한 것으로 추정된다. 이 추정은 신라군과 백제군이 협동작전을 전개했다는 『日本書紀』 欽明 12年 條의 다음과 같은 기사를 염두에 둔 것이다.

> 이 해 백제 聖明王이 친히 무리 및 三國兵(三國은 신라와 任那이다)을 거느리고 가서 高麗를 征伐하여, 漢城의 땅을 얻었다. 또 進軍하여 平壤을 征討하였는데 무릇 6郡의 땅이다. 드디어 故地를 收復하였다.

---

26) 공문성 및 독락성에서 단양 赤城에 이르는 沿邊에는 城이 없다.

27) 『新增東國輿地勝覽』 권46, 寧越郡 古蹟 條.

28) 丹齋申采浩先生紀念事業會, 「朝鮮上古史」 『丹齋申采浩全集』 上卷, 螢雪出版社, 1972, 230~231쪽.

한편『三國史記』居柒夫傳을 통해서는 백제군이 단독으로 漢城과 南平壤을 함락시킴에 따라 남한강에 일부 의존했던 고구려의 보급·수송체계의 혼란의 야기되자 이틈을 타서 신라군은 高峴 以南까지의 北進을 매듭지었다는 추정도 가능해진다. 그러나『三國史記』의 10郡 점령 기록이 551년의 시점에서 결과론적으로 정리한 것임을 생각할 때 이 같은 추정은 현실성이 없다고 하겠다. 오히려『日本書紀』의 기록에서 실상을 접할 수 있지 않을까 한다. 어떻든 551년에 신라와 백제의 동맹군은 한강 상류 지역과 하류 지역을 각각 分占하여 漢水流域의 지배권을 共有하게 되었다. 그 과정은 다음 장에서 서술하게 될 것이다.

2. 10郡의 위치 비정

신라와 동맹하여 백제가 회복한 한강 하류의 6郡은 어느 지역일까? 漢城 (河南)과 南平壤(北漢山)이 6郡의 범위에 포함된다고 할 때, 대략 임진강 以南에서 수원·여주線 以北이 아닐까 한다. 문제는 이 때 신라가 점령한 高峴 以南에서 竹嶺 以北에 걸친 10郡의 범위이다. 여기서 죽령의 위치에는 문제가 없지만, 高峴의 위치에 관해서는 이론이 있다. 즉 경기도 양평군 鳴峙[29] 및 임진강 상류인 麻田과 永平의 중간인 高峴里로 비정[30]하기도 한다. 그 밖에 경기도 利川에 소재한 廣峴으로 비정하는[31] 견해도 있다. 이들 세 견해 모두 高峴을 경기도 일원에서 찾고 있다는 공통점을 지니고 있다. 그러나 高峴이 신라의 北進에 있어 한 획을 긋는 지역이었다는 점과 뒷날 세워진 황초령

29) 丹齋申采浩先生紀念事業會,「朝鮮上古史」『丹齋申采浩全集』上卷, 螢雪出版社, 1972, 231쪽.
30) 津田左右吉,『津田左右吉全集』第11卷, 1964, 75쪽.
31) 今西龍,『新羅史研究』, 近澤書店, 1933, 458쪽.

과 마운령의 진흥왕순수비의 존재를 고려해 볼 때 鐵嶺說이[32] 타당하다고 본다. 그렇다고 할 때 신라군의 철령진출 과정은 다음과 같았을 것이다.

신라군의 鐵嶺 진입은 백제군과의 同盟 共助體制에서 벗어나 독자적인 군사행동이었을 것으로 생각된다. 왜냐하면 漢水流域 진출 후 나·제동맹군의 共同作戰이 더 이상 눈에 띄지 않고 있는 정황을 염두에 둘 필요가 있기 때문이다. 즉 나·제동맹으로 한강 하류지역을 회복하게 된 백제로서는 여기에 만족하지 않고 적어도 백제 全盛時의 北界였던 예성강선까지의 故土回復을 갈구하였을 것이다. 이에 백제는 계속적인 北進을 신라측에 종용하였으리라 추측된다. 그러나 황해도 방면으로의 진출은 그 영유권이 백제측에 귀속될 소지가 분명했기 때문에 신라로서는 하등 實益을 얻을 수 없다는 판단에 따라 결국 백제군과 결별한 후 임진강선에서 分岐하여 단독으로 추가령지구대를 따라 강원도 회양을 지나 철령에 도달했을 것으로 생각된다. 이 같은 신라군의 철령진출 과정은『三國史記』文武王 14年 條에서 말갈병이 임진강 근처의 七重城을 공격한 후 곧이어 강원도 회양의 赤木城을 공격한 기사를 통해 임진강유역과 추가령지구대를 이어 주는 교통망이 존재한 게 확인되기 때문이다. 그런데 신라군의 철령 진출로 인해 그 以南의 고구려 지역은 대부분 고립상태에 빠지게 되었다고 본다.

그러나 신라에 未占領된 이들 지역은 協約에 의한 고구려의 포기로 인해 곧 신라 영토가 되었을 것으로 믿어진다. 즉 철령에 진출한 신라는 고구려와 通好를 모색하게 되었다. 그 이유는 강대한 고구려를 필요 이상으로 자극할 필요가 없을 뿐만 아니라, 實利性 있는 한강유역을 겨냥한 신라로서는 後顧를 덜 필요를 느꼈기 때문일 것이다. 이 같은 추정은 신라측에서 고구려와 通好를 시도한 다음의 기록에서 입증된다.

---

32) 池內宏,『滿鮮史研究』上世 第二册, 1951, 18쪽.

이에 앞서 백제는 신라와 더불어 군사를 합하여 高麗를 征伐하려고 도모할 때 眞興이 말하기를 "나라의 興亡은 하늘에 달렸는데 만약 하늘이 高麗를 미워하지 않으면 내가 감히 바라겠는가" 하고 이 말을 高麗에 전하였다. 高麗가 그 말에 감격하여 신라와 通好함으로 백제는 신라를 원망하여 來侵한 것이다(『三國遺事』권1, 眞興王 條).

漢水流域을 喪失한 상태에서 신라의 通好 제의를 고구려가 선뜻 수락 할 수밖에 없었던 배경은 內紛의 餘波와 突厥과의 紛爭으로 內北 국경 방면의 위협이 증대된 데 따른 조치일 수도 있을 것이다.[33] 그러나 羅·濟同盟을 와해 분열시키기 위한 이간책의 효과도 염두에 두었을 것이다. 그래서인지 漢水流域의 지배권을 새로 장악한 지 1년이 채 못되어, 다음의 『日本書紀』欽明 13年(552) 5月 條에서 보듯이 나·제동맹은 사실상 결렬되고 있다.

高麗와 더불어 신라는 通和하고 勢를 합하여 臣國(백제: 필자)과 任那를 滅하려고 도모하고 있다.

그런데 이때 신라가 지배하게 된 鐵嶺 以南에서 竹嶺 以北 內에 10郡이 소재한 것이 분명한 만큼, 그 개별적인 소재지를 살펴 볼 필요가 있다. 강원도·충북·경기도의 일부가 포함되는 이 범위 안에는 『三國史記』地理志 상에 무려 20개가 넘는 고구려의 郡이 소재하고 있다. 그러므로 10郡을 추정하는 것은 용이한 일이 아니다. 이러한 문제로 인해 高峴의 위치를 경기도 일원으로 내려 잡기도 한 것이다. 가령 高峴을 지금의 양평군 鳴峙로 비정한 견해에 의하면[34] 10郡은 제천·원주·횡성·홍천·지평·가평·춘천·화천 등지로서,

---

33) 盧泰敦, 「高句麗 漢水流域 喪失의 原因에 대하여」『韓國史研究』13, 1976, 54쪽.

34) 丹齋申采浩先生紀念事業會, 「朝鮮上古史」『丹齋申采浩全集』上卷, 螢雪出版社,

통일 신라 9州의 하나인 朔州(牛頭州) 관내의 10郡을 지목하고 있다. 이 견해에서 10郡의 소재지를 朔州 版圖 내에서 찾으려고 한 점은 卓見이라 하겠지만, 10郡의 北界인 高峴을 홍천·춘천·화천 등지보다 남쪽인 양평 일대로 비정한 것은 모순된다고 하겠다. 그런데 10郡은 훗날 고구려가 失地回復을 겨냥하면서, 반환을 신라에 요구한 지역과 관련 있을 것으로 보인다.

6세기 말에 고구려 장군 溫達이 出征하면서 '雞立峴과 竹嶺 以西'의 실지회복을 표방하고 있다.[35] 그런데 이는 고구려의 보장왕이 援兵을 청하기 위해 온 金春秋에게 "竹嶺은 본래 우리땅인데, 너희가 만약 竹嶺 西北의 땅을 반환한다면, 兵을 내주겠다"[36]고 한 기록과 서로 관련이 있다고 판단된다. 즉 고구려의 失地回復의 염원이 표출된 兩 기록에서 原高句麗의 영토(失地)를 막연히 '竹嶺 以北'이 아닌, '竹嶺 西北'으로 구체적으로 명시하였다는 공통점이 있기 때문이다. 바꿔 말해 이는 고구려가 雞立峴과 竹嶺의 東北 地域을 신라의 영토로 인정하고 있다는 뜻이 된다. 실제 이 지역은 신라 初期부터 밀접한 관련을 맺었던 지역일 뿐만 아니라, 6세기에 접어들어 가장 北進이 진척된 지역이기도 했다. 가령 신라는 505년과 512년에 삼척과 강릉에 각각 州를 설치할 정도로 竹嶺의 東北 지역에 대한 세력 범위를 확대해 나갔던 것이다. 따라서 고구려가 失地回復을 겨냥한 竹嶺의 西北 地域은 '竹嶺 以外 高峴 以內' 10郡을 염두에 둔 것이 거의 분명하다.

그런데 여기서 鐵嶺을 北界로 한 竹嶺 東北의 原新羅 지역을 제외시키면, 10郡의 개략적인 범위 설정이 가능해진다. 대략 통일신라 9州의 하나인 朔州의 版圖와 근사한 일면을 보이고 있다. 그렇지만 다음과 같은 이유로 해서 10郡이 朔州의 版圖와 정확히는 부합되지 않고 있다고 본다. 즉 백제가 攻取

1972, 231쪽.

35) 『三國史記』 권45, 溫達傳.

36) 『三國史記』 권5, 善德王 11年 條.

한 6郡의 北界가 臨津江線이라고 할 때, 이는 鐵嶺 南西便의 추가령지구대와 연결이 되기 때문에 漣川에서 鐵嶺에 이르는 線을 10郡의 北界로 설정할 수 있다. 그렇게 되면 漢州에 속한 鐵原과 金化도 10郡에 묶는 것이 대세 상 옳을 것 같다. 그리고 忠州(國原城) 또한 漢州에 속하지만, 10郡에 해당됨은 재고의 여지가 없을 것이다. 반면 海邊 지역인 高城이나 杆城은 朔州에 속하지만, 竹嶺 東北의 원신라 영토에 포함시키는 것이 타당하다. 그 결과『三國史記』地理志를 토대로 10郡을 摘出하면 다음과 같다.

國原城(忠州)/ 鐵圓郡(鐵原)/ 夫如郡(金化)/ 奈吐郡(堤川)/ 斤平郡(加平)/ 狌川郡(華川)/ 大楊菅郡(淮陽) 또는 各連城郡(淮陽)/ 母城郡(金化)/ 冬斯忽郡(金化)/ 平原郡(原州)/

IV. 고구려 南進經營의 終熄 원인에 대한 再檢討

漢水流域 지배권의 최종적인 변화를 고비로 1세기 반에 걸친 고구려의 南進經營은 종식을 고하게 된다. 그 종식 배경은 한반도의 정치적 상황에 깊은 영향을 미치고 있던 漢水流域의 喪失과 불가분의 관련이 있다고 보여진다. 그런데 고구려의 漢水流域 喪失의 원인은 일단 신라와 백제의 자체 국력의 회복·신장 및 적절한 同盟關係의 구축에서 찾을 수도 있다. 그러나 이 문제는 근본적으로 상대적인 성질의 것인 만큼, 고구려 자체의 요인에서 찾는 것이 긴요하다고 본다. 그렇다고 할 때 고구려 내부의 政亂과 西北 國境의 위기적인 상황을 생각할 수가 있다.

그런데 이 두 가지 고구려 자체의 요인 가운데, 갑자기 직면한 돌궐의 外侵 위협보다는 오래 전부터 누적되었다가 표출된 지배세력간의 분열상과 같은

內政의 불안을 주된 요인으로 지목하는 것이 타당할 것 같다. 왜냐하면 外侵 위협은 漢水流域 喪失 이듬해인 552년부터 대두되고 있는 만큼, 그 직접적인 원인이 될 수 없기 때문이다. 반면 6세기 전반기에 접어들어, 安藏王의 被殺[37]과 그를 이은 安原王 역시 王位 계승을 둘러싼 외척간의 紛爭의 와중에서 사망하고 있는 것[38]을 볼 때, 이 같은 內政의 거듭된 혼미 상이야말로 外侵을 초래하고, 또 그에 대해 효과적으로 대응할 수 없게 만든 직접적인 요인이었을 것이다. 고구려 政情의 불안은 居柒夫가 竹嶺을 넘어 고구려 領內로 進軍하는 도중에 만난 高句麗僧 惠亮法師의 "지금 우리나라는 政亂으로 亡할 때가 멀지 않았다"[39]는 우려 섞인 말에서도 극명하게 표출되고 있다.

이 같은 고구려 內政의 불안이 漢水流域 喪失의 원인으로 밝혀진 바 있지만, 정작 중요한 문제는 6세기에 접어들어 고구려 지배세력간의 집단적인 紛糾가 촉발된 근본적인 원인을 구명하는 일이다. 이 점에 관해서는 기존의 연구자들이 주시한 적이 없다.

역사적으로 고구려는 內政 불안은 장수왕의 백제 漢城 공략 직전에도 있었다. 그러나 이는 어디까지나 왕권 강화를 위한 對貴族 숙청작업의 일환이었다.[40] 귀족세력의 발호로 왕이 희생되는 6세기 전반기의 정황과는 근본적으로 차이가 나고 있다. 다만 이 시기 고구려는 내정의 불안과는 달리 對中國關係의 유례 없는 안정기였다는 점을 이와 관련해 주목할 필요가 있다.

주지하듯 고구려는 중국 민족 및 주변의 北方民族과 부단히 항쟁하는 과정에서 胎動하고 성장하였다. 고구려의 역사는 이들 민족과의 투쟁으로 점철된

---

37) 『日本書紀』 권17, 繼體 25年 條.

38) 『日本書紀』 권19, 欽明 7年 條.

39) 『三國史記』 권44, 居柒夫傳.

40) 李道學, 「漢城末·熊津時代 百濟王位繼承과 王權의 性格」 『韓國史研究』 50·51合輯, 1985.

긴장과 고난의 역사였다고 해도 지나친 말은 아닐 것이다. 이 같은 역정을 밟아온 고구려가 5세기 중반 이후 對中國關係의 안정기를 맞이하고 있다.

北中國의 覇者인 北魏와 435년에 外交關係를 맺은 이래 北燕王 馮弘 문제로 北魏와의 사이에 일종의 긴장 관계가 조성된 적도 있었다. 그렇지만 462년 이후 양국 사이의 관계는 정상을 회복하여 그 후 北魏가 東西로 분열(535)되어 약화될 때까지 시종 평화관계를 유지하였다. 고구려는 北魏가 분열된 뒤로는 東魏와 통하였고(534), 東魏가 멸망된 뒤에는 北齊와 통하였으며(555), 西魏를 타도하고 들어선 北周가 北齊를 멸망시키자 곧 北周와 외교관계를 맺었다(577). 이처럼 고구려는 北朝의 여러 나라와 통하는 한편으로 南朝의 梁·陳에도 사신을 보내어 친선관계를 도모하였다. 그러므로 隋가 中國을 통일하여 국제정세가 크게 변화할 때까지 중국과의 관계에 별다른 이상은 없었다.[41]

그렇다면 이 시기 고구려와 백제 및 신라와의 관계는 어떠했을까? 충주고구려비가 세워진 5세기 중엽부터 漢水流域을 상실하게 되는 551년 이전까지 고구려는 남쪽으로 아산만에서 계립령과 죽령으로 이어지는 영역판도를 가진 일대 帝國을 형성하게 된다. 물론 6세기 전반기에 백제와의 局地戰에서 아산만 以北의 일부를 상실했을 여지는 있지만, 전반적으로 고구려 역사상 영토 변동이 가장 적었던 시기였다.

이 사실은 三國間의 전쟁이 소강 국면에 접어들었음을 뜻하는 것이 된다. 그런데 이 기간 동안 고구려는 15件의 전쟁기사를 『三國史記』에 남기고 있다. 다음의 도표는 전쟁 年代와 그 대상국만 摘記하여 본 것이다.

---

41) 李基白·李基東, 『韓國史講座-古代篇』, 일조각, 1982, 192~193쪽.

489	장수왕 77년	신라 침공	512	문자왕 21년	백제 침공
494	문자왕 3년	신라(백제) 격돌	523	안장왕 5년	백제 침공
495	문자왕 4년	백제(신라) 침공	529	안장왕 11년	백제 침공
496	문자왕 5년	신라(백제) 침공	540	안원왕 10년	백제 침공 받음
502	문자왕 11년	백제침공 받음	548	양원왕 4년	백제(신라) 침공
503	문자왕 12년	백제침공 받음	550	양원왕 6년 1월	백제 침공 받음
506	문자왕 15년	백제 침공	550	양원왕 6년 1·3월	백제·신라 침공 받음
507	문자왕 16년	백제 침공			

* ( )는 同盟國의 參戰

零星한 기록의『三國史記』에서 검출한 단편적인 기사로써 어떠한 원리의 추출이나 성격 규정에는 한계가 있겠지만 대세의 파악에는 큰 무리가 없다고 할 때, 위에서 摘記한 15件의 전쟁 기사의 분석이 전혀 무의미하지만은 않을 것이다. 이 15件의 전쟁 기사 가운데, 漢水流域의 쟁탈전이 개막된 陽原王 6年 2件을 제외하면, 13件의 交戰 기사만 남게 된다. 이에 따르면 고구려는 68년(481~549) 동안 5년에 한번씩 전쟁을 치른 셈이다. 이는 고구려 전시대 전쟁 回數의 평균치와 별다른 차이점을 발견할 수 없게 한다.[42] 그러나 13件의 전쟁 가운데 10件이 고구려의 先制攻擊인데 반해, 被侵은 3件에 불과하다는 점이 주목된다. 즉 攻擊과 被侵數에 있어 현격한 차이를 보이고 있다.

그런데 이 3件의 被侵의 주체는 모두 백제인데 고구려의 先制攻擊 10件 가운데 7件이 백제를 주대상으로 하고 있는 만큼, 3件의 被侵 또한 백제의 攻勢的 防禦擊에 불과한지도 모른다. 이 같은 추측이 허용된다면, 이 기간 한반도 내 전쟁의 주도권은 고구려가 시종 장악했음을 알 수 있다. 그럼에도 불구하고 고구려의 南進版圖에는 별다른 진척이 없는 정복전쟁의 침체현상을 빚고 있다. 이는 주목되는 사실이다. 아마도 이들 전쟁이 대부분 소극적

---

42)『三國史記』에 의하면 고구려는 평균 4·9년에 한번씩의 전쟁을 하였다고 한다(申瀅植,『韓國古代史의 新研究』, 일조각, 1984, 285~286쪽).

인 局地戰에서 벗어나지 못한 데 기인한 현상으로 생각된다.

그러면 이처럼 유리한 국제 정세에 편승하여 고구려가 한반도 力關係의 주도권을 장악하고 있던 기간에 유례 없는 王權의 약화 조짐이 나타난 이유는 어디에 있었을까? 이와 관련해 6세기 이전 고구려의 征服戰爭은 王이 몸소 전쟁의 선두에 나서는 親征이 두드러진 점을 주목할 필요가 있을 것 같다. 이는 親征으로 얻어진 승리라는 전리품이 王權의 강화와 안정의 유력한 방편인 데서 기인한 현상이 아닐까 한다. 장수왕의 경우 親征으로 백제의 漢城을 공략하여 승리함에 따라 얻어진 권위를 바탕으로 평양성천도 이후까지 불씨가 남아 있던 귀족세력의 도전을 일소할 수 있었다.[43] 이렇듯 고구려의 王權은 對外的인 정복기간 중에 부단히도 성장·강화되어 왔다. 정복전쟁의 실패로 인해 王權이 약화되는 경우도 있었겠지만, 전쟁은 운명 공동체 의식에서 비롯된 지배세력 간의 結束을 가져와 왕권 강화에 一助를 하였음이 분명하다. 더욱이 고구려가 戰士國家로서의 성격을 띠고 있다는 점을 감안할 때[44] 전쟁이 지닌 사회 내적 의미는 다른 어느 국가보다도 각별하였을 것이다.

그러한 고구려가 481년을 고비로 征服戰爭의 침체기를 맞이하고 있을 뿐만 아니라, 國王의 親征 기록도 보이지 않는다. 그 까닭은 4세기 후반에서 5세기 중반 후엽에 걸쳐 눈부시게 진척된 정복사업으로 인해 消耗된 國力의 재충전이 절실히 요구된 데 따른 현상일 수 있다. 한편 백제와 신라 모두 내부체제의 정비에 부심한 관계로 고구려에 대규모 전쟁을 유발할 수 없는 상황이었던 데도 한 원인이 있었을 것이다. 즉 고구려의 침공으로 首都를 熊津

---

43) 李道學,「漢城末·熊津時代 百濟王位繼承과 王權의 性格」『韓國史研究』 50·51合輯, 1985, 9~11쪽.

44) 戰鬪 자체가 고구려 사회에 있어서 가장 커다란 生産行爲였다는(金洸鎭,「高句麗 社會の生産樣式 －國家の形成過程お中心として」『普專學會論集』 3, 普成專門學校, 1937, 745~751쪽) 金洸鎭의 견해는 고구려 국가의 성격을 잘 시사해 준다고 하겠다.

城으로 옮긴 백제는 內政의 거듭된 혼미상과, 이를 극복해 가는 과정이 계속되었다. 한편 신라는 山城築造를 기반으로 하는 지방행정조직의 정비에 주력하고 있었기 때문이다.

그러나 정복전쟁이 침체된 근본 원인은 강력한 왕권을 구축한 장수왕과 그 이후의 고구려 왕들이 자칫 敗戰으로 인해 王權의 안정 기조를 해칠 수 있는 모험주의적인 정복전쟁을 더 이상 바라지 않았던 데 있지 않았을까 한다. 종래 왕권 확립의 돌파구로서 親征이 감행되기는 하였다. 그러나 귀족권에 대한 왕권의 절대 우위가 확립된 5세기 후반 이후에는 왕권 강화의 수단으로서 전쟁이 갖는 의미가 그만큼 퇴색되었기 때문일 것이다. 그러나 장기간에 걸친 정복전쟁의 침체 현상은 왕권 약화의 次元을 넘어, 지배체제 자체의 동요와 분열을 야기하는 더 큰 불씨를 배양하게 되었다.

이와 관련해 14세기 이슬람 최대의 역사가인 이븐 할 둔의 집단 감정소멸설이 참고된다. 그에 의하면 "한 部族이 그의 집단감정의 도움으로 어떤 우월성을 성취했을 때, 그 部族은 그에 상응하는 量의 富를 소유해왔던 사람들과 더불어 번영과 풍요를 나누어 갖게 된다. … 사치와 안락한 생활에의 탐닉은 유일하게 우월성을 창조해 내는 집단 감정의 활력을 깨트린다. 집단 감정이 파괴될 때, 그 部族은 더 이상 部族 스스로를 보호 내지 방위할 수 없게 되며, 어떤 주장들을 밀고 나갈 수 없게 된다"[45]라고 했다. 이 설은 고구려의 경우에도 적용되리라고 본다.

주지하듯 고구려는 國王 이하 모든 주민이 건국 이래 거의 긴장과 고난에 찬 생존전쟁을 치루면서 가혹한 역경을 딛고 발전해왔다. 그런데 고구려 역사상 드물게 맞이하는 對外關係의 安定期(481~549) 동안 外征으로만 쏠렸던 귀족들의 관심은 자연 內政으로 옮아가게 되었다. 그럼에 따라 귀족들은

---

45) Ibn Khaldun, Mugudima 著·金容善 譯, 『이슬람思想』, 삼성출판사, 1976, 97~98쪽.

자연 그들을 얽어 매어 놓았던 집단감정에서 벗어날 수 있었다. 이때 귀족들은 보다 자유롭게 각자의 이해 문제에 관심을 투사할 여유를 비로소 얻게 되었던 것이다. 그렇지만 지배세력 상호간의 결속체이기도 했던 집단감정의 약화는 귀족 각자의 이해를 우선하게 하여, 지배체제의 분열을 초래하였다. 급기야 전쟁터에서 귀족들이 발산하던 情熱은 그 대상과 방법만 달랐지 개체의 이익을 위한 내부의 권력 쟁탈전으로 고스란히 재현되었던 것이다. 그리하여 고구려 지배체제의 분해와 사회 변화를 촉진하게 하였다.

결국 전쟁으로 인한 부단한 긴장과 승리라는 기반 위에 구축한 고구려의 왕권은 지배구조의 근본적인 재편성이나, 지배세력간의 結束을 다질 수 있는 超越的인 이념적 구심체를 적절하게 확보·이용하지 못하였다. 그러한 관계로 긴장이 풀어지자 內紛을 惹起하여 붕괴될 수밖에 없었다. 그로 인해 漢水流域의 상실과 南進經營의 終熄이라는 값비싼 대가를 치르게 되었다. 결국 이 문제가 고구려 멸망의 한 원인으로까지 이어지게 된 게 아닐까 한다. 물론 필자의 이 같은 견해가 고구려의 남진경영이 종식된 원인의 전부일 수는 없다. 泗沘城遷都 이후 국력을 회복한 백제와 공동체적인 유대를 바탕으로 지배세력간의 강렬한 집단감정을 가진 신라의 同盟에 따른 力關係의 변화도 간과할 수는 없다.

어떻든 1세기 半에 걸쳐 추진되던 고구려의 南進經營의 終熄은 한반도를 중심한 동북아시아의 세력 판도에도 변화를 준 일대 전환점이 되었다. 이 점에서 신라의 北進經略과 고구려의 南進經營의 종식에 대한 역사적 의의를 부여할 수 있을 것이다.

Ⅴ. 맺음말

지금까지의 서술을 요약하여 결론에 대신하고자 한다. 즉 신라의 구원 요청을 받아 400년에 파견된 고구려군 步騎 5萬은 백제·가라·왜의 연합군을 섬멸하였다. 고구려는 이를 계기로 신라의 내정에 영향력을 행사하는 동시에 지역 지배를 병행하여 나갔다. 그 결과 竹嶺 東南 지역이 고구려의 지배하에 들어가게 되었다. 그러나 5세기 중엽을 고비로 신라는 竹嶺 以南에서의 고구려 세력을 축출해 나갔다. 그 결과 일련의 대규모 山城 축조가 추진될 수 있었다. 이 같은 山城築造는 舊小國 중심의 지배 질서를 해체하고 강력한 중앙집권화를 이룩하기 위한 조치였다. 이로 인해 신라는 국력을 결집할 수 있게 되었다. 481년 이후 약 70년 가량의 對外關係의 안정기를 이용, 국력을 결집시킨 신라는 550년 이전에 이미 소백산맥 이북으로 진출하게 된다. 이 때 신라군이 이용했던 交通路는 鷄立嶺路나 竹嶺路가 아닌 竹嶺 왼편의 이른바 赤城路였던 것으로 밝혀졌다.

赤城路를 이용하여 丹陽에 진입한 신라군은 고구려의 別都였던 國原城(忠州)을 攻取한 후, 550년에 보은 방면에서 진군해 온 부대와 증평·진천을 공취한 후, 551년에는 장호원 쯤에서 백제군과 합류하여 한강 하류의 6郡을 攻取하였다. 그런데 백제와 동맹한 상황에서는 더 이상의 北進이 실익이 없다고 판단되자, 신라군은 6郡 점령의 北界인 臨津江線에서 추가령지구대를 타고 단독으로 철령까지 진출하게 된다. 그 후 고구려와 密約을 통해 鐵嶺 以南의 未占領 고구려 영토를 歸屬받게 되었다. 문제는 이 때 신라가 점령한 '竹嶺 以外 高峴 以南' 10郡의 소재지이다. 이 지역은 후대에 고구려가 失地回復을 표방했던 지역과 관련 있는 곳으로서, 대체로 鐵嶺 以南과 竹嶺 西北에서 찾을 수 있었다.

이렇듯 고구려가 한반도의 중추부를 상실하고 南進經營의 종식을 고하게 된 원인을 종래 內政의 불안에서 찾은 바 있다. 그런데 고구려 역사상 유례없는 안정 기간 동안 지배세력간의 분열이 激化된 근본적인 원인을 究明해야만 되었다. 이 기간 동안 고구려는 外侵을 거의 받지 않았다. 그런 관계로 국왕 및 귀족세력간의 일체감 조성에 기여했던 긴장이 풀어졌다. 여기서 기인한 현상으로 지목했다. 즉 征服戰의 침체로 인해 外征으로만 쏠렸던 귀족들의 관심이 자연 内政으로 옮겨감에 따라 집단감정이 약화된 데 따른 현상이었다. 이로써 고구려 사회의 질적인 변화과정의 한 단면을 확인하게 되었다.

3장
新羅 鎭護寺刹의 機能 擴大 過程

Ⅰ. 머리말

몇 년 전 백제의 마지막 수도였던 충청남도 부여의 능산리에서 절터가 확인되었다. 이 절터의 성격은 사비성 천도를 단행했으나 비극적으로 세상을 뜬 聖王을 위한 追福寺刹로 밝혀졌다. 더욱이 이곳에서 사리감 명문이 출토됨에 따라 그 창건 연대는 567년경으로 드러났다.[1] 이와 같은 성격의 사찰로는 평양의 定陵寺를 들 수 있는데 문자 그대로 陵墓와 관련된 추복사찰이었다.[2] 이렇듯 백제와 고구려 모두 왕릉을 鎭護하는 사찰이 존재했던 것이다.

이러한 배경에서 볼 때 諸盤面에서 백제와 고구려의 영향을 많이 받은 신라의 경우도 비슷한 성격의 사찰이 존재하였을 가능성이 대단히 높다고 판단된다. 따라서 이 문제를 검토해 보는 동시에, 신라의 鎭護寺刹의 기능상의 확대 과정을 살펴 보고자 한다.

---

1) 李道學, 「부여 능산리 고분군 출토 사리감 銘文의 의의」『서울신문』1995.11.6.;『꿈이 담긴 한국고대사 노트』하, 일지사, 1996, 72~82쪽.
2) 이에 관한 최근의 저작으로는 전제헌, 『동명왕릉에 관한 연구』, 사회과학출판사, 1994에 잘 정리되어 있다.

II. 鎭護寺刹의 존재

1. 陵墓寺刹에 관한 기록

『삼국사기』 신라본기에는 많은 사찰관련 기록이 보이고 있다. 특히 불교가 수용된 법흥왕대 이래 능묘의 소재지와 관련하여 사찰이 등장한다. 다음과 같은 기록들이 그것이다.

- 가을 7월에 왕이 돌아가시자 시호를 法興이라 하고 哀公寺 북쪽 봉우리에 장례지냈다.[3]

- 가을 8월에 왕이 돌아가시자 시호를 眞興이라 하고 哀公寺 북쪽 봉우리에 장례지냈다.[4]

- 가을 7월 17일에 왕이 돌아가시자 시호를 眞智라 하고 永敬寺 북쪽에 장례지냈다.[5]

- 왕이 돌아가시자 시호를 武烈이라 하고 永敬寺 북쪽에 장례지냈다.[6]

법흥왕과 진흥왕·진지왕·태종 무열왕릉의 소재지를 알려주는 기준으로서 애공사와 영경사같은 사찰이 보인다. 여기서 애공사와 영경사의 위치가 이들 능묘의 소재지를 확인해 주는 關鍵임을 알 수 있다. 애공사와 영경사의 위치는 현재 파악이 되고 있는 상태이다. 哀公寺는 경주 孝峴洞에, 永敬寺는 西

---

3) 『三國史記』 권4, 법흥왕 27년 조. "秋七月 王薨 諡曰法興 葬於哀公寺北峯"
4) 『三國史記』 권4, 진흥왕 37년 조. "秋八月 王薨 諡曰眞興 葬于哀公寺北峯"
5) 『三國史記』 권4, 진지왕 4년 조. "秋七月十七日 王薨 諡曰眞智 葬于永敬寺北"
6) 『三國史記』 권4, 태종무열왕 8년 조. "王薨 諡曰武烈 葬永敬寺北"

岳洞으로 각각 그 위치가 비정되고 있다.[7] 그러니 자연히 이 근방에 소재했을 능묘의 위치 파악도 가능해진다. 경주 서악동에 소재한 태종 무열왕릉은 당초 陵碑가 있었기에 그 소재지에는 이론이 없었다. 이것을 토대로 영경사 터를 추정하는 게 가능했다.

문제는 애공사와 영경사가 어느 때 창건된 사찰인가 하는 것이다. 물론 이들 사찰이 앞서 보이는 능묘를 조영할 때에 존재했던 사찰이라고 단정할 근거는 없다. 통일신라기에서 고려 초기에 창건된 사찰이라고 하더라도『삼국사기』의 撰者는 撰述 시점에서 그 위치를 쉽게 알려줄 수 있는 建造物을 기준으로 하여 기록할 수 있기 때문이다. 그러므로 이 두 사찰이 능묘 조영시에 존재했다고 단정하기는 어려울 것이다. 물론 현재 이들 사찰은 그 터만 존재하고 있는데, 통일신라기의 석탑이 남아 있다. 이것을 근거로 애공사와 영경사가 통일신라 때 창건된 사찰로 간주할 수 있지만, 삼국기의 탑들이 목탑에서 시작된 것을 고려한다면 통일신라기에 석탑으로 새로 조영되었을 가능성도 배제해서는 안될 것 같다.[8]

---

7) 韓國佛敎硏究院,『新羅의 廢寺』I , 일지사, 1974, 59~60쪽.

8) 哀公寺塔과 永敬寺塔의 조영 시기에 관해 신라 불교 초기로 지목하는 견해가 보이는데 참고는 될 듯하다. 즉 "寺址에는 단아한 모습의 三層石塔과 礎石이 남아 있다. 法興王을 哀公寺의 북쪽에 장사지냈다는 기록 외에는 哀公寺에 관한 다른 기록이 없다. 그러나 심층석탑의 형대로 보이 이 寺址가 신라 불교의 초기, 즉 法興·眞興 兩代에 세워진 것임을 짐작하게 한다. 즉 基壇部가 重層이나 甲石이 넓게 보이며 撑石이 셋이다. 屋石 받침도 네 개로 되어 있어 統一後의 塔 보다 훨씬 소박한 모습을 띠고 있다. 總高가 3.5m의 자그마한 塔이지만 전체적인 균형이 알맞게 세워졌다. 屋蓋石과 屋身을 한 돌로 다듬은 것도 初期塔의 전형적 형식인데, 이러한 양식은 서악동의 傳永敬寺址 삼층석탑과 동일한 형식이다. 이를테면 哀公寺의 塔은 新羅塔의 초기양식에서 다소 발전되어 그 전형적인 양식에 가까워지고 있는 과도기적인 것이라고 볼 수가 있다 … 哀公寺는 지금 法興王陵이라고 傳해지는 한 陵墓 옆에 있던 절이다 (韓國佛敎硏究院,『新羅의 廢寺』I , 일지사, 1974, 註 7, 60~61쪽)"라는 기록이다.

2. 부여 능산리 절터

신라의 陵墓 寺刹의 성격을 구명할 수 있는 關鍵은 역시 고구려와 백제의 경우를 원용하는 게 일단 도움이 될 것 같다. 백제의 마지막 수도였던 충청남도 부여군에 소재한 '陵山里'는, 지명에서 암시하듯이 백제가 부여에 도읍 하던 시기(538~660)의 왕릉군이 자리잡은 곳이다. 능산리 고분군(사적 제14호)으로 일컬어지고 있는, 이 왕릉군 왼편에는 백제 당시의 수도였던 부여 읍내를 둘러싸고 있는 羅城이라는 성벽이 길게 뻗어 있다. 이 나성과 능산리 백제 왕릉군 사이에서 1993년 말에 건물터가 확인 되었다. 또 이 자리에서 백제 고고학의 최대 성과요 세기적 발견이라고 일부에서 말하는 백제금동대향로가 기적적으로 출토되어 백제 미술의 진수를 보여 주었다.

그런데 발굴이 현재까지 진행되면서 능산리의 건물터는 당초 생각했던 왕릉에 부장되는 器物을 제작하는 工房이 아니라 절터였음이 확인되었다. 1탑 1금당과 1강당의 가람배치를 가진 사찰로 밝혀졌다. 이러한 가람배치는 부여의 軍守里 절터의 그것뿐 아니라 일본의 四天王寺와도 동일하여 사비성 도읍기(538~660) 백제 사찰 양식의 한 전형을 알게 해 준다. 동시에 고대 일본 문화의 뿌리로서 백제 문화가 지닌 의미를 다시금 반추해 보는 계기를 마련해 주었다.

그와 더불어 생각해야 될 것은 이 절터의 성격이다. 다른 곳도 아닌 왕릉군과 불과 100m 떨어진 지점에 사찰이 들어선 데는 그럴만한 이유가 있었다고 보겠다. 왕릉을 수호하고 이곳에 묻힌 백제 왕들의 追福을 기원하는 陵寺였음을 생각하게 한다. 이는 고구려에서 소위 동명왕릉과 관련된 추복사찰로서 定陵寺의 존재가 확인된 데서도 방증이 된다. 정릉사는 평양시 무진리 역포구역에 소재하고 있는데, 국내성에서 평양성으로 천도한 후 시조인 주몽왕의 능을 이곳으로 이장한 후 추복과 관련하여 정릉사를 창건했다고 한다. 절터에서 '定陵'과 같은 명문토기나 기와편이 출토됨에 따라 절 이름과 더불어 그 기능도 밝혀졌다.[9] 물론 소위 동명왕릉이 고구려 시조릉인지는 이견이 없지 않지만 일단 왕릉임은 분명하다고 보이므로 평양성 도읍기에는 이같은 성격의 사찰들이 창건되었음을 알 수 있다. 또 이는 백제에도 영향을 미쳤을 가능성이 높다. 여하간 능산리 절터의 사리감 명문을 통해 다음과 같은 점을 확인하게 되었다.

567년에 목탑의 심초석에 사리를 공양하였다는 사실은 567년이나 그 직전에 佛寺가 시작되었음을 뜻한다. 이 시점에 능산리에 묻힌 王者는 위덕왕의 아버지인 성왕을 제외하고는 없었다. 성왕은 신라에 의해 살해되었지만, 『일본서기』에 의하면 頭骨을 제외한 遺體는 돌려 받았다.[10] 그러므로 성왕은 백제 땅에 묻힌 것이 분명하다. 그런데 그 葬地에 관해서는 과거에 공주 송산리 왕릉군 가운데 한 基를 지목하기도 하였다. 그렇지만 능산리 절터가 위덕왕 때 창건된 능사로 밝혀진 만큼, 성왕의 능은 부여 능산리에 소재한 것으로 드러나게 되었다. 이는 중요한 시사를 던져 준다.

이를테면 도읍지를 옮기게 되면 천도를 단행한 국왕의 유택도 신도읍지에 조영된다는 것이다. 이는 천도를 준비했지만 실행하지 못하였음에도 불구하고 백제 무왕의 능이 익산에 조영되었거나, 신도시를 건설했던 조선 정조의 능이 수원에 마련된 데서도 방증이 된다. 나아가 이는 현재까지 미궁에 싸여 있는 고구려 광개토왕의 능을 지목할 수 있는 근거를 제공해 준다. 광개토왕릉의 소재지는 그 陵碑가 존재함에도 불구하고 태왕릉설과 장군총설로 나뉘어져 있듯이 논란이 있었다. 중국 현지에서는 태왕릉을 광개토왕릉으로, 장군총을 장수왕릉으로 간주하는 게 통설화 되다시피 하였다. 그러니까 장수왕은 평양성으로 천도하였지만 사후에는 조상들이 묻힌 만주 集安으로 歸葬되

---

9) 전제헌, 『동명왕릉에 관한 연구』, 사회과학출판사, 1994, 144~145쪽, 註 2.
10) 『日本書紀』 권19, 欽明 15년 조.

었다는 것이다.[11] 그러나 능산
리 절터 사리감 명문을 통해 사
비성 천도를 단행한 성왕이 천도
지에 묻힌 것이 확실시됨에 따라
귀장설은 근거가 희박해졌다.
동시에 광개토왕릉의 장군총설
이 한층 힘을 얻게 되는 결과를
가져왔다.

참고로 사리감은 윗 부분이
아치형을 하고 있는 특이한 형
태이다. 능산리 백제 왕릉군 가
운데 玄室의 형태가 이와 유사
한 게 있다. 石室墳인 능산리 제
2호분의 현실이 바로 아치형이

부여 능산리 절터에서 출토된 사리감

다. 고고학자들은 塼築墳인 공주 무령왕릉의 형태를 계승한 이 고분의 조영
시기가 능산리에서는 가장 이른 것으로 주장한다. 그렇다면 뜻 모를 사리감
의 형태는, 성왕의 관을 안치한 현실구조에서 따왔을 가능성을 시사하고 있
다. 필자의 추정이 옳다면 이제서야 그 깊은 뜻을 헤아릴 것만도 같다. 그러
면 독실한 불교 신자였던 성왕의 시신이 안치된 현실의 모양을, 성왕을 위한
원찰의 목탑 안에 그것도 사리를 봉안하는 사리감의 형태로 재현시켰음은 무
엇을 의미할까? 필자는 '王卽佛' 사상의 발현이 아니겠는가라고 생각해 보고
싶다.

끝으로 능산리 절터의 창건 배경은 성왕의 딸이요 위덕왕의 누이인 공주가

---

11) 이에 관한 논의는 魏存成, 「集安 高句麗王陵 研究」 『廣開土好太王碑研究100年』, 학
연문화사, 1996, 563~569쪽에 수록되어 있다.

先王의 명복을 빌기 위한데 있었다. 성왕은 이름에 걸맞은 빼어난 업적을 남겼지만 비극적인 죽음을 맞았다. 성왕은 아들이요 뒤에 위덕왕이 되는 부여창이 신라를 응징하는 전쟁을 지휘하는 것을 보고, 격려차 군대를 이끌고 전선의 백제군 진영으로 향하였다. 성왕은 충청북도 옥천 땅에서 신라 군대의 매복에 걸려 전사하였던 것이다.[12]

3. 陵墓寺刹의 창건 배경

부여 능산리 절터의 경우를 유념하면서 신라에서의 그것을 살피도록 한다. 뚜렷한 문헌 자료가 보이지 않은 상황에서는 些少하지만 端緒를 잡을 수 있는 사안이라면 유의해야 될 것 같다. 이와 관련해 哀公寺와 永敬寺라는 사찰 이름이 예사롭지 않음을 발견하게 된다. 즉 '貴人을 哀悼'하고, '永遠히 敬慕'한다는 의미가 각각 담겨 있기 때문이다. 이러한 寺名은 陵墓와 불가분의 관련성을 암시해 주고도 남는다. 이와 더불어 『삼국사기』에서 국왕의 장례 특히 火葬과 관련하여 기록에 등장하는 사찰로서 "遺命에 따라 棺을 法流寺 남쪽에서 태우고 東海에 散骨하였다"[13]라고 하여 火葬터로서 법류사가 보이는 점이 주목된다. 역시 東海에 散骨한 문무왕의 경우는 사천왕사가 화장터였다.[14] 물론 이는 화장이라는 특수한 장법과 관련하여 기록에 보이지만, 국왕의 장례와 사찰이 밀접히 관련되었음을 시사한다.

이러한 맥락에서 볼 때 哀公寺와 永敬寺는 陵墓 조영 당시나 그 직후에 창

---

12) 능산리 절터에 대한 서술은 李道學, 「부여 능산리 고분군 출토 사리감 銘文의 의의」 『서울신문』 1995.11.6. ; 『꿈이 담긴 한국고대사 노트』하, 일지사, 1996, 72~82쪽에 근거하였다.

13) 『三國史記』권9, 효성왕 6년 조. "以遺命燒柩於法流寺南 散骨東海"

14) 洪思俊, 「新羅 文武王陵 斷碑 追記」 『考古美術』 26, 1962; 『考古美術』 合輯本, 상권, 통문관, 1979, 288쪽.

건된 사찰로서, 이들 능묘와 관련된 追福寺刹이 분명한 것으로 판단된다. 그러면 능묘 부근에 사찰을 창건한 목적은 무엇이었을까? 그 이유는 이들 寺名에서 암시 되듯이 先王의 英靈을 위로하고 追福하기 위한 데 있었던 것으로 보인다. 이와 관련해 墓制의 변화를 주목하지 않을 수 없다. 주지하듯이 종전의 분묘들이 장대한 규모를 가진 평지 조영의 竪穴式 積石木槨墳이었다면, 법흥왕 이후부터는 산자락에 조영된 소규모의 石室墳이었다. 이것은 불교의 영향을 받아 막대한 工費와 民力을 소모시키는 적석목곽분 조영을 배제하려는 薄葬 풍습의 한 산물로 이해할 수 있다.

당시 경주 분지에는 고분이 꽉 차 있는 상황이었기에 더 이상 왕릉급의 대형 분묘를 조영할 만한 공간이 없었다는 현실적인 이유도 고려된 것으로 보인다. 이같은 山자락의 석실분 조영이 율령이 반포된 법흥왕대였다는 점을 생각한다면 葬地와 墓制의 변화는 응당 律令에 포함된 내용으로 짐작된다.[15] 아울러 이러한 薄葬이 불교가 반포된 법흥왕대부터 시작되었다는 점은, 당시 고대 일본에서와 마찬가지 경우로 판단된다.[16] 즉 내세관에 있어서 일정한 변화가 초래되었다는 것이다. 이를테면 祖上崇拜 신앙으로서의 厚葬 풍습을 청산하면서 동일한 祖上崇拜 신앙의 선상에서 사찰이 창건되어 그 기능을 전담하게 된 것으로 보인다. 모든 사찰이 아니라 능산리 절터와 마찬가

---

15) 이에 대해 崔秉鉉은 "520년의 율령반포, 527년의 불교공인 등에 수반되어 일어난 최고 지배층 묘제의 혁명적 전환이었다고 보아야 할 것이다(崔秉鉉, 『新羅古墳研究』, 일지사, 1992, 373쪽)"라고 하였다.

16) 일본에서도 7~8세기 경에는 火葬의 보급과 薄葬令의 영향, 불교의 확산에 따른 사원 건축과 연계되어 고분은 규모와 그 부장품의 질에 있어서 쇠퇴일로를 걷게 된다고 하는데(上田正昭 外, 『解明 新日本史』, 文英堂, 1983, 36쪽), 이 점은 한국 고대사에 있어서도 시사하는 바 적지 않았다. 실제 이기동은 "마립간 시대에 일종의 정치적 기념물로서 지배자의 古冢古墳을 만들어 내던 정열이 바야흐로 寺院의 造立으로 전환된 느낌을 받을 정도이다(이기동, 「新羅社會와 佛敎」 『佛敎와 諸科學』, 동국대학교, 1987, 6쪽)"라고 했다.

지로 陵寺가 그것을 맡게 된 것이다.

이러한 사실을 방증해 주는 것은 법흥왕릉과 진흥왕릉의 피장자인 법흥왕과 진흥왕이 각각 불교를 공인하고 몸소 佛者의 길을 각각 실천했다는 점이다. 이들의 行動擧止는 그 死後의 능묘 조영과 사찰 창건에 지대한 영향을 미쳤을 것임은 재론을 要하지 않게 한다. 일례로 法興王의 '法興'이라는 시호에 그것이 단적으로 응결되어 있거니와,[17] 진흥왕이 연호를 '鴻濟'로 고쳤던 점과 그 末年에 머리를 깎고 승려의 옷을 걸치고 스스로 '法雲'이라 號하였다는 점과, 眞興王妃도 그를 본받아 승려가 되어 永興寺에 거주하다가 세상을 떴던[18] 점에서 확인되어진다.

그러므로 현재 전하는 법흥왕릉과 진흥왕릉의 봉분이 왕릉 규모에 어울리지 않을 정도로 矮小하다는 이유로 왕릉 가능성을 배제해서는 안될 것 같다. 오히려 이들의 무덤으로 전해지는 장대한 규모의 유구가 존재한다면 부자연스럽지 않겠는가? 그리고 법흥왕릉부터 평지에서 山上으로 그 葬地가 올라가고 있는데, 이에 짝하여 관련 사찰인 애공사와 영경사 또한 山 기슭에 조영되고 있다. 이 또한 능묘와 사찰의 관계를 잘 암시해 준다.

4. 朴氏 王家의 追福寺刹

지금까지 살펴 본 법흥왕릉의 애공사와 진흥왕릉의 영경사의 존재를 통해 확인된 것은 무엇일까? 김씨 왕가에서는 조상숭배의 새로운 유형으로 사찰을 통한 追福을 기원한 것이 확인된 것이다. 이러한 追福 類型은 박씨를 비롯한 前 王族들이나 여타 귀족들에게도 영향을 미쳐 확산되었을 것으로 보인다. 이와 관련해 다음과 같은『삼국사기』의 기사를 주목하고자 한다.

---

17)『三國史記』권4, 법흥왕 27년 조.
18)『三國史記』권4, 진흥왕 33·37년 조.

봄 2월에 祇園과 實際 2절이 낙성되었다.[19)]

566년(진흥왕 27)에 기원사와 실제사라는 사찰이 창건되었다는 것이다. 기원사와 실제사의 위치를 알려주는 문헌은 보이지 않지만 대략의 위치를 가늠해 주는 詩句가 있다. 경주 포석정에서 유희를 즐기다 후백제 군대의 급습을 받아 결국 생포되어 自盡하게 된 경애왕이 읊은 「繁華之曲」에 보면 단서가 잡힌다. 「번화지곡」은 『標題音註東國史略』과 『동사강목』에 모두 수록되어 있는데, 경애왕이 매양 미인들과 함께 포석정에서 봄놀이하면서 지은 詩라고 한다. 그 詩는 다음과 같다.

> 기원과 실제사/ 두 절의 동쪽에
> 두 그루 소나무 기대 선/ 蘿井 골짜기 가운데
> 머리 돌려 바라보면/ 꽃은 언덕 가득한데
> 옅은 안개 실구름에/ 희미하게 가렸어라(鄭珉 譯)

> 祇園實際分二寺東
> 兩松相倚分蘿洞中
> 回首一望分花滿塢
> 細霧輕雲兮並濛矓

위의 詩는 포석정에서 주변 경관을 노래하며 지어진 것이다. 그런 만큼 기원과 실제사는 포석정에서 멀지 않은 곳에 소재한 사찰로 파악될 수 있다. 그리고 '蘿洞'은 '蘿井 골짜기'로 해석되어진다. 蘿井은 주지하듯이 시조인 혁거세의 탄생과 관련 있는 우물이다.[20)] 즉 "高墟村長 蘇伐公이 楊山 기슭을 바

---

19))『三國史記』권4, 진흥왕 27년 조. "春二月 祇園·實際二寺成"
20) 李道學, 『진훤이라 불러다오』, 푸른역사, 1998, 192쪽. 그런데 지금까지 나온 「번

라보니 蘿井 곁의 수풀 사이에 말이 꿇어 앉아 울므로 곧바로 가서 보니 홀연히 말은 보이지 않고 다만 큰 알이 있었다"[21]라고 하여 蘿井의 존재가 보인다. 여기서 나정은 楊山 곧 남산 기슭에 소재한 것으로 파악된다. 현재 그 위치는 남산 남쪽 기슭의 소나무 숲에 싸여 있다.

그러므로 「번화지곡」에서 "기원과 실제사/ 두 절의 동쪽에/ 두 그루 소나무 기대 선/ 나정 골짜기 가운데"라고 하였으므로, 나정의 서쪽에 기원사와 실제사가 소재한 것으로 드러난다. 그렇다고 할 때 이 두 사찰의 소재지는 시조릉인 오릉의 正南 방향으로 잡히게 되므로, 兩者가 至近 거리에 소재하였음을 알게 된다. 더욱이 박씨 출신의 경애왕이 시조 박혁거세의 탄생 전설을 간직하고 있는 蘿井과 그 주변의 기원사와 실제사를 언급하고 있다.[22] 그런데 이와 연관지어 그 근처에 시조릉인 五陵이 소재하였음은 각별한 어떤 의미를 생각하게 한다. 즉 기원사와 실제사는 박씨 왕가의 願刹일 가능성을 시사해 주는 것으로 보겠다.

요컨대 김씨 왕실이 법흥왕의 원찰로서 哀公寺를 창건한 후, 前 王室인 박씨 왕가의 경우도 시조릉 인근에 기원사와 실제사라는 원찰을 창건한 것이

화지곡」에 대한 해석이 죄다 잘못되었다. 가령 "기원이 실재하네 두 절의 동쪽에/ 소나무 두 그루도 엇기대었군 등넝쿨 속에/ 머리 돌려 바라보니 연못가엔 꽃이 만발하고/ 옅은 안개와 가벼운 구름이 뒤엉켜 몽롱하다(심경호, 『한시로 엮은 한국사기행』, 범우사, 1994, 46쪽)." 한편 심경호는 이 노래를 후대인이 지었을 가능성이 없지 않다고 했으나, 기원과 실제사는 적어도 조선조 이전에 廢寺가 되었으므로 詩 素材로서 거론할 수도 없었을 노릇인데, 이는 '祇園實際'를 절 이름인지 모른데서 기인한 해석으로 보겠다. 그 밖에 "석가를 모시던 아름다운 두 절 동쪽에/ 새삼 덩쿨 깊은 골에 두 소나무 어우러졌네/머리 돌려 바라보니 꽃은 언덕에 가득하고/ 옅은 안개 실구름한데 엉켜 몽롱하구나(이이화, 『한국사 이야기』 4, 한길사, 1998, 289쪽)"라고 한 해석도 가당치 않은 것이다.

21) 『三國史記』 권1, 시조 혁거세 거서간 즉위년 조.

22) 오릉과 연결되는 남산 기슭에서 많은 寺址가 발견되었는데, 이 가운데 기원사와 실제사 터가 존재했으리라고 본다.

된다. 왕실이 先導하여 陵墓와 관련한 追福 祈願 사찰들이 조영되는 현상을 포착하게 되는 것이다. 이에 짝하여 엄청난 工費와 人力이 동원되는 장대한 규모의 積石木槨墳 대신 규모가 작은 墓制인 石室墳이 조영되고 있다. 이러한 맥락에서 볼 때 先王에 대한 追福 기능을 陵墓와 연계된 사찰이 떠 맡은 것임을 알겠다. 그런 관계로 분묘 조영에 투입된 막대한 工費와 人力이 이제는 사찰 조영에 고스란히 투입된 것으로 보겠다.

5. 山城 鎭護 기능의 사찰

능묘의 피장자에 대한 추복 기능을 사찰이 맡게 되었다. 이는 魂靈을 慰勞하고 陵墓를 鎭護한다는 차원에서 생겨난 것이었다. 그런데 이러한 사찰의 鎭護 기능은 확대되어 간 것 같다. 이와 관련해 삼국시기의 산성에 사찰이 조영되는 경우들이 확인되고 있는데 주목하지 않을 수 없다. 즉 661년(무열왕 8)에 고구려 장군 뇌음신과 말갈 장군 생해가 군대를 이끌고 내려와 경기도 여주의 述川城을 공격했으나 이기지 못하자 北漢山城을 공격하였다. 이와 관련해 安養寺라는 사찰이 등장하고 있다. 다음의 기사가 그것이다.

> … 북한산성으로 옮겨와 공격하는데, 抛車를 벌여놓고 날아오는 돌에 맞는 대로 陴屋이 무너지므로 城主인 大舍 冬陁川이 사람을 시켜 마름쇠를 성 바깥으로 던져 人馬가 다닐 수 없게 하였다. 또 安養寺의 창고를 부서서 그 재목을 실어다가 성이 붕괴된 곳을 따라 樓櫓를 만들어 굵은 줄로 그물을 얽고 牛馬 가죽과 綿衣를 걸치고 그 안에다 弩砲를 설치하여 지켰다. 이때 성안에는 남녀 2,800명 뿐이었는데, 성주 동타천이 小弱한 이들을 잘 격려하여 강대한 敵과 대적하기 무릇 20여 일이었다 …[23]

---

23) 『三國史記』 권5, 태종무열왕 8년 조.

위의 기사에서 안양사라는 사찰이 북한산성 안에 소재하였음을 알 수 있다.[24] 안양사는 成俔(1439~1504)의 「宿安養寺翌日捕魚前溪送耆之南行」이라는 七言古詩에도 보인다.[25] 최소한 661년 이전에 신라의 북한산성 안에 안양사라는 사찰이 창건되었다는 것이다. 산성 안의 사찰은 북한산성에만 국한되지는 않는다. 이 보다 12년 뒤인 673년(문무왕 13)에 관한 기록을 보면

9월에 國原城[古薍長城]·北兄山城·召文城·耳山城·首若州 走壤城[一名 迭巖城]·達含郡 主岑城·居烈州 萬興寺山城·歃良州 骨爭峴城을 축조했다.[26]

라고 하여 唐軍을 한반도에서 축출하는 과정에서 국방상의 要地에 대대적으로 山城을 축조하거나 重修하였다. 이러한 城 이름 가운데 '居烈州 萬興寺山城'이 보인다. 거열주는 지금의 경상남도 거창을 가리킨다. 만흥사산성은 이곳에 소재한 城 이름이 되겠다. 그런데 특이하게 '萬興寺'라는 사찰 이름이 보인다. 거열주에 소재한 어느 산성 부근에 만흥사라는 사찰이 소재하였음을 뜻하는 것으로 보인다. 여기서 만흥사산성은 거창의 乾興山古城을 가리키므로[27] 건흥산에 소재한 乾興寺가[28] 본시 萬興寺일 가능성을 제기해 준다. 이로써도 만흥사산성은 만흥사라는 사찰과 연계된 城임이 드러나게 된다.

이와 연관되는 동일한 성격의 성 이름이 백제에서 확인되어진다. 즉 신라가 백제회복운동을 진압하는 과정에서 "5일에 왕이 雞灘을 건너가 王興寺岑

---

24) 李丙燾, 『譯註 三國史記』, 乙酉文化社, 1976, 89쪽에서도 안양사를 "북한산성 내의 절인 듯"이라고 주석하였다.

25) 『續東文選』권5.

26) 『三國史記』권7, 문무왕 13년 조.

27) 『大東地志』居昌, 城池 條.

28) 『輿地圖書』居昌都護府, 寺刹 條.

城을 공격했다"[29]라는 기사에 보이는 '왕흥사잠성'이 그것이다. 물론 이 기사를 왕흥사와 잠성을 공격한 것으로 해석할 수도 있다. 그러나 '岑'은 '산봉우리'의 뜻을 지니고 있으므로, 岑城은 고유명사로서의 성격이 약해진다. 오히려 만흥사산성의 '산성'과 마찬가지로 '잠성'의 의미를 받아들이면 되겠다.

왕흥사는 600년(법왕 2)에 창건된 왕실 사찰이다.[30] 그 위치는 부소산에서 백마강을 건너 서북쪽에 소재한 蔚城山城 남쪽 기슭 일대로 비정되고 있다. 이곳에서 '王興'이라는 명문 기와가 출토되었기 때문이다. 바로 왕흥사지의 북쪽인 표고 120m 山頂에 둘레 350m의 규모로 축조된 테뫼식 산성인 울성산성이 왕흥사잠성이 되는 것이다.[31] 왕흥사는 산성 안에 소재한 사찰은 아니었다. 그럼에도 왕흥사와 연계되어 城 이름이 불리게 된 데에는 왕실의 흥륭을 기원하는 목적에서 창건된 王興寺가,[32] 王都의 운명을 좌우하는 백마강 북편의 要鎭인 울성산성을 鎭護해 주는 기능을 수행했기 때문으로 보겠다. 그렇지 않고서는 城 이름 앞에 사찰 이름이 붙여진 이유가 설명되지 않는다.

만흥사산성과 왕흥사잠성에는 모두 성과 연관된 만흥사와 왕흥사라는 사찰이 각각 소재하였던 것이다. 그러면 이처럼 성과 연계된 사찰은 어떤 기능을 하였을까?[33] 城이라는 방어시설이 그 안에 거주하거나 籠城하는 주민들을 보호해주는 공간이라는 점을 고려할 때, 그와 관련한 역할을 하였을 것으로 보인다. 즉 攻城을 받았을 때 城을 지켜주고 또 성안의 주민들을 정신적으

---

29) 『三國史記』 권5, 태종무열왕 7년 조. "五日 王行渡雉灘 攻王興寺岑城"

30) 『三國史記』 권27, 법왕 2년 조.

31) 백제문화개발연구원, 『忠南地域의 文化遺蹟』 제3집 扶餘郡篇, 1989, 184·279쪽.

32) 李道學, 「泗沘時代 百濟의 四方界山과 護國寺刹의 成立」 『百濟研究』 20, 1989, 125쪽.

33) 城과 寺刹과의 관련성은 백제 가림성 서쪽의 印江寺址, 부여 청마산성 서쪽의 寺址, 문의 양성산성 남쪽의 寺址, 청원 구녀성 안의 九女寺 등등에서도 확인된다. 이러한 사찰은 단순한 祈福寺刹이기 보다는 護國裨補寺刹로서, 백제성에 나타나는 두드러진 특징이라고 한다(李元根, 「三國時代 城郭研究」, 단국대학교 박사학위논문, 1980, 588쪽).

로 慰撫해 주는 구심처로서의 기능을 생각해 봄직하다. 이러한 寺刹은 의심할 나위없이 城民들에 대한 鎭護 기능을 맡았던 공간이었을 것이다.[34)]

　백제 왕흥사잠성의 왕흥사가 그러한 목적을 지니고 조영된 사찰이었다. 이러한 성격의 사찰 운영은 신라에 영향을 미쳤던 게 분명하다고 보여지는데, 기록에서 그 一角이 포착된 만흥사산성이 아닐까? 요컨대 이러한 사실은 陵墓 鎭護와 관련해서 조영된 사찰의 공간적 범위가 산성으로까지 확대되고 있음을 뜻한다. 陵墓寺刹은 분명 내세관의 산물이지만, 그러나 陵墓와 山城의 경우 모두 鎭護라는 측면에서는 그 본질적 차이가 없기 때문이다. 그와 더불어 군사 거점인 산성과 연계된 진호사찰에는 武具가 비축되었을 것으로 짐작된다. 또 그러한 선상에서 僧兵의 기원을 상정해 볼 수 있지 않을까? 비록 후대의 문헌이기는 하지만, 『고려사』에서 "당태종이 본국을 정벌할 때 본국(고구려)에서는 僧軍 3만을 징발하여 이들을 격파했다"[35)]고 하여 승병에 관한 기록이 보이기 때문이다. 우리나라 僧兵의 기원은 삼국시기의 산성과 연계된 그 鎭護寺刹에서 찾을 수 있지 않을까 한다.

Ⅲ. 맺음말

　지금까지 살펴 본 바 古新羅의 사찰 가운데는 왕실의 원찰로서 창건된 경우가 확인되었다. 哀公寺는 法興王家의 追福寺刹이었고, 永敬寺는 眞智王家의 追福寺刹로 밝혀졌다. 그리고 五陵 부근에 소재하였던 祇園寺와 實際寺는 前王族인 朴氏 王家의 追福寺刹로 추정하였다. 이것은 이미 일본 학계에서 일본 고대사 문제와 관련하여 지적한 바 있듯이, 장대한 마운드와 대규모 노

---

34) 山城 안에 사찰이 조영된 경우는 허다하게 많은데 주류성으로 비정되고 있는 부안 위 금암산성 안의 妙巖寺 등을 꼽을 수 있다(『文獻備考』 권27, 輿地考, 城郭 條).

35) 『高麗史』 권113, 최영전. "唐太宗征本國 本國發僧軍三萬 擊破之"

동력이 동원되는 巨大 古墳에 쏟던 열정이 고등 종교인 불교가 유입됨에 따라 氏寺 創建으로 옮겨지는 것과 동일한 軌上에서 파악된다.

그런데 이러한 움직임은 그 이전에 이미 고구려의 定陵寺와 백제의 陵山里 절터를 통해서 확인되었다. 고구려와 백제에서 陵寺가 존재하였음이 밝혀진 이상, 그러한 線上에서 後發走者로서 이들 국가보다 불교를 늦게 수용한 신라에 그와 동일한 성격의 사찰들이 창건되는 배경을 생각해 볼 수 있었다.

신라는 진평왕이 釋迦의 아버지인 白淨으로, 그 왕비가 釋迦의 어머니인 摩耶夫人의 이름을 칭했고, 왕족들이 불교식 이름을 유행처럼 사용하였듯이, 국왕을 정점으로 한 강력한 佛國土國家에 대한 의지를 지니고 있었다. 그랬기에 왕실 先導 하에 불교는 일반에 파급되어 갔다. 그 결과 陵墓의 鎭護 機能은 祠廟 일변도에서 벗어나 寺刹로 옮겨 가는 추세를 보이면서 兩者는 상호 共存하는 형세였다.

이러한 線上에서 寺刹의 鎭護 機能은 一路 확대되었던 바, 三國이 對峙하는 불안정한 動亂의 시기에 일반 주민들과 지역에 대한 防禦據點으로서 중요한 역할을 했던 山城과 긴밀한 관련을 맺으면서 위상을 확립하였다. 대표적인 사찰이 왕실의 흥륭을 기원하기 위한 목적으로 창건된 백제 王興寺였다. 왕흥사는 수도 방비에 긴요한 역할을 하는 그 인근인 현재의 부여 백마강 북편에 소재한 岑城(울성산성)을 진호하는 역할을 지녔다. 그랬기에 그와 연계된 울성산성을 '王興寺岑城'이라고 하였다. 이는 신라에도 응당 영향을 미쳤던 바 北漢山城 안의 安養寺와, 萬興寺山城의 萬興寺의 존재가 그것을 웅변해 주고 있다. 이러한 맥락에서 우리나라 僧兵의 기원도 찾아 볼 수 있지 않을까 한다.

朝鮮朝에 이르러서도 산성 안에 많은 사찰을 창건하여 산성을 관리하게 하였기에, 현존하는 산성에 사찰이 소재한 경우를 보게 된다. 광주 남한산성이나 공주 공산성 안의 사찰들이 著例가 되겠는데, 그 淵源을 삼국시대의 山城과 연계된 鎭護寺刹에서 찾을 수 있겠다.

4장
任那諸國內 '加羅聯盟'의 勢力 變遷과 對外 關係

Ⅰ. 머리말

흔히 加耶 즉 加羅라고 하면 聯盟을 연상한다. 동시에 가야연맹의 공간적 범위를 지금의 경상북도 서북부 일부와 경상남도 일원 전체를 가리키는 것으로 생각하기 마련이다. 그렇다면 하나의 연맹체 속에 낙동강유역이나 남강유역의 諸國이 결속되어 있는 듯한 인상을 준다. 이러한 인상을 심어준데는 다음과 같은 5가야·6가야에 대한『삼국유사』기록이 크게 좌우했음이 분명하다.

五伽耶[『駕洛記』를 살펴 보면 贊에 이르기를 "하나의 자주색 끈이 드리워져 여섯 개의 둥근 알이 내려 왔다. 다섯 개는 각 邑으로 돌아가고, 한 개는 이 城에 있다"고 한 즉 한 개가 首露王이 되고 나머지 다섯 개는 각각 5가야의 임금이 되었다. 金官이 다섯의 數에 들어가지 않은 것은 당연하다. 그러나 『本朝史略』에서 金官까지 그 數에 넣고 昌寧을 더 기록한 것은 잘못이다].

阿羅[혹은 耶]伽耶[지금 咸安]·古寧伽耶[지금 咸寧]·大伽耶[지금 高靈]·星山伽耶[지금 京山 혹은 碧珍]·小伽耶[지금 固城]이라고도 한다. 또『본조사략』에는 태조 天福 5년 庚子에 5가야의 이름을 고쳤으니, 첫째는 금관[金海府가

되었다]이다. 둘째는 고령[加利縣이 되었다]이다. 셋째는 非火[지금 창녕이니, 아마 高靈의 그릇된 것인 듯하다]이다. 나머지 둘은 아라와 성산[앞에서와 같다. 星山은 혹은 碧珍伽倻라고도 한다]라고 하였다.[1]

　그러나 5가야·6가야는 당시의 국호가 아니라 신라 말 고려 초에 이들 지역을 기반으로 등장한 호족들이 자신들이 신라로부터 독립할 수 있는 정체성을 찾는 과정에서 생성되었다고 한다.[2] 당시의 정치 상황과 시대상을 생생하게 전하는『일본서기』나 「양직공도」 등 어떤 문헌이나 금석문에도 '△△伽耶'라고 하여 伽耶를 접미어로 한 5가야나 6가야의 존재는 보이지 않는다. 실제는 이들 지역에 5가야나 6가야를 넘어 그 보다 훨씬 많은 소국들이 난립한 양상이었다. 당시 소국들의 실태와 존재 양상을 전해주는『일본서기』에 따른다면 상호 간에 정치적 이해를 공유하는 측면이 없는 것은 아니지만 생각보다 많은 소국들이 병립한 상황이었다.

　문제는 이들 세력이 적어도 加羅를 정치적 공통분모로 한 연맹체는 아니었다.[3] 상기한 지리적 공간 속에 산재한 숱한 소국 가운데 단 2個 國만 加羅혹은 南加羅라는 국명으로 모습을 드러내고 있을 뿐이었다. 이들 세력 전체를 포괄하는 국호는 任那였던 것이다. 즉 "임나가 멸망했다. 통털어서 임나라고 하는데, 개별적으로는 加羅國·安羅國·斯二岐國·多羅國·卒麻國·古嵯國·子他國·散半下國·乞飡國·稔禮國 합해서 10國이다"[4]라는 기사에서처럼任那는 낙동강유역이나 남강유역 諸國에 대한 總稱으로 사용되었다. 즉 任那

---

1)『三國遺事』권2, 紀異, 五伽耶 條.

2) 金泰植,「加耶의 社會發展段階」『한국 고대국가의 형성』, 민음사, 1990, 55~56쪽.

3) 이에 대한 학설사적인 정리는 白承玉,『加耶各國史硏究』, 혜안, 2003, 15~35쪽에
　　보인다.

4)『日本書紀』권19, 欽明 23년 조.

국호의 이동과 광역화가 확인되는 것이다. 실제『일본서기』에 보이는 지금의 서부 경남 지역에 속하는 '任那四縣'이나 '任那의 下韓'도 그러한 인식을 반영하고 있다.

그러나 汎稱으로서의 任那는 후대 인식의 소급·적용일 뿐이었다. 「광개토 왕릉비문」에 보이는 400년 당시의 南征 속에서 任那加羅는 한 개의 정치 세력 즉 단일한 국가를 가리키는 것처럼 적혀 있었다. 그러므로 任那는 通時的으로 이들 지역 전체 세력을 대표하는 국호나 연맹체 이름으로는 한계가 있음을 알 수 있다. 그렇다면 지금의 낙동강유역과 남강유역의 소국 연맹체를 가리키는 대명사격으로 현재 학계에서 사용되는 加羅의 공간적 범위는 어디에서 시작되었을까? 加羅가 가리키는 정치 세력의 범위를 분명히할 필요가 있었다. 이와 더불어 고령 세력을 가리키는 게 분명해 보이지만 6세기 초반이라는 한정된 시점에만 등장하는 伴跛國이라는 국호의 사용 배경이다. 지금까지의 연구는 반파가 고령의 대가야를 가리키는 지 與否를 증명하는 데만 치중한 것 같다. '반파'라는 別號가 등장한 배경에 대해서는 별반 심도 있는 논의가 없었다.

본고에서는 분명 2개 國의 조합어에서 출발한 任那加羅의 성격을 2개 國 연합체 즉 연맹으로 설정해 보았다. 그러면서 이러한 연합체의 해체와 국제 무대에 加羅國의 독자적인 등장 배경과 낙동강유역과 남강유역의 諸小國들을 任那라는 총칭으로 일컫게 된 배경을 고찰하고자 했다. 아울러 加羅聯盟의 기원이 되었던 김해 세력이 지닌 상징성을 찾아 보고자 하였다. 이와 관련해 낙동강유역과 남강유역 소국 연맹체를 가리키는 범칭으로서 '加耶諸國'은 적절하지 않음을 알 수 있다. 그렇다고 할 때 그 대안으로 '任那日本府'를 비롯한 말끔하지 않은 이미지가 연상되기는 하지만 당시 상황을 전하는 사료의 기록을 주목하는 것도 한 방법 같아 보인다. 이러한 맥락에서 본다면 이 지역

정치 세력에 대한 總稱으로 일컬어진 '任那諸國'[5]은 역사적 용어인 만큼, 차라리 '가야제국'이나 '가야연맹' 보다는 적합한 용어가 아닐까 싶다. 실제 '任那諸國'은 唐代에 편찬된 『通典』에서도 加羅와 구분지어 "(新羅) … 遂致强盛因襲加羅·任那諸國滅之"[6]라고 하여 보이기 때문이다. 물론 여기서는 가라(고령)와 임나(김해)는 별개의 세력으로 구분되었다. 그러나 欽明 23년 조에서 보듯이 임나제국은 '가라연맹'이 해체된 후에는 이들 세력까지 포괄한 總稱으로 사용되었기 때문이다.

본고의 작성과 관련해 지금까지 연구에서 보인 억지춘향식 지명비정에서는 과감히 벗어날 필요가 있다. 신뢰할 수 없는 지명 비정에 근거해서 논리를 계속 펼쳐나갈 수는 없다고 본다. 게다가 『일본서기』 자체도 상호 모순된 기록들이 많다는 것이다. 일례로 任那에 관한 기록만 보더라도 선후가 바뀌고 일관성이 없는 등 사료 자체의 신뢰도가 떨어지는 경우가 많다. 그리고 서로 다른 증언을 하고 있는 사료 가운데 적절한 대안을 제시하지 못한 채 어느 한쪽만 토대로 해서 논지를 전개한 경우도 적지 않았다. 요컨대 가라사 관련 사료 자체가 지닌 한계로 인해 기왕의 加羅像은 언제든지 재검토될 수 있다. 본고는 가라사 연구가 지닌 태생적 한계를 염두에 두고 작성하였다.

Ⅱ. 狗邪國과 半路國에서 加羅로의 改號

6세기 초에 伴跛라는 세력이 史書에 불쑥 등장하고 있다. 이 세력의 성격을 분석하기 위해서는 다음과 같은 『일본서기』의 관련 기사를 놓고 살펴 보는 일이 선결되어야 한다. 즉 이때 伴跛는 백제와 영역을 놓고 갈등하였는데 다

---

5) 『日本書紀』 권19, 欽明 15년 12월 조.
6) 『通典』 권185, 邊防 1, 新羅.

음과 같이 보인다.

> • (백제가) 따로 奏하여 "伴跛國이 臣의 나라 己文의 땅을 탈취했습니다. 엎드려 바라옵건대 天恩을 내려 판단하여 본국에 속하도록 돌려주십시오"(계체 7년 6월 조).

> • 冬 11월 辛亥朔 乙卯에 조정에서 백제의 姐彌文貴將軍, 斯羅의 文得至, 安羅의 辛已奚 및 賁巴委佐, 伴跛의 旣展奚 및 竹汶至 등을 나란히 세우고 恩勅을 내렸다. 己汶 滯沙를 백제국에 주었다. 이 달에 伴跛國이 戢支를 보내 珍寶를 바치고, 己汶의 땅을 달라고 하였다(계체 7년 11월 조).

> • 3월에 伴跛가 子呑 帶沙에 성을 쌓아 滿奚에 연결하고, 봉화를 올리는 곳과 식량을 두는 창고를 만들어 일본에 대비하였다. 또 爾列比, 麻須比에 성을 쌓고, 麻且奚·推封에 연결하였다. 사졸과 무기를 모아 신라를 공박하였다. 자녀를 약취하고, 촌읍을 약탈했다. 흉적이 가는 곳에 남는 것이 드물었다. 포학 사치하고, 괴롭히고 침략하고 살상이 많았다. 이루 다 기재할 수가 없었다(계체 8년 3월 조).

> • 이 달[2월]에 沙都島에 이르러 소문에 伴跛人이 (倭에) 원한을 품고 강한 것을 믿고 포악한 일을 마음대로 한다고 들었다. 고로 物部連이 수군 500을 거느리고 帶沙江으로 직행하였다. 文貴將軍은 신라를 경유하여 귀국하였다. 夏 4월 物部連이 帶沙江에 머무른 지 6일, 伴跛가 군사를 일으켜 나아가 쳤다(계체 9년 조).

위의 기사를 놓고 볼 때 伴跛에 관한 몇 가지 정리가 가능해진다. 즉 伴跛는 시점상으로는 계체 7년(513)에서 9년(515) 즉 무녕왕대(501~523)에만 보인다. 그리고 반파는 기문의 땅을 놓고 백제와 대립하였다. 이러한 영유권 분쟁에 개입한 倭는 伴跛 대신 백제편을 들어주었다. 곧 백제의 입장에서 볼 때 伴跛는 적개감을 가질 수 있는 대상이었다. 이는 백제 편을 들어주었다는 왜의 경우도 마찬 가지 입장에 속한다. 계체 8년 3월 조에 보면 만행을 저질렀다는 伴跛에 대한 왜측의 악감정이 고스란히 남아 있기 때문이다. 惡感이나 적개감은 흔히 국호에 대한 卑稱이나 蔑稱으로 표출되고는 한다. 가령 「광개토왕릉비문」에서 고구려가 백제를 '百殘'으로 일컬은 게 著例인 것이다. 그 밖에 동일한 사례로는 백제가 고구려를 '狛'으로, 그리고 "德業日新 網羅四方"[7]이라는 웅대한 의미에서 取한 新羅 국호를 제끼고 군이 舊號인 '斯羅'로 일컬은 데서도 알 수 있다.[8] 이러한 맥락에서 볼 때 伴跛는 비칭이요 멸칭이 분명하다. 이와 관련해 「양직공도」에서 '百濟旁小國' 명단에 보이는 '叛波'가 주목된다. 이 叛波가 伴跛를 가리킴은 그 시점이 무녕왕대로 동일하고, 백제가 적개감을 가질 수 있는 대상일 뿐 아니라 양자 간의 음상사로 볼 때 그렇게 확정할 수 있다. 伴跛와 叛波는 분명히 비칭이요 멸칭이다. 그러면 이렇게 일컬은 주체는 누구일까?

계체 7년·8년·9년 조의 분쟁 주체인 '百濟와 伴跛'가 앞서의 동일한 기사를 수록한 것으로 보이는 계체 23년 조에서는 '百濟와 加羅'로 등장한다. 전자의 경우는 백제측의 입장에서, 후자는 가라의 입장에서 나온 표기라고 하겠다. 여기서 백제에서는 '반파'라고 일컬은 데 반해 당사자 스스로는 '가라'라고 한 것이다. 이로 보아 伴跛=加羅로 간주할 수 있으며,[9] 동일한 國을 이해관계에 따라 상이하게 호칭했음을 알 수 있다. 그러므로 4세기경에는 고령 지역이 반로국 단계에서 대가라로 발전했다는 주장은 수긍이 어렵다. 6세기경에도 반파국이라는 국호가 여전히 사용되었거니와 '반파국·가라' 표기는 기실 이해 당사자에 따른 동일 세력에 대한 異稱이었기 때문이다.

---

7) 『三國史記』 권4, 智證麻立干 4년 조.

8) 『日本書紀』 권19, 欽明 15년 12월 조.

9) 金泰植, 『加耶聯盟史』, 일조각, 1993, 102쪽.

그러면 伴跛와 叛波는 어떤 국호에서 기원했을까? 百濟에서 百殘이라는 멸칭이 비롯되었듯이 반파 역시 유사한 국호에서 유래했다고 볼 수 있다. 이러한 맥락에서 볼 때 『삼국지』에 등장하는 弁辰 半路國이 주목된다. 半路國의 '路'를 '跛'의 誤記로 보아 伴跛國과 연결시키고 있다.[10] 字形과 音이 相似하다는 점에서 볼 때 伴跛와 叛波는 半路國에서 기원했을 가능성은 높다. 그러면 伴跛國은 어디에 소재하였을까? 이와 관련해 경상북도 星州를 삼국시대 때 本彼縣이라고 하였으므로[11] 결부지어 볼 수 있다. 혹은 半路는 '벌'로 읽기 때문에 별[星]의 뜻이니 星山加耶 즉 지금의 성주로 비정했다.[12] 어쨌든 성주에 소재한 本彼=伴跛와 音과 字形이 유사한 國名, 가령 本蜱·本豹·本跋·本跎·本跑 쯤이 半路國으로 誤記되었을 것 같다. 동시에 半路國은 경북 고령 지역을 거점으로 한 加羅와 동일시 되고 있다. 이러한 상황에서 양자를 모두 만족시키려면 성주의 본피국이 3세기대 이후 고령 지역으로 이동한 것으로 상정할 수 있다.[13] 그런 관계로 성주와 고령 2곳에 '본피' 관련 지명 곧 국명이 남겨지게 된 것이다.

주지하듯이 고령 지역에서 성장한 정치 세력은 大加羅였다. 그런데 半路國은 3세기 후반에 편찬된 『삼국지』外에는 그 존재가 명확하지 않다. 그렇지만 半路國을 6세기 전반 시점의 『일본서기』에 보이는 伴跛와 동일한 국호를 사용하는 세력이라고 할 때 그 존재는 최소한 이 무렵까지 건재한 것이다. 그런

10) 吉田東伍, 『日韓古史斷』, 1893.
    那珂通世, 「三韓考」『史學雜誌』 6-6, 1895.
    李丙燾, 「三韓問題의 新考察(六)」『震檀學報』 7, 1937.
    이상의 논문에 대한 소개는 金泰植, 『加耶聯盟史』, 일조각, 1993, 103쪽.

11) 『三國史記』 권34, 地理, 康州 星山郡 條.

12) 丹齋申采浩先生記念事業會, 「朝鮮上古史」『改訂版 丹齋申采浩全集』上, 1987, 108쪽.

13) 加羅의 공간적 범위를 성주와 고령으로 설정한 견해도 있다(山尾幸久, 「任那に關する 一試論」『古代東アジア史論集』下, 吉川弘文館, 1978, 206쪽).

데 '伴跋'는 무령왕대에, 그것도 기문과 대사에 대한 분쟁과 결부되어 잠깐 보이다가 사라진다. 6세기 전반 고령 지역의 정치 세력은 주지하듯이 대외적으로는 '加羅'로 표기된 대가야인 것이다. 『삼국사기』에서 이 무렵에 '加羅'로 표기된 세력은 역시 대가야를 가리킴은 두말할 나위 없다. 그렇다고 할 때 제한된 시점에만 등장할 뿐 아니라 더구나 멸칭인 '伴跋'는 당시의 공식적인 국호일 수 없다. 백제나 왜가 가라의 본디 이름을 끄집어내 폄칭한 것이었다. 당시 백제와 왜의 불편한 심기가 반영된 것이다. 그러면 半路國은 어느 때부터 加羅 국호를 사용한 것일까?

『일본서기』신공 49년 조를 보면 다음과 같이 加羅와 南加羅가 등장한다.

> ······ 그리고 比自烋·南加羅·㖨國·安羅·多羅·卓淳·加羅의 7國을 평정하였다. 이에 군대를 옮겨 서쪽으로 돌아 古奚津에 이르러 南蠻의 忱彌多禮를 屠戮하여 백제에 賜하였다. ······ 14)

위의 기사에 보이는 加羅는 고령 세력을, 南加羅는 김해 세력을 가리킴은 주지의 사실이다. 김해 세력을 남가라로 일컬었음은 다음에 보인다.

- 加耶郡에 金官小京을 설치했다.15)

- 庾信의 碑에도 "軒轅의 후예요 소호의 자손이다"고 하였으니, 南加耶의 시조 수로와 신라는 같은 성씨였다.16)

- 近江毛野臣이 군사 6만을 이끌고 임나에 가서 신라에게 멸망당한 南加

---

14) 『日本書紀』권9, 神功 49년 조.

15) 『三國史記』권7, 文武王 20년 조.

16) 『三國史記』권41, 金庾信傳.

羅·喙己呑을 다시 세워 임나에 합치고자 하였다.[17]

• 남가라는 땅이 협소하여 불의의 습격에 방비할 수 없었고 의지할 바도 알지 못하여 이로 인하여 망하였다.[18]

• 신라에게 빼앗긴 나라인 남가라와 喙己呑 등을 취하여 본래대로 돌이켜 임나에 옮기고 ⋯ 천황이 조칙을 내려 남가라·喙己呑을 세우라고 권한 것은 ⋯[19]

위의 첫 기록을 통해 金海 지역은 532년 신라에 병합된 후 加耶郡에 편제되었음을 알 수 있다. 國號인 加耶를 郡名으로 삼은 것이다. 이는 뒤에서 詳述하겠지만 신라가 高靈의 대가라를 大加耶郡으로 편제한 것과 동일한 사례에 속한다. 아울러 적어도 369년의 시점에서 고령과 김해 세력은 '加羅'를 공유하는 관계였음이 드러난다. 이 사실은 양자가 연맹관계였음을 웅변해 준다. 이는 김해 세력을 멸망 후에도 여전히 '가라'로 일컬은 점에서도 뒷받침된다. 즉 "무릇 喙國의 멸망은 函跛旱岐가 가라국에 두 마음을 품어 신라에 내응하고 加羅는 밖에서 싸움으로써 이로 말미암아 망한 것이다"[20]라고 하여 544년의 시점에서 망한 加羅는 김해 세력이 분명하기 때문이다. 그러면 해변의 김해 세력이 내륙의 고령 세력과 연맹을 결성하게 된 동기는 무엇이었을까? 양국은 일단 지리적으로 격절된 것처럼 보인다. 그럼에도 연맹을 결성했을 때는 공유하는 이익이 전제되었기 때문일 것이다. 우선 양국은 지리적으로 격절된 것 처럼 보이지만, 낙동강을 매개로 연결되고 있다. 낙동강 하구의 김해 세력과 낙동강 중류의 고령 세력은 낙동강을 水路로 하는 經濟圈을

---

17) 『日本書紀』 권17, 繼體 21년 조.
18) 『日本書紀』 권19, 欽明 2년 4월 조.
19) 『日本書紀』 권19, 欽明 2년 7월 조.
20) 『日本書紀』 권19, 欽明 5년 조.

공유하고 있었다.[21] 그런데 4세기대에 접어들면서 낙동강을 매개로 하는 水路 공동체는 크나 큰 위기에 직면하였다. 우선 낙랑군과 대방군이 한반도에서 각각 축출됨에 따라 이곳과의 主去來 窓口였던 김해 세력이 크게 타격을 입게 되었음은 널리 알려진 사실이다.

이와 관련해 교역 중개지로서 김해 세력의 비중과 결부지어 고대 해상교통로를 상기해 본다. 고조선이 멸망하고 중국군현이 설치된 후 황해 연안에서 한반도의 서남해안으로, 그리고 일본열도로 다시금 이어지는 線으로 하여 航路가 본격적으로 개척되면서 교섭도 일층 활기를 띠었다. 3세기 후반에 쓰여진 『삼국지』에 의하면 황해도에 설치된 대방군에서 왜에 이르기까지의 里程 기록을 "郡에서 倭에 이르기까지는 海岸을 돌아 水行하여 韓國을 지난다"[22] 라고 하였다. 그러면서 교역선들이 해안선을 따라 沿岸航海를 하는 구절에 "到其北岸狗邪韓國"라는 문구를 덧붙여 중간 寄航地로서 김해 지역에 자리잡은 狗邪韓國의 존재를 特記하고 있다. 이러한 사실은 해상교통의 요지에 자리잡은 구야한국이 중개 무역지로서 번성했음을 짐작하게 한다.[23] 그런데 중국군현을 매개로 한 중국 창구의 붕괴는 그것을 매개로 교역의 주도권을 쥐었던 김해 세력의 입지를 크게 약화시키고도 남았다.

---

21) 권주현, 「樂師 于勒과 宜寧地域의 加耶史' 종합 토론」『악사 우륵과 의령 지역의 가야사』, 의령군, 2009, 393쪽. "낙동강의 상류와 하류를 중심으로 상하가라를 칭할 수 있고, 강을 중심으로 한 수로 교통을 두고 보면 그렇게 멀리 있는 지역이 아니라고 봅니다. 또 대가야 건국신화에 형제 관념이 나오는 것을 볼 때, 물론 신화 속의 내용이기는 하지만, 두 가라가 상당히 긴밀하게 엮여 있던 시기를 배경으로 신화가 만들어졌을 가능성이 있기 때문에 下加羅都는 김해로 봐야 한다고 생각합니다"고 했다. 그런데 이러한 주장은 李道學, 「加羅聯盟과 高句麗」『가야와 광개토대왕』 제9회 가야사 국제학술회의, 2003;『고구려 광개토왕릉비문 연구』, 2006, 436~442쪽에 이미 보인다.

22) 『三國志』 권30, 倭人 條. "從郡至倭 循海岸水行 歷韓國"

23) 李道學, 「百濟의 交易網과 그 體系의 變遷」『韓國學報』 63, 1991, 70쪽.

구야국은 4세기 중후반경에 해변인 창원 지역에 소재한 卓淳國[24)의 대두로 對倭 교역로가 위협을 받게 되었다. 탁순국과 왜와의 交易 조짐이 포착되었기 때문이다. 그러한 탁순국을 매개로 백제가 개입하여 일본열도로 이어지는 교역체계를 장악하려는 움직임마저 나타났다.[25) 364년에 백제는 일본열도와의 교섭을 시도할 목적으로 지금의 경남 남해안까지 사신을 파견하였다. 그 결과 366년에 왜와 교섭하고 있던 卓淳國에 파견된 倭使를 백제로 초청하여 五色綵絹 각 1匹과 角弓箭 그리고 鐵鋌 40枚를 선물하였다. 이 때 백제는 "우리나라에는 진귀한 보물이 많다. 貴國에 貢上하려 생각하고 있으나 道路를 몰라 마음만 있을 뿐 실현하지 못하고 있다. 그러나 다시 이번 使者에 부탁하고 계속하여 貢物을 바치겠다"[26)라고 하여, 왜측의 강한 구매욕구를 촉발시키고 있다. 이 문구는 물론 과장되고 윤색된 『일본서기』의 기록이지만, 당시 양국 간 교섭의 성격을 이해하는데 도움을 주는 자료라고 하겠다.

우선 백제가 왜 사신에게 내린 물품 가운데 견직물인 채견은 倭 지배세력의 豪奢品이었을 것이다. 그리고 기마전 무기인 角弓箭, 무력기반의 확대와 생산력 증대를 위한 철소재인 동시에 유통 수단이기도 하였던 鐵鋌 등은 왜측의 관심을 끌었음이 분명하다. 고고학적으로도 입증되고 있듯이 왜는 4세기대 이래로 중국과의 교섭이 두절된 상황이었다.[27) 그러므로 왜가 중국을 대신하여 교역 중심지로 부상한 백제와의 교역을 열망하고 있었음은 헤아리기 어렵지 않다. 때문에 양국 간의 교역로 개척은 어렵지 않게 진행된 것으로

---

24) 今西龍, 『朝鮮古史の硏究』, 近澤書店, 1937, 351쪽.

25) 이에 관한 논의는 李賢惠, 「加耶의 交易과 經濟」『한국 고대사 속의 가야』, 혜안, 2001, 332~334쪽이 참고된다.

26) 『日本書紀』권9, 神功 46년 조. "仍以五色綵絹各一匹 及角弓箭 幷鐵鋌四十枚 幣爾波移 便復開寶藏 以示諸珍異曰 吾國多有是珍寶 欲貢貴國 不知道路 有志無從 然猶今付使者 尋貢獻耳"

27) 今井堯, 「古墳の樣相とその變遷」『日本考古學』(1), 1978, 248~251쪽.

보인다.[28]

이 같은 백제의 개입은 기존의 김해 세력 중심의 교역체계를 붕괴시킬 수 있었다. 김해 세력의 타격은 그에 의존하고 있던 내륙의 고령 세력 등에 연쇄적인 타격으로 이어지게 된다. 더구나 김해 세력의 입장에서 볼 때 백제가 내륙으로 낙동강유역에 진출하는 것을 저지하기 위해서는 소백산맥 西→東으로 이어지는 陸路上의 要地에 위치한 고령 세력의 도움이 필요하였다. 이러한 위기 의식이 양국 간 연맹 결성의 動機라고 하겠다.[29]

요컨대 고령 세력이 자국의 호칭을 버리고 김해 세력의 국호 속에 포함되었다는 것이다. 이는 양자 가운데 김해 세력이 주도권을 쥐었음을 뜻한다. 물론 신공 49년 조에는 加羅와 南加羅로 표기되어 고령 세력의 優位를 가리키는 듯하다. 그러나 이것은 어디까지나 『일본서기』 撰述 당시의 인식과 양국의 바뀐 위상에 기인한 것일 뿐이다. 여기서 요체는 金海의 狗邪國에서 기인한 加羅 국호를[30] 사용한 半路國의 등장이다.

문제는 구야국에서 가라국으로의 국호 개변이 의미하는 바가 되겠다. 신라의 경우는 국가의 내적·외적 성장에 따라 斯羅·斯盧 등으로 일컬었던 국호를 '新羅'로 확정한다. 그러면서 신라 국호가 지닌 의미를 "德業日新 網羅四方"에서 찾았다. 마찬 가지로 김해 세력은 狗邪와 音이 닮은 加耶를 비롯한

---

28) 李道學, 「百濟의 交易網과 그 體系의 變遷」 『韓國學報』 63, 1991, 75~76쪽.

29) 이상의 서술은 李道學, 「加羅聯盟과 高句麗」 『가야와 광개토대왕』, 제9회 가야사 국제학술회의, 2003; 『고구려 광개토왕릉비문 연구』, 서경문화사, 2006, 441~442쪽에 의하였다.

30) "'駕洛' 혹은 '狗邪'라 썼으니, 兩者가 다 '가라'의 吏讀文인 즉"이라고 하여 狗邪와 加羅를 일치시켜 해석했다(丹齋申采浩先生記念事業會, 「朝鮮上古史」 『改訂版 丹齋申采浩全集』 上 1987, 143쪽).
   金廷鶴, 「任那日本府에 대하여」 『韓國上古史研究』, 범우사, 1992, 382쪽.
   李道學, 「高句麗의 洛東江流域 進出과 新羅·伽倻經營」 『國學研究』 2, 1988, 104~105쪽.

여러 표기 가운데 加羅로 국호를 확정지었던 것 같다. 여기에는 필시 어떤 이유가 따랐을 것으로 본다. '加羅'는 文字 그대로 '더하여 網羅한다'는 뜻이다. 곧 "두 세력이 연합하여 세상을 망라한다"는 의미가 된다. 김해 세력이 고령 세력과 연맹을 결성하면서 國勢 팽창을 기약하는 국호인 것이다.

Ⅲ. 任那加羅聯盟의 結成과 解體 및 加羅國의 등장

「광개토왕릉비문」을 비롯하여 『宋書』나 『삼국사기』 및 『일본서기』 등에 보면 임나가라의 존재가 보인다. 이러한 임나가라는 임나+가라의 합성어인지 아니면 단일 국호인지 확인이 필요하다. 우선 5세기대를 시간적 배경으로 해서 任那加羅의 존재가 다음과 같이 등장한다.

- [400년] "十年庚子 敎遣步騎五萬 往救新羅 從男居城 至新羅城 倭滿其中 官軍方至 倭賊退△△背急追至任那加羅從拔城 城卽歸服 安羅人戍兵"[31]

- [438년(元嘉 15)] "自稱 使持節·都督·倭·百濟·新羅·任那·秦韓·慕韓六國諸軍事·安東大將軍·倭國王[32]

- [451년(元嘉 28)] "使持節·都督·倭·新羅·任那·加羅·秦韓·慕韓六國諸軍事·安東大將軍"[33]

- [478년(昇明 2)] "使持節·都督·倭·新羅·任那·加羅·秦韓·慕韓六國諸

---

31) 「광개토왕릉비문」 영락 10년 조.

32) 『宋書』 권97, 倭國 조.

33) 『宋書』 권97, 倭國 조.

軍事·安東大將軍·倭王"[34]

- [479년(建元 1)] "加羅王荷知款關海外 奉贄東遷 可授輔國將軍 本國王"[35]

- [654~661년(신라 태종무열왕 재위)] "臣本任那加良人"[36]

- [924년(경명왕 8)] "任那王族"[37]

「광개토왕릉비문」에서 400년 당시 任那加羅는 1개 國을 가리키는 것처럼 보인다. 그러나 倭王이 劉宋에 보낸 상표에서 任那加羅는 분명히 2개 國을 가리키고 있다. 즉 "倭·新羅·任那·加羅·秦韓·慕韓六國諸軍事"라고 하여 왜왕이 지닌 국명을 놓고 볼 때 6國의 숫자와 부합되기 때문이다. 사실 任那 加羅의 '那'와 '羅'는 '國'과 관련한 각각의 고유지명이나 국호에 붙는 접미이로 서 합당하다. 그런 만큼 「광개토왕릉비문」의 任那加羅는 2개 국의 합칭으로 보아야 한다. 여기서 加羅 국호는 狗邪國인 김해 세력에서 기인하였다. 그렇 지만 任那를 관칭한 任那加羅의 '加羅' 역시 김해 세력만을 가리키는지는 검 토가 요망된다. 신공 49년 조에 보면 고령 세력도 '가라'를 호칭하고 있기 때 문이다.

그러면 任那는 어떤 세력을 가리키는 것일까? 「진경대사비문」 등에서 보듯 이 任那는 南加羅 즉 김해 세력을 가리키는 것으로 간주하는 게 대세이다.[38]

---

34) 『宋書』 권97, 倭國 조.
35) 『南齊書』 권58, 동이전 가라국 조.
36) 『三國史記』 권46, 强首傳.
37) 「眞鏡大師碑文」.
38) 『三國史記』 권41, 金庾信傳 上. "開國 號曰加耶 後改爲金官國"라고 하였듯이 김해 지역의 국호인 가야를 금관국으로 고쳤다고 한다. 그러나 그 시점은 멸망 후 신라가 小京을 설치할 때 생겨난 것이라고 본다(李鎔賢, 『가야제국과 동아시아』, 통천문화사,

그리고 임나가라의 임나는 『일본서기』 훈독에 따르면 '미마나'로 읽게 된다. 이것을 '밑' 즉 '下'와 '맛' 즉 '上'의 뜻으로 해석해 보자. 그러면 '밑의 가라'와 '위의 가라,' 바꿔 말하면 '下·上加羅' 곧 '아래·위 가라'라는 2개 가라의 의미를 내재한 게 된다. 우륵 12曲 속의 上加羅都와 下加羅都 역시 이러한 추정을 뒷받침해 준다.

그런데 이러한 해석의 타당성 여부를 떠나 '임나가라' 국호 자체에 2개의 가라라는 의미가 내포되었기에 왜왕 武의 상표에서 2개 국으로 인식했음은 분명하다. 고령(加羅)+김해(任那) 2개 國은 공히 '임나가라'라는 연맹 이름에 포괄되는 존재였다. 물론 「광개토왕릉비문」에 보이는 任那加羅는 외형상으로는 2개 국을 포괄한다. 그렇지만 400년 고구려군의 南征과 관련한 戰場으로서 任那加羅는 김해 세력이 해당된다.

『통전』과 『한원』에서도 임나와 가라를 구분하여 2개의 세력으로 인식했다. 가령 『通典』에서 "(新羅) … 遂致强盛 因襲加羅·任那諸國滅之"[39]라고 하였다. 『한원』에서도 "今訊新羅耆老云 加羅·任那昔爲新羅所滅"라고 했다.[40] 그러나 「광개토왕릉비문」에 따르면 400년에는 임나와 가라를 연칭하고 있다. 김해와 고령 세력의 연합체를 임나가라라고 한 것이다. 곧 2개 소국 중심의 임나가라연맹 다시말해 上·下加羅聯盟의 결성을 알려준다. 그런데 438년 왜왕의 작호에는 任那만 보인다. 그러다가 왜에서는 451년에 와서야 개별 소국으로서 '任那·加羅'를 각각 운위하고 있다. 이 점은 홀시할 수도 있겠지만 의미를 부여한다면 얼마든지 가능한 사안이 된다. 즉 400년에 聯稱인 任

2007, 148쪽).

39) 『通典』 권185, 邊防 1, 新羅.

40) 여기서 加羅와 任那는 별개의 세력으로 구분되었다. 따라서 왜왕의 소위 관할권과 관련하여 숫자를 맞추기 위해 '任那加羅'를 '任那'와 '加羅' 2개 국으로 구분했다는 주장은 성립되지 않는다.

那加羅부터 438년에는 任那만 보이다가 분리된 정치세력으로서 '任那·加羅'가 재등장하는 451년 사이에 어떤 정치적인 변화가 야기되었을 가능성이다.

그 변화 시점은 말할 나위없이 400년 고구려군의 낙동강유역 출병에서 찾을 수 있다. 이때 任那加羅가 戰場이 되었고, 그로 인해 김해 세력이 타격을 입었음은 주지의 사실이다. 이로 인한 국력의 비대칭성으로 김해 세력은 고령 세력의 이탈을 막지 못한 관계로 양자는 각각 分立의 길을 걸었을 가능성이다. 곧 연맹관계의 해체가 시작된 것으로 볼 수 있다. 또 하나의 사건은 442년(신공 62)에 왜장 沙至比跪의 가라 토벌 기사는 신빙성이 의심되는 부분이 적지 않다. 그렇지만 이 기사의 요체는 이 무렵 대외관계에서 백제에 대한 가라의 의존도가 높아졌음을 뜻한다.[41] 바꿔 말해 이 사건은 가라 성장의 외적 배경이 되었을 것으로 보인다. 이와 더불어 고령에서 출토된 鐎斗의 경우는 백제에서 증여한 것으로 추정된다.[42] 곧 백제가 고령 세력을 지원했음을 뜻한다. 결국 고령 세력은 백제의 지원으로 성장이 가능했음을 암시해 준다.

任那加羅聯盟에서 戰場이 되지 않았던 관계로 세력을 온전하게 보존할 수 있었던 대상이 고령 세력이었다.[43] 고령 세력이 주변 제국들 사이에서 주도권을 쥘 수 있었던 배경은 백제의 지원 뿐 아니라 주변 정세에 말미암은 바 크다고 하겠다. 427년에 고구려는 평양성으로 천도를 단행했다. 고구려의 중심축이 남하함에 따라 한반도 남부 제국에 위협이 되었음은 말할 나위 없다. 이에 대한 대응으로 433년에 백제와 신라는 나제동맹을 체결하였다.

이러한 위기 의식 속에서 상대적으로 고구려의 위협에 대한 체감도가 높을

---

41) 井上直樹, 「고구려의 남진과 백제와 가야제국」『5~6세기 동아시아의 국제정세와 대가야』, 2007, 314~315쪽.

42) 李道學, 『백제고대국가연구』, 일지사, 1995, 193~194쪽.

43) 金泰植, 『加耶聯盟史』, 일조각, 1993, 104쪽.

수밖에 없는 任那 北部諸國 사이에서 고령의 加羅가 대두된 것으로 보인다. 가라는 지리적으로 백제나 신라에 비해 고구려와 공간적으로 격절되어 있다. 그러나 400년 고구려군의 남정에 따라 그 위협을 누구 보다 체감했던 세력이 김해와 더불어 고령 세력이었다. 더구나 고구려는 소백산맥 이남으로까지 세력을 확대하고 있었다. 낙동강 상류인 안동의 임하 지역을 비롯한 그 동남부 일대가 고구려 영역이 되었던 것이다.[44] 이러한 흐름에 편승한 위기 의식 속에서 주변 제국들을 엮어서 세력을 확대시킨 加羅는 倭의 눈에 선명하게 浮刻되었을 정도로 괄목할만한 성장을 이루었던 것으로 보인다. 그러한 관계로 加羅의 존재는 451년에는 기존의 任那와 어깨를 나란히 할 정도로 倭 정권으로부터 인정받았던 것 같다. 그러나 가라의 실제적인 세력 규모는 임나를 훨씬 능가하고 있었다.

加羅의 성장 분기점은 고구려의 强襲으로 백제의 한성이 함락되는 475년 말 이후라고 할 수 있다. 전란과 내분을 피한 백제 주민들의 집단 이주와 더불어 백제 중앙권력의 지방에 대한 통제 이완을 기화로 가라는 성장의 旗幟를 올렸던 것 같다. 그러한 가라 성장의 결정체가 479년 南齊에 사신을 보내 보국장군 본국왕으로의 책봉을 받은 일이라고 하겠다. 이후 백제는 격화된 내분 선상에서 문주왕이 피살되었다. 고구려의 군사적 압박과 내분으로 인해 백제가 주변 제국에 대한 통제력을 상실한 틈을 타고 가라의 성장은 한층 촉진되었다.[45] 남제로부터의 책봉은 가라왕 하지의 지위가 국제적으로 공인되었음과 더불어 백제의 영향력에서 벗어났음을 대내외에 선포한 일대 사건이었다. 바꿔 말해 가라가 백제의 東進을 저지하고 任那諸國의 맹주로 인정될

---

44) 李道學, 「高句麗의 洛東江流域 進出과 新羅·伽倻 經營」 『國學研究』 2, 1988.
   李道學, 『고구려 광개토왕릉비문 연구』, 서경문화사, 2006, 409쪽.
45) 李道學, 「漢城末·熊津時代 百濟王位繼承과 王權의 性格」 『韓國史研究』 50·51合輯, 1985, 22쪽.

수 있는 위상의 확보를 뜻한다. 그랬기에 대가야연맹설이 제기되었지만, 결속을 높이는 계기에 불과하다는 평가도 제기되었다.[46]

어쨌든 임나가라연맹을 깨고 독자노선을 택한 가라의 위상은 주변 지역으로 확산되어 나갔다. 이는 대가야식 묘제 및 토기의 확산과 맞물려서 드러나고 있다.[47] 이러한 가운데 가라는 백제와 대등하게 공동의 敵으로 인식한 고구려에 대처하였다. 481년에 고구려와 말갈이 신라의 미질부로 진군하자 가야 곧 가라가 백제와 함께 원군을 파견하여 막은데서 잘 드러난다.[48] 가라와 백제는 고구려에 공동 대처하는 상황 속에서 신라를 자국편으로 끌어들이기 위한 노력을 경주했을 법하다.[49] 실제 그러한 정황이 포착된다.

493년에 백제 동성왕은 신라에 사신을 파견하여 婚意를 전달했다. 그러자 신라 소지왕이 이찬 비지의 딸을 동성왕에게 시집보냈다.[50] 이러한 혼인동맹의 결과 494년에 백제는 살수원 전투에서 패한 신라군을 지원하여 고구려군을 격퇴시킬 수 있었다.[51] 495년에는 신라가 구원군을 파견하여 백제의 치양성을 포위하고 있던 고구려군을 격퇴시켰다.[52] 혼인동맹을 매개로 한 백제와 신라의 유착관계를 읽을 수 있다. 이러한 배경과 맞물려 496년에는 가라국왕이 꼬리가 5척이나 되는 흰꿩을 신라에 보낸 것은[53] 분명 의미 있는

---

46) 井上直樹, 「고구려의 남진과 백제와 가야제국」 『5∼6세기 동아시아의 국제정세와 대가야』, 2007, 320쪽.

47) 이에 대해서는 이형기, 「제3장 대가야시대의 고령」 『고령문화사대계』 1 - 역사편, 2008, 105쪽 참조.

48) 『三國史記』 권3, 炤知麻立干 3년 조.

49) 이에 대해서는 梁起錫, 「5世紀初 韓半島 情勢와 大加耶」 『5∼6세기 동아시아 국제정세와 대가야』, 2007, 42∼62쪽이 크게 참고된다.

50) 『三國史記』 권3, 炤知麻立干 15년 조.

51) 『三國史記』 권3, 炤知麻立干 16년 조.

52) 『三國史記』 권3, 炤知麻立干 17년 조.

53) 『三國史記』 권3, 炤知麻立干 18년 조.

제의였다. 백제와 신라의 유착은 자칫 가라의 고립 내지는 신라의 묵인 하에 백제의 가라에 대한 군사적 압박은 물론이고 영역 지배로까지 발전할 소지가 있었다. 바로 이 점을 간파한 가라국왕은 신라에 흰꿩을 선물함으로써 신라와 돈독한 유대관계를 구축하여 백제에 대한 견제 세력으로 활용하고자 한 것 같다.

고구려의 군사적 압박에 대한 공동 대처를 위해 백제와 신라가 共助하는 이면에는 가라의 성장과 독자성을 막으려는 백제의 企圖까지 포착된다. 이에 대응하는 차원에서 가라는 신라와의 우호관계를 통한 적극적인 자구책 모색에 나선 것으로 보인다. 결국 다음의 기사에서 보듯이 522년에는 가라가 신라와 國婚을 맺는데 성공하였다.

> • 봄 3월에 가야국 왕이 사신을 보내 혼인을 청하였으므로, 왕이 이찬 比助夫의 누이를 그에게 보냈다.[54]

> • 대가야국 월광태자는 正見의 10세손이다. 아버지는 異腦王인데, 신라에 구혼하여 이찬 比枝輩의 딸을 맞아 태자를 낳았다(『신증동국여지승람』 권29, 고령군 건치연혁 조).

위 2개의 기사는 동일한 사건을 가리키는 것으로 간주하는 데 이견이 없다.[55] 가라와 백제는 모두 신라와 국혼을 하게 된 것이다. 이로 인해 가라의

---

54) 『三國史記』 권4, 法興王 9년 조.

55) 이와 관련해 가실왕과 이뇌왕을 동일 인물로 간주하기도 한다. 가야와 신라와의 국혼을 한 가야왕을 이뇌왕으로 간주한다면, 이뇌왕은 522년 전후한 시기에 재위했던 인물이다. 가실왕은 540년대의 인물이다. 마지막 도설지왕은 562년까지 재위했던 왕이다. 이러한 시점 관계가 명료하게 밝혀져야만 공감을 얻을 것으로 본다. 특히 異腦王의 등장은 주목을 요한다고 하겠다. 異腦王의 '異腦'는 '골이 다르다'는 뜻인데, 가라 왕계상 다른 骨系의 등장을 시사하는 왕명인지도 모르겠다. 물론 단순한 音借

국격은 외형상 백제·신라와 동격이 된 셈이었다. 그럼에 따라 백제와 가라가 공히 신라와 국혼을 맺는 사이가 되었다. 백제가 신라와 국혼을 맺은 493년 부터 29년 후 곧 1세대가 지나 가라는 백제와 대등하게 신라와 국혼을 맺는 사이로 발전하였다. 이러한 정치적 배경에 힘 입어 加羅는 '大加羅'를 칭한 것으로 보인다. 加羅가 실제 大加羅를 칭했음은 다음의 기사를 통해 뒷받침된다.[56]

- 高靈郡은 본래 大加耶國이었는데, 시조 伊珍阿鼓王[또는 內珍朱智라고도 하였다]으로부터 道設智王까지 모두 16세 520년이었다. 眞興大王이 침공하여 멸망시키고 그 땅을 大加耶郡으로 삼았다.[57]

- 대가야국 월광태자는 正見의 10세손이다.[58]

전자는 진흥왕이 562년에 가라를 점령한 후 대가야군으로 행정 편제했다는 것이다. 후자의 기사는 최치원이 지은 『釋順應傳』에 수록된 내용이다. 그러므로 '대가야' 국호는 가라국 당시의 어느 시점에서 사용한 국호로 보아야 할 것 같다. 그 시점을 가라왕이 남제로부터 책봉된 479년으로 지목하는 견해가 많다. 그러나 이때는 가라가 백제의 영향력에서 벗어나 독자적인 행보를 시작했을 때였다.

이와 관련해 대가야 양식 토기의 분포 과정을 주목하지 않을 수 없다. 4세

로 간주할 수도 있겠지만, 이뇌왕의 '腦'는 복잡한 글자인 만큼 그 새김에 의미를 두어야 할 것 같다.

56) 후술하겠지만 '大加耶'는 어디까지나 신라인의 표기라고 하겠다. 加羅人 스스로의 표기는 '大加羅'였을 것이다.

57) 『三國史記』 권34, 地理 1, 康州 條.

58) 『新增東國輿地勝覽』 권29, 고령군 건치연혁 조.

기경에 조성된 대가야 양식 토기는 5세기 초에 완성되어 합천·남원 지역을 필두로, 5세기 중반에는 합천의 황강 상류, 5세기 말에는 거창·함양, 6세기 초에는 진주·고성, 6세기 중반에는 남해안과 마산·창원 등지로 확산되었다고 한다. 이를 통해 가라 세력의 확산을 감지할 수 있는 것이다.[59] 이 과정에서 가라는 기문의 땅을 놓고 백제와의 경쟁에서 패하고 말았다. 그렇지만 이로부터 7년 쯤 후에 가라는 신라에 접근하여 백제를 견제할 수 있는 확고한 정치적 장치로서 국혼을 성사시킨 것이다. 이 사실은 가라왕의 권위를 고양시켜 주고도 남았다. 이러한 분위기를 배경으로 백제·신라와 대등한 존재로서 대가라를 일컬은 것으로 보인다.

다시 부연한다면 가라는 479년에 책봉을 통해 백제의 영향력에서 벗어나 독자적인 행보를 시작하였다. 이와 맞물려 가라는 꾸준히 세력을 확장시켜 급기야는 섬진강 하구의 지배권을 놓고 백제와 다툴 정도로 성장을 거듭했던 것이다. 요컨대 479~522년까지가 가라의 전성기로서 명실상부한 '대가야'라고 할 수 있다.

앞서 언급했듯이 가라는 기문과 대사의 영역에 대한 지배권을 놓고 백제와 513~515년까지 대립하였다. 6세기 초 기문을 에워싼 영유권 다툼에서 백제와 왜는 고령 세력에 대한 적개감을 표출했다. 즉 가라의 本名格인 '半路'를 꼬투리로 한 반파라는 멸칭을 창작한 것이다. 伴跛와 叛波라는 멸칭의 출현 배경이 된다. 이러한 멸칭과 관련해 "한 다리로 설"이라는 '跛'의 새김이 주목된다. 이는 단순한 멸칭 이전에, 그렇게 일컫게 된 데는 이유가 존재했을 가능성이다. 6세기 초 상황에서 고령과 김해 세력은 더 이상 연맹관계가 아니었다. 백제인들이 이 점을 비꼬면서 착상한 멸칭이 두 다리로 서지 못하고

---

59) 고령 양식 토기의 확산 과정은 김세기, 「대가야연맹에서 고대국가 대가야국으로」『5~6세기 동아시아의 국제 정세와 대가야』, 2007, 75~79쪽에 잘 보인다. 그 밖에 白承玉, 『加耶各國史』, 혜안, 2003, 165쪽에서도 언급되었다.

'한 다리로 설' '跛' 字라고 하겠다. 기문에 대한 소유권을 둘러싸고 백제에 대든 고령 세력을 「양직공도」에서 '叛波'라고 命名하여 叛賊으로 명시하기도 했다.

이때 가라는 왜의 지원을 받은 백제에게 기문과 대사를 상실하고 말았다. 이로 인한 백제에 대한 힘의 불균형 즉 비대칭 관계를 만회하기 위해 가라는 적극적으로 신라와의 국혼을 서둘렀던 것으로 보인다. 524년에 "11년 가을 9월에 왕이 남쪽 변방의 새로 넓힌 지역을 두루 돌아보았는데, 이때 가야국 왕이 찾아왔으므로 만났다"[60]라고 한 가야국이 대가야라면 양국 간의 우호 관계를 엿볼 수 있다. 529년에 왜가 다사진을 백제에 주자, 가라는 신라와 結儻했다고 하였을 정도로[61] 양국의 결속은 한층 강화되는 듯했다. 그러나 그 직후 발생한 가라와 신라의 국혼과 연계된 變服 사건으로 인해 양국 간의 관계가 군사적 대립으로 치닫는 등 험악했다. 즉 가라는 신라의 공격으로 인해 3城과 北境5城을 빼앗기고 말았다.[62]

임나제국 힘만으로 타개하기 어려운 이러한 난관에 봉착하여서는 外勢를 빌릴 수 밖에 없다. 가라 뿐 아니라 임나제국 전체의 문제로 결부시킨 대책회의에서 정국의 주도권을 새롭게 장악한 세력이 安羅였다. 이는 529년에 남가라와 탁기탄을 다시 세우기 위해 안라가 개최한 高堂會議에서 신라는 大人을 보내지 않았고, 백제 사신은 고당에 오르지도 못하였다.[63] 이처럼 안라가 高堂을 새로 지어 새로운 정치 합의체의 맹주로서의 면모를 보였다는 사실이다. 곧 안라의 새로운 대두를 뜻하는 사건이었다.[64] 이 후 백제는 임나제국

---

60) 『三國史記』 권4, 法興王 11년 조.

61) 『日本書紀』 권17, 繼體 23년 3월 조.

62) 『日本書紀』 권17, 繼體 23년 3월 조.

63) 『日本書紀』 권17, 繼體 23년 3월 조.

64) 金泰植, 『加耶聯盟史』, 일조각, 1993, 202쪽.
　　남재우, 「文獻으로 본 安羅國史」 『가야 각국사의 재구성』, 혜안, 2000, 189쪽.

에 진출하여 乞乇城을 지었고, 구례모라성을 축조하는 등 이 곳에 깊숙이 영
향력을 미치면서 신라의 西進에 대처하였다.[65]

Ⅳ. 任那聯盟의 성립

532년에 김해의 남가라가 신라에 복속되고 말았다. 이로 인해 任那諸國은
위기감이 고조되었다. 任那諸國들은 당초의 任那 곧 김해 세력의 회복이 절
체절명의 명제였다. 임나가 지닌 상징성과 대표성 뿐 아니라 당장 諸國들의
절박한 생존 문제였기 때문이다. 그 회복과 관련해 任那는 망하지 않고 살아
있다는 의식을 공유하고자 했다. 6세기 전반에 제작된 우륵 12곡의 탄생 배
경도 이와 무관하지 않을 것 같다. 가실왕은 "여러 나라의 방언이 각기 다르
니 음악이 어찌 한결같을 수 있으랴?"[66]고 탄식한 후 이를 극복하기 위해 12
곡을 제작시켰다는 것이다. 그렇다고 할 때 거의 몰락하다시피한 김해 세력
은 포함되지 않은 것으로 간주하기도 했다.

그러나 널리 알려져 있듯이 우륵 12곡 제작의 요체는 신라의 군사적 압박
속에서 가라 중심의 통일을 희구하는 여망과 염원에서 비롯되었다는 점이다.
이러한 맥락에서 볼 때 우륵 12곡과 관련해 대가라가 가장 세력이 왕성했고
영광스러웠던 시점을 상기하지 않을 수 없다. 또 그렇다고 할 때 응당 김해가
포함되지 않을 리 없는 것이다. 신라에 넘어가고 있는 김해 즉 임나는 명실상
부한 사라언맹의 원조이기도 했다. 이는 곧 '가리'와 '남기라'에서 암시받을 수
있는 것인데, '가라'라는 공통분모 線上에서 볼 때 '상가라도(고령)'에 대응하
는 짝인 '하가라도'는 김해(임나)일 수밖에 없다. 또 그러한 해석이 지극히 자

---

65) 李永植, 「6世紀 安羅國史硏究」 『國史館論叢』 62, 1995, 119쪽.
66) 『三國史記』 권32, 雜志, 樂志.

연스럽지 않을까 싶다.

그런 가운데 임나제국은 任那를 회복하기 위해서는 임나에 출병하여 영토 야심을 드러낸 백제가 아니라 倭 세력과 연동하는 게 현실적이라고 판단했을 법하다. 다음과 같은 계체 8년 3월 조에서 잘 나타나 있듯이 가라는 백제 뿐 아니라 倭와도 대립 관계였다.

> …… 伴跛가 子呑 帶沙에 성을 쌓아 滿奚에 연결하고, 봉화를 올리는 곳과 식량을 두는 창고를 만들어 일본에 대비하였다. ……

임나제국의 손익계산 속에서 결국 544년경에 安羅를 軸으로 하는 親倭的인 임나연맹이 결성된 것으로 보인다.[67] 이러한 추정은 다음의 기사를 토대로 유추할 수 있다.

> 임나는 安羅를 兄으로 삼아 오직 그 뜻을 좇고, 安羅人들은 日本府를 하늘로 삼아 오직 그 뜻을 따를 뿐입니다[百濟本記에는 安羅를 아버지로 삼고 일본부로써 근본을 삼았다고 하였다].[68]

그리고 "이에 조칙을 내려 '지금 백제왕·안라왕·가라왕이 일본부의 신하들과 함께 사신을 보내 아뢴 것은 다 들었다'"[69]고 한 구절에서 가라 뿐 아니라 안라에도 王이 존재한 사실이 포착된다. 이 사실 역시 安羅가 가라와 대등한 입장에서 독자적인 연맹을 결성한 증좌로 해석할 수 있다. 그러면 안라는 대외적으로 어떤 세력을 끼고 있었을까? 이는 "신라와 狛國이 通謀하여 이르

---

67) 남재우, 「文獻으로 본 安羅國史」『가야 각국사의 재구성』, 혜안, 2000, 193쪽.
68) 『日本書紀』 권19, 欽明 5년 3월 조.
69) 『日本書紀』 권19, 欽明 13년 5월 조.

기를 '백제와 임나가 자주 일본에 나아가니 이는 軍兵을 구걸하여 우리나라를 정벌하고자 말하려는 뜻입니다. … 일본의 군대가 떠나기 전에 안라를 공격해서 빼앗아 日本路를 끊자'고 합니다 … "[70]라고 하였듯이 안라와 왜가 연결된 사실에서 실마리를 찾을 수 있다. 곧 이러한 안라와 왜를 분리시키면 신라의 임나 석권이 가능하다는 주장인 것이다.

이러한 주장의 사실 여부는 그다지 중요하지 않다. 다만 이는 안라 중심 임나연맹 결성 배경으로 작용했다는 사실이다. 임나제국은 신라가 김해 일원을 장악하는 등 그 西進에 위기감을 느껴 공동 대응할 필요에서였다. 그렇다고 임나제국이 이것을 好機로 삼아 임나의 下韓에 군령과 성주를 파견한 백제에 의존할 수는 없었다. 결국 임나연맹은 신라와 백제에게 계속 침탈되었다. 임나연맹은 상실한 권역의 회복을 위해서는 倭와 적극 제휴해서 그 세력을 끌어들이는 게 효과적이라는 판단을 한 것이었다. 결국 임나일본부는 이때 임나연맹에 개입했던 왜 세력의 존재를 확대·소급시킨 所以라고 할 수 있다. 안라는 더불어 東進을 개시하는 백제를 막기 위해서는 현실적으로 백제에 힘을 행사할 수 있는 고구려와 손을 잡는 게 필요했다. 이러한 선상에서 548년에 안라의 요청으로 고구려가 백제의 馬津城을 포위하기도 했다.[71]

안라는 백제를 견제하기 위해 고구려와 밀통하여 양국 간에 전쟁을 벌이게 하였다.[72] 안라는 백제의 영향권에서 벗어나기 위해 신라와도 접촉했던 것 같다. 이는 다음의 기사에서 확인할 수 있다.

백제는 안라의 일본부가 신라와 더불어 通謀한다는 말들 듣고 … 안라 일본

---

70) 『日本書紀』권19, 欽明 14년 8월 조.
71) 『日本書紀』권19, 欽明 9년 4월 조.
72) 金泰植, 『加耶聯盟史』, 일조각, 1993, 288쪽.

부의 河內直인 신라와 공모한 것을 심하게 꾸짖었다.[73]

　이와 관련해 우륵이 신라에 투항한 동기인 "그 國亂에 미쳐"는 가라와 안라의 갈등을 비롯한 임나제국의 세력 분열을 암시해준다. 게다가 임나제국에 대한 가라의 주도권 상실을 의미하는 현상으로 해석된다. 이와 관련해 대가라의 코밑에 소재한 多羅의 경우 옥전고분에서 墓制 뿐 아니라 出字型立飾 금동관이 출토되는 등 신라화 양상을 보인다.[74] 이는 곧 가라 중심 세력권의 와해와 이탈을 암시하는 현상으로 받아들여진다.

　강수는 신라 태종무열왕(재위; 654~661) 앞에서 자신의 정체성을 '任那加良'에서 찾았다. 이 때는 가라가 멸망한 지 거의 100년이 된다. 여기서 任那와 加羅가 기실은 同種이었을 뿐 아니라, 양자의 통합 의지에 따라 任那加羅國은 가장 번성했던 시점을 상징하는 국가 이름으로 간주되었던 것 같다. 그런 관계로 그 유민들에게는 긍지의 源泉으로서 임나가라연맹은 회자되었던 것으로 보인다. 한편『삼국사기』에서 加羅를 加耶 혹은 加良 등으로 표기하였다. 加羅의 異表記인 駕洛이나 加耶·加良은 어디까지나 신라인들의 호칭에 불과하였다.『삼국사기』奈解 이사금 14년 7월 조의 '加羅' 표기는 원래의 표기를 고치는 과정에서 누락된 당초의 표기일 뿐이었다. 이를 통해 오히려 '加羅'가 당대의 표기임을 다시금 뒷받침할 수 있다.

Ⅴ. 맺음말

　흔히 가야연맹이나 가야제국이라고 하면 현재의 경상북도 서북부 일원과

---

73)『日本書紀』권19, 欽明 2년 7월 조.
74) 조영제 外,『합천 옥전고분군5-M4·M6·M7호분』, 1993, 84~89·173쪽.

경상남도 일원이 가야라는 이름의 연맹이나 가야를 공통분모로 하는 동질적인 정치 집단으로 간주되기 십상이다. 그러나 기실 加耶 즉 加羅로 일컬어진 세력은 김해와 고령 세력에 불과하였다. 여타의 낙동강유역과 남강유역의 諸小國들은 安羅를 비롯한 독자적인 국호를 지니고 있었다. 결국 '加羅'로 포괄할 수 있는 소국은 김해와 고령 兩大 세력에 불과하였다. 비록 兩大 세력이 이들 지역에서 정치적으로나 문화적으로 지대한 비중을 지녔다고 하더라도 죄다 加羅나 加耶로써 담겨질 수는 없었다. 그러므로 굳이 그 代案을 제시한다면 문제가 전혀 없는 것은 아니지만 차라리 『일본서기』나 『通典』에서처럼 總稱으로서의 사용이다. 즉 任那를 공통분모로 하는 '任那諸國'으로 호칭하는 게 온당하지 않을까 싶다.

김해의 狗邪國에서 비롯된 加羅 국호는 고령의 반파국과 연맹 관계를 결성함에 따라 兩國을 통칭하게 되었다. 양국이 연맹을 결성하게 된 前提는 낙동강 水路로 연결될 수 있을 뿐 아니라 백제의 세력 확대에 따른 교역권에 대한 위협이 고령 세력과 연결되는 직접적인 계기였던 것이다. 여기서 加羅는 '더하여 網羅한다'는 의미를 지녔는데, 김해와 고령 세력의 연맹 결성과 관련한 의미 심장한 국호였다. 『남제서』나 『일본서기』에서 표기한 加羅가 당시 加羅人들 스스로가 표방했던 국호임이 분명하다. 반면 『삼국사기』 등에 보이는 加耶나 加良 혹은 駕洛은 어디까지나 加羅를 멸망시킨 신라인들의 표기에 불과하였다. 특히 『삼국사기』에서 그 용례가 가장 많은 국호가 '加耶'였다. 그런데 '耶'는 의문을 나타내는 助辭였다. 그런 만큼 自稱인 加羅와는 달리 他稱 '인 加耶'는 '더했다고?' 하며 비꼬는 의미이다.

김해(임나)와 고령(가라) 세력 연합체인 加羅聯盟 곧 任那加羅聯盟은 400년 고구려군의 南征으로 인해 戰場이 된 김해 세력이 다대한 타격을 입고 말았다. 이로 인한 힘의 비대칭성이 드러났고, 결국 백제의 고령 세력 지원이라는 형태의 개입으로 인해 양국 간의 연맹은 해체되고 말았다. 반면 꾸준히 세력 확대를 도모하였던 加羅의 존재는 451년 倭王의 작호에까지 등장하였다.

가라왕은 급기야 백제가 한성 함락과 웅진성 천도 이후 내분에 휩싸인 틈을 이용해 남제로부터 책봉을 받았다. 이로 인해 가라의 존재가 크게 부각되고 입지가 확대되는 일대 전기가 구축되었다. 이후 522년에 가라는 신라 왕실과의 國婚에 성공하였다. 이 사건은 신라와 국혼을 맺은 백제에 뒤떨어지지 않는 권위와 국가적 위상을 가라에 안겨 주었다.

479~522년 무렵 가라는 大加羅를 표방했던 것으로 보인다. '大加羅'는 加羅의 元祖인 김해 세력과의 차별화와 우월성을 과시하는 의미가 담겨 있었다. 가라의 성장은 6세기 초 기문과 대사의 지배권을 놓고 백제와 다툴 때도 확인된다. 백제가 가라를 伴跛라는 멸칭으로 일컬었기 때문이다. 백제는 가라의 본래 국명을 비틀어서 卑稱으로 일컬었다. 이는 백제의 손아귀에 쉽게 들지 않을 정도로 성장한 버거운 대상 가라의 위상을 역설적으로 말해주고 있다.

532년에 김해의 남가라가 신라에 복속되고 말았다. 본시 任那로도 일컬어졌던 남가라의 멸망은 임나제국에 위기 의식을 가져 왔다. 이러한 위기 의식 속에서 멸망한 任那의 이름을 낙동강유역과 남강유역 諸國이 共히 사용하면서 결속을 다지는 기제로 삼았다. 임나의 멸망을 인정하고 싶지 않은 정치적 의도에서 이들 諸國 전체의 이름으로 임나를 확대한 것이다. 임나제국은 신라의 西進과 이를 빌미로 임나의 下韓에 진출하고 있는 백제를 모두 견제하기 위해서는 그 어느 때 보다도 親倭 세력의 힘이 필요했다. 그러한 와중에 안라가 주도권을 장악함으로써 임나연맹이 탄생한 것이다.

지금까지 살펴 본 바에 따르면 임나제국의 흥쇠는 첫째 김해 구야국의 성장, 둘째 김해와 고령 세력 연합체인 (임나)가라연맹의 결성, 셋째 가라의 독자 성장과 대가라의 표방, 넷째 안라의 대두와 임나연맹의 결성으로 요약할 수 있다.

5장
三國統一期 新羅의 北界 確定 問題

Ⅰ. 머리말

신라의 삼국통일이 지닌 역사적 意義에 대해서는 다양한 해석들이 제기된 바 있다. 사실 현재의 남북 분단 관점에서 신라의 삼국통일이 지닌 의미 해석은 焦眉의 관심사가 될 수밖에 없다. 그러나 신라의 삼국통일에 대해서는 부정적으로 간주하는 견해가 지배적이었다. 이와 관련해 삼국통일에 대한 신라 當代와 전통시대의 인식 뿐 아니라 그러한 인식이 생성된 배경을 살펴 보고자 한다.

물론 일제강점기를 거치면서 민족주의 사학자들에 의해 國亡의 遠因으로서 신라의 삼국통일을 거론하기도 했다. 신라와 같은 弱體國家가 아닌 고구려가 통일했더라면 强國의 면모를 유지하게 되어 日帝에 병합되는 수모는 겪지 않았을 것이라는 悔恨性 평가였다. 그것도 신라가 자력도 아닌 외세를 빌어 억지로 통일 아닌 통일을 한 관계로 민족의 疆域이 한반도 전체에도 미치지 못할 정도로 零落하게 되었다는 것이다. 이렇듯 조선왕조의 몰락, 즉 大韓帝國 멸망의 遠因을 신라의 삼국통일에서 찾는 경향이 없지 않았다. 설령 신라의 통일을 긍정적으로 간주하는 논조라고 하더라도 고구려의 故土를 회복하지 못한 불완전한 통일에 대해서는 반드시 짚고 넘어가는 경향이 일반적이다.

본고에서는 후대의 관념이나 인식이 아닌 신라인들의 당대 관점에서 統一이 어떠한 배경과 과정 속에서 이루어졌는가를 살펴 보고자 한다. 그럼으로써 흔히 말하는 후대의 역사적 평가라는 套語的인 해석보다는 當代 利害 당사자였던 신라인들의 현실 인식을 반영해 보고자 했다. 이와 관련해 신라의 통일 과정은 몇 단계로 구분하여 살필 수 있었다. 첫째 危機가 誘發한 백제 打滅 構想期(642~647년), 둘째 唐과 연계한 통일 구상 즉 準備期(648~659년), 셋째 統一 具顯期(660~676년), 넷째 통일전쟁의 휴전과 그 終結期(677~735년)로 구분하여 보았다. 신라는 두 번째 단계인 準備期에서 30년의 시간을 소요하여 통일을 구현하였다. 그런데 최종 완결까지의 기간은 무려 90년 가까이 경과한 것이다. 여기서 통일 준비기는 648년에 김춘추와 당 태종간의 約定이 맺어진 시점과 군사 행동 준비 기간을 가리킨다.

그 約定은 문무왕이 671년에 唐將 설인귀에게 보낸 「답설인귀서」에 적혀 있다. 즉 당 태종은 "내가 두 나라를 평정하게 되면, 평양 이남 百濟 土地는 모두 그대들 신라에 주어서 길이 편안하게 하겠소"[1]라고 하였다. 이 구절을 唐과의 전쟁을 정당화하기 위한 신라측의 일방적인 주장으로 간주하며 사실성을 부정하기도 한다. 그러나 이 約定의 사실성을 인정하는 견해가 제기되었다.[2] 그럼에도 불구하고 648년 約定에서 신라와 唐, 兩國이 백제와 고구려를 멸망시킨 후의 그 舊土에 대한 분계선이 왜 '평양 이남 백제 토지'로 구획되었는지에 대해서는 언급이 없었다. 특히 고구려 舊土 가운데 '평양 이남'까지만 신라에 귀속될 수밖에 없었던 理由 究明이 看過되었다. 단순히 이 分

---

1) 『三國史記』 권7, 문무왕 11년 조, 답설인귀서. "我平定兩國 平壤已南 百濟土地 並乞你新羅 永爲安逸"

2) 이에 대해서는 노태돈, 『삼국통일전쟁사』, 서울대학교 출판부, 2009, 141~142쪽.

界線을 신라가 唐軍을 한반도에서 축출하기 위한 영토 확장 작업의 최대치로 간주하여 왔을 뿐이었다.

결과적으로 통일신라의 영역은 대동강에서 원산만으로 확정되었다. 그러나 그러한 구획은 이미 648년에 설정되었음을 알 수 있었다. 그렇다면 신라의 통일전쟁은 648년의 구획 속에서 움직였고, 또 당초의 목표를 달성한 셈이었다. 이 점을 심도 있게 고찰하지 못했기에 "신라의 삼국 통일은 외세를 이용하였다는 점과 대동강에서 원산만까지를 경계로 한 이남의 땅을 차지하는 데 그쳤다는 점에서 한계성을 갖고 있다"[3]는 인식에서 멈췄던 것 같다.

본고에서는 김춘추와 당 태종이 합의할 수밖에 없었던 '평양 이남'이 지닌 역사적 근거를 구명하고자 했다. 즉 唐은 '백제 토지'는 신라에 주겠다고 했다. 그러나 唐은 '고구려 토지'도 신라에 주겠다고는 하지 않았다. 그 이유로써 삼국통일전쟁이 단순한 정복전쟁이 아니라 곧 역사전쟁이었음을 導出해 보고자 하였다. 즉 唐의 고구려 故土收復論과 신라의 삼한통합론의 충돌이자 接點임을 구명하고자 했다.

II. '民族' 槪念 以前의 同質 意識인 '海東'과 '三韓' 意識

신라의 삼국통일을 부정적으로 인식하는 요인은 民族의 壓殺이었다. 외세를 빌어 동일한 민족을 멸밍시켰다는 논리었다. 진부한 감이 들기는 하지만, 그러면 삼국간에는 민족 의식이 존재했는지 여부를 짚어 보자. 주지하듯이 민족 개념은 근대국가 성립 이후 西歐에서 생겨난 것이었다. 우리나라의 경우는 민족이라는 용어가 導入되어 19세기 말경에 생성되었다. 1888년에 일

---

3) 국사편찬위원회, 『고등학교 국사』, 2002, 60쪽.

본은 'Nation'을 '民族'으로 번역하여 『日本及日本人』라는 잡지에서 처음으로 사용했다고 한다. 1907년 8월 27일자 「大韓每日新報」에서 '월남국의 민족' 이라고 하여 '민족'이라는 용어를 처음 사용한 것으로 云謂되고 있다.

그런데 '민족' 개념이 없던 시대의 역사를 민족이라는 이름으로 裁斷하기는 어렵지 않을까 한다. 그러면 삼국시대인들은 서로를 어떻게 인식하고 있었을까? 현재 한국사의 범주에 포함된 국가들은 상당히 많다. 그리고 당연히 우리 역사로 인식하고 있는 단군조선의 경우만 하더라도 그렇게 간단하지만은 않다. 단군조선의 시조인 단군은 어디까지나 고조선의 국가 시조일 뿐 삼국 시조들의 선조는 아니었다. 고구려·백제·신라 三國의 경우만 하더라도 엄연히 자국 시조들이 있었다. 그러한 실정이니 고조선의 시조가 삼국의 시조로서 얽힐 이유가 없었다.

12세기 중엽에 편찬된 『삼국사기』 이전 즉, 고려 초기에 편찬된 『구삼국사』에서 고구려와 백제 및 신라가 우리 역사 체계에 확실히 들어 왔다.[4] 이는 물론 一統三韓 意識 속에서 삼국을 하나의 공동체 속에 편제시킨 통일신라 역사가들의 單一한 역사 서술을 계승했음은 분명하다.

삼국 문화의 특징이나 정치적 성격과 관련한 공통 분모가 '海東'이었다. 이러한 '해동' 개념의 사용과 관련해 381년에 前秦王 苻堅이 신라 사신 衛頭에게 "그대의 말에 해동의 형편이 옛날과 같지 않다고 하니 무엇을 말함이냐"[5] 라고 물어 보았던 史話가 상기된다. 여기서 '해동'은 직접적으로는 신라를 가리키지만, 해동이라는 보다 넓은 공간적 범위에서 신라를 언급했음을 알 수 있다. 즉 중원 왕조에서는 4세기 후반경에는 삼국 전체를 해동의 개념 속에 인식했던 것 같다. 그러한 인식의 저류에는 동질성이 前提된 것으로 보인다.

---

4) 李道學, 「檀君 國祖 意識과 境域 認識의 變遷 −『舊三國史』와 관련하여−」 『韓國思想史學』 40, 2012, 406쪽.
5) 『三國史記』 권3, 奈勿尼師今, 26년 조.

그로부터 2세기 가까이 지나 唐高祖가 '海東三國'間에 원한과 갈등이 오래되었다6)고 한 다음의 기사에도 동일한 개념이 등장한다.

> 고조는 이미 海東三國이 오랫 동안 원한을 맺어 서로 번갈아 가며 공격을 한다는 사실을 들었다. 그들이 같은 蕃國으로서 화목하게 지내도록 힘써야 하는데 원한을 맺게 된 까닭을 그 사신에게 물으니 사신은 "지난날 백제가 고려를 치러 갈 때 신라에게 구원을 청하였으나 오히려 신라는 군사를 동원하여 백제국을 쳐부수었습니다. 이 때문에 원수가 되어 늘 서로 공격을 하게 되었으며, 또 신라가 백제왕을 잡아다 죽였으므로 원한이 이로 말미암아 비롯되었습니다"라고 대답하였다.7)

그리고 651년에 당고종이 백제 의자왕에게 보낸 국서에서도 '해동삼국8)'이라고 하였다. 구체적으로 해동이라는 공간적 범위 속에서 삼국을 지목했다. 또 의자왕을 칭송하여 '海東曾子'로 일컬었던 사실이 唐側 문헌에 수록되었다.9) 그 밖에 唐人이 신라 義湘과 결부지어 '海東新羅10)'라고 하였다. 따라서 '해동' 개념은 삼국을 가리키는 범칭 개념으로 굳어졌음을 알 수 있다. 당나라 시인 李白(702~762)이 高麗舞를 보고 남긴 詩에 보면 절풍모를 쓰고 추는 춤을 가리켜 "해동에서 날라온 새와 같다(似鳥海東來)"고 했다. 이 '海東'역시 동일한 개념으로 사용된 것이다.

---

6) 『舊唐書』권199, 동이전 신라 조.

7) 『舊唐書』권199, 동이전 신라 조. "高祖旣聞海東三國舊結怨隙 遞相攻伐 以其俱爲藩附 務在和睦 乃問其使爲怨所由 對曰 先是百濟往伐高麗 詣新羅請救 新羅發兵打破百濟國 因此爲怨 每相攻伐 新羅得百濟王 殺之 怨由此始"

8) 『新唐書』권220, 百濟 條.

9) 『新唐書』권220, 百濟 條.

10) 『三國遺事』권4, 義解, 義湘傳敎 條.

'海東' 의식과 짝을 이루면서 등장한 개념이 '三韓'이었다. 『일본서기』에 적힌 신공황후의 신라 정벌과 관련해 "이곳이 소위 삼한이다"[11]라고 하여 '삼한'이 언급된 바 있다. 그러나 이는 사료 가치가 떨어지는 내용인데다가 720년에 편찬된 사서에 보이는 개념이다. 그 보다는 한 무제의 위만조선 침공을 가리켜 "동쪽으로 삼한을 평정했다(東定三韓)"[12]라는 기사가 있다. 더불어 수양제의 고구려 침공을 언급하면서 "三韓肅淸"[13]라고 한 표현이 주목된다. 여기서 전자의 '三韓'은 멀리는 위만조선부터 수나라 때의 고구려를 포괄하는 개념이었다. 곧 삼국을 삼한으로 인식했음을 뜻한다. 이러한 구절에 보이는 '三韓'은 고구려를 백제나 신라와 구분하는 것 보다는 그 일체성을 염두에 둔 표현이었다.[14] 660년 8월에 새겨진 '정림사지' 5층탑 탑신에서 "일거에 9種을 평정하고 다시 이겨서 삼한을 평정했다"고 한 구절에도 '三韓'이 보인다. 물론 이 때는 고구려 멸망 이전이었다. 그러므로 여기의 삼한은 삼국이 아니라고 볼 수도 있다. 그러나 삼한의 일원인 백제를 제압했음을 뜻하므로, 삼한은 삼국을 포괄하는 범칭으로 사용된 것이다.

이렇듯 중국이나 일본에서는 삼국을 포괄하여 그 정치적 계통과 공간적 범주를 '三韓'으로 일컬었다. 이는 백제국가회복운동 기간 중에 "피성은 서북에는 古連旦涇의 물이 띠를 두르고 동남쪽에는 깊은 진흙의 큰 제방이 있어 방비하기에 좋다. 사방에 논이 있어 도랑이 파여 있고 비가 잘 내린다. 꽃이 피고 열매가 여는 것이 三韓에서 가장 기름진 곳이다"[15]라는 문구에 보이는 '삼한' 역시 삼국 전체를 염두에 둔 범칭이 분명하다.

---

11) 『日本書紀』 권9, 神功 攝政 前期(仲哀 9년 10월 조).

12) 『隋書』 권29, 地理 上.

13) 『隋書』 권76, 文學, 虞綽 條.

14) 金裕哲, 「中國史書에 나타난 高句麗의 國家的 正體性」 『高句麗研究』 18, 2004, 39쪽.

15) 『日本書紀』 권27, 天智 원년 12월 조.

그러면 신라가 백제와 고구려를 멸망시킨 이후의 인식은 어떠하였을까? 『삼국사기』 김유신전에서 "삼한이 一家가 되었다(三韓爲一家)"고 했다. 872년에 작성된 「황룡사찰주본기」에서 "과연 삼한을 합쳤다(果合三韓)"고 한 구절이 상기된다. 여기서 삼한은 고구려·백제·신라를 가리키지만, 당초에는 마한·진한·변한의 합칭이었다. 즉 삼한은 당초 分立된 존재로 전제하였기에 '합쳤다'는 개념이 등장한 것이다. 또 이러한 관념에는 삼한은 통합 대상이라는 命題를 안고 있었음을 뜻한다. 요컨대 마한·진한·변한을 뭉뚱거려 삼한이라고 하였다. 그러한 삼한은 미통합된 상황이었지만, 종국에는 통합되어야 한다는 인식이 基底에 깔려 있었다.

이는 비록 후대의 인식이기는 하지만, 통일신라 말기의 시대적 상황에서 파생한 『高麗史』 先代世系 說話에서도 뒷받침된다. 즉 풍수에 능통하였던 신라의 監干인 八元이 扶蘇郡에 와서 군의 형세를 살폈다. 주지하듯이 八元은 황룡사 9층탑을 중수할 때(872)와 「지증대사비문」을 지을 당시(879)에 집사시랑이었던 김팔원을 가리킨다. 그가 보건대 "만약에 군을 산의 남쪽으로 옮기고 소나무를 심어 암석이 드러나지 않게 하면 三韓을 통합할 이가 태어날 것이다"고 했다. 그러자 강충은 郡民들을 동원하여 산의 남쪽으로 옮겨 살며 소나무를 온 산에다 심었다. 그리고는 부소군을 松嶽郡으로 개명하였다. 혹은 도선이 봉투 겉봉에 "삼가 글월을 받들어 百拜하고 미래에 三韓을 통합할 임금이신 大原君子 족하께 올립니다"라고 썼다고 한다. 후삼국시대가 열리기도 전에 '삼한 통합' 云云하고 있는 것이다.

『고려사』에 "우리 태조가 아직 신라와 백제를 평정하지 못하고 있을 때 먼저 수군을 양성하여 직접 樓船을 타고 금성에 내려가서 이곳을 점령하니 여러 섬의 이익이 죄다 우리 나라로 돌아왔기에, 그 財力을 바탕으로 드디어 三韓을 통일하였다"고 평가한 바 있다. 이 구절의 '三韓'은 분열의 시대인 후삼국시대에 나온 관념이었다. 신라인들에게 삼한은 통합 대상이라는 강박관념이 존재했던 것 같다.

삼한은 우리 나라를 가리키는 범칭으로도 일컬어졌다. 가령 고려 태조 왕건의 꿈을 최지몽은 선뜻 길조라고 해몽하면서 "반드시 장차 三韓을 統御하게 되실 겁니다"라고 말했다. 후백제 신검의 교서에도 "영특한 지혜는 만고에 으뜸이라 말세에 태어나셔서 스스로 세상을 건질 소임을 지고 三韓 지역을 순행하시면서 백제라는 나라를 회복하셨으며, 도탄에서 구해 주셨으니, 백성들이 편안히 살게 되고, 바람과 우레처럼 횡행하시니 가는 곳마다 모두 달려와 붙었으니, 공업이 거의 중흥하게 되었는데…"라고 한데서 알 수 있다.

三韓에서 三國으로 계승되었다는 인식은 중국 왕조나 三國, 그리고 倭에서도 공유하고 있었다. 그렇다면 三韓이라는 공간적 무대 안에 삼국을 가둬넣은 게 된다. 삼한 가운데 진한이 신라의 前身임은 이견이 없다. 문제는 고구

고현 묘지석. 낙양 千唐誌齋 소장

려와 백제의 전신에 관한 논의이지만, 이는 무의미한 일로 보인다. 실제적인 분류라기 보다는 관념적인 인식에 불과하기 때문이다. 가령 「고현묘지명」에서는 고현을 '遼東三韓人'이라고하여 고구려를 삼한으로 지칭하였다. 반면 보장왕의 손자인 고진의 「묘지명」에서는 그의 가문을 '辰韓슈族'이라고 했다. 백제 의자왕의 아들 부여융의 「묘지명」에서는 백제인들의 조국회복운동을 서술하면서 "마한의 남은 것들이 이리같은 마음을 고치지 않고 있다"고 하였다. 즉 백제를 마한으로 인식했다.[16] 이렇듯 삼한의 各國과 삼국을 정확하게 연결 지은 것은 아니었다. 삼한이라는 큰 개념 속에 자국을 담아 인식한 것이다. 이와 관련한 『삼국사기』에 보이는 '韓'의 용례를 다음과 같이 인용해 보았다.

> • 39년 마한 왕이 죽었다. 어떤 사람이 임금을 달래어 말하였다. "西韓의 왕이 지난번에 우리의 사신을 욕보였는데 지금 喪을 당하였으니 그 나라를 치면 쉽게 평정할 수 있지 않겠습니까?" 임금이 말하기를 "다른 사람의 재난을 다행으로 여기는 것은 어질지 못한 일이다." 하고는 따르지 않고, 사신을 보내 조문하였다(혁거세 거서간 39년 조).

> • 53년 東沃沮 사신이 와서 좋은 말 20필을 바치면서 말하기를 "저희 임금이 南韓에 성인이 났다는 소문을 듣고 신을 보내 [말을] 바치게 하였습니다"라고 하였다(혁거세 53년 조).

> • 22년 겨울 10월에 왕은 국내로 천도하고 위나암성을 쌓았다. 12월에 왕이 質山 북쪽에서 사냥하면서 5일이 되어도 돌아오지 않자, 大輔 협부가 간하였다. "왕께서 새로 도읍을 옮겨 백성들이 아직 안정되지 못하였으므로, 마땅히 부지런히 힘쓰고 刑政을 돌보아야 할 것입니다. 그런데 이것을 생각하지 않고 말을 달려 사냥하러 나가서는 오랫동안 돌아오지 않으니, 만약 [왕께서] 잘

---

16) 李文基, 「百濟 遺民 難元慶 墓誌의 紹介」 『慶北史學』 23, 2000, 31쪽.

못을 고쳐 자신을 새롭게 하지 않는다면, 신은 정치가 황폐하고 백성이 흩어져서 선왕의 위업이 땅에 떨어질까 두렵습니다." 왕은 듣고 크게 노하여 협보의 관직을 빼앗고 官園을 맡아보게 하였다. 협보는 분하여 南韓으로 가버렸다(유리명왕 22년 조).

위의 기사에 보이는 韓의 용례를 놓고 볼 때 진한 왕인 신라 왕이 마한 왕을 서한 왕이라고 일컫고 있다. 마한과 진한은 韓을 공유하는 동질적 정치체였음을 알려준다. 마한에서는 진한을 東韓으로 일컬었을 것이다. 동옥저에서는 진한을 '南韓'으로 일컬었다. 이 경우는 동옥저가 진한을 韓으로 일컬어도 상관 없을 것이다. 그럼에도 굳이 方位名을 넣은 상대적 호칭인 南韓으로 일컬었다. 동옥저 자신이 '北韓'임을 전제한 것일 수 있다. 고구려의 大輔 협보가 망명한 곳을 南韓이라고 했다. 이러한 맥락에서 볼 때 동옥저와 고구려는 '北韓'으로 인식했을 수 있다. 고구려까지 韓이라는 공동체 안에 포함시켜 인식했을 가능성이다. 특히 北韓의 分岐線인 동옥저가 소재한 곳은 신라의 동편 北界인 원산만과 연결되었다. 이러한 맥락에서 본다면 고구려는 분명히 삼한에 포함되어진다.[17]

삼국과 결부된 삼한 인식은 倭에서도 동일하게 사용되었다. 가령 고구려인·백제인·임나인·신라인들에게 못을 만들게 하고는 그것을 '韓人池'로 일컬었다는[18] 인식이다. 이 사실은 倭에서도 삼국인들을 韓人이라는 범칭으로 일괄해서 불렀을 정도로 동질성을 지닌 것으로 인식했음을 뜻한다. 나아가 왜에서는 고구려·백제·신라 사신들이 묶는 관사를 '三韓館'이라고 하였다.

---

17) 이와 관련해 「광개토왕릉비문」의 '新來韓穢'도 韓人+穢人의 뜻이라기 보다는 '新來 韓의 穢'라는 가능성도 제기해 볼 수 있다. 비록 『삼국지』 동이전에서 連稱으로 '韓濊'가 등장하지만, 夫餘의 기본 종족인 濊와 구분하기 위해 한반도 북부인 남방의 濊人을 '韓'의 '穢'로 일컬었기에 '韓穢'로 표기했을 수도 있다.

18) 『日本書紀』 권10, 應神 7년 9월 조.

그리고 이들 사신들이 올린 문서를 '三韓表文', 삼국 사신들이 표문을 올리는 날을 '三韓進調之日'라고 했다.[19] 이렇듯 삼한의 마한·진한·변한과 삼국을 각각 직접 연결 짓지는 않았다. 다만 삼한이라는 범칭 속에 자국이 포함되었다는 인식에 머물렀음을 알 수 있다.

삼국 이전 단계 역사로서는 三韓의 존재가 인식되었다. 고구려·백제·신라는 삼한에서 생겨났다는 인식이 생성되었다. 일본에서도 648년의 시점에서 삼한을 가리켜 "삼한은 고구려·백제·신라를 말한다"[20]고 했다. 이로 볼 때 적어도 중국에서 삼국을 일러 '해동삼국'이라고 했던 7세기대 이전에는 삼한=삼국 의식이 생성되었음을 알 수 있다. 그랬기에 통일신라시대에는 신라의 삼국 병합을 "삼한을 합하여 一家를 이루었다"고 한 삼한 인식이 보편적으로 확대되었던 것 같다. 이와 더불어 신라인들은 삼국의 前身으로서 三韓을 인식하였다. 三韓까지가 통일신라인들의 역사 인식의 상한선이었다. 이들은 고조선이나 부여의 존재를 認知하기는 했지만, 자국인 신라 역사와의 관계를 설정하지는 못하였다.

Ⅲ. 백제 打滅 構想期(642~647년)

1. 백제의 공세 압박

7세기 중·후반 삼국을 중심한 동아시아 정세는 복잡다기하게 전개되었다. 중원의 신흥 대국인 唐에서는 皇位繼承 분쟁 후 이세민이 집권하였다. 고구려에서는 642년에 연개소문이 정변으로 집권하였다. 그는 보장왕을 옹립한 후 배타적인 군사독재체제의 길로 나갔다. 백제에서는 641년에 해동증

---

19) 『日本書紀』 권24, 皇極 4년 6월 조.
20) 『日本書紀』 권25, 大化 4년 2월 조.

자라는 명성에도 불구하고 2인자인 태자로의 책봉이 순탄하지 않았던 의자왕이 천신만고 끝에 즉위하였다. 신라에서는 647년에 상대등 비담의 난으로 선덕여왕이 사망했다. 그리고 다시금 여왕인 진덕왕이 즉위하는 과정에서 내전을 겪었다. 倭에서는 645년에 大化改新으로 蘇我氏 세력이 몰락하고 大王 親政體制가 구축되었다. 이렇듯 중국과 삼국, 그리고 倭에서는 내전 상황을 종식시키고 강력한 집권체제가 태동하였다.

그러면 7세기 중반 신라가 직면한 대내외적인 정치 현실을 직시할 필요가 있을 것 같다. 진평왕의 長女인 선덕여왕의 재위는 의자왕의 즉위와 맞물려 시련의 연속이었다. 모계 콤플렉스를 불식시키려는 듯 의자왕은 신라에 대한 초강수를 두었다. 그것은 거듭된 전쟁으로 이어졌다. 이 전쟁에서 신라는 시종 밀리고 있었다. 사실 의자왕의 정복 전쟁은 눈부신 데가 있었다. 의자왕은 즉위와 동시에 몸소 군대를 이끌고 신라의 서쪽에 소재한 40여 개 城들을 일거에 점령하였다. 이 戰勝을 신라측에서는 "백제왕 의자가 크게 군사를 일으켜 나라 서쪽의 40여 성을 공취했다"[21]고 적었다.

그 직후 백제는 신라의 要鎭인 대야성을 함락시켰다. 이는 의자왕 생애 최대의 군사적 업적으로서 가히 혁혁하였다. 그리고 백제는 신라를 봉쇄시킬 전략으로 당항성 공략을 단행했다. 신라와 당과의 연결 통로인 지금의 경기도 화성시에 소재한 당항성을 점령함으로써 당의 개입을 원천적으로 차단하려고 하였다. 그러자 신라가 화급히 당에 군사 지원을 요청했다. 이에 의자왕은 당항성에 대한 포위를 풀고 철수시켰다. 그가 국제 정세의 흐름에 밝고 신축성 있게 대응했음을 뜻한다.

644년(선덕여왕 13)에 신라는 옛 가야 지역 회복을 위한 공세를 단행해서 백제의 7개 城을 공취했다.[22] 그러나 그 이듬해인 645년(선덕여왕 14)에 백

---

21) 『三國史記』권5, 선덕왕 11년 조.

22) 『三國史記』권28, 의자왕 4년 조.

제는 3萬에 달하는 신라 병력이 고구려 공격에 쏠리는 틈을 타서 7城을 탈환
했다.[23] 7城의 소재지는 지금의 경상북도 高靈 주변으로 그려진다. 647년
(진덕여왕 1)에 백제의 義直은 3천 명의 정예 보병과 기병을 이끌고 신라 영역
인 지금의 전라북도 무주군 무풍면 일대인 茂山城 밑에 주둔하였다. 이때 그
는 군사를 나누어 甘勿城(경북 김천시 개령면)과 桐岑城(경북 구미시 인의동)을
비롯한 지금의 경상북도 김천과 구미 일원을 습격했다.[24] 또 648년(진덕여왕
2)에 장군 의직은 신라의 서쪽 변경에 소재한 腰車城 등 10여 성을 빼앗기도
하였다.[25] 그리고 좌장인 殷相이 정예 병력 7千을 이끌고 신라의 石吐城 등
7성을 공취했다.[26] 백제의 집요한 공세로 신라는 자국의 서북부 변경에서
줄곧 밀리고 있었다. 655년에 급기야 백제는 고구려 및 말갈과 연합해서 신
라의 북쪽 변경 30여 성을 함락시키는 大戰果를 올렸다.[27] 그 즉시 신라는
당에 구원을 요청하였다.

『삼국사기』 의자왕 19년 4월 조에는 의자왕이 장수를 보내어 신라의 獨山
城과 桐岑城을 공격했다.[28] 이에 대한 신라측의 반응은 "4월에 백제가 빈번
히 변경을 침범하므로 왕은 장차 이를 정벌하려고 당에 사신을 파견하여 乞
師했다"[29]고 하였다. 659년(무열왕 6)에 백제가 줄기차게 침공해 옴에 따라

---

23) 『三國史記』 권5, 선덕왕 14년 조.
   『三國史記』 권28, 의자왕 5년 조.
24) 『三國史記』 권28, 의자왕 7년 조.
25) 『三國史記』 권28, 의자왕 8년 조.
26) 『三國史記』 권5, 태종무열왕 3년 조.
   『三國史記』 권28, 의자왕 9년 조.
27) 『三國史記』 권5, 태종무열왕 2년 조에 보면 백제가 신라의 '33城을 취했다고 구체적
   으로 적혀 있다.
28) 『三國史記』 권28, 의자왕 19년 조.
29) 『三國史記』 권5, 태종무열왕 6년 조.

신라는 크게 몰리고 있었다. 신라는 자력으로 타개할 수 없는 위기 상황에 봉착했다. 신라는 다급하자 당에 구원을 요청했던 것이다. 이를 통해 의자왕의 신라 공격은 성공리에 다시금 추진되었음을 알게 된다. 즉 전후 정황을 놓고 볼 때 백제는 이때 上記한 2곳의 城을 점령했던 것 같다.

2. 신라의 選擇과 內戰

백제의 공격으로 인해 신라는 서방 영역을 대거 상실하고 말았다. 신라의 앞마당격인 지금의 龜尾나 星州 방면에도 백제군이 등장한 상황이었다. 위기감이 고조된 신라 조정에서 선택할 수 있는 방법은 그리 많지 않았다. 이러한 백제의 군사적 압박에 영향력을 행사할 수 있는 국가는 고구려요, 두 번째는 唐이었고, 세 번째는 倭였다. 한반도에 영역을 미치고 있을 뿐 아니라 신라와 접경하고 있는 해동 삼국의 하나이자 大國인 고구려가 가장 유효한 대상이었다.

642년 대야성 함락과 실권자인 김춘추의 딸과 사위의 피살은 신라 지배층의 위기감과 더불어 복수심을 고조시켰다. 피부로 와닿고 있는 백제로부터의 군사적 위협을 타개하기 위해 신라 조정이 택한 것은 重臣이자 복수심에 불타 있던 김춘추를 고구려에 파견하는 일이었다. 김춘추는 고구려의 보장왕과 연개소문과도 담판했다. 그러나 당시 꽃놀이패를 쥐고 있던 연개소문의 영토 반환 요구로 인해 김춘추는 成果 없이 귀환하고 말았다.

그 다음으로 신라가 택할 수 있는 代案은 바다 건너에 있는 唐이었다. 그런데 643년 당에 파견된 신라 사신에게 당 태종은 "그대 나라는 婦人을 임금으로 삼아 이웃 나라의 업신여김을 받고 있으니 이는 임금을 잃고 적을 받아들이는 격이라 해마다 편안한 적이 없다. 내가 친족의 한 사람을 보내어 그대나라의 임금을 삼되 자연 혼자 갈수는 없으므로 마땅히 군사를 보내어 보호

하게 하고, 그대 나라가 안정됨을 기다려 스스로 지키게 맡기려 한다"[30]라고
하였다. 이러한 당 태종의 방책은 오히려 여왕의 정치적 입지를 더욱 약화시
켰다.

그러나 신라가 국가적 위기를 타개하기 위한 현실적 방안은 고구려와의 제
휴가 물건너 간 상황에서는 당과 연합하는 길밖에 없었다. 국가의 생존이 무
엇 보다 우선한 절체절명의 명제였기 때문이었다. 당 태종이 고구려를 침공
할 때 신라는 5萬이라는 대병을 동원해서 고구려의 水口城을 함락시킨 사실
을 唐에 알렸다.[31] 신라와 唐과의 공동 戰線이 가동되고 있음과 더불어, 이
에 대한 자신들의 노력을 刻印시키고자 했다. 신라가 국력을 모아 최대로 병
력을 집결시켰을 때가 660년 백제 공격을 위한 때였다. 이때 總動員兵力이
5萬이었다. 그 이전의 전쟁에서 동원한 숫자로는 수구성 攻擊戰의 5萬이 최
대치였다. 실제 5萬이 동원되었는지는 알 길이 없다. 다만 여기서 신라가 唐
에 과시하고자 한 것은 對고구려 공격에 성의를 다하고 있음을 알리려는 명
분이었다. 요컨대 643년의 수구성 공격은 신라가 당과 연합한 최초의 군사
작전이었다는 점에서 의미가 크다. 唐의 이해관계에 신라가 가담하였다. 그
럼으로써 궁극적으로는 신라측 의도에도 당이 끌려 올 수 있는 기제를 마련
한 것이다.

그러나 신라에서는 고구려 보다 백제의 군사적 위협에서 벗어나는 게 시급
한 일이었다. 고구려의 신라 침공 지역은 임진강유역이나 한강유역이었다.
이 곳은 모두 소백산맥 바깥이었다. 그 반면 백제의 신라 침공은 소백산맥이
라는 천험의 담장 역할을 하는 방어선을 뚫고 이루어졌다. 그랬기에 백제의
威脅 强度는 고구려에 비할 바가 아니었다. 더구나 백제군은 낙동강 동편으

---

30)『三國史記』권5, 선덕왕 12년 조.
31)『舊唐書』권199, 東夷傳 新羅.

로 진출해서 신라를 시종 옥죄고 있었다.

신라는 고구려의 힘을 빌어 백제의 공격을 막고자 하였다. 그러나 이것이 실패로 돌아감에 따라 신라는 바다 건너의 唐과 제휴하게 되었다. 그러한 배경은 백제와 連和하는 고구려를 견제할 수 있는 현실적으로 거의 유일한 세력이 唐이었기 때문이다. 唐이 고구려를 침공함으로써 신라에 대한 고구려의 군사적 압박을 약화시킬 수 있었다. 문제는 백제의 공세를 꺾는 일이었다. 현실적으로 신라에 가장 두려운 세력이었던 백제를 묶어둘 수 있는 국가는 없었다. 당이 신라의 요청을 받아들여 섣불리 백제를 공격해야할 명분은 존재하지 않았다.

그런데 신라는 647년에 비담과 염종의 반란으로 내전 상태에 빠졌다. 상대등이라는 요직에 있던 비담이 "女主가 나라를 잘 다스리지 못한다"는 구호를 걸고 왕권에 도전한 일대 事變이었다. 백제에 시종 밀리고 있던 상황에서 신라 지배층의 동요가 결국 여왕 축출로 발현된 것이었다. 물론 선덕여왕은 이 같은 국가적 난국을 타개하기 위해 전방위 외교에 사활을 걸기까지 했다. 그러나 643년에 파견된 신라 사신에게 당 태종은 "그대 나라는 부인을 임금으로 삼아 이웃 나라의 업신여김을 받고 있으니 이는 임금을 잃고 적을 받아들이는 격이라 해마다 편안한 적이 없다. 내가 친족의 한 사람을 보내어 그대 나라의 임금을 삼되 자연 혼자 갈 수는 없으므로 마땅히 군사를 보내어 보호하게 하고 그대 나라가 안정됨을 기다려 스스로 지키게 맡기려 한다"라고 한 방책은 오히려 여왕의 정치적 입지를 더욱 약화시켰다. 결국 이 같은 요인이 상승·결합하여 비담의 난이 발생했다고 볼 수 있다.

비담의 난의 발생 원인과 관련해 당 태종의 女主廢位案에 어떻게 대처하는 지가 신라의 국가 존립과 관계되는 큰 문제가 되어 국론을 양분시켰다. 그 하나는 당 태종의 방안에 반발하여, 現體制를 지키고자 한 것이었다. 이들을 自立派라고 부를 수 있다. 반면 당 태종이 제시한 방안의 골자를 승인하면서 唐에 의존하여 신라의 멸망을 막자는 것이다. 이들을 친당의존파라고 부를 수 있다. 비담은 친당의존파의 거두가 되며, 이후 4년간은 자립파와 의존파의 대립이 계속되었다. 이러한 과정에서 646년 11월 비담의 상대등 지위 획득은 일단 의존파의 승리를 의미한다. 그리고 唐과의 결속강화를 바라는 같은 派의 勢力增大의 결과였다.

그러나 그로부터 2개월이 채 안된 이듬해 1월 돌연 비담이 단적으로 의존파의 주장인 '女主廢位'를 내걸고 謀反·擧兵하였다. 그런데 비담의 난 와중에 선덕여왕이 사망하자 자립파는 진덕여왕을 추대하였다(선덕여왕이 사망한 후에 비담의 난이 일어났다는 견해가 있지만 취하지 않는다). 이 같은 여왕 간의 왕위계승은 '女主廢位'를 주장하는 목전의 반란군에 대한 대공세 선언인 동시에, 그 本源이 되는 女主廢位策을 제시한 唐에 대한 비판의 뜻도 담겨 있는 것으로, 과연 자립파의 태도에 어울리는 대응이었다.

그런데 중요한 사실은 자립파가 승리자였다는 점 보다는, 전통적 권위의 威光을 지닌 정치적 首班으로서의 신라왕, 爭亂의 시대를 군사로서 직접 지배하는 김유신, 그리고 국가존망에 깊이 관련되는 외교를 짊어진 김춘추의 3세력이 결합하여, 신라 독자의 권력집중 방식을 성립시켰다는 것이다. 그 결과 이후에 전개된 삼국통일의 시련을 극복할 수 있는 親唐自立의 장기적이고도 공고한 체제가 확립될 수 있었다. 실제 신라는 곡절 많고 복잡한 삼국통일 과정에서, 친당책을 추구하면서도 자립노선을 일관되게 견지하였다. 그 결과 신라는 백제·고구려 유민을 포섭하여 백제 고토를 회복하고, 唐軍을 한반도에서 축출할 수 있었다.[32]

친당자주파가 집권한 신라의 입장에서 볼 때 백제에 영향력을 행사할 수 있는 국가는 이제 倭 밖에는 없었다. 이러한 이유로 신라 조정은 642년에 고구려에 파견되었던 김춘추를 647년에는 倭에 보냈다. 김춘추는 공작이나 앵

---

32) 비담의 난과 그 성격에 대해서는 武田幸男, 「新羅 '毗曇の亂'の一視覺」『三上次男博士喜壽記念論文集』 歷史編, 平凡社, 1985, 234~246쪽을 전적으로 참고했다.

무새와 같은 진귀한 南方 鳥類를 가지고 倭庭을 밟았다.[33] 그렇다고 김춘추는 倭가 당장 자국편을 들어줄 것으로 판단하지는 않았다. 다만 倭가 백제와 신라 사이의 분쟁에 개입하지 않기만 해도 큰 이득으로 간주했을 것이다. 木畫紫檀碁局 등을 보낸 의자왕의[34] 선물 외교에 대응하는 김춘추의 선물 외교도 일정한 성과를 거두었던 것 같다. 『일본서기』에 보이는 김춘추에 대한 호의적인 평가가 그것을 말하지 않을까 싶다.

Ⅳ. 唐과 연계한 통일 구상 : 準備期(648~659년)

1. 唐服과 唐年號의 受容

국제관계는 주변 국들의 이해관계와 연동되어 있게 마련이다. 그러한 관계로 현대 국가들도 자국의 힘만으로 국제 문제를 해결할 수는 없다. 초강대국인 미국의 경우도 영국이나 프랑스와 같은 동맹국을 주축으로 해서 국제 분쟁에 개입하는 경우가 많다. 그럼으로써 군사력의 확대라는 측면 뿐 아니라 무력 행사의 정당성이 한층 담보될 수 있었다. 7세기 후반 동아시아의 정세와 정국도 현재와 결코 다르지 않았다.

신라는 오랜 고심 끝에 당이 요구하는 대로 자국의 연호를 폐지하고 649년 정월부터 중국의 衣冠을 수용했다. 이 문제는 신라가 자주성을 포기한 사건으로 회자되었다. 그러나 이 일은 후대의 입장에서 훈수하듯이 쉽게 말할 수 있는 성질은 아닌 듯싶다. 김춘추가 당 태종을 대면한 자리에서 백제의 공격으로 신라가 궁지에 몰린 절박한 사실을 알렸다. 동시에 당이 군사적으로 백제를 침공해서 멸망시키지 않는다면 신라는 망하게 될 것이다. 그렇게 되

---

33) 『日本書紀』 권25, 孝德 3년 조.
34) 奈良國立博物館, 『正倉院展』, 1982, 86~89쪽.

면 당에 조공하는 일도 사라지게 될 것이라고 했다. 김춘추는 이때 "만약 폐하께서 大國의 군사를 빌려 주셔서 흉악한 적을 없애주지 않으시면 저희 나라 백성들은 모두 사로잡히게 될 것입니다"[35]라고 했다. 당 태종이 김춘추의 절박한 제의를 수긍하면서 출병을 허락하였다. 그러자 김춘추는 唐의 禮服을 따르겠다고 청했다. 김춘추로서는 국가 존망과 생존에 관한 절박한 사안을 해결할 목적으로 당에 복속되기로 한 것이다. 실리와 명분 사이에서 김춘추는 실리를 택하였다.

그 옛날 백제 개로왕이 고구려의 압박으로 위태한 상황에서 북위 황제에게 자존심을 모두 포기하고 乞師한 바 있다. 그러나 북위는 고구려 눈치를 보느라고 백제의 요청을 받아들이지 않았다. 그러자 백제는 북위에 대한 조공을 그 자리에서 끊었고, 그로부터 3년 후 한성이 함락되고 개로왕이 捕殺되는 비참한 상황에 이르렀다.[36] 김춘추의 경우도 자력으로 타개하기 힘든 백제의 군사적 공세를 막기 위해서는 불가항력적으로 당을 끌어 들일 수밖에 없었다. 또 그러기 위해서는 그 反對給付로 당에 종속되는 시늉을 할 수밖에 없었던 것이다.

신라는 650년에 처음으로 당의 연호 '永徽'를 사용했다. 648년에 入唐한 신라 사신에게 당 태종은 "신라는 우리나라를 섬기면서 어째서 달리 연호를 칭하는가?"라고 힐책한 바 있다. 이때 신라 사신은 잘 받아 넘기면서 당이 못쓰게 한다면 자국 연호를 폐지할 수 있다는 뜻을 비쳤다. 그로부터 2년의 세월이 흐른 뒤에 당 연호를 사용한 것을 볼 때 신라 지배층이 이 문제로 고심을 거듭했음을 알 수 있다. 그랬기에 650년 신라의 당 연호 사용을 가리켜 "태종의 꾸중을 듣고서도 오히려 또한 지난 날의 습관을 버리지 못하고 머뭇

---

35) 『三國史記』 권5, 진덕왕 2년 조.

36) 李道學, 『백제 한성·웅진성시대 연구』, 일지사, 2010, 152쪽.

거리다가 이때에 이르러서야 唐年號를 받들어 시행했던 것이다. 이는 비록 마지못한 데서 나왔다 할지라도"[37]라는 문구에서 보듯이 '마지 못한데서' 즉 어쩔 수 없이 수용한 것이었다. 그럼에도 654년에 태종무열왕은 자신의 어머니를 황제의 배필을 가리키는 '太后'로 追封했다.[38] 비록 신라가 외형상 唐年號를 수용했지만 자주성을 견지했음을 뜻하는 동시에, 中國 年號 사용의 불가피성을 읽을 수 있다. 주지하듯이 太宗 廟號의 사용이 이를 웅변해 준다.

이때 신라는 백제 뿐 아니라 고구려 통합까지 기획했던 것 같다. 643년에 기획된 황룡사 목탑의 조성이 이와 무관하지 않았음은 주지의 사실이다. 물론 신라가 당초부터 삼국통일 의지가 있었던 것은 아니라는 견해도 있다.『삼국사기』김유신전에 보이는 "… 公의 나이 17세였는데, 고구려·백제·말갈이 국경을 침범하는 것을 보고 慷慨하여 寇賊을 평정할 뜻을 품었다. … 너는 어린 몸으로 三國을 아우르려는 마음을 가지고 있으니"[39]라는 구절의 '삼국'에는 신라가 포함되지 않는다는 것이다. '삼국'은 이 기사의 앞 구절에 보이는 신라를 자주 침공한 고구려와 백제 그리고 말갈을 가리킨다고 했다. 그러나 다음에 보듯이『삼국사기』에는 병탄 주체도 국가 숫자에 포함되어 있다.

> 까마귀는 [본래] 검은 것입니다. 지금 변해서 붉은 색이 되었고, 또 머리 하나에 몸이 둘이니, 두 나라를 아우를 징조입니다. 왕께서 고구려를 겸하여 차지할 것입니다.[40]

---

37)『三國史記』권5, 진덕왕 4년 조.

38)『三國史記』권5, 태종무열왕 원년 조.

39)『三國史記』권41, 김유신전. "子幼而有幷三國之心 不亦壯乎"

40)『三國史記』권14, 대무신왕 3년 조. "烏者黑也 今變而爲赤又一頭二身幷二國之徵也 王其兼高句麗乎"

위의 인용은 부여인이 赤烏를 얻어서 대소왕에게 올리자, 그에 대한 해석으로 고구려를 병합할 수 있는 조짐으로 '幷二國'을 운위하고 있다. 여기서 '幷二國'에는 부여가 2개 국가를 병합하다는 뜻이 아니다. 즉 부여와 고구려가 모두 포함된다는 사실이다. 이와 마찬 가지로 김유신전에 보이는 '三國'에도 신라를 주체로 한 백제와 고구려의 3개 국을 가리킨다고 하겠다.

2. 平壤 以南 新羅 領有權 胎動 根據

648년에 唐에 들어간 김춘추는 당 태종과 대면한 후 중대한 約定을 하였다. 당 태종은 신라의 乞師로 인해 어쩔 수 없이 고구려를 침공하게 되었다면서 신라에 생색을 내었다. 그러면서 당이 백제와 고구려를 멸망시킨 이후의 領域 分掌에 대한 구상을 제시했다. 당 태종은 "내가 두 나라를 평정하게 되면 평양 이남 백제의 토지는 모두 그대들 신라에 주어서 길이 편안하게 하겠소"라고 하였다. 당이 백제와 고구려를 멸망시킨 후의 영역 분장과 관련해 백제는 신라로 귀속시켜주겠다고 했지만 고구려에 대해서는 '평양 이남'만 언급했을 뿐 '고구려 토지'에 대한 명시가 없다. 그 이유는 무엇일까?

당 태종을 비롯한 중국인들은 고구려 영토였던 遼東은 본시 중국 영역이라는 인식을 강하게 지니고 있었다. 그리고 고조선의 수도였던 평양은 중국에서 東來한 箕子의 근거지이자 중국의 낙랑군이 설치된 곳인 관계로 역시 중국 땅이라는 인식이었다. 『隋書』 배구전에 따르면 箕子 故地라는 遼東에 대한 연고권과 더불어, 고구려의 漢四郡 故地 건국론이 제기되었다. 『삼국사기』에 인용된 裵矩가 수 양제에게 말한 다음과 같은 기사도 중국인들의 영역관을 반영한다.

黃門侍郞 裵矩가 황제에게 말하였다. "고구려는 본래 箕子에게 봉해진 땅으로, 漢과 晉이 모두 郡縣으로 삼았습니다. 지금 신하노릇을 하지 않고 따로 異

域이 되었으므로 선제께서 정벌하려고 한 지 오래됩니다. 다만 楊諒이 불초하
여 군대가 출동했으나 성공하지 못하였습니다. 폐하의 때를 당하여 어찌 취하
지 않음으로써 예의가 바른 지경을 오랑캐의 고을로 만들겠습니까? 지금 그 사
신은 계민이 온 나라를 들어 복종하는 것을 직접 보았습니다. 그가 두려워하는
것을 이용해서 위협하여 입조하게 하십시오."[41]

　그 밖에도 "돌아보건대 저 중국의 땅이 잘리어 오랑캐의 부류가 되었다"[42]
는 수 양제의 詔書가 대표적이다.[43] 이 같은 통일제국 隋 이래의 일관된 東
方政策 基調를 唐이 계승했다고 보면 될 것이다. 그리고 『삼국사기』에 인용된
『唐書』만 보더라도 "(고구려의) 평양성은 한나라 낙랑군이다"[44]고 했다. 혹은
"고구려는 본디 漢나라 四郡의 땅이다"[45]라고 하였다.
　이렇듯 隋人이나 唐人들은 고구려 정벌에 대한 확고한 명분을 갖췄다. 즉
빼앗긴 중국 영역 탈환이라는 인식이었다. 이와 더불어 당 태종은 김춘추에
게 대방군 지역에 대한 지배권도 제시했을 법하다. 그럼에도 대방군 故地인
'평양 이남'이 신라에 귀속된 데는 신라측의 집요한 논리가 제기된 결과로 보
인다. 신라가 제시했을 연고권은 삼국의 前身인 三韓이었을 것이다. 앞서 살
폈듯이 고구려와 백제, 그리고 신라는 7세기 당시 삼한으로 일컬어졌다. 그
러한 삼한의 통합을 신라가 정치적 명분으로 제기했을 가능성이 높다.
　이와 관련해 중국 史書에 따르면 백제는 帶方故地에서 건국했다고 적혀 있
다. 가령 당 태종 貞觀 연간(618~628)에 편찬된 『周書』의 百濟 條에 따르면

---

41) 『三國史記』 권20, 영양왕 18년 조.
42) 『三國史記』 권20, 영양왕 23년 조.
43) 『三國史記』 권20, 영양왕 23년 조.
44) 『三國史記』 권37, 雜志 第 6, 地理 4, 고구려.
45) 『三國史記』 권20, 영류왕 24년 조.

"仇台라는 이가 있어서 帶方에서 처음 나라를 세웠다"[46)]고 했다. 그리고 백제왕의 封爵에 帶方郡王이나 帶方郡公이 자주 보인다.[47)] 이러한 봉작은 중국이 신라 왕에게 수여한 낙랑군 왕과는 비교되지 않을 정도로 비중이 지대하였다. 이러니 唐도 백제의 대방고지에 대한 연고권을 인정하지 않을 수 없었다. 그러한 백제의 기원은 중국도 공인하는 삼한이었다. 이러한 맥락에서 본다면 백제의 건국지라는 황해도 방면의 대방고지는 응당 신라 지배하에 들어가야 한다. 결국 新羅와 唐間의 논리 절충과 타협을 통해 '평양 이남'이라는 約定이 이루어진 것으로 판단된다. 동시에 신라는 자국의 禮服과 年號를 포기하는 적극적인 귀속 의식을 표명한 결과 唐을 유인하는데 성공했다.

신라인들은 자국의 北東界를 지금의 함경남도 安邊인 卑列城으로 간주하였다. 唐이 비열성을 빼앗아 고구려에 돌려주었다고 하지만 신라인들은 연고권을 강하게 제기했다. 즉 "또 비열성은 본래 신라의 것이므로 고구려가 쳐서 빼앗아간 지 30여 년 만에 신라가 도로 찾아, 백성들을 옮겨 살게 하고 관리를 주어 지키게 하였다. 또 이 城을 빼앗아 도로 고구려에 돌려주었다"[48)]라며 거세게 항의하였다. 결국 이러한 영역관이 관철되었기에 대동강에서 원산만까지의 신라 北界가 만들어진 것이다.

이 문제는 뒤의 삼국통일 과정에서도 줄곧 현안이 되었던 사안이기도 했다. 때문에 다시금 분명히 짚고 넘어갈 필요가 있다. 신라는 당초 고구려를 삼한에 포함시켜 그 全域을 장악하려는 구상을 가졌던 것으로 보인다. 즉 고구려의 삼한 기원설은 고구려 멸망 이후 그 舊土 확보를 위해 신라에서 제시한 연고권 주장으로서도 의미가 컸다. 반면 唐의 고구려 지배욕은 가까이는 남북조시대를 청산한 통일제국 隋 이래의 정책을 계승한 성격을 지녔다. 더

---

46) 『周書』 권49, 異域 上, 百濟 條.
47) 李道學, 『백제고대국가연구』, 일지사, 1995, 185쪽.
48) 『三國史記』 권7, 문무왕 11년 조, 답설인귀서.

욱이 당은 고구려 침공과 그 지배를 위한 名分으로서 역사적 근거를 자주 들먹였다. 이러한 실정이니 고구려 패망 후 그 영역에 대한 지배권을 신라에 선선히 넘겨 줄 이유가 없었다. 이 문제는 신라로서도 몹시 중요한 사안이었기에 讓步가 쉽지 않았을 것이다.

約定 이듬 해인 649년에 신라는 唐의 禮服은 수용했지만, 650년에야 중국 연호를 수용한 것은 唐과의 협상에 불만이 많았음을 반증한다. 그렇지만 신라로서는 현실적으로 唐의 지원이 다급한 상황이었기에 타협하고 절충하는 선에서 '평양 이남' 지배로 線을 그었던 것으로 보인다. 그럼에도 신라는 三韓 영역의 당초 北界인 임진강을 넘어섰다. 즉 대동강선까지의 고구려 영역을 지배하는 발판을 구축하는 소기의 성과를 얻었다. 이 점은 注視할만한 대목이다. 요컨대 신라 삼국통일의 영토적 불완전성은 통일 과정에서의 역부족이 아니었다. 당초부터 내재된 이러한 約定의 산물이었다. 아울러 신라는 통일의 정당성과 명분의 확보에서 중요한 소재를 개발하였다. 즉 "삼한을 합쳐서 一家를 이루었다"는 표제인 것이다. 이로써 분열을 청산한 통합은 분명 成果요 偉業이라는 긍정적 기제의 극대화를 가능하게 했다.

唐은 고구려 영역 가운데 魏代 이후의 요동군과 과거 한사군 영역을 수복지로 지목하였다. 당 태종은 "遼東은 옛적에 중국 땅이었다. … 朕은 장차 가서 이를 經略하려 하는 것이다"[49]고 했다. 한사군은 낙랑군과 더불어 현도군과 진번군과 임둔군이 해당된다. 이 중 短命한 진번군과 임둔군은 상징성은 물론이고 존재감마저 약하였다. 현도군은 제3현도군이 지금의 요령성 무순에 소재하였다. 그러한 관계로 요동 지배로 인해 마무리된 것으로 인식했을 법하다. 처음 설치된 제1현도군의 소재지에 대해서는 唐人들도 그 위치를 분명히 파악하지 못한 실정이었다. 그리고 진번군의 後身인 대방군은 백제 건

---

49) 『三國史記』 권21, 보장왕 3년 조.

국지로 인식되었기 때문에 삼한 통합론을 제기한 신라의 지배를 인정하는 선에서 마무리 되었다. 唐은 당초 고구려 전역에 대한 지배를 기도했겠지만 신라가 제기한 백제의 대방고지 건국설에 따라 대동강 이북의 관할로 후퇴한 것으로 보인다. 실제 대방군 영역의 北界는 대동강유역까지로 밝혀졌다.[50] 요컨대 唐의 고구려 전역 장악 기도와, 신라의 대방고지 백제 緣故權 주장이 충돌함에 따라 양국은 그 접점을 대동강선으로 확정한 것으로 보인다. 이로써 '평양 이남' 고구려 전역까지 장악하려는 唐의 기도는 무산되었다. 그렇지만 신라와 唐은 고구려의 소멸에 합의한 것이다. 648년 양국간의 約定은 이 점에 의미를 두지 않을 수 없다.

신라측에서 북계를 대동강으로 제시할 수 있는 자료는 그 밖에도 보인다. 다음은 『삼국사기』 백제본기에 적혀 있는 시조왕대의 영역 기사이다.

> 8월에는 마한에 사신을 보내어 遷都를 알리고 疆場을 畫定하였는데, 북쪽은 浿河에 이르고, 남쪽은 熊川에 限하고, 서쪽은 大海에 이르고, 동쪽은 走壤으로 끝났다.[51]

위의 영역은 기실 근초고왕대의 일이 소급된 것이다. 문제는 백제가 시조왕대부터 단일한 정치체로 출발했다는 메시지 격인 위의 기사에 보이는 北界이다. 백제의 북계로 등장하는 패하는 예성강을 가리키고 있다. 그런데 7세기 당시 패하 즉 패수는 주지하듯이 대동강을 가리킨다. 이에 따라 백제를 병합한 신라측에서는 백제의 북계였던 패하 즉 대동강까지를 충분히 요구할 수 있는 상황이 되었다. 이러한 측면도 신라가 활용할 수 있는 카드였을 것이다.

결국 고구려 영역 가운데 요동반도에 대한 지배로 마무리하고, 중만주와

---

50) 李丙燾, 『韓國史 古代篇』, 乙酉文化社, 1959, 252~253쪽 사이 '高句麗興起 三韓比定圖'
51) 『三國史記』 권23, 온조왕 13년 조.

동만주 일대가 방치된 것은, 이러한 唐의 영역관에 기인한 것으로 짐작된다. 그랬기에 방치된, 즉 신라나 당으로서는 일종의 無緣故地였던 東滿洲를 기반으로 발해가 흥기할 수 있었다고 본다. 요컨대 唐의 고구려 침공은 故土奪還戰이었고, 신라로서는 三韓統合戰이었다. 고구려 멸망은 이념적으로는 중국인들의 累代 宿願과 신라인들의 三韓統合大望論의 歸着點이었다.

신라인들은 자국 영역의 北界인 대동강을 三韓의 北界로 인식했다. 비록 고려 말기의 인식이지만 "우리 太祖께서는 궁예같은 포악한 임금을 섬겨 三韓 땅을 弓裔가 그 3분의 2를 차지하게 된 것은 …"[52]라는 구절이 보인다. 이 구절의 '三韓'은 통일신라의 영역을 기준한 것이다. 이러한 삼한의 북계는 평양과 대동강 일대를 가리켰던 것 같다. 이는 공산 전투에서 승리한 직후에 삼한 의식을 공유했던 진훤이 왕건에게 보낸 글월에서 "나의 기약하는 바는 평양성의 문루에 활을 걸어두고 패강(대동강) 물에 말의 목을 축이는 것이다!"[53]라고 한데서도 확인된다. 요컨대 여기서 삼한은 곧 통일신라 영역을 가리켰다. 이렇듯 신라의 삼국통일 영역관은 삼한 땅을 前提하고 설정되었던 것이다.

Ⅴ. 맺음말

신라의 삼국통일 과정은 험난하고도 지루한 과정으로 點綴되었다. 삼국 가운데 弱體國이었던 신라는 백제의 부단한 攻勢로 인해 지금의 서부 경상남도 지역을 거의 상실하다시피 했다. 더구나 백제군은 東進을 거듭하며 소백산맥을 돌파했다. 백제는 낙동강 東岸인 지금의 星州나 龜尾 방면까지 진출

---

52) 『高麗史』 권2, 世家, 李齊賢 贊.
53) 『三國史記』 권50, 진훤전.

해서 신라를 압박하였다. 이러한 위기감 속에서 自力으로 막을 수 없는 국가 위기 타개책으로 신라는 고구려를 고려했지만 성과가 없었다. 신라는 647년에 김춘추를 倭에 파견했다. 그 역시 성과가 없었다. 마지막으로 신라는 앞서와 동일하게 비중이 큰 重臣 김춘추를 648년 唐에 파견하였다. 그 결과 김춘추와 당 태종간의 約定이 이루어졌다. 그들이 설정한 원대한 마스터 플랜에 의하면 신라와 당이 연합해서 백제와 고구려를 멸망시킨 후의 지분에 관한 논의가 확정되었다. '평양 이남'의 백제 영역을 신라에 귀속시키기로 한 것이다. 이 사실은 '평양 이북'과 요동 지역에 대한 지배권은 唐이 갖는다는 約定이 이루어졌음을 뜻한다.

2차 세계대전 終戰 직전의 얄타회담이나 포츠담 선언에서 잘 드러났듯이 점령할 국가의 舊土 分轄 문제는 이해가 상충되는 아주 미묘한 사안이었다. 이때 당은 고구려 舊土에 대한 연고권을 제시했을 게 자명하다. 당 태종 이전인 통일제국 隋代 이래 중국인들은 遼東 지역이 당초 중국 영역이었음을 강조하였다. 중국이 곧 탈환해야할 지역으로 설정했다. 소위 四郡 지역이 그러한 범주에 속하게 된다. 唐은 고구려 영역 가운데 과거 한사군의 영역과 魏代 이후의 요동군을 수복지로 지목하였다. 즉 낙랑군과 더불어 현도군과 진번군과 임둔군이다. 이 중 短命한 진번군과 임둔군은 상징성은 물론이고 존재감마저 없었다. 현도군은 제3현도군이 지금의 요령성 무순에 소재한 관계로 요동을 지배하면 自動으로 완결되는 것으로 인식했을 것이다.

반면 진번군의 後身인 대방군은 백제 건국지로 인식되었던 것 같다. 그렇기 때문에 삼한통합론을 제기한 신라의 지배를 인정하는 선에서 마무리되었다. 요컨대 唐의 漢四郡 故地收復論은 작금의 東北工程과 관련해 시사하는 바 크다. 唐이 제기한 中國故土收復論은 역사에서 찾는 침공 명분론이었다. 이러한 논리는 현재도 중국이 여전히 유효하게 사용할 수 있는 기제이기도 하다. 통일제국이 형성되자마자 제기된 隋代 이래 당 태종 등이 제기한 논리가 고구려 征伐論이었다. 그러한 근거는 21世紀 統一韓國의 중대한 장애 요인으로서 수면하에 잠재하고 있음을 감지해야 한다.

　사안의 중대성에 비추어 부연 설명을 해 본다. 648년에 唐太宗은 김춘추와 협상하면서 낙랑군이 소재한 고구려 수도 평양에 대한 지배권을 내세웠을 것이다. 동시에 대방군 지역에 대한 지배권도 제시했을 것은 자명해 보인다. 그럼에도 대방군 故地인 '평양 이남'이 신라에 귀속된 데는 신라측의 집요한 논리가 제기된 결과였다. 신라가 제시했을 영토에 대한 연고권은 삼국의 前身인 三韓이었을 것이다. 고구려와 백제, 그리고 신라는 7세기 당시 삼한으로 일컬어졌다. 신라는 그러한 삼한의 통합을 정치적 명분으로 제기했을 가능성이 높다.

　이와 관련해 중국 史書에 따르면 백제는 帶方故地에서 건국했다고 적혀 있다. 백제왕의 封爵에 대방군왕이나 대방군공이 자주 보인다. 이러한 봉작은 신라왕에게 수여한 낙랑군왕과는 비교되지 않을 정도로 비중이 지대하였다. 결국 唐도 백제의 대방고지에 대한 연고권을 부인할 수 없었다. 그러한 백제의 기원은 중국도 공인하는 삼한인 것이다. 또 그렇다면 백제의 건국지라는 황해도 방면의 대방고지는 응당 신라 지배하에 들어가야 한다. 요컨대 이 같은 논리의 절충과 타협을 통해 '평양 이남'이라는 默契가 이루어졌던 것으로 판단된다. 이는 唐이 주장했던 '평양 이남'을 포괄하는 고구려 全域 收復論을 신라가 좌절시킨 결과였다. 이 約定은 신라와 唐이 고구려의 소멸에 합의했음을 뜻한다. 동시에 신라는 자국의 禮服과 年號를 포기하는 적극적인 귀속의식을 표명한 결과 唐을 유인하는데 성공하였다. 그리고 신라인들은 자국의 北東界를 지금의 함경남도 安邊인 卑列城으로 간주했다. 그 결과 대동강에서 원산만까지의 신라 北界가 설정된 것이다.

　백제가 시조왕대부터 단일한 정치체로 출발했다는 메시지 격인 기록이 있다. 『삼국사기』 온조왕 13년 조에 보이는 北界로서 浿河이다. 백제의 북계로 등장하는 패하는 예성강을 가리키고 있다. 그런데 7세기 당시 패하 즉 浿水는 주지하듯이 대동강을 가리킨다. 이에 따라 백제를 병합한 신라측에서는 백제의 북계였던 패하 즉 대동강까지를 충분히 요구할 수 있는 상황이 되었다. 이러한 측면도 신라가 활용할 수 있는 카드였을 것이다.

唐은 고구려 영역 가운데 요동반도에 대한 지배로 마무리하고, 中滿洲와 東滿洲 일대를 방치하였다. 그 배경은 이러한 唐의 영역관에 기인한 것으로 보인다. 그랬기에 신라나 唐으로부터 방치된 일종의 無緣故地인 東滿洲를 기반으로 渤海가 흥기할 수 있었다. 요컨대 唐의 고구려 침공은 故土奪還戰이었고, 신라로서는 三韓統合戰이었다. 고구려 멸망은 이념적으로는 중국인들의 故土回復이라는 累代 宿願과 황룡사 구층탑 조성에 응결된 신라인들의 三韓統合大望論이 결합된 결과였다. 요컨대 삼국통일전쟁은 단순한 영토 쟁취에만 국한된 정복전으로만 성격 지을 수는 없다. 兩國이 오랜 기간에 걸쳐 企劃한 역사회복전쟁의 産物로 평가하는 게 정당할 것 같다.

648년 양국간의 약정은 그 12년 후의 실제 상황에서는 적용되지 못하였다. 백제에 이어 668년에 고구려가 멸망했다. 문제는 여기서 단순하게 현안이 해결된 것은 아니었다. 양국간의 同床異夢 관계의 표출로 인해 숱한 우여곡절을 겪은 후 물리력으로써 신라는 당군을 축출할 수 있었다. 그렇더라도 신라가 패강 이남 즉 평양 이남을 직접 경영하지는 못하였다. 新羅와 唐, 두 세력이 대치하는 일종의 완충 지대로 남아 있었던 것이다. 신라인들이 평양 일원까지 진출해서 거주했지만 행정 지배를 할 수는 없었다. 그것은 양국간의 합의가 이루어지지 않은 상황이었기 때문이다.

더욱이 통일과정에서 違約으로 인한 양국간의 앙금이 남아 있었다. 일례로 670년에 唐에 謝罪使로 온 欽純은 환국시키고, 良圖는 억류하여 獄中에서 죽게 했다. 이렇게 된 이유는 "(문무)왕이 백제의 토지와 遺民들을 마음대로 가져, 황제가 책망하면서 화를 내어 거듭 사과를 남겨 두었기 때문이다(『三國史記』卷6, 문무왕 10년조)"라고 한 사례를 제시할 수 있다. 그리고 "왕은 고구려의 배반한 무리들을 받아들이고, 또 백제의 옛 땅을 점거하여 사람들을 시켜 지키게 했는데, 당 고종이 크게 노하여 詔書로써 왕의 관직과 작위를 빼앗고…(『三國史記』卷6, 문무왕 14년 조)”라는 기사도 동일한 사례가 된다.

물론 唐이 '평양 이남'을 직접 지배 하지는 않았지만 눈독을 들이면서 예의 주시했던 일종의 뜨거운 감자였다. 이 곳에 대한 영유권 문제는 약정한 지 무려 90년 가까운 735년에야 해결되었다. 고구려가 멸망한 시점에서 본다면 2世代가 지난 67년만이었다. 이 사실은 신라의 삼국통일 과정은 당초의 約定과 현실적 變數 요인이 가세했음을 뜻한다. 비록 김춘추와 당 태종간의 약정은 오래 지체되기는 했지만 종국에는 具顯되었던 것이다. 그리고 648년 約定上의 영역은 한국사에서 공식적인 영역 판도로서 인정을 받았다. 결국 7세기 중반에 김춘추와 당 태종이 결정한 동아시아 政治 地形圖는 3世代가 지나 완결된 것이다.

그런데 『三國史記』 지리지를 보면 신라의 9州 가운데 漢州·朔州·溟州는 고구려 영역으로 인식되었다. 이 사실은 648년 협상 때와는 달리 '삼한=삼국'의 版圖를 신라 영역 안에 배정한 것이다. 이는 신라 삼한 통일의 완결성을 표방하려는 의도였다.

(2011년 9월 脫稿)

追記) 당 태종이 『晉書』를 편찬하면서 고구려전을 누락한 이유에 대해서는 적극적으로 논의되지 못한 감이 있다. 3세기 후반에 편찬된 『삼국지』 동이전에 이미 고구려 조가 수록되었다. 그럼에도 7세기대에 편찬된 『晉書』에 고구려전이 누락된 것은 고의적인 것이다. 더욱이 당 태종은 5세기 후반에 편찬된 『宋書』를 통해 백제전을 접한 바 있다. 이 보다 중요한 사실은 근초고왕대에 東晉과 교류하여 백제의 존재가 중국에 알려졌다. 단 1회 사신을 보낸 바 있는 加羅의 경우 『南齊書』에 입전된 바 있기 때문이다. 그러므로 『晉書』에서는 백제전도 立傳될 수 있는 정황이었다.

『晉書』에 고구려전과 백제전이 누락된 이유에 대해 단재 신채호는 당 태종이 고구려와 백제를 侵逼하는 상황에서 양국의 중국 점유를 僞證하기 위한 목적에서 아예 立傳시키지 않았다는 것이다. 사실 당 태종 이전에 이미 출간된 『魏書』나 『南齊書』를 비롯하여 『宋書』와 『梁書』를 손대는 일은 용이하지 않다. 그러나 이미 3종류의 『晉書』가 존재함에도 불구하고 당 태종이 새로 『晉書』를 편찬할 때는 뚜렷한 목적이 있었다고 보여진다.

당 태종은 수 양제와 더불어 고구려 정벌의 목적을 漢代의 四郡이 설치되었던 故土回復에 두었다. 즉 侵攻이 아니라 회복 즉 收復 개념에서 찾았다. 그런데 『晉書』에 고구려전과 백제전이 立傳되었을 때 예상되는 사안은 이러한 침공 명분이 효력을 상실한다는 것이다. 쉬운 예로 梁代에 그려진 「梁職貢圖」의 "백제는 옛날의 來夷로 마한의 무리이다. 晉末에 고구려가 요동의 낙랑을 경략하자, (백제) 역시 요서의 晉平縣을 (경략함이) 있었다(百濟舊來夷 馬韓之屬 晉末駒麗略有遼東樂浪 亦有遼西晉平縣)"라는 기사를 음미해 보자. 고구려가 漢代의 낙랑을 점유한 게 아니라 晉代에 요동 소재 낙랑을 점령했다는 것이다. 여기서 '晉末'을 西晉 末로 지목하더라도 이곳은 이미 漢族의 영역이 아니었다. 고구려는 慕容氏 영역이었던 遼東 소재 낙랑을 점령한 것이다. 그렇다면 당 태종의 고토수복론은 명분이 없어진다. 게다가 백제가 遼西 지역을 經略했다고 적혀 있다. 이러한 기록들은 당 태종이 고구려와 백제를 侵逼할 명분을 잃게 한다. 『晉書』에 입전되었어야 할 고구려전의 누락과 새로 입전시켰어야할 백제전의 不立傳 배경을 이와 같이 찾아 볼 수 있다.

6장
唐橋의 歷史的 位相과 蘇定方 被殺說

Ⅰ. 머리말

唐橋는 경상북도 상주시 함창읍과 문경시 접경에 소재한 3번 국도상의 '뙤다리'라고 불리었던 舊橋였다. 원래는 木橋였지만 일제 강점기 때 시멘트 다리로 재질을 바꿔서 새로 건립되었다. 다리에는 한글로 '당교'라고 적혀 있었다. 당교의 내력은 『신증동국여지승람』에 다음과 같이 보인다.

> 唐橋 縣의 북쪽 6里에 있다. 新羅古記에, "蘇定方이 이미 고구려와 백제를 치고 또 신라를 치려고 여기에 머물렀을 때, 金庾信이 그 계획을 알고, 당나라 군사에게 잔치를 베풀어 취하게 하고 모두 여기에 묻어 죽였다. 뒷날 사람들이 그것으로 당교라고 이름 지었다"고 하였다.[1]

唐橋는 역사적인 戰場인 관계로 문경시에서 현양할 목적으로 1990년 12월 15일에는 당교 관련 학술 세미나를 개최한 바 있었다. 이때 필자는 당시 교원대학교 교수였던 정영호와 함께 관련 논문을 발표한 바 있다. 그리고 문

---

1) 『新增東國輿地勝覽』 권29, 咸昌縣 橋梁 條.

경시에서는 당교 사적비를 건립하기도 했다. 그러나 유감스럽게도 1999년 의 道路擴張工事로 인해 당교는 지금은 형적도 없이 사라지고 말았다.[2]

唐橋는 우리 視野에서 사라지고 말았다. 그렇다고 唐橋에 어린 역사적 사 실마저 사라질 수는 없는 일이었다. 오히려 그럴수록 唐橋가 지닌 역사적 위 상과 더불어 聞慶 지역의 전략적 비중을 되새겨보는 계기로 삼고자 한다. 더 구나 唐橋는 신라가 삼국통일의 위업을 이루는 과정에서 쾌거를 이룬 역사적 현장이었다. 그 뿐 아니라 唐橋는 임진왜란 때도 戰勝을 거둔 뜻 깊은 장소이 기도 했다.

한국 역사상 신라의 삼국통일 전쟁과 임진왜란은 국가 존망을 건 거국적인 전쟁이었다. 이러한 전쟁에서 大勝을 거둔 勝捷地로서 唐橋가 지닌 역사적 위상을 제대로 조명하고자하였다.

Ⅱ. 문경 지역의 전략적 비중

聞慶의 신라 때 지명은 冠文縣인데, 高思曷伊城이라고도 하였다.[3] 여기서

---

2) 필자가 唐橋와 관련해 발표한 논문이나 방송 매체 등은 다음과 같다.
   李道學, 「羅唐同盟의 性格과 蘇定方被殺說」『新羅文化』2, 1985.
   李道學, 「唐橋 '蘇定方被殺說'의 역사적 의의」『김갑주 박사 화갑기념 한국사학논총』, 김갑주박사기념논총간행위원회, 1994.
   李道學, 「당교와 소정방피살설의 재조명」『우리문화』, 한국문화원연합회, 1988, 12 월호.
   李道學, 「소정방은 당교에서 피살되었다」『불교춘추』2, 1995.
   李道學, 「소정방은 피살되었는가?」『꿈이 담긴 한국고대사 노트(하)』, 일지사, 1996.
   李道學, 「소정방은 신라에서 피살되었나」『한국고대사, 그 의문과 진실』, 김영사, 2001.
   KBS, 「미스터리 추척, 신라의 소정방 피살 사건」『역사스페셜(44)』, 1999. 10.23.
   3) 『新增東國輿地勝覽』권29, 聞慶縣 建置沿革 條.

冠文과 高思曷伊는 동일한 호칭인 것이다. 고사갈이의 '사'는 사이시옷이므로 발음되지 않는다. 그러므로 '고사갈이'는 '고깔'로 읽게 된다. 고깔을 번역한 게 '冠文'인 것이다. 聞慶縣의 남쪽 4리에 소재한 冠兮山이 冠文縣 곧 高思曷伊城 지명의 기원지로 지목되어진다. 실제 주흘산의 支脈인 冠兮山에 소재한 사당은 주흘산에 祔祭했을[4] 정도로 비중 있는 산이었다. 이러한 점에서 보더라도 冠兮山은 당초 고깔산으로 불리었던 것이다. 그리고 번역된 山名이 지금까지 전하고 있음을 알 수 있다.

소백산맥 남북을 연결하는 양대 교통로가 계립령로와 죽령로였다. 이 가운데 문경 지역은 계립령로와 직결되어 있다. 『삼국사기』에 보면 계립령로는 "鷄立嶺路를 열었다"[5]고 하여 보인다. 신라는 일찍부터 소백산맥 남북을 연결하는 양대 교통로인 죽령로와 더불어 계립령로를 개척하였던 것이다. 계립령과 죽령의 안쪽은 신라 영역인 반면 그 북쪽은 타국의 영역으로 인식되었다. 고구려 장군 온달이 출정할 때 맹세하기를 "계립현과 죽령의 서쪽을 회복하지 않으면 돌아오지 않겠다!"[6]고 하였다. 본시 자국인 고구려 영역으로 인식했던 계립현과 죽령의 서쪽은 남한강 상류 지역에 해당한다. 그럴수록 소백산맥이라는 地形區를 남북으로 연결해주는 지리적 要地에 소재한 문경 지역의 전략적 비중은 지대할 수밖에 없었다. 더구나 문경 지역은 한반도에서 거대한 내륙수로인 남한강의 상류와 낙동강의 상류를 연결시켜주는 최단거리 지역일 뿐 아니라 대체로 구릉지인 까닭에 배수 조건이 좋고 渡河 지점이 적어 복잡한 수송 체계를 피할 수 있는 전략적 요충지이다.[7]

---

4) 『新增東國輿地勝覽』 권29, 聞慶縣 祠廟 條.

5) 『三國史記』 권2, 阿達羅 尼師今 3년 조.

6) 『三國史記』 권45, 온달전.

7) 崔永俊, 「조선시대의 영남로 연구 -서울~상주의 경우-」 『지리학』 11, 1975, 54~55쪽.

문경 지역의 전략적 비중을 헤아린 신라 조정에서는 깊은 관심을 투사했다. 그러한 관심은 국가를 鎭護하는 산악을 설정하고 국가적 祭儀를 행하는 것이었다. 문경에는 邑의 북쪽에 主屹山이라는 靈山이 소재하였다. 주흘산은 신라의 祀典 체계에서 小祀에 편제되어 있었다. 그랬기에 국가에서 봄가을로 香을 하사하여 제사를 지내게 했던 것이다.

문경 지역의 천험한 지형에 대해서는 숱한 기록들이 회자되고 있다. 가령 『신증동국여지승람』에 적힌 다음과 같은 串岬遷에 관한 기록이다.

· 벼랑에 의지하여 사다릿길[棧道]을 만들었다. 權近의 記文에 "串岬이 가장 험하여 벼랑에 의지하여 사다릿길을 만들었다"고 했다. 函谷關같이 牡하고, 蜀나라 길처럼 험하다. 魚變甲의 詩에 "방비한 시설은 함곡관같이 牡하고, 가기 힘들기는 蜀나라 길처럼 험하다"고 하였다.[8]

· 곧 龍淵의 동쪽 언덕인데, 兎遷이라고도 한다. 돌을 파서 사다릿길을 만들었는데, 구불구불 거의 6~7리나 된다. 세상에 전하기를 "고려 태조가 남쪽으로 쳐 와서 이곳에 이르니 길이 없었는데, 토끼가 벼랑을 따라 달아나면서 길을 열어주어 갈 수가 있었으므로 兎遷이라 불렀다"고 한다. 그 북쪽의 깎어지른 봉우리에 石城 터가 있는데, 옛날에 防戍하던 곳이다.[9]

여기서 串岬遷의 '遷'은 신라 방언에서 '물 언덕 돌길[水崖石路]'에 대한 호칭이라고 한다.[10] 문경 지역의 전략적 비중에 걸맞게끔 천험한 지형을 이용하여 곳곳에는 많은 관방 시설들이 포진하였다. 이와 관련해『白江集』의 다음과 같은 기술이 주목된다.

---

8)『新增東國輿地勝覽』권29, 聞慶縣 形勝 條.
9)『新增東國輿地勝覽』권29, 聞慶縣 山川 條.
10)『新增東國輿地勝覽』권6, 廣州牧 山川 條.

문경의 북쪽 鳥嶺의 동쪽에 한 산성이 있어서 御留라고 부르는데, 어느 때의 일인지 모르겠다. 혹 말하기를 고려 태조가 잠시 머문 곳이라고도 한다. 그 안의 넓이는 남한산성에 비해 10분의 9가 된다. 그렇지만 형세의 험고하기는 남한산성에 비할 바가 아니다. 동남쪽은 절벽이 만길이나 되어 새와 짐승도 넘지 못한다. 북쪽은 동남쪽에 비해 조금 낮지만 인력으로 도처에 城堞을 약간만 설치하면 안심할만하다. 서쪽에도 통할만한 길은 있지만 남한산성의 가장 험한 곳과 비교해 보아도 몇 곱절이나 된다. 성을 쌓은 곳은 불과 5~6百把이고 성 안에는 샘이며 수목이 무진장하다. 자연히 險固함은 실로 동남 지방의 제일이라 4~5만 병갑을 수용할만하니 만전한 곳은 이를 두고는 없을 것이다.

성 북쪽의 月巖과 그 동쪽의 鵲城, 順興과 그 서쪽의 鳥嶺, 曦陽山城과 그 남쪽의 姑母, 兎遷은 그지없이 험한 산성이다. 혹은 棧道라서 欄干을 설치하여 약간의 군대를 머물러 둘 수 있어 聲援이 서로 닿고 號令을 서로 통할 수 있다. 따라서 嶺湖三道와 동북 畿甸을 역시 연락할 수 있기 때문에 서북에 일이 생기면 播遷하여 머물 곳이 될 것이고, 남방에 위급함이 있으면 방어할 곳이 될 것이다.[11]

실제 계립령인 하늘재 주변에는 많은 관방시설들이 布陣하고 있다. 계립령로에는 布巖山(961m)과 釜峯(925m) 연맥의 鞍部인 하늘재(530m)를 막아 쌓은 遮斷城 형태의 성벽 480m가 남아 있다. 그 밖에 계립령로 입구인 충주시 上芼面 石門里 앞 능선에서 시작하여 마패봉과 조령관문과 깃대봉으로 연결된 3.5km의 長城 형태의 野門城 혹은 雞立城이라 불리는 石城이 버티고 있다.[12]

신라는 계립령로의 방비를 위해 많은 성들을 요소 요소에 축조했음을 알 수 있다. 문경에도 교통의 요로에 자연지세의 險固함을 이용하여 성들이 곳

---

11) 『白江集』 권7, 「請設御留山城疎」.
12) 忠淸北道, 『文化財誌』, 1982, 382~383·393쪽.

곳에 포진하였다. 깎아지른 듯한 北壁 위에는 麻姑城이 문경 읍내를 굽어보고 있다. 또 이곳에서 점촌과 상주 방면으로 진출하기 위해서는 문경 남쪽 9km 지점에 소재한 串岬遷을 지나야만 한다. 문경 지역 3대 險阻處의 하나인 串岬遷은 묶어 놓은 듯한 兩 山峽의 가운데를 관류하는 하천이다. 이 하천 옆 벼랑에는 3km에 이르는 棧道가 나 있다. 더욱이 串岬遷 兩岸에는 신라가 축조한 姑母城과 姑父城이 응대하고 있는 天險의 要鎭이었다.

唐橋가 소재한 문경·상주 지역은 신라 수도 경주에서 한강유역으로 진출하거나 백제로의 진출 과정에서 반드시 거쳐야할 정도로 전략적 비중을 지닌 곳이었다. 그러한 추정은 신라의 백제 정벌시 그 왕도인 부여 침공을 겨냥한 태종무열왕의 動線을 통해서 알게 된다. 즉 태종 무열왕은 지금의 경기도 이천에 해당하는 南川停에 행차한 후 다시금 회군하여 지금의 백화산성인 상주 今突城에 전선사령부를 설치한데서[13] 유추할 수 있다. 게다가 唐橋는 임진왜란 때의 戰場이기도 했다. 관련 기사를 소개하면 다음과 같다.

> 임진년 10월 경상도 함창에 있는 唐橋의 賊이 모여 큰 陣을 설치해 놓고 龍宮 등지로 횡행하면서 장차 내지로 침범하려고 한다. … 임진년 12월, 당교라는 지역은 경상좌우도의 咽喉가 되는 곳인데, 이곳에 왜적이 진을 치고 있기 때문에 비록 한 道의 힘을 다 기울여서도 먼저 격퇴시켜야 한다고 했다.… 또한 적이 편리한 지점(당교; 필자)을 점거하고 있거니와 더구나 중간에 큰 내가 가로막혀 장수들이 모두 어렵게 여겨 아직까지 한 번도 공격하지 못했기 때문에 痛憤하고 민망함을 이기지 못했다.[14]

위의 기사를 통해 당교가 삼국시대 이래로 중요한 전략적 위치에 소재하였

---

13) 『三國史記』 권5, 태종무열왕 7년 6월 조.

14) 『亂中雜錄』 壬辰年 12월 조.

음을 알 수 있다. 그러면서 당교에서 소정방 피살설이 발생한 이유가 결코 우연한 일이 아님을 느끼게 한다.

Ⅲ. 唐橋 蘇定方 被殺說

당나라 장군 소정방은 신라를 도와 백제 정벌에 나섰고, 그리고 고구려 정벌에도 관여하였다. 그러한 소정방이 唐橋에서 피살되었다는 기록이 전하고 있다. 다음과 같은 『삼국유사』 기록이 바로 그것이다.

> 또 『新羅古傳』에는 이런 말이 있다. "소정방이 이미 고구려 백제 두 나라를 치고 또 신라를 치려고 머물러 있었다. 유신은 그 음모를 알고 唐軍을 초대하여 짐새의 독을 먹여 모두 죽이고 구덩이에 묻었다." 지금 尙州 지경에 唐橋가 있는데 이것이 그때 묻은 땅이라고 한다.
>
> 『唐史』를 살펴보면 그 죽은 까닭은 말하지 않고 다만 죽었다고만 했으니 무슨 까닭일까? 감추기 위한 것일까? 혹은 신라의 속설이 근거가 없음일까? 만약 임술년에 고구려를 치는 싸움에 신라 사람이 소정방의 군사를 죽였다고 한다면, 후일 총장 원년 무진년에 어찌 당나라에 군사를 청해서 고구려를 멸망시킨 일이 있겠는가? 이로써 『신라고전』이 근거가 없음을 알 수 있다. 다만 무진년에 고구려를 멸망시킨 후에 당나라에 신하로서 섬기지 않고 고구려의 땅을 마음대로 차지했을 뿐 소정방과 李勣 두 사람을 죽이기까지 한 일은 없었다.

위의 『삼국유사』는 『新羅古傳』을 인용하여 소정방이 백제와 고구려를 멸망시킨 후 이제는 신라마저 병탄하려고 신라 땅에 머물러 있다가 김유신의 계책에 빠져 독살되고 말았다는 기록을 소개했다. 그러면서 『삼국유사』 저자인 一然은 唐史인 『舊唐書』와 『新唐書』에서 소정방의 사망 이유를 밝히지 않고 그저 사망했다고만 한 것을 볼 때 피살을 감추기 위함인가라고 의문을 제기

지금은 훼손되어 없어진 당교

했다. 또 한편으로 일연은 壬戌年인 662년에 신라인들이 소정방의 당나라 군사를 죽였다고 한다면 총장 戊辰年인 668년에 어떻게 당나라 군사의 힘을 빌려 고구려를 멸망시킬 수 있었겠는가라고 의문을 제기했다. 결국 그는 『신라고전』의 내용이 근거 없다고 보았다.

그러나 이와 같이 속단하기는 어렵다. 우선 일연이 소정방 피살 사건이 발생한 시점으로 인식한 임술년은 어디에 근거했는지 명확하지 않다. 게다가 『新羅古傳』에서는 "소정방이 이미 고구려 백제 두 나라를 치고 또 신라를 치려고 머물러 있었다"고 전제했다. 그렇다면 소정방 피살 시점은 고구려가 멸망한 668년 이후라야 맞다. 따라서 일연의 추측은 타당성을 잃었다.

이와 더불어 소정방 피살에 관한 기록은 다른 데서도 찾을 수 있다. 고려 무신정권 때의 文人 李奎報가 지은 다음과 같은 「祭蘇定方將軍文」이 된다.

> 云云. 외국이 중국에 복종하지 않은 지 오래됐음으로, 太宗이 장차 萬國을 복종시키고 文軌를 통일하려고 하여 장군으로 하여금 군사를 거느리고 우리 高麗를 치게 하였는데, 장군은 불행히도 驍騎를 우리 나라에 머무른 채 환국하지 못했으므로 遺祠가 여기에 있게 된 것입니다.
> 또 외국이 복종하지 않는 것은 당연한 이치건만 文皇帝는 오히려 분연히 노하여 군사들을 遠征에 내보내어 고달프게 하였고 끝내는 몸소 진두에 서서 經略하기까지 한 것은 장군도 아는 일이며, 하물며 東京은 우리 나라의 陪邑인데 감히 군사를 일으켜 국가를 배반하고 있으니, 입을 벌리고 주인을 향해 짖는

것은 개짐승도 하지 않는 법인데, 모르겠습니다만 將軍의 생각에는 이것을 어떻게 보십니까.

삼가 바라건대, 古今에 下國을 정벌하는 輕重의 마땅함을 참작하시어, 옛날 장군의 범 같은 걸음과 매 같은 눈초리의 위엄을 되살리시어, 官軍으로 하여금 속히 醜俗을 쓸어 버리고 곧 군사를 거느리고 돌아오게 하여 주시면, 장군이 비록 客魂으로 이곳에서 제사를 받으셔도 부끄러움이 없을 것입니다.

위의 祭文은 살아서 용맹했던 당나라 장군 소정방의 英靈을 빌어 당시 극성하던 東京民亂 즉 慶州民亂을 진압하기 위해 작성한 것이다. 이규보가 경주민란을 진압하기 위해 지은 몇 편의 제문 가운데 한 편에 속한다. 그런데 이 제문에서 "우리 高麗를 치게 하였는데, 장군은 불행히도 騶騎를 우리 나라에 머무른 채 환국하지 못했으므로 遺祠가 여기에 있게 된 것입니다"라는 구절이 주목된다. 여기서 원문의 '騶騎'는 군대라는 의미이고 '便未西轅'은 글채가 서쪽(중국)으로 돌아가지 못했다는 뜻이다. 따라서 이 구절은 소정방이 삼국통일 전쟁에 개입했다가 중국으로 돌아가지 못한 까닭에 祠堂이 우리 나라에 남게 되었다는 것이다. 곧 소정방이 우리 나라에서 戰歿했음을 암시한다. 그랬기에 소정방의 魂靈을 '客魂'이라고 한 것일 게다.

IV. 중국 史書에서의 蘇定方 사망 기록

1. 소정방 사망 기록에 대한 의혹

중국 史書에서는 소정방의 사망을 어떻게 기록하고 있는 지를 검토해 볼 순서이다. 이와 관련해 『舊唐書』와 『新唐書』에 적힌 관련 기록을 다음과 같이 소개해 본다.

• 建封 2년(667)에 죽었는데 나이는 76세였다. 高宗이 듣고 傷惜해 하면서 侍臣들에게 일러 말하기를 "소정방은 나라에 공이 있으니 褒贈하는 것이 例에 합당한데도 卿들이 말하지 않으므로 마침내 죽은 뒤의 榮譽가 미치지 못하게 하였도다. 말이 이에 미치니 나도 모르게 탄식하고 애도하는 마음을 금치 못하겠노라." 드디어 조서를 내려 幽州都督을 追贈하고 시호는 莊이라고 하였다.[15]

• 建封 2년에 죽었는데 나이는 76세였다. 帝가 이를 哀悼하면서 侍臣들을 책망하면서 말하기를 "정방은 나라에 공이 있으므로 褒贈하는 것이 마땅한데도 그대들이 말하지 않은 것은 어째서인가?" 이에 左驍衛大將軍 幽州都督을 追贈하였다. 諡號는 莊이다.[16]

위의 기사에 따르면 당 고종이 당대 제일의 명장 가운데 한 사람인 소정방의 사망 소식을 듣고는 褒贈을 건의하지 않은 측근 신하들을 詰責하고 있다. 신라와 함께 백제를 정벌할 때 神丘道行軍大摠管에 임명되어 13萬 대병을 장악한 바 있는 소정방은 일생 동안 "세 나라를 멸망시켰고 모두 그 왕을 사로잡았으며, 賞으로 받은 진귀한 보물은 셀 수 없었다"[17]라고 할 정도로 화려한 武功에 따른 영예를 누렸다. 그럼에도 불구하고 당 고종이 "나라에 공이 있으니"라고 했지만 그 사망시 이례적으로 포증에 대한 거론이 조정 내에서 일체 없었다. 이는 소정방 자신의 화려했던 前歷을 상쇄하고도 남을 정도의 어떤 불명예를 입었을 가능성을 제기해 줄 수 있다.

이같은 추정은 『舊·新唐書』 소정방전에서 그 사망 기록이 다른 열전들과는 달리 疏略하다는 것에서 단서를 잡을 수 있다. 가령 소정방과 동일한 시기의

---

15) 『舊唐書』 권83, 蘇定方傳.

16) 『新唐書』 권111, 蘇烈傳.

17) 『舊唐書』 권83, 蘇定方傳.

인물인 薛仁貴에 대해 『舊唐書』 설인귀전은 그의 사망을 '病卒'로 적고 있을 뿐 아니라 장례시 국가에서 靈柩車를 제작하여 護喪한 구체적인 기록이 보인다.[18] 劉仁軌의 경우는 그의 사망을 '尋薨'이라고 하였고, 측천무후가 朝會를 3일간이나 폐하고 장안에 있는 백관들로 하여금 赴弔하도록 하였으며 追贈과 더불어 乾陵에 배장되었고, 그 집에는 實封 3百戸를 내려주었다.[19] 郝處俊의 경우도 당 고종이 光順門에서 하루 동안 擧哀하면서 정무를 보지 않았을 뿐 아니라 葬禮에 관한 파격적인 예우가 구체적으로 기재되어 있다.[20] 三國統一戰爭時 매초성 전투에서 참패한 李謹行까지도 고종의 능묘 구역인 乾陵에 배장되는 예우를 받았다.[21]

반면 소정방은 당 고종이 "나라에 공이 있으니"라고 했음에도 불구하고 追贈과 諡號 외에는 어떠한 예우도 받지 못하였다. 그렇기 때문에 일연은 "唐史를 살펴보면 그 죽은 까닭은 말하지 않고 다만 죽었다고만 했으니 무슨 까닭일까? 감추기 위한 것일까?"라는 호기심 어린 추측을 제기하였다. 더구나 소정방의 사망과 관련해 葬禮에 관한 구체적인 기록이 전혀 보이지 않는다. 이는 동일한 시기의 다른 장군들의 사례와는 확연히 비교된다. 이러한 정황들은 소정방이 삼국통일전쟁시 치욕적인 패배와 같은 불명예를 안고 사망했을 가능성을 제기해 준다.

2. 한국 기록과 중국 기록의 차이점을 어떻게 보아야 하는가?

광해군은 조선 군대의 명나라 출병을 반대하는 이유로서 "예로부터 군사가 다른 나라의 지경에 들어가서 무사한 적이 있었던가? 나는 옛날 역사를 보기

---

18) 『舊唐書』 권83, 薛仁貴傳.
19) 『舊唐書』 권84, 劉仁軌傳.
20) 『舊唐書』 권84, 郝處俊傳.
21) 『新唐書』 권110, 李謹行傳.

좋아하는데, 우리 나라의 역사책은 더 보기 좋아한다. 소정방의 일은『동국통감』에 분명히 실려 있는데, 두 번이나 敎를 내렸는데도 아직도 回啓하지 않고 있으니, 이는 필시 나의 말을 허망하게 여기는 것이다. …"라고 신하들을 질책한 바 있다. 이 기사는 전후 문맥을 놓고 볼 때, 소정방이 한반도에 출병했다가 피살되었듯이 명나라 출병은 위험하다. 그러므로 그와 관련된 기록을 찾아 올리라고 광해군이 분부한 것이다. 그러나『동국통감』에 소정방 피살에 대한 기록이 없는 데다가 조신들이 그 피살설을 가당찮게 여겼기에 回啓하지 않은 게 아닐까 싶다. 어쨌든 역사책을 좋아하는 광해군도 소정방 피살설에 대한 기록을 접했을 수 있다는 인상을 받았다.

소정방 피살설에 대해 한국과 중극측 사료는 서로 합일되지 않는다. 兩者間 어느 한쪽이 맞거나 아니면 兩者 모두 틀릴 수도 있다. 이와 관련해 삼국통일전쟁과 관련한 기록을 담고 있는『舊·新唐書』의 내용은 많은 문제점을 지닌 것으로 밝혀졌다. 존·씨 재미슨의 연구 성과에 따른다면 이 무렵의 중국 문헌은 불완전하고 부정확한 것으로 드러났다.[22]

가령 설인귀의 경우『삼국사기』에 의하면 671년 이후 한반도에서 활동하면서 여러 차례 패배한 것으로 적혀 있다. 그러나『舊·新唐書』에서는 동일한 기간 이후 설인귀의 활동에 대해서는 수상한 침묵을 지키고 있다. 그러다가 4~5년 후 그가 流刑을 당하게 된 이유에 대해서도 전혀 언급하지 않았다. 그렇지만 이는 전후 사정을 고려해 볼 때 한반도 작전의 실패에 따른 책벌임은 의심의 여지가 없다. 그리고 당 태종의 총애를 받을 정도로 공로가 커서 사후 당 태종의 능묘 구역인 昭陵에 배장될 만큼 당대의 존경을 받았던 高侃의 경우『舊·新唐書』어느 곳에도 列傳을 찾아 볼 수가 없다. 이 또한 667년 이래 그가 개입하였던 삼국통일전쟁 과정에서의 패전을 중국측이 은폐하

---

22) 존·씨 재미슨,「羅唐東盟의 瓦解」『歷史學報』44, 1969, 1~10쪽.

고 있는 것으로 풀이되고 있다.

그 밖에 계림도대총관을 지낸 劉仁軌나 양방·이필·이근행 등도 고구려 멸망 후 신라 정벌에 나섰다가 패배했음이 분명하다. 그럼에도 중국측 문헌에는 일체 기록이 보이지 않는다. 가령 이근행은 675년에 20만의 大兵을 거느렸음에도 불구하고 매초성 전투에서 戰馬 3萬餘 匹과 그에 상응하는 兵器를 빼앗기고 퇴각하는 참패를 당하였다. 이 같은 기록적인 당군의 패배에도 불구하고『舊·新唐書』는 고의적인 침묵을 지키고 있다. 그러므로 당 고종 연간의 삼국통일전쟁 기록만은 신라측 기록이 당나라측 기록보다 사료적 신빙성이 높은 것으로 밝혀졌다. 그 밖에 중국측 문헌에서는 고구려 원정시 당 태종의 눈[眼] 負傷을 은폐했지만 한국측 문헌에는 명백하게 드러나고 있다. 설령이 기록을 믿지 않는다고 하더라도 당 태종이 부상을 입은 사실은 확인되었다.

이러한 맥락에서 볼 때『舊·新唐書』에서 663년 6월 이후부터 667년 이전에 소정방의 활동에 관해 침묵을 지키고 있는 것도 수상하다고 하겠다. 말할 나위 없이 이는 설인귀의 사례에 해당할 수 있다.

Ⅴ. 蘇定方 피살설은 역사적 사실인가?

1. 親唐自主 政權이었기에 가능했다

지금까지 한국측 사료와 중국측 사서를 비교해서 소정방 피살설의 사실 가능성을 타진해 보았다. 여러 정황에 비추어 볼 때 소정방의 피살 가능성은 무시하기 어려웠다. 여기서 일단『舊唐書』와『新唐書』에 적힌 소정방의 사망 시점인 建封 2년(667)에 그가 한반도에 주둔하였다는 증거가 마련되어야 한다. 이와 관련해 다음의 기사를 인용하지 않을 수 없다.

또『古記』에 이르기를 總章 元年 戊辰(668)[만약 총장 원년 戊辰이라면 李勣

의 일인데 아랫글에서 소정방이라고 함은 잘못이다. 만약 소정방의 일이라면 연호가 용삭 2년 임술에 해당되니 평양에 와서 포위했던 때일 것이다]에 신라에서 청한 당나라 구원병이 평양 교외에 주둔하면서 서신을 보내어 군수물자를 급히 보내달라고 했다. 왕은 여러 신하들을 모아놓고 물었다. "적국인 고구려에 들어가서 唐軍의 진영까지 이르기는 그 형세가 매우 위험하오. 그러나 우리가 청한 당군이 양식이 다 떨어졌는데 그 군량을 보내주지 않는 것도 또한 옳지 못하니 어찌하면 좋겠소? …"라고 하였다.[23]

위의 기록에서 일연은 "아랫글에서 소정방이라고 함은 잘못이다"고 단정했다. 그렇지만 인용하고 있는 『古記』에서 소정방이 '總章 元年 戊辰(668)'까지 한반도에 건재했음을 알려준다. 문제는 소정방의 사망 시점인 667년과 한반도에 남아 있었다는 668년과는 1년 정도의 年差가 보인다는 것이다. 그러나 이 점은 별반 문제되지 않는다. 왜냐하면 이 시기의 중국 사서의 사료적 신빙성의 취약은 거론하지 않더라도 『구당서』 열전에 수록된 소정방이나 유인궤 등의 삼국통일전쟁 관련 기록을 『唐實錄』과 대조해 볼 때 연대상의 오차나 기록의 오류가 『자치통감』의 撰者에 의해 다수 확인된 바 있기 때문이다.[24] 따라서 국내 기록에 적힌대로 소정방은 한반도에 잔류한 상황에서 사망했을 개연성을 지니게 되었다.

그러면 唐將 소정방이 신라인들에게 피살될 수 있는 정황이 가능한 지를 살펴 보도록 한다. 소정방이 신라에서 피살되었다면 당나라가 보복하지 않았을까 하는 생각도 들 수 있기 때문이요, 신라가 그것을 미리 怯 먹고 그러한 행동을 할 수 없을 것이라는 추측이 나올 법하다. 그러나 신라는 20만이 넘

23) 『三國遺事』 권1, 기이편 태종춘추공 조.
24) 『資治通鑑』 권200, 唐紀 16, 顯慶 3年 條 薛仁貴의 고구려 赤燧鎭 함락 시기, 顯慶 5年 條 소정방의 神丘道大摠管 임명 시기, 劉仁軌의 遼東從軍 관계 기록 등을 꼽을 수 있다.

는 당나라 군대를 매초성(경기도 양주) 전투에서 격파하지 않았던가? 우선 신라와 당은 백제를 멸망시키는 전쟁을 개시한 660년 7월부터 고구려가 멸망하는 668년까지 군사적 동맹관계였음을 환기시키지 않을 수 없다. 그렇지만 兩國은 同床異夢 관계였음은 주지의 사실이다. 비담의 난을 진압하고 집권한 태종무열왕을 축으로 한 親唐自主政權은 복잡하고 굴곡 많은 삼국통일 과정에서 唐에 대해 일관되게 자주적으로 대응하였다.[25] 다음의 몇 가지 사례가 그것을 웅변한다.

- 이 날 定方은 부총관 김인문 등과 함께 伎伐浦에 도착하여 백제 군사를 만나 맞아 싸워 크게 깨뜨렸다. 유신 등이 당나라 군대의 진영에 이르자, 정방은 유신 등이 약속 기일보다 늦었다고 하여 신라의 督軍 金文穎[또는 永으로도 썼다]을 軍門에서 목베려 하였다. 유신이 무리들에게 말하였다. "대장군이 黃山에서의 싸움을 보지도 않고 약속 날짜에 늦은 것만을 가지고 죄로 삼으려 하니, 나는 죄없이 모욕을 받을 수 없다. 반드시 먼저 당나라 군사와 결전을 한 후에 백제를 깨뜨리겠다." 이에 큰 도끼를 잡고 軍門에 서니, 그의 성난 머리털이 곧추 서고 허리에 찬 보검이 저절로 칼집에서 튀어나왔다. 정방의 右將 董寶亮이 그의 발을 밟으며 말하기를 "신라 군사가 장차 변란을 일으킬 듯합니다" 하니, 정방이 곧 문영의 죄를 풀어주었다.[26]

- 당나라 사람은 이미 백제를 멸망시키고는 사비성의 언덕에 진을 치고 신라를 침공하려고 몰래 계획을 꾸미고 있었다. 우리 임금이 이를 알고 여러 신하들을 불러 계책을 물으니 多美 公이 앞으로 나와서 아뢰었다. "우리 나라 백성을 시켜 백제 사람으로 거짓 꾸며서 그 복장을 입혀 도적질하는 것처럼 한다면

---

25) 武田幸男, 「新羅 '毗曇の亂'の一視覺」 『三上次男博士喜壽記念論文集』, 1985, 234~246쪽.
26) 『三國史記』 권5, 태종무열왕 7년 조.

당나라 사람이 반드시 이를 칠 것이니 이때를 타서 그들과 싸우면 뜻대로 될 것입니다." 유신이 아뢰었다. "이 말이 쓸 만하오니 그대로 따르기를 바랍니다." 왕은 말했다. "당나라 군사가 우리를 위해서 적국을 멸망시켰는데, 도리어 그들과 서로 싸운다면 하늘이 우리를 돕겠소?" 유신이 "개는 그 주인을 두려워하지만 주인이 제 다리를 밟으면 주인을 물게 되니 어찌 국난을 당하고서도 자신을 구원하지 않을 수 있겠습니까? 부디 대왕은 이를 허락해 주십시요"라고 말했다. 당나라 사람들은 우리 나라에 방비가 있음을 정탐해 알고 신라를 치지 못하고 백제왕과 신하 93명, 군사 2萬 명을 사로잡아 가지고 9월 3일에 泗沘에서 배를 타고 돌아가고, 郎將 유인원 등을 남겨 백제 땅을 지키게 했다.[27]

• 定方이 돌아와서 포로를 바치니 천자가 위로하며 말하기를 "어찌하여 이내 신라를 정벌하지 않았는가" 하였다. 정방이 "신라는 그 임금이 어질고 백성을 사랑하며 그 신하는 충성으로 나라를 섬기고 아랫사람들이 윗사람 섬기기를 父兄과 같이 하니 비록 작지만 도모할 수가 없습니다"라고 하였다.[28]

위의 기사를 통해 目前의 백제군과 대치한 상황에서도 김유신은 소정방과 정면대결하였기에 김문영의 목숨을 구할 수 있었다. 그리고 동맹관계를 깨지 않으면서 당나라의 야욕을 꺾기 위해 신라군을 백제군으로 위장시켜 唐軍을 습격하였다. 그랬기에 소정방이 당초의 신라 병합을 이루지 못한 사실을 당 고종에게 보고한 내용이 소개되었다. 따라서 신라의 삼국통일은 외세 의존이 아니라 외세 이용이었음을 알 수 있다. 외세 이용도 자주성이 뒷받침되지 않고서는 불가능한 일이라고 하겠다. 친당자주 정권의 면면을 유감없이 보여준 것이다.

그러면 소정방 피살 기사는 어떠한 사건에서 연유했을까? 삼국통일 직후

---

27) 『三國史記』 권5, 태종무열왕 7년 조.
28) 『三國史記』 권42, 金庾信傳.

신라와 당간의 균열이 터지는 와중에서 발생했을 가능성이다. 일단 백제고지에 주둔한 당군이 신라군 수뇌부를 분열시키기 위해 한성도독 朴都儒를 회유하여 반란을 기도한 사건을 주목해 보고자 한다. 이 사건은 신라측에 사전에 발각되어 수습되기는 했다. 그러나 그 과정에서 양측이 무력 충돌했을 가능성이다. 『삼국사기』 신라본기 문무왕 11년 조에 수록된 「答薛仁貴書」에서 처음으로 제기된 漢城都督 朴都儒 모반 사건은 문무왕 10년 조 말미에도 그와 유사한 사건이 등장하고 있어 관심을 모은다. 즉 漢城州摠管 藪世가 반란을 도모하다가 발각되어 誅殺된 것이다.[29] 670년 藪世의 반란은 朴都儒 반란 사건과 시점이나 관직에서 유사한 면이 많이 보인다. 어쩌면 동일한 사건일 수도 있다는 생각이 든다. 분명한 것은 『삼국사기』 撰者도 두 사건의 異同 여부에 대해 모르고 있었음을 지적하지 않을 수 없다. 이는 다음과 같은 한성주 총관 藪世의 반란 사건에 대한 割註 기록 복원을 통해 확인된다.

漢城州摠官 藪世 取百濟△△△△△△國 適彼事覺 遣大阿飡 眞珠 誅之 十二 △△△△貴書所六△△僵事同異可△

위의 문구 가운데 전반부 缺落字는 전후 문맥상 의미는 짐작할 수 있다. 그러나 정확한 문자 복원은 어렵지만 文義上 '取百濟△△△△△△國'은 '取百濟熊川州 襲打本國' 정도의 글귀가 적혀 있었을 것 같다. 반면 후반부 割註 부분에서 '十二'의 '二'는 '一' 字가 맞다. 그리고 나머지 결락자는 '年答薛仁'이고, '貰書所六'에서 '貰'은 '貴'로 고치고, '書所六'은 '書所云'으로 고치는 게 타당할 것이다. 그리고 '△△僵'는 '朴都儒'로 넣고 고치는 게 문맥상 맞을 것으로 보인다.[30] 맨 마지막의 '同異可△'는 수세의 모반 사건이 문무왕 11년 조

29) 三國史記』 권6, 문무왕 10년 12월 조.
30) 李道學, 「羅唐同盟의 性格과 蘇定方 被殺說」 『新羅文化』 2, 1985, 31쪽.

에 수록된「答薛仁貴書」의 박도유 사건과 동일한 것과 다른 것을 살필 수 있다는 취지로 보인다. 그렇다면 '△'는 '攷' 정도의 문자가 적합하다. 여기서 이병도가 '六'만 '云'으로 교정했을 뿐 그 나머지는 필자가 字形과 문맥에 맞춰 새로 복원한 것이다. 이 구절을 복원하면 다음과 같고, 해석도 이에 따라 다음과 같이 할 수 있다.

> 漢城州揚官 藪世 取百濟熊川州 襲打本國 適彼事覺 遣大阿湌 眞珠 誅之 十一年答薛仁貴書所云 朴都儒事 同異可攷 한성주총관 수세가 백제 웅천주를 취하고 본국을 습격하려고 하다가 그 일이 마침 발각되어 대아찬 진주를 보내어 그를 주살했다. (문무왕) 11년 답설인귀서에서 말한 박도유 사건과 같은 것과 다른 것을 살필 수 있다.

아니면 위의 구절을 '取百濟人 與唐襲打本國'로 추정하는 일도 가능하다고 본다. 즉 수세가 백제인을 취하여 당과 더불어 본국을 습격하려다가로 복원할 수도 있다. 어쨌든 670년 경의 수세나 박도유 사건을 계기로 신경전만 벌이던 양측이 무력 충돌했을 가능성이 증대된다. 그렇다면 이 사건의 성격상 소정방 피살 기사에 대한 실마리가 되었을 수 있다고 본다. 소정방은 당군을 상징하는 존재였기에 더욱 그러한 인상을 받게 된다.

2. 唐橋에 묻은 이유는?

소정방 피살설이 唐橋와 관련해 등장하는 배경은 백제와 고구려를 멸망시킨 직후에 신라까지 지배하려고 했던 당군의 의도를 간파한 신라측에서 이곳으로 당군 수뇌부를 초치한 후 살해했을 가능성을 배제하기 어렵게 한다. 고구려 멸망 직후 백제고토에 대한 영유권 문제를 놓고 신라는 당군의 노골적인 야심을 포착한 후 협상 대표격인 당군 수뇌부를 몰살할 수 있는 분위기였던 것으로 보인다. 실제 신라는 당나라의 괴뢰정권인 웅진도독부의 실질적인 수반인 禰軍을 초치하여 생포한 바 있다.[31] 이와 마찬 가지로 신라는 당군 수뇌부를 유인하여 독살설과 마찬 가지로 기습 공격했을 가능성도 배제하기 어렵다.

그러면 왜 당군의 시신을 唐橋에 묻었다는 이야기가 나왔을까? 중국의 사례를 본다면 殷代의 경우 많은 노비들을 殉死시켜 건물의 기초석 밑에 묻었다고 한다.[32] 관산성 전투에서 敗死한 백제 성왕의 頭骨은 신라의 北廳 계단 밑에 묻었다고 했다.[33] 그러므로 포로나 노비를 살해하여 그 시신을 건물 계단이나 주초석 밑에 매장하기도 하는 고대적 葬法에 따라 당군의 시신 또한 살해 장소 인근이었을 唐橋 밑에 매장된 것으로 보인다. 또 한편으로는 武功을 과시하기 위하여 敵의 시체를 쌓아 놓고 그 위에 흙을 높게 封한 무덤인 景觀[34]처럼 당병들의 시신 위에 다리를 세웠던 것으로 생각할 수도 있다. 이는 신라인들이 "唐兵을 밟고 다닌다"는 得意에 찬 示威 효과를 노린데서 비롯된 것일 수도 있어 보인다.

이와 관련해 충혜왕이 민가의 어린아이 수십 명을 잡아 새 궁궐의 주춧돌 밑에 묻고자한다는 다음과 같은 소문 기사가 주목을 끈다.

> 庚戌에 京城의 백성들 사이에 소문이 돌았는데, "왕이 民家의 小兒 수십 명을 붙들어 新闕의 주춧돌 밑에 묻고자 한다"고 하자, 집집이 놀래어 아이를 안고 도망하고 숨는 자가 있었으므로 惡少輩가 이 틈을 타고 도둑질을 함부로 자행했다.[35]

---

31) 李道學, 『백제사비성시대연구』, 일지사, 2010, 398쪽.

32) 張光直 著·尹乃鉉 譯, 『商文明』, 민음사, 1988, 134~137쪽.

33) 『日本書紀』 권19, 欽明 15年 條.

34) 楊伯峻·徐堤 編, 『春秋左傳詞典』, 中華書局, 1985, 349쪽.

35) 『高麗史』 권36, 忠惠王 後 4년 4월 조.

위에 적힌 기사에 보이는 소문의 사실 여부를 떠나 사람을 礎石 밑에 묻는 俗說의 존재 자체가 확인된다. 그렇지 않고 허황한 주장이라면 도성 주민들이 기겁하여 소동을 피웠을 리 없을 것이다. 앞서 언급했듯이 성왕의 頭骨을 건물 계단 밑에 묻은 사실을 확인한 바 있다. 이러한 전후 맥락에서 볼 때 唐軍의 시신을 다리 밑에 끌어 묻었다는 전승 자체는 생소한 사례는 아니라고 하겠다.

VI. 소정방 사당

지금까지 살펴본 『삼국유사』에 인용된 『新羅古傳』과 李奎報가 지은 「祭蘇定方將軍文」에 따른다면 소정방은 한반도에서 피살된 게 된다. 또 兩 기록은 소정방이 우리 나라에서 피살되었다는 일치된 증언을 하고 있다. 그러면 이규보가 제문을 올린 소정방 사당은 어느 곳에 소재하였을까? 다음의 기록을 보면 충청남도 예산군 대흥면에 소재하였음을 알 수 있다.

- 당나라 蘇定方 祠堂이 大岑島에 있다[고려 때에는 봄·가을로 使臣을 보내어 香祝을 내려 제사를 지냈는데, 지금은 다만 所在官으로 하여금 제사를 지내게 한다].[36]

- 당나라 蘇定方 祠堂이 大岑島에 있다[고려 때에는 봄·가을로 使臣을 보내어 香祝을 내려 제사를 지냈는데, 지금은 다만 所在官으로 하여금 제사를 지내게 한다].[37]

---

36) 『高麗史』 권56, 地理志 禮山郡 條.
37) 『世宗實錄』 地理志, 권149, 大興縣 條.

•【사묘】사직단 현 서쪽에 있다. 문묘 향교에 있다. 성황사 봉수산에 있다. 속설에 전하기를, 당나라 장수 蘇定方을 사당의 신으로 모시고 봄·가을에 본읍에서 제사하였다 한다. 여단 현 북쪽에 있다.[38]

•【사원】蘇都督祠: 大岑島에 있으며 고려 때부터 봄·가을로 香祝을 내려 致祭한다. 蘇定方, 唐 高宗 때 백제를 평정하였다.[39]

• 蘇定方祠는 大興 大岑島[『輿地備考』에는 지금 예산현 관내인 대흥현 조에 들어 있으나 잘못 기록된 듯함]에 있다. 이것은 대흥군에는 소정방이 百濟를 공격할 때의 遺跡[任存城이 있던 곳]이 있기 때문이다. 고려 때는 봄·가을로 향과 축문을 내려 치제하였다.[40]

위의 기록을 놓고 볼 때 蘇定方 祠堂은 예산군 대흥면 大岑島에 소재했음을 알 수 있다.[41] 소정방 사당을 『대동지지』나 『증보문헌비고』에서는 '蘇都督祠'라고 하였다. 이는 '소정방 도독 사당'이라는 뜻이다. 소정방 사당은 대잠도라는 섬에 소재한 것처럼 보이지만, 대흥면이 내륙이므로 섬이 딸려 있을 수 없다. 古地圖를 보면 무한천에서 내려온 물줄기가 지금의 예당 저수지쪽으로 해서 오른쪽의 달천으로 꺾어지고 있다. 이로 볼 때 아마도 경상북도 영주시 문수면의 무섬[水島] 마을처럼 섬같은 형상을 이루었기에 그러한 지명이 생겨나지 않았을까. 역모 혐의로 정여립이 죽은 곳이 내륙 오지인 전북 진안군 가막리의 竹島인데, 산줄기의 끝자락을 강물이 휘돌아 가기 때문에 섬이라는 지명이 붙게 된 것이다.

---

38) 『新增東國輿地勝覽』권20, 大興縣 祀廟 條.

39) 『新增東國輿地勝覽』권20, 大興縣 祠院 條.

40) 『練藜室記述 別集』第4卷 祀典 典故.

41) 李道學, 「소정방 사당터가 있는 충남 예산」 『새교육』, 한국교육신문사, 1999-9, 4~9쪽.

그런데 『신증동국여지승람』에 따르면 지금의 대흥면에 소재한 봉수산에 소정방 신을 모신 城隍祠가 소재하여 봄·가을로 제사를 올렸다고 한다. 이러한 성황사의 소재지는 『여지도서』에 "(대흥)군 서쪽 3리 봉수산 밑에 있다"고 명시되었다. 그리고 1531년에 이곳으로 移配되어 왔다 죽은 李若水의 詩에 소정방 사당[蘇將軍廟]이 鳳嶺山 동쪽에 존재한다고 했다. 봉령산은 지금의 봉수산을 가리키는데, 그 동쪽은 『여지도서』의 기록과 부합되는 위치였다. 그러면 소정방 사당의 위패에는 어떻게 쓰여 있었을까? '大岑島護國之神'이라 쓰여 있었으나 1437년(세종 19) 이후부터 '護國' 2글자를 삭제하고 '大岑島之神'으로 불리게 되었다. 호국신으로서의 의미가 상실되었음을 뜻한다. 고려시대에 민란이 창궐할 때 소정방의 신격이 호국신으로 승격되었던 것이다. 백제를 멸망시켰고 신라마저 병탄하려다가 의혹의 죽음을 맞이한 소정방이 우리 나라의 호국신이라니 실로 아이러니가 아닐 수 없다. 이 문제는 다음과 같은 역사적 전례에서 건립 배경을 찾을 수 있을 것 같다.

중국의 周나라가 殷나라를 정복하고 난 후 은나라 왕족들에게 나라를 세워주어 조상들에게 제사지내게 하였다. 그렇지 않으면 제사를 받지 못한 영혼들은 정복자들에게 나쁜 보복을 하는 것으로 믿었다. 『히스토리아』에도 돌로 쳐 죽인 포카이아인 포로들이 묻힌 곳을 지나갈 때는 가축이나 수레를 끄는 짐승과 인간할 것 없이 모두 수족이 구부러지거나 반신불수가 되었기에, 무당의 방책대로 성대한 제사를 지내게 되었다고 한다. 따라서 소정방사당의 건립 배경도 이같은 맥락에서 살필 수 있다.

소정방 사당의 건립 시기는 정확히 알기는 어렵다. 다만 고려시대 때부터 국가적 차원에서 春秋로 致祭한 사실은 확인된다. 이규보가 祭文을 지은 시점은 東京民亂이 猖獗하던 1202년(神宗 5)부터 10여 년 정도 이후의 기간을 상정해 볼 수 있다. 그렇다면 소정방 사당은 그 보다 훨씬 이전에 건립되어 있었던 셈이 된다. 아울러 소정방 피살설 역시 그 이전에 문자로 채록되어 있었다고 보인다. 특히 소정방 피살설이 수록된『新羅古傳』은 문자 그대로 신라 때의 전승이므로 통일신라 때 편찬된 사서로 판단된다. 또 그렇다면 소정방 피살설의 연원 역시 신라 당대로 소급될 수 있다.

그러면 다시금 소정방 사당의 건립 시점을 타진해 보고자 한다. 이와 관련해 소정방과 동일한 시기의 장군으로서 삼국통일전쟁에 관여했던 당나라 장군 설인귀의 사당에 대한 기록을 다음과 같이 소개해 본다.

> 紺嶽[신라 때부터 小祀로 산 위에 祠宇가 있어 봄·가을에 香과 祝文을 내려 제사를 행하였다. 顯宗 2년에 契丹軍이 長湍嶽에 이르자 神祠에 旌旗와 士馬가 있는 것 같아 契丹軍이 두려워하여 감히 나아가지 못한 까닭에 修理를 명하여 神祠에 보답하였다. 민간에 전하는 말로 신라 사람이 唐나라 장수 薛仁貴를 제사하여 山神으로 삼았다고 한다]이 있다.[42]

위의 기사에 따르면 감악산은 신라 때부터 국가적 제의가 행해진 祀典 속의 小祀로 편제되어 있었다. 그랬기에 감악산 山上에 사당이 있었던 것이다. 그런데 신라시대 이래로 민간에서는 감악산신을 설인귀로 여겨 제사했다고 한다. 이러한 맥락에서 본다면 소정방 사당도 신라시대 이래의 민간 제사가 고려 때 국가적 致祭 대상으로 승화된 것으로 보인다. 그러면 하필 예산군 대흥면에 소정방 사당이 건립되었을까? 그 이유로서는 중국 대륙에서 가깝고 서해와 접한 이곳은 客魂의 향수심을 달랠 수 있기에 사당을 건립했을 수 있다. 아니면 소정방이 공격한 바 있었던 難攻不落 백제 任存城과의 연관성 때문인지도 모른다.

---

42)『高麗史』권56, 地理志 積城縣 條.

Ⅶ. 맺음말

문경 지역에 소재하였던 唐橋는 신라의 삼국 통일 과정에서 마지막 點眼을 한 현장이었다. 신라와 唐이 백제와 고구려를 멸망시킨 직후였다. 이때 전략적으로 중요한 문경 지역에서 신라와 唐은 그간 잠복했던 이해관계가 표출되었다. 그러한 선상에서 唐將을 대표할 뿐 아니라 상징성이 큰 소정방의 피살 사건이 생성된 것이다. 신라의 자주적 통일을 위한 과정에서 소정방의 唐橋 피살설이 제기되었다고 보겠다.

蘇定方 피살설은 한국측 문헌은 말할 나위 없고 중국 史書에서도 어느 정도 뒷받침되어졌다. 그리고 이때 피살된 것으로 믿어진 소정방의 혼령을 위로하는 차원에서 임존성이 소재한 예산 땅에 사당이 건립되었다. 소정방이 백제인들의 국가회복운동을 진압하기 위해 출동한 역사적 현장이 소재한 임존성 부근이었다. 이와 맞물려 소정방은 이제는 護國神으로 추앙되었다.

신라는 삼국통일 과정에서 唐과 갈등을 빚었었다. 그 산물이 소정방 피살설이었다. 그러나 이제는 신라와 唐이 연합하여 백제를 멸망시키던 초심으로 돌아와서 좋았던 추억의 대상으로 소정방을 연상시키고자 하였다. 소정방이 護國神으로 자리잡게 된 데는 이러한 시대 정서의 변화와 무관하지 않았다.

요컨대 소정방의 시신을 끌어 묻었다고 전하는 문경 지역의 唐橋 유적은 신라인들의 기개와 자주성을 알려주는 살아 있는 護國의 현장이기도 하였다.

7장
新羅史의 時代區分과 '中代'
－中世로의 轉換 始點에 대한 接近－

Ⅰ. 머리말

　신라사에서 中代(654~780)는 上代와 下代의 중간에 자리잡은 시기이다. 그러한 中代의 특징이 무엇인가를 살피려면 그 이전 시기인 上代에 대한 이해가 선결되어야만 한다. 中代는 上代의 결과물이자 그러한 遺産을 이어받은 시기이기 때문이다.

　신라사에서의 上代는 삼국시대에 해당하다. 우리 나라의 삼국시대는 세계 역사상 유례가 없을 정도로 장기간에 걸친 가열한 動亂의 시기였다. 수백년간에 걸쳐 총력전의 성격을 띤 국지전이 벌어졌었다. 이에 가세해서 全面戰까지 전개되는 등 그야말로 전선에서는 一進一退를 거듭하는 숨가뿐 상황이었다. 이러한 동란의 시기는 우리 나라 역사상 그 이전이나 그 이후에도 없었던 삼국시대만의 독특한 상황이 된다. 이와 결부되어 국가체제나 운영 시스템을 비롯하여 그것에 맞는 국민적 정서가 조성되었던 것이다. 문제는 이러한 시기를 어떻게 설명하는가 여부이다. 그러나 유감스럽게도 독특한 개성과 특징을 지니면서 수백 년간이나 지속된 동란의 시기에 대한 성격을 부여한 연구는 없었다.

이 문제를 백제와 고구려를 병합하여 이들 국가의 유산까지 승계한 이른바 천년왕국인 신라의 경우를 중심으로 하여 그 이전과 그 이후 시기의 본질적인 차이와 더불어 사회체제에서의 근본적인 차이점을 살펴보고자 했다. 이와 관련해 서로 국경을 접하고 있으면서 수백 년간에 걸쳐 공방전을 전개했던 삼국의 사회체제는 그 영향 관계로 볼 때 유사할 수밖에 없었다고 본다.[1] 이 점을 前提로 하고 논지를 전개하고자 한다.

본고에서는 시대구분론과 결부지어 常時的 戰時 狀況이었던 삼국시대의 성격을 밝히는데 일차적인 목적을 두었다. 이와 관련해 본고는 일종의 序說의 형식으로 서술하고자 하였다. 오히려 이것이 사물의 현상에 虛心하게 근접할 수 있는 방법일 수 있다고 판단하였기 때문이다. 결국 上代의 산물이자 遺産인 中代의 성격을 이같은 각도에서 접근하고자 했다. 이러한 작업은 이른바 中代 전제왕권론의 성립 여부를 검토하기 위한 데 있다. 중대 왕권 초기인 神文王 즉위 직후에 발생한 金欽突 亂의 성격을 그러한 선상에서 재검토해 보았다.

Ⅱ. 시대구분에서의 上代와 中代

시대구분은 역사의 발전을 체계적으로 인식하려고 할 때 필요하다. 너무나 잘 알려져 있지만 일찍이 독일의 역사학자인 E.Troeltsch는 "역사 연구의 모든 노력은 시대구분에 귀착한다"리고 하여 시대구분에 대한 정의를 내린 바 있다. 이 말은 분명히 과장이지만 그러나 시대구분의 중요성을 잘 함축해주는 말로 평가된다. 또 B.Croce는 "역사를 思惟하는 것은 시대구분을 하

---

1) 이에 관해서는 李道學, 「三國의 相互 關係를 通해 본 高句麗의 正體性」『高句麗研究』 18, 2004, 533~550쪽을 참고하기 바란다.

는 것이다"[2]라고 하였다. 이 말은 시대구분은 역사를 연구하는 역사가들의 가장 중요한 과제인 동시에, 시대구분을 외면하고서는 역사의 체계적인 인식이 불가능함을 의미하고 있다.

한국사에서의 시대 구분은 천년왕국인 신라사에 적용된 바 있다. 또 그러한 구분은 신라 당시에 생겨난 것으로 보인다. 일단 진성여왕대에 편찬된 향가집의 이름인 『三代目』에서 유추된다. 『三代目』은 三代 즉, 상대·중대·하대 그러니까 신라 전시대에 걸친 노래집이라는 뜻으로서, 신라사에 대한 3시기 구분의 틀이 신라 당시에 짜여졌음을 알 수 있다.[3] 그리고 비록 撰者인 김부식의 표현으로 보이지만 『삼국사기』金歆運傳에 의하면 신라 전시기의 화랑이라는 의미로서 "三代花郞 無慮二百餘人"[4]라고 하여 '三代'라는 문구가 보인다. 그리고 唐나라 때 편찬된 『續高僧傳』에 수록된 신라 승려인 慈藏의 전기에 의하면[5] '中古之時'라고 하는 신라사의 시대구분이 나타나고 있다. 이러한 시대구분은 『삼국사기』와 『삼국유사』에서 신라 천년의 역사를 上代(B.C.57~654)·中代(654~780)·下代(780~935) 혹은 上古(B.C.57~514)·中古(514~654)·下古(654~935)의 3시기로 각각 나누었다.[6] 시대구분의 기준은 서로 달랐지만, 이러한 3시기 구분법은 모두 신라 당시의 인식을 반영하고 있다. "國人들이 始祖로부터 여기에 이르기까지를 三代로 나누었다"[7]라고 한 시대구분의 주체로서 '國人'은 신라인들이었기[8] 때문이다.

---

2) 베네데토 크로체 著·李相信 譯, 『歷史의 理論과 歷史』, 삼영사, 1978, 104쪽.

3) 李泳鎬, 「新羅 中代의 成立과 展開」 『慶北史學』 23, 2000, 279쪽.

4) 『三國史記』 권47, 金歆運傳.

5) 『續高僧傳』 慈藏傳.

6) 『三國史記』 권11, 敬順王 9년 조.
   『三國遺事』 권1, 王曆.

7) 『三國史記』 권11, 敬順王 9년 조.

8) 李丙燾, 『國譯 三國史記』, 乙酉文化社, 1977, 210쪽.

이처럼 시기를 구분하는 기준은 각각 차이가 나지만 『삼국사기』에서 설정한 中代는 태종 무열왕 김춘추의 즉위로부터 혜공왕이 피살될 때까지이다. 즉 무열왕과 그 후손들이 왕위에 있던 시기가 된다. 中代는 『삼국유사』에서 태종무열왕의 즉위로부터 멸망할 때까지를 下古로 설정하고 있는 시기와도 일정 기간 겹치고 있을 뿐 아니라 起點이 동일하다. 이러한 사실은 『삼국사기』나 『삼국유사』할 것 없이 무열왕의 즉위를 기점으로 해서 신라사에 크나큰 변동이 일어났음을 뜻하고 있다. 그것은 말할 나위없이 무열왕의 즉위 후 백제의 멸망과 그 아들인 문무왕대에 고구려를 멸망시켜 이른바 '合三韓爲一家'라는 통일국가 위업의 달성과 관련되었기 때문일 것이다.

중대는 무열왕이 즉위하는 654년부터 시작해서 혜공왕이 피살되고 나물왕계가 부활되는 780년까지인 2甲子 즉 120여 년에 해당하는 기간이다. 그러나 엄밀하게 말한다면 中代는 당나라 세력을 한반도에서 축출하고 신라의 영향력이 옛 백제와 고구려 지역에 온전히 미치게 되는 676년 이후라고 할 수 있다. 654년부터 676년까지의 약 20년에 걸친 기간은 통일전쟁을 수행하는 일종의 과도기가 된다. 이러한 맥락에서 본다면 중대는 약 100년에 걸친 기간이라고 할 수 있다. 그러면 이러한 중대의 특징은 무엇일까? 무엇을 기준으로 해서 상대와 중대를 구분할 수 있는 것일까? 물론 『삼국사기』나 『삼국유사』에서는 성골왕에서 진골왕으로의 혈통의 변화를 놓고서 이야기하고 있지만 성골과 진골의 차이가 명백하지 않다.[9] 그러므로 혈통으로써는 시대구분의 기준을 삼기는 어렵지 않을까 한다. 이와 관련해 654년부터 676년까지에 해당하는 중대로 진입하는 초입부의 과도기적인 시점에 上代의 잔재적 요소가 유감없이 발산되면서 종국적으로 청산되지 않았을까 생각해 본다.

---

9) 李基白·李基東, 『韓國史講座-古代篇』, 일조각, 1982, 307쪽.

中代로의 초입부는 처절할 정도의 전쟁 상황이었다. 655년(무열왕 2)에 고구려가 백제·말갈 등과 더불어 신라 북쪽 변경 33城을 공취하였다. 위기를 느낀 무열왕은 즉시 唐에 구원을 요청했다.[10] 659년(무열왕 6)에 백제가 신라의 변경을 계속 침공해 오자 신라는 다시금 唐에 사신을 보내어 다급하게 원병을 요청하였다.[11] 이 때 백제 의자왕은 장수를 보내어 獨山과 桐岑 2城을 공격했던 것이다.[12] 이후 16년간에 걸친 신라의 통일전쟁으로 이어지게 된다. 이 때의 통일 전쟁은 탄탄한 中代로의 진입을 위한 과도기적인 현상으로 운위될 수 있다. 그런데 분명한 것은 이 역시 上代의 유산이요 그 大尾를 마무리하는 사건으로 평가되어진다.

그러면 『삼국사기』에서 상대와 중대·하대간의 근본적인 차이를 발견하는 게 필요하다. 물론 상대와 중대 그리고 하대 구분의 기준이 되는 왕실 혈통의 변화라는 것은 그 사회 집단의 中核을 이루는 중요한 사안인 것은 분명하다. 그러나 지금에 와서 볼 때 이것은 지극히 현상적인 인식에 불과할 뿐 아니라 그 사회적 현상을 구조적으로 파악할 수 있는 심도 있는 접근이 되기는 어렵다. 이와 관련해 『삼국사기』 新羅本紀 전체 기사를 政治·天災·戰爭·外交의 4종류로 나누어서 구분한 통계 자료가 도움이 될 수 있다.[13] 『삼국사기』에는 三代에 걸쳐 天災나 외교 등이 비교적 고르게 나타나고 있지만 근본적인 차이는 전쟁 기사라고 하겠다. 『삼국사기』에 나타난 上代의 전쟁 대상국과 전쟁 횟수만 인용해 보면 다음과 같다.

1대 혁거세: 왜(1), 낙랑(1)/ 2대 남해왕: 낙랑(2), 왜(1)/ 3대 유리왕: 華麗

10) 『三國史記』 권5, 太宗武烈王 2년 조.
11) 『三國史記』 권5, 太宗武烈王 6년 조.
12) 『三國史記』 권28, 義慈王 19년 조.
13) 申瀅植, 『三國史記研究』, 일조각, 1981, 21~87쪽.

(1), 낙랑(1)/ 4대 탈해왕: 왜(1), 백제(1)/ 5대 파사왕: 가야(3), 백제(1)/ 6
대 지마왕: 가야(3), 말갈(2), 왜(1)/ 7대 일성왕: 말갈(3)/ 8대 아달라왕: 백
제(4)/ 9대 벌휴왕: 백제(3)/ 10대 내해왕: 백제(5), 왜(1), 말갈(1), 가야(1)/
11대 조분왕: 왜(3), 백제(1), 고구려(1)/ 12대 첨해왕: 백제(2), 왜(1)/ 13대
미추왕: 백제(5)/ 14대 유례왕: 왜(3)/ 16대 흘해왕: 왜(1)/ 17대 나물왕: 왜
(2), 말갈(1)/ 18대 실성왕: 왜(4), 백제(1)/ 19대 눌지왕: 왜(4), 고구려(3)/
20대 자비왕: 왜(5), 고구려(2)/ 21대 소지왕: 고구려(7), 왜(4), 말갈(1)/ 22
대 지증왕: 우산국(1)/ 24대 진흥왕: 백제(4), 고구려(2), 가야(1)/ 25대 진지
왕: 백제(2)/ 26대 진평왕: 백제(10), 고구려(4)/ 27대 선덕왕: 백제(8), 고구
려(3)/ 28대 진덕왕: 백제(3)

이와 더불어 中代의 전쟁 기사는 다음과 같다.

29대 무열왕: 백제(4), 고구려(3)/ 30대 문무왕: 당(16), 백제(11), 말갈
(5), 고구려(3)/ 33대 성덕왕: 일본(1), 말갈(1)/

여기서 무열왕대부터 문무왕대까지 신라의 백제·고구려와의 전쟁은 上代
에서부터 이어진 動亂의 연장이자 그 마무리인 셈이다. 그렇다고 할 때 기실
중대의 전쟁은 성덕왕대에 일본·발해(말갈)와의 전쟁이 된다. 그런데 신라와
일본 및 발해와의 전쟁은 731년에 "일본국의 兵船 3백 隻이 바다를 건너 우
리의 東邊을 侵襲하므로, 왕이 장병을 출동시켜 大破하였다"[14]라고 한 것과,
733년에 唐의 요청으로 발해의 南邊을 공격했으나 大雪과 山路의 險阻함으
로 인해 싸워 보지도 못하고 절반에 이르는 사망자를 남기고 퇴각한 게 전부

---

14) 『三國史記』 권8, 聖德王 29년 조.

이다.[15) 전자는 1회에 불과하였을 뿐 아니라 정작 일본측 사서에서는 보이지도 않는다. 후자는 신라의 전쟁 의지와는 무관하게 唐의 요구에 의해 치러졌지만 역시 1회로 끝났다. 따라서 중대의 신라는 上代와는 달리 상시적인 전쟁 상황으로부터는 해방되었다고 할 수 있다. 한편 下代의 전쟁 기사는 다음과 같다.

> 41대 헌덕왕: 당(1)/ 52대 효공왕: 후백제(2), 태봉(2)/ 53대 신덕왕: 후백제(1)/ 54대 경명왕: 말갈(1), 후백제(1)/ 55대 경애왕: 후백제(3)/ 56대 경순왕: 후백제(4)

위에 수록된 전쟁 가운데 헌덕왕대 唐과의 전쟁은 확인되지 않는다. 아마도 오류로 생각된다. 경명왕대의 말갈 침공은 北邊에 대한 침공인데, 지금의 춘천인 朔州에 주둔하고 있던 고려 군대에 격퇴되었다.[16) 그러므로 이것을 신라와 연관 짓기는 어렵다. 따라서 하대의 전쟁은 후삼국의 胎動·鼎立과 관련된 내전 상황인데다가 신라는 명맥만 유지하였으므로 上代와는 상황이 전혀 다르다.

지금까지 살펴본 바에 따르면 신라의 중대는 전란이 없었던 평화 시기였음을 알 수 있다. 수백 년간에 걸친 삼국간의 動亂이 통일을 이룩함에 따라 청산되었던 것이다. 이러한 중대의 사회적 상황은 이전 시대와는 근본적으로 다른 양상으로 전개되었을 것임은 너무나 자명하다. 그럼에도 이러한 점을 忽視하지 않았나 생각해 본다. 그러면 중대와 구분되는 상대의 특징이랄까 사회적 현상을 검토해 보기로 한다.

---

15) 『三國史記』 권8, 聖德王 32년 조.
16) 『三國史記』 권12, 景明王 5년 조.

Ⅲ. 上代의 신라 사회

1. 연맹의 해체

주지하듯이 신라는 고구려·백제와 더불어 당초 연맹내의 한 國에서 출발하여 연맹내의 諸國을 통합하고 영역국가로 성장하였다. 이후 신라는 고구려·백제와 영역을 맞대면서 치열한 전쟁을 치르게 되었다. 이른바 삼국시대는 이러한 과정을 밟아서 등장하게 된 것이다. 그 전 단계가 연맹의 해체 과정이었다. 널리 알려져 있듯이 삼한의 경우만 하더라도 마한은 54개 국, 진한과 변한은 각각 12개 국으로 구성되어 있는 연맹체였다.

諸國이 하나의 연맹을 형성하여 삼한을 성립시켰다. 연맹 내의 제국은 삼한 뿐 아니라 고구려 5부 연맹의 경우도 마찬 가지로 祭儀와 군사적 의무를 공유하는 戎祀 공동체였다.[17] 이러한 연맹 내의 제국은 산지대가 많은 한반도와 남만주의 자연 환경의 영향으로 인해 오랜 기간에 걸쳐 통합을 이루지 못한채 폐쇄적이고도 배타적인 정치 공간으로서 느슨하게 병열적으로 존재하였다. 그런데 철광의 개발에 따른 철제 농기구의 대량 생산에 따라 농업 생산력의 비약적인 증진을 초래했다. 급기야 인구 증가와 인구 집중을 유발시켰고, 제철 산업의 발달에 따라 예리한 공격 무기의 대량 생산을 가져왔다. 급기야 소금과 같은 생필품을 독점 생산하면서 공급까지 主導하게 된 國 중심으로 정치적 통합과 세력 再編이 촉진되었던 것이다.[18]

결국 물산과 인구의 結集處인 특정 國으로의 도로망이 개척되어 나갔다. 또 그 國을 중심으로 사방으로 뻗어나가는 도로망의 개척과 확장에 따라 연맹의 해체와 통합이 촉진되었다. 즉 삼국은 당초 연맹의 일원으로서 출발하

---

17) 李道學, 『백제고대국가연구』, 일지사, 1995, 208쪽.
18) 李道學, 『백제고대국가연구』, 일지사, 1995, 147~166쪽.

였는데, 연맹 내의 諸國間에는 이들을 橫的으로 엮어주는 교통로가 상존하였다. 이들 諸國의 교통로는 縱的으로는 盟主國으로 집중되어 있었다. 이러한 교통로는 정치적인 성격보다는 오히려 교역 활동을 위한 通路로서의 의미가 컸다. 그런데 연맹 내 諸國間의 통합 운동이 촉진됨에 따라 기왕의 교역 기능을 담당했던 교통로는 정복 활동의 촉진에 따라 軍事路로 성격이 크게 확대되었다. 즉 영토 확장을 위한 군대의 이동과 그에 수반되는 물자의 수송을 위해 交通網의 정비와 확대를 가져왔다. 나아가 이것은 지방에 대한 효과적인 통치 수단으로서 십분 이용되었기에 集權國家 성립의 요체로 작용하였다. 지방관으로서 道使라는 관직이[19] 고구려와 백제[20] 그리고 신라에도 보이고 있다.[21] 이는 도로망의 개척이 곧 지방에 대한 지배 수단이었음을 의미하는 유력한 증좌라고 하겠다. 이러한 교통망의 정비는 거대한 古墳이나 대규모 石築山城을 축조할 수 있는 강력하고도 집권적인 정치세력의 태동과 불가분의 관련을 맺고 있었다.

험준한 산지대를 개척하면서 뻗어가는 도로망과 관련하여 교통상의 요충지에는 거점들이 형성되었다. 그러한 거점을 軸으로 한 행정 단위들이 조성되었다. 지방통치 거점들은 物流의 수송과 정보 교환을 촉진하는 교통망의 집중도에 따라 상·하급 행정 단위로 편제되어 갔다. 또, 이 곳을 방비하기 위한 목적으로 그 부근에는 軍團이 주둔한 관계로 기왕의 상업적 기반 위에

---

19) '못뚝의 우두머리'라는 뜻을 지니고 있는 '堤上'의 경우도 비슷한 사례에 해당될 소지가 크다(李道學, 『백제고대국가연구』, 일지사, 1995, 175쪽). 그렇다면 고대국가는 기본적 생존 자원의 생산수단인 저수지의 지배권과 짝하여 物流의 移動手段인 道路를 장악함으로써 집권체제를 확립한 것으로 보겠다.

20) 백제에서 道使의 존재는 『翰苑』에서 확인된다. 『翰苑』 권30, 蕃夷部, 百濟 條. "縣置道使亦城名主."

21) 武田幸男, 『高句麗史と東アシ"ア』, 吉川弘文館, 1989, 329~330쪽.

군사적 중심지로서의 성격마저 띠게 되었다.[22] 이러한 교통망의 정비는 전국적인 도로망에 대한 郵驛制의 실시로서 일단의 완결을 보게 된다. 신라는 487년에 우역제가 실시되었다. 고구려의 경우는 이보다 훨씬 이전에 시행되었으리라고 본다. 669년(總章 2)에 唐將 李勣이 勅命을 받들어 작성한 目錄에 의하면 "평양에서 이곳(國內城)까지는 17驛이다"[23]라고 한 기록이 있기 때문이다. 비록 불완전한 문구이기는 하지만 이것을 놓고 볼 때, 정비된 교통망의 확보를 짐작하게 하는 우역제의 실시를 생각할 수 있다.

陸上交通路의 확대 · 정비와 짝하여 造船術의 발전에 따라 水上交通路 또한 크게 확대되어 갔다. 수상교통로의 확대는 교역권의 광역화를 촉진시키는 요인이 되었다. 그럼으로써 중앙으로 집중되어지는 珍物과 財富는 권력의 집권화를 크게 앞당겨 주었다. 요컨대 연맹 내의 특정 國 세력으로 집중된 대규모 군대의 동원과 원정을 가능하게 할 수 있는 도로망의 개척, 가령 道使의 존재와 四出道와 같은 幹線道路網을 비롯해서 기병 전술의 도입은 급기야 연맹의 해체 요인으로 작용했다. 게다가 제철 산업의 확대에 따른 무기와 갑옷 등 방어용 무기와 공격용 무기의 대량 생산은 諸國 상호간의 질적인 差異를 심화시켰다. 내부적으로는 국가의 무기 생산과 무기의 독점 공급은 국왕과 호족 세력간의 세력 균등 내지는 평형 상태를 일거에 붕괴시키는 요인으로 작용했다.[24]

2. 삼국시대의 성립: 군사형 국가로의 출발

연맹의 해체로 신라는 고구려나 백제와 더불어 영역국가로 발전하게 되었

---

22) 李道學, 「古代國家의 成長과 交通路」 『國史館論叢』 74, 1997, 176~177쪽.

23) 『三國史記』 권37, 地理 4, 高句麗 條.

24) 대표적인 사례로서는 근초고왕대의 경우를 援用할 수 있다(李道學, 『백제고대국가연구』, 일지사, 1995, 252~253쪽).

다. 이들은 공납적 지배→거점 지배→전면 지배의 순서를 밟아 영역국가를 형성시켰다. 거대 영역국가의 등장은 교역권의 전면적인 再編을 야기시킨 동시에 영역의 접경이 誘發하는 상호 충돌로 인한 갈등 요인을 당초부터 안고 있었다. 결국 그러한 갈등은 전쟁으로 발전했다. 그러나 전쟁은 세력 균형과 자연적인 장애물로 인해 승부가 쉽게 나지 않은 長期戰의 양상을 띠었다. 즉 지속적인 전쟁 양상인 局地戰의 성격을 띠게 되었다. 이러한 상황에 적응하기 위해 국가 체제는 생존을 위한 전시체제로의 전환이 불가피해졌다. 즉 지방에 대한 지배와 그곳의 통치를 위해 통치 거점으로서 산성 축조를 단행하여 지방 통치 조직을 군관구화시켰다. 방어적 기능을 지닌 군사적 성격의 산성이 통치 거점이 되었던 것이다.

다시금 부연 설명하면 삼국은 연맹 내의 동료 국가들을 쓰러뜨린 후에 급기야 상호 국경을 접하면서 이제는 종전과는 차원이 다른 경쟁을 벌였다. 즉 수백년간에 걸친 군사적 대립과 그로 인한 긴장 상황이 파생되었다. 삼국은 이러한 상황에 대처하기 위해 전국 곳곳의 방어에 유리한 산지대에 군사 시설인 산성을 축조하였다. 산성을 매개로 하여 지방에 대한 통치와 더불어 군사적 대응이 어우러졌다.

이렇듯 삼국의 지방 통치 조직은 山城을 기본 단위로 하였다. 가령 三年山城이라고 하면 狹義로는 지금의 충청북도 보은군 보은읍에 소재한 신라 때 축조한 성 1곳을 가리킨다. 그러나 廣義로 말한다면 삼년산성은 지금의 보은읍 전체를 가리키는 신라 때의 행정 區域 名인 것이다. 삼국의 지방에 대한 조직은 城 단위를 매개로 하였는데, 城은 기본적으로 방어 시설이다. 이러한 방어 시설인 城은 군사적인 성격을 당연히 지니고 있지만 행정이나 통치 거점으로서의 역할을 맡고 있었다. 즉 軍政을 겸하고 있는 통치 시설인 城을 단위로 해서 전국이 하나의 거대한 네트워크를 형성하고 있는 軍管區 조직이었다. 이 사실은 삼국의 국가적 성격이 군사형 국가라는 점을 躍如하게 말한다.

거대한 토목공사를 필요로 하는 산성 축조는 주민의 조직적인 동원과 관리·운용 체계의 탄생을 가져 왔다.[25] 그리고 중앙 권력이 지방 말단에까지 침투하게 하는 계기를 마련해 주었다. 가령 일사불란한 대규모 노동력이 동원되는 신라 중앙정부 주도하의 산성 축조를 통해, 土城 중심의 단위사회를 형성하고 있던 三韓 이래 舊小國 중심의 지배질서는 전면적으로 해체되었다.[26] 이렇듯 삼국의 중앙권력이 강력한 힘을 가지게 되었고, 또 산성을 매개로 해서 지방에 대한 효과적인 통치가 가능하였다. 아울러 수백년간에 걸쳐 局地戰이 벌어지는 動亂의 시기에 파생되는 緊張은 업무의 효율성을 극대화시켰다. 이에 짝하여 지방관은 군사령관적인 성격을 띠게 되었던 것이다. 이 무렵 고분의 부장품으로 갑주류와 마구류가 주종을 이루고 있다.[27] 이것은 말할 나위없이 지배층의 전사단화와 더불어 군사적 성격을 지닌 지배세력의 등장을 뜻한다.

그리고 전국적인 축성 사업은 토목과 역학의 원리를 바탕으로 하였다. 이와 연관해 도로 즉 官道가 활발하게 개척되었다. 이같은 대규모 토목 공사를 통해 朝廷은 주민에 대한 조직적인 지배가 가능해졌다. 그리고 무기의 개발은 사회 발전을 촉진시켰다. 국가에서는 軍需用 牛馬를 대량 사육하였다. 비전쟁기에는 牛馬를 농업생산력에 투입시켜 농업 생산력의 획기적인 증진을 誘因할 수 있었다.

이러한 사회적 배경을 깔고서 등장한 삼국이라는 영역국가의 특징은 전쟁의 승리를 최대의 목표로 하였다. 또 그것은 소속 집단간에 공유하고 있는 공동의 목표이기도 했던 것이다. 이에 맞추어 국가 조직의 효율화를 추진하였다. 즉 人的 자원의 군사 동원 투입을 위해, 종전의 選民的 군사 요원 징발에

25) 李道學, 「百濟의 起源과 國家形成에 관한 재검토」 『한국고대국가의 형성』, 민음사, 1990, 165쪽.

26) 李道學, 「新羅의 北進經略에 관한 新考察」 『慶州史學』 6, 1987, 26쪽.

27) 국립김해박물관, 『한국 고대의 갑옷과 투구』, 2002, 10~72쪽.

서 벗어나 국민 개병제로 확대·실시되었다. 또 그러기 위해서는 군사 자원의 항구적인 공급 양성 체계의 구축이 시급했다. 화랑도를 통해 지배층 군사단을, 그리고 피정복민을 통해서도 군사 요원의 발탁을 추진하였다. 물론 전쟁 포로의 경우는 노비로 삼았지만, 정복한 지역의 주민들은 군사적 인적 자원으로 흡수하였다. 비록 통일전쟁기의 제한된 상황에서 포착되고는 있지만 牙述(牙山)人이었던 求律, 比列忽(安邊)人 世活, 南漢山(廣州)人 北渠, 斧壤(平康)人 仇杞 등이[28] 一例가 된다.

3. 군사형 국가의 사회적 기풍:
嚴酷한 法俗과 戰爭英雄의 創出

삼국시대는 우리 나라의 어느 시기와는 비교할 수도 없을 정도로 군사적 긴장이 高潮된 시기였다. 전쟁이 일상화되다 시피하자 고구려인들은 결혼과 동시에 죽을 때 입을 수의를 미리 만들었다고 했을 정도로 죽음 자체에 너무나 친숙해 질 수밖에 없었다. 생존을 위한 가혹한 시련이 고구려인들의 심지를 굳세게 만들었고 또 정복전쟁으로 세차게 내몰게 하였다. 그러한 고구려인들을 일러 "그 나라 사람들의 성질은 흉악하고 급하며, 노략질하기를 좋아한다. 길을 걸을 적에는 모두 달리듯이 한다"[29]라고 하였듯이 사뭇 긴장감이 감도는 사회 기풍 속에서 기력있는 풍모를 묘사했다.

이러한 사회적 기풍은 삼국 가운데 가장 文治國家로 정평이 난 백제였지만 "풍속이 말타고 활쏘기를 숭상하고"[30]라고 한 尙武的인 정서를 통해서 확인할 수 있다. 許穆은 백제를 가리켜 "백제는 溫祚로부터 전쟁에 힘 쓰는 것으

---

28) 『三國史記』 권6, 문무왕 8년 조.

29) 『三國志』 권30, 고구려 조.

30) 『北史』 권94, 百濟傳.

제1부 정치사 | 7장 新羅史의 時代區分과 '中代' 173

로 나라를 세워 오로지 富國强兵에만 힘을 썼으니 비록 600∼700년이나 장구한 역사를 누렸으나 다만 强暴한 나라일 뿐이다. ⋯ 임금으로서 전쟁을 하다가 죽은 자만도 네 명이었으니, 이 또한 나라를 둔 자의 경계가 된다 하겠다"[31]라고 하면서 따끔하게 질책했다. 이처럼 백제가 삼국 가운데 가장 호전적인 국가로 평가를 받았던 것은 결코 초연할 수 없는 시대적 분위기의 산물이었다.

삼국은 사회체제 유지를 위해 嚴酷한 법속을 마련하였다. 가령 고구려에서는 모반한 사람과 반역한 자는 기둥에 묶어 먼저 횃불로 그슬려서 온 몸이 진무른 다음에 목을 베고 그 家屬은 모두 몰수했다. 성을 지키다가 적에게 항복한 자라든지, 전쟁에서 패한 자 그리고 사람을 죽이거나 겁탈한 자는 어김없이 참수형에 처하였다.[32] 물건을 도둑질 한 자는 12배로 배상하게 하였으며, 牛馬를 죽인 자는 奴婢로 삼았다.[33] 만약 가난하여 배상할 수 없는 자나 公私간에 빚을 진 자에게는 모두 그의 아들이나 딸을 奴婢로 주어 보상할 수 있도록 하였다.[34] 이러한 嚴酷한 법속으로 인해 "대체로 법을 준엄하게 적용하므로 犯하는 자가 적으며, 심지어는 길가에 떨어진 물건도 줍지 않는다"[35]거나 "형벌을 시행함이 매우 준엄하므로 법을 어기는 자가 드물었다"[36]는 評을 낳게 하였다.

백제에서도 모반하거나 전쟁에서 퇴각한 자를 비롯해서 살인한 사람은 참

---

31) 「東事」『記言原集』外篇.
32) 『北史』권94, 高句麗 條.
　　『舊唐書』권199, 高麗 條.
33) 『舊唐書』권199, 高麗 條.
34) 『北史』권94, 高句麗 條.
35) 『舊唐書』권199, 高麗 條.
36) 『北史』권94, 高句麗 條.

수하였다. 도적질한 사람은 유배시키고 도적질한 물품의 倍를 징수했다.[37] 그리고 "그 刑法을 적용함에 叛逆한 자는 죽이고 그 가족을 籍沒한다. 살인한 자는 奴婢 3명으로써 贖罪하게 했다. 官人으로서 뇌물을 받거나 도둑질한 자는 3배를 추징하고, 이어서 終身토록 禁錮에 처한다"[38]라고 하였듯이 백제에서도 嚴酷한 법속이 건재하였다. 그러나 이상하리만치 신라의 법속에 관한 기록은 중국 사서에서 보이지 않고 있다. 이 점은 추후 검토가 요망되는 사안이라고 생각된다. 여하간 이같이 엄한 법속이야 말로 존망을 장담할 수 없는 긴박한 전쟁 속에서 국가를 유지하고 팽창시킬 수 있었던 요체였을 것이다.

장기간에 걸친 전쟁을 통해 전쟁 영웅이 탄생하게 되었다. 또 殉國을 예찬하고, 殉國 英雄을 기림으로써 그와 같은 인물이 확대·재생산되도록 推動하기까지 했다. 대표적인 군인으로서는 관창과 반굴, 金歆運·金令胤을 비롯해서 奚論·素那·驟徒·訥催·丕寧子·匹夫·竹竹 등을 꼽을 수 있다.[39] 『삼국사기』 열전에서 순국지상주의적인 무사 정신으로 충만한 신라 군인들의 자세는 후세의 귀감이 되기에 족하였던 것 같다. 그랬기에 민족주의 사학자인 단재 신채호는 "조선이 조선되게 하여 온 자는 화랑이다"[40]라고 하면서 그들이 지닌 역사적 의미를 크게 끌어올리기까지 하였다. 또 단재는 화랑들이 전쟁터에서 목숨을 초개와 같이 던질 수 있던 배경을 야사인 『昭齋漫筆』에서 찾기도 하였다. 지금은 전하지 않는 이 책에 의하면 "화랑의 설에 전쟁터에서 죽게 되면 천당의 웃자리를 차지하게 되기 때문에 다투어 소년의 몸으로 죽기

---

37) 『周書』 권49, 百濟 條.

38) 『舊唐書』 권199, 百濟 條.

39) 이들에 대해서는 강종훈, 「7세기 통일전쟁기의 순국인물 분석」 『신라문화제학술논문집』 25, 2004, 129~150쪽이 참고된다.

40) 丹齋申采浩紀念事業會, 『改訂版 丹齋申采浩全集』 上卷, 螢雪出版社, 1987, 225쪽.

를 원하였다"[41]라고 적혀 있다. 국가를 위해 싸우다가 죽게 되면 영원한 내세를 얻을 수 있다는 기만적인 선전의 희생물들이었을까?

기만적인 선전하니까 상기되는 것은, 죽은 화랑을 찬미하는 노래들이 많다는 점이다. 김흠운이 양산에서 장렬히 산화한 후 신라인들은 '陽山歌'를 지어 애도하였다. 그리고 신라인들은 자신의 아버지가 전사한 가잠성을 탈환한 후 순국한 奚論을 위하여 '長歌'를 지어 애도하였다고 한다. 산화한 군인들을 이 상화시킨 이러한 노래들은 우리도 그처럼 맹렬히 싸워 님이 갔던 길을 따르리라는 결연한 각오를 다지게 하면서, 전투 의욕을 충동질하는 역할을 하였을 것이다. 요즘 표현으로 한다면 '산자여 따르라!' 식이었을 것이다. 이러한 氣風을 가리켜 "국가를 위한 광적이고 일신을 돌보지 않는 헌신적 행위는 신라 무사들의 정신 속에 샤마니즘이 강한 저류를 이루고 있음을 암시하고 있다. 이러한 盡忠의 정신은 물론 삼국시대의 끝없는 위기 상황이 몰고온 것이라고도 볼 수 있으나 충효사상이 샤마니즘과 결합하게 되어 매우 특이한 성격을 띠게 된 것으로 보인다"[42]라고 설파하기까지 했다. 이렇듯 7세기대『삼국사기』열전의 대부분이 전쟁영웅으로 채워진 것은 당시 신라 사회의 가치 지향점과 기풍을 반영해 준다.

4. 국왕의 성격: 군사령관이면서 종교적 수장

삼국의 왕들은 몸소 전쟁을 지휘하는 군사령관적인 위치에 있는 경우가 많았다. 고구려는 태조왕을 전후한 시기부터 국왕 지휘하에 중국 군현에 대한 조직적인 대규모 공격을 감행하였다. 이 무렵의 전쟁은 영토의 획득을 위한 것이라기보다는 약탈전이었기에 기병 중심의 장거리 원정이 단행되었다. 고

---

41) 丹齋申采浩紀念事業會,『改訂版 丹齋申采浩全集』上卷, 螢雪出版社, 1987, 228쪽.
42) 金鍾璿,「新羅 社會統制의 宗敎的·思想的 背景」『아시아문화』8, 1992, 258쪽.

구려는 지금의 북경 근방인 右北平을 비롯하여 漁陽·上谷·太原 등지를 침공하였다. 이 때 고구려 군대의 출발 지점이 제3현도군이 소재한 撫順 동북쪽이었다고 하더라도 왕복 7,000~8,000여 리에 이르는 대원정이었다.[43] 이러한 전쟁은 국왕이 선두에서 작전을 지휘하는 경우가 많았다. 그리고 親征→掠奪→分配라는 유목 군주형의 전쟁 형태였다.

그랬기에 당시 고구려가 필요로 했던 국왕의 모습은 태어나면서부터 눈을 뜨고 사물을 보았으며 장성해서는 "흉악하여 자주 (중국을) 침략했다"는 평을 들었던 태조왕과 동일했다. 동천왕은 기질이 그 조부인 태조왕을 닮았다해서 똑같은 이름으로 일컬어지기까지 했다. 그러한 동천왕은 "힘과 용기가 있으며, 말을 잘 타고, 사냥에서 활을 잘 쏘았다"는 평을 얻었다. 이들 祖孫은 중국 군현을 강타해서 크나 큰 타격을 안겨 주었던 대표적인 정복군주에 속한다. 이 같은 막중한 소임을 수행하기 위해서는 "신장이 9척이고, 모습은 雄偉하며, 힘은 큰 가마솥을 들고, 일에 임하여서는 잘 듣고 판단하며, 관용과 용맹을 함께 갖추었다"는 평을 받은 9대 고국천왕 같은 풍모가 필요했다. 강건한 체력과 체격 그리고 걸출한 군사적 자질까지 요구하고 있는 것이다. 이러한 고구려왕의 면면은 그 풍토에서 기인했음은 말할 나위 없다.

이 같은 풍토에서 고구려가 필요로 했던 국왕의 모습을 다시금 상기해 본다. 일단 침략을 당하는 중국인들의 입장에서는 흉악하다고 표현했겠지만, 무엇보다도 그들에게 전율할만한 공포를 안겨줄 수 있는 국왕이 필요하였다. 그러기 위해서는 탁발한 騎射 능력과 체력 그리고 카리스마를 심어주는 장대한 체격이 선결되어야만 했다. 활 잘 쏘는 사람을 가리키는 '朱蒙'에서 이름이 연유한 고구려 시조왕을 필두로 그같은 색채가 후대까지도 진하게 남아 있다. 가령 "身長大(소수림왕)"·"雄偉(광개토왕)"·"魁傑(장수왕)"·"有膽力 善騎

43) 과학백과사전종합출판사, 『조선전사』3, 1991, 50쪽.

射(평원왕)"라는 기록이 그것을 웅변해 준다.[44] 백제에서는 "身長大 志氣雄傑(책계왕)"·"强力善射(비류왕)"·"天資剛勇 善騎射(계왕)"·"體貌奇偉 有遠識(근초고왕)"·"爲人强勇 聰惠多智(진사왕)"·"膽力過人 百發百中(동성왕)"이라는 기록이 보인다. 반면 신라왕에서는 군사적인 카리스마를 지닌 국왕의 면면이 확인되지 않는다. 다만 진평왕을 가리켜 "身體長大 志識沉明達"라고 한 기록 정도이다. 이 점 역시 법속에 관한 기록과 더불어 意外라는 느낌이 들게 한다.

이 같은 삼국 왕들의 풍모는 그 시대와 환경의 산물이었음은 두 말할 나위 없다. 초기 고구려왕들의 면면이 그것을 웅변해 주고 있다. 저명한 정복군주였던 광개토왕에 대한 평가에서는 그 절정에 달하고 있다. 가령 백제의 진사왕은 "'담덕(광개토왕)이 用兵에 능하다'는 말을 듣고는 나가서 대항하지 못하여 한강 북쪽의 부락들을 많이 빼앗겼다"[45]라는 평을 받고 있다. 이렇듯 군사형 국가에서의 이상적 표상은 광개토왕같은 군인왕이었다. 그랬기에 군사형 국가에서는 국왕의 親征이 두드러지게 나타나고 있다. 신라 진평왕을 비롯해서[46] 삼국시대를 마무리하는 7세기 중엽의 전쟁에서 백제 의자왕이나 신라 무열왕의 경우도 예외가 되지 않았다.

고구려왕들 가운데 전사한 이는 16대 고국원왕이다. 고국원왕은 371년의 평양성 전투에서 백제군에 피살되었다. 『삼국사기』에는 고국원왕이 流矢에 맞아 전사했다고 한다. 그런데 그 시신을 백제측에 빼앗겼을 가능성마저 있다. 백제 개로왕이 북위에 보낸 국서에 보면 고국원왕의 수급을 베어 높이 매달았다고 한다. 백제에서 전사한 국왕은 9대 책계왕과 10대 분서왕, 그리고 21대 개로왕과 26대 성왕을 꼽을 수 있다. 책계왕은 漢人이 貊人과 함께 침

---

44) 이상의 고구려왕들의 성격에 대해서는 李道學, 「주몽왕을 통해 본 고구려왕의 성격」 『다시 보는 고구려사』, 고구려연구재단, 2004, 26~36쪽에 의하였다.

45) 『三國史記』 권25, 辰斯王 8년 조.

46) 『三國史記』 권4, 眞平王 25년 조.

략해 오자 막다가 피살되었다. 그는 중국 군현과의 충돌 과정에서 전사한 것이다. 책계왕을 이은 분서왕은 낙랑군의 서쪽 현을 습격하여 공취한 데 대한 보복으로 낙랑태수가 보낸 자객의 칼에 피살되었다. 백제의 성장 과정이 실로 험난한 가시밭길이었음을 뜻한다. 중국 군현이 한반도에서 축출된 관계로 완충지대가 사라지자 이제는 백제와 고구려가 국운을 건 死鬪를 거듭했다. 결국 475년에 개로왕은 고구려군의 급습을 받아 수도인 한성이 함락될 때 생포되어 아단성 밑에서 참살되었다. 백제를 중흥시킨 영주인 성왕은 관산성 전투에서 신라군에 패하여 전사하였다. 삼국 가운데 가장 많은 국왕이 전사한 국가는 백제였다. 그 만큼 外患이 많았다는 이야기가 되겠다.

신라에서 전사한 국왕은 분명하지 않지만 주변 정황에 미루어 볼 때 29대 태종무열왕일 가능성이 높다. 무열왕은 백제국가회복운동을 진압하는 과정에서 세상을 떴다. 이와 관련한 기록이 『삼국사기』에 다음과 같이 보인다. "6월에 대관사의 우물물이 피가 되고, 금마군(전북 익산)에서는 땅에 피가 5步 넓이가 되게 흘렀다. 왕이 돌아 가셨으니 시호를 무열이라 하였다."[47] 이 문장의 전후 문맥을 놓고 볼 때 무열왕의 사망을 암시하는 내용으로 비춰진다. 그러므로 백제회복군 토벌을 督戰하다가 무열왕이 해를 입었을 것으로 간주하는 견해가 있다.

내분으로 인한 피살 가능성이 있는 왕들까지 합쳐 보면 고구려는 6명, 백제는 11명, 신라는 4명에 이른다. 국왕 가운데 고구려는 21%, 백제는 35%, 신라는 14%가 편안히 임종을 맞이하지 못했다는 것이다. 그리고 가장 내우외환이 많았던 국가가 백제였음을 알려준다. 그랬기에 유독 국가의 최고통수권자인 국왕의 사망이 많았던 것이다. 이는 고려나 조선시대 국왕 가운데 전사한 경우가 전무한 사실과 비교되는 것으로서, 삼국의 각 나라들

---

47) 『三國史記』 권5, 太宗武烈王 8년 조.

이 動亂의 시기에 艱難의 길을 걸었음을 뜻한다.[48] 그러나 戰功은 고스란히 국왕의 몫이었다. 그랬기에 삼국의 왕들은 위험을 감내하더라도 전장의 선두에서 작전을 몸소 지휘했던 것이다.

한편 삼국은 자국 왕실의 영속성과 국가의 존엄성을 과시하기 위한 목적에서 독자적인 天下觀과 皇帝體制를 구축하였다.[49] 이는 주민들로 하여금 자국과 그 왕실에 대한 자긍심을 갖게 하는 데 목적을 두었다. 이같은 국가적 자긍심의 확립은 국왕이 내적으로 강력한 권력을 구축할 수 있는 배경이 되었다.

신라 왕은 정치적 군장과 종교적 수장으로서의 권능과 권위를 함께 지니고 있었기에 힘의 일원적인 집중을 가져올 수 있었다. 즉, 신라 왕실이 석가와 마찬 가지로 刹帝利種이라고 하여 불법과 왕법을 일치시켰다. 그랬기에 "왕이 곧 부처이다"라는 사상을 弘布하면서 신라 국왕을 석가에 비겼다. 석가의 권위를 빌어 왕권을 강화시켰던 것이다. 나아가서 호국을 위한 전쟁이 護法을 위한 전쟁이라고 하여 정복전쟁을 정당화시켰다. 정치 권력과 종교적 이데올로기가 결합됨에 따라 신라 국왕은 강력한 권위와 힘을 함께 소유하게 되었다.[50] 이것은 많은 노동력을 일사불란하게 투입시키는 대규모 토목공사를 가능하게 한 힘의 원천이기도 하였다. 그 대표적 상징물이 무려 80m 높이에 이르는 황룡사 목조구층탑인 것이다. 요컨대 신라 上代는 軍·政·宗이 결합된 체제였다.[51] 거대한 사원과 장대한 마운드를 자랑하는 墳墓의 조영, 산성 축조와 같은 대대적인 토목공사를 하면서도 수백 년간에 걸친 局地戰

---

48) 李道學, 『한국고대사, 그 의문과 진실』, 김영사, 2001, 339~345쪽.

49) 李道學, 「韓國史에서의 天下觀과 皇帝體制」 『전통문화논총』 창간호, 한국전통문화대학교, 2003, 55~68쪽.

50) 李基東, 「韓國 古代의 國家權力과 宗敎」 『東國史學』 35·36合輯, 2001, 5~7쪽.

51) 文暻鉉, 『增補 新羅史研究』, 도서출판 춤, 2000, 215~223쪽.

遂行을 가능하게 할 수 있었던 힘은 여기에서 나온 것이다.

5. 上代 社會의 특징에 대한 정리

上代의 신라 사회는 관개와 농기구의 발달을 계기로 생산력이 높아지면서 인구가 증가하였다. 이로 인해 모든 주민이 농경에 매이지 않아도 되었다. 예리한 금속제 무기로 무장한 전사 계층의 태동이 가능했다. 이러한 전사 계층을 이용한 주변 지역에 대한 정복을 통해 영역의 확장과 더불어 포로는 끊임없이 확보되었다. 그로 인해 지배와 피지배 관계의 구축과 더불어 계급적 신분제의 구축이 이루어질 수 있었다.

신라의 上代에는 끝을 모르는 위기 상황과 긴장감이 조성되었다. 신라는 건국 이래로 왜구의 침공에 시달렸다. 삼국을 통일한 문무왕이 호국용이 되어 왜구의 침략을 막겠다는 유언에 그것이 잘 응결되어 있다. 신라는 이처럼 간단없는 外患에 저항하면서 강인한 면역력을 길렀다. 자고로 "적국과 우환이 없으면 나라가 망한다"는 말이 있듯이 신라는 건국 이래 시달려온 왜구의 침공을 통해 면역력을 배양하였다. 그렇지만 신라는 이후 백제와 고구려의 강대한 군사력 앞에 몰리는 상황이 거듭되기도 했었다. 그러나 이러한 위기 상황은 내부적으로는 지배층간의 운명 공동체적인 강력한 응집력을 조성시켜 사회 통합 요인으로 작용했다.

이 때의 전쟁은 단속적이거나 간헐적인 것이 아니라 일상화되었다는 것이다. 전쟁의 지속성이 특징이었다. 『삼국사기』의 시작과 삼국시대의 終焉은 전쟁으로 시작해서 전쟁으로 종결되고 있다. 이 같이 계속되는 전쟁에 직면하여 내부적인 사회 질서의 확보와 단결이라는 군사적 이점을 얻기 위해서 절대권에 복종하게 됨에 따라 강력한 통치 체제가 구축될 수 있었다. 그러한 전쟁의 목적은 경작지와 노비의 획득, 철광과 같은 국가 기간 산업에 필요한 광물의 확보, 교역 거점의 장악과 같은 경제적인 요인까지 가세하였다. 그런데 전쟁이 일상화 되다 보니까 전쟁에 효과적으로 대처할 수 있는 시스템이 자연스럽게 구축될 수밖에 없었다. 이와 관련해 복속시킨 지방 행정 조직의 軍管區化가 이루어졌으며, 국가는 거대한 하나의 병영체제가 되었다.

　군사형 국가의 특징은 戰時나 위기감을 느낄 수 있는 긴장되고도 비상한 상황일수록 강해진다는 것이다. 군사형 국가는 결단코 군사력의 약화로 무너지는 법은 없었다. 고구려는 隋·唐과 싸워 승리했었다. 고구려와 백제의 멸망은 정치적 내분으로 인한 것이었다. 신라도 세계 최강의 唐軍을 한반도에서 무력으로써 축출하였다. 조선 仁祖가 後金에 항복한 것은 순전히 군사력의 약화에 기인한 것으로서, 군사형 국가의 몰락과는 전혀 성격이 다르다.

　참고로 삼국의 국력은 군사력만으로 설명할 수 없는 성격을 지니고 있다. 삼국은 군사형 국가이지만 정치와 종교가 교묘하게 결합된 체제였기에 강력한 힘을 발휘할 수 있었다. 이 점에 있어서 다른 나라의 군사형 국가와는 성격이 다르다고 하겠다. 가령 前秦王 苻堅이 383년 11월에 淝水에서 東晉 군대와 싸우다가 大敗하여, 384년과 386년의 3년 사이에 7개 국가로 前秦이 분열되었다. 이것을 가리켜 Wolfram Eberhard는 "그 본질상 군사위주로 짜여져 있는 국가는 단 한 번의 군사적 大敗를 당하게 되면 필경 산산조각이 날 수밖에 없다"[52]고 지적한 바 있다. 군사력만으로 지탱한 국가의 한계를 보여 주고 있는 것이다. 이 점에 있어서 삼국의 군사형 국가와는 성격이 전혀 다르다는 것을 알 수 있다.

　아울러 이 시기에는 초월적인 選民 이데올로기에 의한 지배가 이루어진 관계로, 삼국의 시조나 왕들은 '日月之子'를 자처하게 되었다. 불교 수용 이후에도 佛法과 王法의 一致를 통해 강력한 지배자의 모습을 보이고자 하였다. 그리고 신분제는 전체 주민을 대상으로 구획하는 士農工商과 같은 큰 범위

---

52) 李基東, 「高句麗史 발전의 劃期로서의 4世紀」『講座 美術史』10號, 1998, 29쪽.

속에서 설정되지 않았다. 지배층 신분 계급의 세분화가 한 특징이었다. 소수가 정복한 지역의 다수를 지배하기 위해서는 무엇보다도 엄격한 신분제의 확립이 필요했기 때문이다. 또 그것은 정복민인 신라의 지배층에게 권위를 부여할 목적을 지니고 있었다. 요컨대 이것은 지배의 정당성을 구축하기 위한 방편이었던 것이다. 이처럼 신라 上代는 내적으로는 엄격한 신분제 사회였다. 나아가 일반 주민들에게는 강압적이고 물리적인 제재가 가해졌다. 비록 6세기대에는 폐지되었지만 殉葬이 著例가 된다.

Ⅳ. 中代의 신라 사회

1. 金欽突 亂에 대한 해석

중대의 개막과 더불어 전제왕권 확립의 계기를 마련해 준 사건으로 신문왕이 즉위한 직후에 발생한 김흠돌의 반란을 지목한다. 이 난을 진압한 후에 신문왕은 숙청 작업을 통해 강력한 전제왕권을 확립했다는 것이다.[53] 그러한 정치적 의미에서 볼 때 중대의 起點은 무열왕과 문무왕대를 지난 신문왕대로 지목할 수 있다. 따라서 이러한 중대를 '전제왕권이 확립된 시기'로 규정해 왔다. 일반적으로 전제왕권이나 전제권력은 지배자가 국가의 모든 권력을 장악하여 아무런 제한이나 구속없이 마음대로 권력을 운용하는 정치체제를 말한다. 즉 정치 권력의 통제없는 권력의 集中的 행사를 의미한다.[54] 바꿔 말해 이는 견제받지 않는 통치권의 행사를 가리키는 것이다. 그러나 신문왕 이후의 연이은 모반 사건 등을 놓고 볼 때 중대 왕권 역시 절대 권력을 구축했다

---

53) 李基白·李基東, 『韓國史講座−古代篇』, 일조각, 1982, 309쪽.
54) 金雲泰, 『政治學原論』, 박영사, 1976 참조 바란다.

기보다는 귀족 세력과의 타협 속에서 존재했음을 알려준다.[55]

진골귀족 세력의 반발과 慶永의 亂과 같은 반란, 빈번해진 왕비의 出宮과 국왕의 再婚, 兵部令 등 무력적 기반을 가진 진골세력에 의해 국왕의 혼인이 좌우되기까지 했다.[56] 이에 관한 보다 결정적인 자료는 명색이 전제왕권을 확립했다는 신문왕이 기존의 왕도를 버리고 달구벌로 천도하려고 했지만 이행하지 못했다는 것이다. 물론 왕권의 한계보다는 다른 이유로 인해 달구벌 천도를 단행하지 않았을 가능성도 있다. 그러나 그것이 기록에 남겨진 것을 볼 때 단순한 구상 정도에 그치지는 않았던 것 같다. 실제 천도를 단행하려고 준비까지 했으나 귀족 세력의 반대로 이행하지 못했다는 게 정황상 타당하지 않을까 생각된다.

권력에 대한 가장 기초적인 정의는 "모든 일을 가능케 하는 역량"으로 云謂되고 있다. 즉 "권력이란 사회 관계 내에서 피지배자의 저항에도 불구하고 자신의 의지를 실행하는 위치에 있게 될 가능성이다"[57]라는 막스 베버의 주장을 상기하지 않을 수 없다. 베버는 사람들의 저항에도 불구하고 자신의 의지를 수행할 수 있을 때 그가 권력을 소유한 것이라고 정의하였다. 그럼으로써 권력의 개념이 어떻게 사회 상황에 적용되는 가를 명백히 해 주었다. 고구려 장수왕이나 백제 성왕은 귀족들의 반대에도 불구하고 천도를 단행하였다. 그러나 신문왕의 달구벌 천도 계획은 부인할 수 없는 실패로 돌아갔다.[58] 신문왕은 자신의 의지를 관철시키지 못한 것이다. 그러므로 이제는 다른 각도에서 中代 왕권이 지닌 의미를 살피는 게 좋을 것 같다.

---

55) 李泳鎬, 「新羅 中代의 成立과 展開」 『慶北史學』 23, 2000, 283~288쪽.

56) 李泳鎬, 「新羅의 王權과 貴族社會」 『新羅文化』 22, 2003, 47~91쪽.

57) 조나단 하스 著·崔夢龍 譯, 『원시국가의 진화』, 민음사, 1989, 194~195쪽.

58) 이 문제에 대해서는 李泳鎬, 「新羅의 遷都 문제」 『韓國古代史研究』 36, 2004, 65~112쪽을 참고하기 바란다.

그러면 이 문제를 原點에서 다시 검토해 보기로 한다. 신문왕의 즉위와 김흠돌의 난은 문무왕의 사망과 연계되어 있으므로 먼저 다음과 같은 문무왕의 遺詔를 언급하지 않을 수 없다.

> 太子는 일찍이 賢德을 쌓고 오래 동안 東宮位에 居하였으나 위로는 여러 宰相으로부터 아래로는 뭇 官員에 이르기까지 送往의 義를 어기지 말며, 事居의 禮를 잃지 말라. 宗廟社稷의 主는 잠시도 비워서는 아니 되므로 太子는 곧 柩 앞에서 王位를 계승하여라. … 臨終 후 10일에는 곧 庫門 外庭에서 西國의 式에 의해 불로 燒葬할 것이다.[59]

위의 遺詔에서 즉시 왕위를 계승하라고 했다. 이것을 가리켜 통일 직후의 불안 내지는 위기 의식의 반영으로 간주하고 있다.[60] 신문왕은 즉위하자마자 첫 任免權 행사로서 상대등을 軍官에서 眞福으로 교체하였다.[61] 이 시점을 '八月'이라고만 하였는데, 이것에 이어진 기록은 8일에 金欽突과 興元·眞功 등이 모반하다가 伏誅되었다고 했다. 그런데 時點上으로 軍官의 免職과 김흠돌 亂이 서로 연결될 수도 있으므로 이것과 관련짓기도 한다.[62] 軍官은 그 달 28일에 嫡子와 더불어 自盡하였다.[63] 그렇다고 할 때 김흠돌 난의 발단으로 더러 지목되기도 하는 軍官은 정작 역모에는 관여 하지도 않았지만 그로부터 20일 후에야 不告知罪로 처형되었다는 게 된다. 정황상으로 볼 때

---

59) 『三國史記』 권7, 문무왕 21년 조.

60) 李泳鎬, 「新羅 中代의 成立과 展開」『慶北史學』 23, 2000, 283쪽.

61) 『三國史記』 권8, 신문왕 원년 조.

62) 軍官과 김흠돌이 연결된 세력이라는 주장은 다음을 참고하기 바란다. 金壽泰, 『新羅中代政治史研究』, 일조각, 1996, 12쪽.

63) 『三國史記』 권8, 신문왕 원년 조.

軍官의 면직은 김흠돌 亂과는 직접 관련이 없음을 알 수 있다.[64] 그러므로 상대등 교체가 적어도 김흠돌 亂의 원인은 아니라는 지적은[65] 일리가 있어 보인다. 이와 관련해 김흠돌 亂을 진압한 후 신문왕이 내린 교서의 내용은 다음과 같다.

> … 寡人이 조그만 몸과 얇은 德을 가지고 큰 基業을 承守하여, 食事도 폐하고 잊으면서 또 일찍 일어나고 늦게 자면서 股肱의 臣과 더불어 邦家를 편안하게 하려는 바인데, 喪服中에 亂이 서울에서 일어날 줄을 누가 생각하였으랴? 賊魁인 欽突·興元·眞功 등은 그 버슬이 재능으로 높아진 것도 아니고 실상은 王恩으로 올라간 것이지만, 능히 始終을 삼가거나 富貴를 보전하지 못하고 이에 不仁·不義로 威福을 만들고 官僚를 侮慢하고 上下를 속이어 매일 그 無厭의 뜻을 나타내고 暴虐한 마음을 드러내어 凶邪한 자를 불러들이고 近竪와 交結하여 禍가 內外에 통하고, 같은 惡人들이 서로 도와 期日을 約定한 후 亂逆을 행하려 하였다.
>   寡人이 위로 天地의 도움을 입고 아래로는 宗廟의 靈助를 받아 惡이 쌓이고 罪가 가득 찬 欽突 등의 꾀가 發露되니 이는 곧 人·神이 함께 버린 것이요, 天地에 용납받지 못하게 된 것이다. 正義를 犯하고 美風을 傷하게 함에 있어서 이 보다 더 심한 것은 없었다. 그러므로 兵衆을 모아 그 梟獍과 같은 나쁜 놈들을 없애려하는데, 혹은 山谷으로 도망가고 혹은 闕庭에 歸降하였다. 그러나 그 枝葉을 探索하여 죄다 誅滅하고 3~4일 동안에 罪囚가 탕진함은 이 마지 못할 일이었고 士人을 驚動시켰으나 憂愧한 마음은 어찌 朝夕으로 잊을 수 있으랴. 지금은 이미 그 妖徒가 廓淸되어 遠近에 虞患이 없으니 김集하였던 兵馬는 속히 돌아가게 하고 四方에 布告하여 이 뜻을 알게 하라.[66]

---

64) 朴海鉉, 『新羅中代政治史研究』, 국학자료원, 2003, 45쪽.

65) 崔弘昭, 「神文王代 金欽突亂의 再檢討」『大丘史學』58, 1999, 29~66쪽.

66) 『三國史記』권8, 神文王 원년 조.

김흠돌 亂의 배경에 관해서는 여러 견해가 제기되었지만 불투명하기 이를 데 없다. 비록 김흠돌의 딸이 아들을 낳지 못했다고 하자. 그렇더라도 딸이 妃로 있는 상황에서 김흠돌이 반란을 일으켰다는 것도 석연찮은 동시에 미심쩍은 구석마저 있다.[67] 이와 관련해 신문왕의 즉위가 오랜 기간에 걸친 통일사업을 마무리한 문무왕의 사망과 연계되어 있다는 사실을 상기하지 않을 수 없다. 앞서 문무왕의 유조를 통해 통일 직후의 불안 내지는 위기 의식이 포착되었음을 언급한 바 있다. 그렇다고 할 때 신문왕 즉위 직후에 단행된 상대등 교체와 김흠돌 세력의 제거는 그러한 선상에서 생각해 볼 수 있지 않을까 싶다.

반란을 빌미로 한 신문왕의 숙청 행위는 "그 枝葉을 探索하여 죄다 誅滅하고 3~4일 동안에 罪囚가 탕진함은"이라고 했을 정도로 무자비할 정도의 잔혹한 면을 보이고 있다. 따라서 그 진압은 자연 과잉 반응을 떠 올리게 된다. 그것은 이 시점이 통일전쟁 과정에서의 뒷처리가 마무리되고, 바야흐로 평화시대로 접어드는 상황인 만큼 더욱 그러한 느낌이 드는 것이다. 이러한 현상의 원인과 관련해 일종의 '전쟁 피로증'을 연상하지 않을 수 없다. '戰爭 疲勞(Combat fatigue)'는 일반적으로 전쟁 중에 받은 스트레스로 인해 일어나는 신경증적 장애나 불안한 감정과 관련이 있다고 한다. 그러므로 어떤 자극에 대해 과민 반응을 보여 무의식적으로 몸을 움찔하거나 펄쩍 뛰는 것과 같

---

67) 김흠돌 난의 성격을 김흠돌 女의 無子와 결부짓는 견해가 많다. 그런데 신문왕은 김흠돌 女를 出宮시킨 후로부터 2년이나 지난 683년에야 김흠운의 女와 결혼하고 있다. 이같은 왕비의 공백은 선뜻 이해되지 않는다. 김흠운은 655년에 戰死했다. 그러므로 그가 전사하는 해에 女를 낳았다고 하더라도 683년에 그 女는 29세의 늙은 여자가 된다. 이 연령은 당시로서는 몹시 많은 연령인 동시에 아이를 출산하기에는 부담이 되는 연령임은 부인할 수 없다. 그럼에도 굳이 신문왕이 父도 존재하지 않은 김흠운의 女를 그것도 엄청난 量의 婚需 기록을 남기면서까지 妃로 맞이한 배경은 정치 논리로만은 설명하기 어렵지 않을까 싶다. 어쩌면 私的인 다른 요인이 도사리고 있었을 가능성도 배제하기 어렵다고 본다.

은 과잉 방어 행동을 나타내며 쉽게 자극받아 폭력을 사용하기도 한다는 것이다.

신문왕의 김흠돌 세력 제거는 강력한 왕권의 구축이라는 전제하에서 단행되었다기 보다는 장기간에 걸친 통일전쟁으로 인한 사회적 피로감의 表出로 간주할 수 있는 측면이 없지 않다. 통일전쟁에 참여했던 신문왕을 비롯한 김흠돌과 같은 진골 세력이 共有하고 있었을 사회적 전쟁피로 현상의 폭발이었을 가능성이 높다. 그러니까 兩者間의 충돌에는 왕권의 정책 방향이 새롭게 설정된다거나 그에 저항해서 모반을 획책했다고 보기에는 계기성이 너무나 부족하기 때문이다. 문무왕의 사망과 장례, 그리고 신문왕의 즉위라는 것은 이미 지적되고 있듯이 1개월 안팎이라는 매우 짧은 기간에 모두 이루어졌다. 그런 만큼 양자간의 성격을 파악하고 이해가 부닥치기에는 너무나 짧은 기간이라는 것이다. 게다가 軍官은 김흠돌 세력의 모반에 관여하지도 않았다.

그러므로 軍官을 면직시킨 신문왕이나 그에 연동한 김흠돌 세력의 반응은 "어떤 자극에 대해 과민 반응을 보여 무의식적으로 몸을 움찔하거나 펄쩍 뛰는 것과 같은 과잉 방어 행동을 나타내며 쉽게 자극받아 폭력을 사용하기도 한다"라는 전쟁피로 증세와 딱 들어맞을 수 있다. 결과적으로 이것은 중대 왕권이 어느 정도 안정되는 계기가 되었다고 말해지고 있지만 구조적으로는 왕권을 뒷받침하지는 못했다는 한계를 지니고 있었다. 그런 관계로 中代 정권 기간 내에서는 上代 때와 마찬 가지로 여전히 모반 사건이 발생하였다. 또 이미 지적되고 있듯이 왕권은 귀족 세력과 타협하는 모습을 보이게 되었던 것이다.

上代의 정복전쟁이 尖銳化하는 4세기대 중반 이후부터 왕권이 강화되어 나갔다. 그것이 한 층 가열한 양상을 띤 6세기대부터는 불안정한 정국 속에서 오히려 왕권의 안정과 强化가 촉진되었다. 왕권의 존립은 물론이고 국가 자체의 생존 여부와 직결될 뿐 아니라 승리라는 공동의 목표를 지향하는 전쟁을 끊임없이 치르면서 지배세력간에는 자연스럽게 운명 공동체 의식이 공유되었기 때문이다. 군사령관으로서의 위상을 확보하고 있던 국왕의 戰死에서 알 수 있듯이 전쟁의 비중은 왕권과 직결되어 있었다.

　그런데 수백 년간 지속된 이러한 動亂을 매듭짓고 통일을 달성함으로써 중대 왕실은 최대의 有功者이자 受惠者가 되었다. 자연 권위가 붙게 되는 중대의 왕권은 강화될 수밖에 없었다. 그런데다가 전리품이라고 할 수 있는 넓어진 토지와 노비의 分給은 진골귀족들에게 일련의 크나 큰 성취감을 맛보게 하였다. 또 이것이 지배체제의 안정을 가져 온 직접적인 요인이 되었다. 중대 왕권 안정의 근본적인 基調는 여기에 근거한 것이었다. 그러나 지배층의 증가로 인해 경제적 효험이 消盡된 8세기 중엽 이후에는 진골귀족간의 갈등이 촉발되었고, 下代의 개막과 더불어 王位繼承戰으로 표출되었다고 볼 수 있다.

2. 시대구분으로서의 '中代'

　신라의 2국 병합과 당군 축출을 계기로 外侵을 받지 않는 유례없는 평화가 열렸다. 전쟁의 終熄은 對外的인 긴장감을 일거에 해소시켜 주었다. 그와 맞물려 전시체제 국가는 사실상 終焉을 告하게 되었다. 이는 한국사상 일종의 계엄시대, 유사 계엄체제의 終熄을 뜻한다. 지방장관은 군정관에서 민정관으로 그 성격이 교체되었다. 그리고 왕권은 제도적으로 안정 기조를 확보하였다. 왕권의 超越的이고도 종교적인 이미지는 유교 이데올로기를 바탕으로 한 實務的인 군왕의 면모로 바뀌게 되었다. 682년(신문왕 2)에 國學이 설치되었고[68] 686년(신문왕 6)에 唐에 사신을 보내어 『禮記』와 文章에 관한 책을 요청했다.[69] 719년(성덕왕 16)에는 唐으로부터 孔子와 十哲 72제자의 圖像을 가

---

68) 『三國史記』 권8, 神文王 2년 조.

69) 『三國史記』 권8, 神文王 6년 조.

져왔다.[70] 이러한 사실들은 신라가 이 때 제도적으로 유교국가로서 완전하게 출발하게 되었음을 뜻한다.[71] 그리고 上代 사회의 유이민 파동이나 이탈과 같은 인구 변동이 사라지고 역시 인구 안정이 이루어졌다. 이것과 맞물려 영토의 가변성에서 정형성을 얻게 되었다. 唐으로부터 공인받은 대동강에서 원산만에 이르는 영역이 그것을 말한다. 그로 인해 사회경제적 패턴의 엄청난 변화를 야기시켰다. 이는 그 비중의 막중함으로 인해 시대 구분의 기준점이 될 수도 있다.

이와 관련해 기왕에 제기된 8세기 전반 고대와 중세의 分岐點說을[72] 상기하지 않을 수 없다. 그런데 이 견해는 이미 널리 지적되고 있듯이 첫째는 사회발전 단계만 논급하고 있을 뿐 '고대국가의 몰락' 즉 '고대사회의 해체'에 관해서는 전혀 언급이 없다. 오히려 '한 시대의 종언'에는 기성 사회질서를 반대하는 광범위한 저항이 나타나야 하는데, 과연 8세기대에 그러하였는지는 지극히 회의적이라 하겠다. 게다가 8세기에는 신라의 大本 즉, 사회를 지탱하는 큰 틀이자 원칙이라고 할 수 있는 골품제도 자체에 변화가 없었다. 오히려 골품제도는 더욱 강화되는 면모를 보였다. 골품제도는 9세기 후반 경에야 무너져가기 시작했었다. 둘째는 발해사를 신라사와 적어도 동등한 입장에서 취급한다면 두 나라의 사회발전 과정을 비교하면서 공통점을 찾아 내야만 한다. 또 그것을 시대구분의 공통 분모로 할 때만이 설득력이 있는 시대구분이 된다고 하겠다. 발해사를 제외한 시대구분이라는 것은 하등의 의미를 찾기 어렵다는 지적이다.

9세기 후반인 889년(진성여왕 3)에는 租稅 독촉을 계기로 농민 봉기가 전

---

70) 『三國史記』 권8, 聖德王 6년 조.

71) 李鍾旭, 『신라의 역사』 2, 김영사, 2002, 110~111쪽.

72) 한국고대사연구회, 『한국고대사연구 -古代와 中世 韓國史의 時代區分-』 8, 1995.

국적으로 확산되었고[73] 그것을 신라 지배세력이 수습하지 못하는 과정에서 후삼국시대가 열리게 되었다. 889년부터 전국적으로 광범위하게 발생한 농민 봉기는 기존 체제에 대한 광범위한 저항의 성격을 띠고 있다. 결국 신라 사회를 지탱해 왔던 强固한 신분 질서인 골품제도가 붕괴되었다. 골품제도의 붕괴는 한 시대의 終焉을 뜻하는 것이었다. 한 사회를 지탱해 왔던 신분 질서의 붕괴에다가 終止符를 찍은 완벽한 제도적 조치가 고려 광종대에 전면적으로 실시된 과거제였다. 즉 "여름 5월에 비로소 科擧를 두고 翰林學士 雙冀에게 命하여 進士를 선발하게 했다"[74]라는 기사가 그것이다.

958년의 과거제 시행은 족벌에 기반을 둔 전통적인 호족적 기반의 붕괴를 초래하였다. 고려의 開國功臣 가문이 고려 사회에서 문벌귀족으로 성장하지 못한 것이 그 端的인 예가 될 것이다. 요컨대 지배 구조와 지배 세력의 완전한 교체가 10세기 중반에 이루어졌다. 이것을 기점으로 고대에서 중세로의 이행을 말할 수 있을 것 같다. 시대구분의 기준을 지배세력의 교체에 두는 견해의 경우[75] 더 말할 나위 없지 않을까 싶다.

V. 맺음말

천년의 장구한 역사를 지닌 신라는 크게 上代·中代·下代의 3시기로 구분되어져 왔다. 여기서 상대와 중대의 분기점이 무엇인가에 대한 근원적인 고찰이 필요했다. 근본적으로 삼국시대의 신라는 지속적인 전쟁 양상을 띠었다. 이 시기는 유례 없는 전시체제였다. 신라 사회의 모든 시스템이 그에 맞

---

73) 『三國史記』권11, 眞聖王 3년 조.

74) 『高麗史』권2, 光宗 9년 조.

75) 李基白, 『新修版 韓國史新論』, 일조각, 1990, 8~9쪽.

게끔 설정되었다. 국왕의 지위와 성격은 종교적 주술성을 벗어버리기 어려웠지만 명백히 군사령관이기도 하였다. 그러나 신라의 삼국통일과 더불어 군사형 국가의 終焉을 가져 왔다. 中代의 출발은 일종의 계엄시대, 유사 계엄체제의 終熄과 軌를 같이 하였다. 이때 지방장관은 군정관에서 민정관으로 그 성격이 교체되었다. 中代 신라는 왕권의 불안정에서 안정으로, 영토의 가변성에서 정형성을 얻게 되었다. 그러한 근본적인 動因은 動亂의 종식에서 기인한 것이었다. 상대와 중대의 근본적인 차이점은 왕실 혈통의 문제가 아니라 수백년 간 지속된 動亂의 終焉에서 비롯되었다.

일반적으로 中代王權은 전제왕권 체제라고 말하는 경우가 많았다. 그러나 上代 후반인 6세기대 이후부터 中代까지 국왕 자체의 위상에는 별반 차이가 보이지 않는다. 신라는 上代 中後半期인 4세기 후반 이래로 삼국간의 動亂의 복판에 위치하였다. 승리만이 체제를 보장해 줄 수 있었던 비상한 전시체제 상황에서 신라 왕은 자연스럽게 강력한 위상을 확보할 수밖에 없었다. 지금까지 전제왕권의 성립과 연계시켜 해석해 왔던 신문왕 즉위 직후에 발생한 김흠돌 난은 재해석이 가능하였다. 그것은 수백 년간에 걸친 動亂의 大尾를 장식한 통일전쟁을 마무리한 직후 신라 지배층이 共有하였던 전쟁 피로증의 표출이었다.

889년부터의 전국적인 농민 봉기는 골품제 사회를 해체시켰다. 958년 고려 광종대의 전면적인 과거제 시행은 족벌에 기반을 둔 전통적인 호족적 기반의 완전 붕괴를 초래하였다. 지배구조와 지배 세력의 완전한 교체가 10세기 중반에 이루어진 것이다. 이것을 기점으로 古代에서 中世로의 移行을 말할 수 있을 것 같다.

新羅·加羅史 研究

제2부
금석문

1장
新羅의 丹陽 經營과 丹陽新羅赤城碑

Ⅰ. 머리말

신라 비석의 발전 과정을 살피는 데 빼놓을 수 없는 자료가 丹陽新羅赤城碑이다. 신라사에서 동일한 王代에 여러 개의 비석이 건립된 경우는 영토가 비약적으로 발전한 진흥왕대가 유일하지 않나 싶다. 가령 단양신라적성비와 창녕 신라진흥왕척경비, 그리고 진흥왕 3巡狩碑를 합하면 1代에 5개의 비석이 남아 있기 때문이다. 실제 진흥왕대에 건립한 비석의 숫자는 알 수 없지만 최소한 5기 이상이었음은 분명하다.

진흥왕대의 5碑 가운데 현존하는 가장 오래된 비석은 단양신라적성비이다. 단양신라적성비는 6세기 중엽 경 신라가 소백산맥 이북으로 진출하면서 확보한 고구려 영역 赤城에 대한 점령과 관련한 주민들에 대한 布告 목적에서 건립되었다. 창녕진흥왕척경비의 경우는 대가라가 멸망하기 불과 1년 전인 561년에 신라의 주요 지휘관들이 창녕에 집결한 사실이 적혀 있다. 나머지 3巡狩碑(황초령/ 마운령/ 북한산)들은 568년과 그 이후에 건립되었다.[1] 진

---

[1] 마운령비와 황초령비에 대해서는 다음의 논문을 참고하기 바란다.
    李道學, 「磨雲嶺眞興王巡狩碑의 近侍陪隨駕人에 관한 檢討」『新羅文化』 9, 1992,

흥왕대의 5碑 가운데 가장 먼저 건립된 단양신라적성비를 중심으로 삼아 그 나머지 4碑의 체재와 구성 요소의 차이를 통해 영토 확장기의 신라의 피정복민 시책의 일단과 기념비의 발전과 정형화 과정을 살피고자 한다. 이와 관련해 단양 지역의 영유권 변화 과정을 먼저 살피기로 했다. 그럼으로써 신라의 단양 지배가 갖는 의미와 성격이 명료해 질 것으로 믿어지기 때문이다.

Ⅱ. 단양 지역의 영유권 변화 과정

단양 지역의 영유권은 어떻게 변천해 갔을까? 이와 관련해 忠州의 古地名으로 등장하는 未乙省은 삼국시대의 경기도 고양군을 가리키는 達乙省과 대응되는 면을 보이고 있다. 이 점 주목해 본다. 우선 '達乙'이 '高'의 뜻을 지녔다면, '未乙'은 '밑' 즉 '底'의 뜻으로 풀이할 수 있다. 여기서 達乙省의 達乙에 대한 뜻 옮김은 '高'이고, '省'에 대한 뜻 옮김은 '烽·峰' 즉, '수루(봉우리의 뜻)'에 해당된다고 한다. 여기서 '수루'는 '봉우리'에서 신호를 위해 피우는 '烽火'를 뜻하는 것으로 풀이되고 있다.[2] 그러므로 未乙省은 '底烽'의 뜻이 된다.

이러한 맥락에서 볼 때 남한강 상류의 충주 지역을 가리키는 미을성은 한강 수계를 따라 그 河口 부근의 고양 지역과 연결되어 있다는 사실이다. 그러므로 이러한 지명은 烽燧 體系線上에서 달을성은 그 首點에, 미을성은 그 終點에 소재한데서 유래한 것으로 추정할 수 있다.[3] 고구려 別都인 南平壤城 서북편에서 작동된 烽燧가 또 하나의 別都인 國原城에서 마무리되는 거대한

119~130쪽.

2) 류렬, 『세 나라시기의 리두에 대한 연구』, 과학백과사전출판사, 1983, 244쪽.

3) 충주에서 烽燧는 周井山·大林山·心項山·馬山·望耳山 등에서 확인되고 있다. 이러한 烽燧址가 모두 삼국시대 특히 고구려 당시에 사용되었는지는 알 수 없다. 그러나 적어도 몇 개 烽燧址는 그러하였을 개연성을 부정하기는 어렵다.

通信網인 烽燧 體系의 면면이 드러난 것이라고 하겠다.[4] 이러한 봉수 체계는 백제의 그것을 계승했다고 볼 수도 있다.

이와 연계하여 충주 가금면 장미산성에서 출토된 백제와 연관된 鳥足文土 器가 지닌 의미를 반추해 본다.[5] 일단 조족문토기는 장미산성의 축조 국가를 암시하고 있다. 이와 더불어 장미산성이 소재한 충주 일대가 한 때 백제 영역 이었음을 반증한다. 고구려가 진출하기 이전에 백제가 장미산성을 중심으로 한 충주 지역을 지배했음을 알려준다. 물론 백제와 신라의 동맹군이 한강유 역을 회복한 시점이 551년이다. 이때 일시적으로 백제군이 장미산성을 점령 한 상황에서 조족문토기가 남겨졌을 수도 있다. 그러나 주지하듯이 한강 하 류는 백제가 점령했지만, 남한강 상류 지역의 충주는 신라가 장악하였다. 그 러므로 551년의 시점에서 장미산성의 국적을 백제와 연결 짓기는 어렵다. 고구려가 남한강 상류 지역을 장악하기 이전에 백제가 이곳을 경영했음을 뜻 하는 물증인 것이다. 온달성 뿐 아니라[6] 이곳과 인접한 단양 赤城에서 백제 계 토기편이 수습된 바 있다.[7] 이 사실은 온달성과 적성을 비롯한 남한강 상 류 지역이 백제 세력권임을 뜻한다.

아울러 「광개토왕릉비문」에 보이는 阿旦城은 서울의 아차산성이 아니라 충 청북도 단양군 영춘면의 온달성으로 비정된다.[8] 그러한 온달성은 北壁에 성 문이 있었는데 폐쇄된 것으로 밝혀졌다. 이 北門을 폐쇄할 수 있는 정황을 놓 고 본다면 방어 방향이 북쪽인 국가로서는 공격의 타깃이 되는 北門이야 말

---

4) 李道學, 「고대·중세의 역사」『일산 새도시 개발지역 학술조사보고』2, 1992, 13~ 14쪽.

5) 忠北大學校 博物館, 『中原 薔薇山城』, 1992, 172쪽.

6) 忠淸北道, 『文化財誌』, 1982, 310쪽.

7) 金元龍, 「丹陽 赤城의 歷史·地理的 性格」『史學志』12, 1978, 8~10쪽.

8) 李道學, 「永樂6年 廣開土王의 南征과 國原城」『孫寶基博士停年紀念韓國史學論叢』, 지식산업사, 1988, 98~99쪽.

로 취약한 부분이었다. 그러한 북문을 폐쇄한 주체는 신라일 수밖에 없다. 역으로 백제나 고구려는 北門을 주출입구로 하면서 남한강 수계를 이용하였음을 알 수 있다. 온달성은 懸門을 구축하는 등 통행보다 방어에 기능을 집중시킨 면모가 확인되었다. 이는 고구려의 남진 공세에 시달렸던 신라의 절박한 입장이 포착되는 면면을 온달성이 보여주고 있다고 판단된다.[9] 요컨대 온달성은 백제 때 축조되어 고구려가 활용했던 「광개토왕릉비문」의 아단성이었다.

그런데 최근 정호섭은 "한편 광개토왕이 공취한 아단성이 한수 북쪽이고 온달전에 나타나는 아단성은 온달성이라는 입장에서 두 기록에 보이는 아단성을 별개의 두 성으로 보아야 한다는 견해도 제기되었다"[10]고 했다. 그러면서 이러한 논자로서 이도학과 김영관 및 김현길을 거론했다. 그러나 필자는 광개토왕이 공취한 아단성과 온달전의 아단성을 시종 동일한 온달성으로 지목하였다. 만약 고구려가 396년에 백제로부터 빼앗은 58城 가운데 보이는 阿旦城이 서울의 아차산성이라고 하자. 그렇다면 江을 사이에 두고 고구려군이 주둔한 아차산성과 백제의 왕성인 풍납동토성이 맞대치한 형국이 된다. 그러나 실제 이러한 상황이 惹起되기는 어렵다. 그렇기 때문에 「광개토왕릉비문」의 阿旦城을 서울 아차산성이 아니라 또 다른 곳에서 찾고자 했다. 바로 그 아단성이 영춘의 온달성이었다.[11] 정호섭의 사실 왜곡을 摘示해 둔다.

정호섭은 이어서 "현재로선 문헌기록과 금석문에 공통적으로 보이는 아단성을 전혀 다른 두 곳으로 볼 뚜렷한 근거를 찾기 어렵다"고 했다. 결과적으

---

9) 李道學, 「阿旦城 所在地와 溫達城 初築國에 관한 論議」『한국고대사탐구』17, 2014, 163~164쪽.

10) 정호섭, 「삼국사기 온달전을 통해 본 온달의 위상과 아단성」『한성사학』29, 2014, 25쪽.

11) 李道學, 「永樂6年 廣開土王의 南征과 國原城」『孫寶基博士停年紀念韓國史學論叢』, 1988, 98~99쪽;『고구려 광개토왕릉비문 연구』, 서경문화사, 2006, 362~375쪽.

로 정호섭은 兩城을 동일한 곳으로 비정한 필자의 논지에 공감하고 있다. 문제는 마치 정호섭 자신이 고심해서 문제점을 지적한 양 사실을 왜곡을 했다. 게다가 인용도 없는 것이다. 그리고 영락 10년에 고구려 5萬의 大兵이 신라구원을 명분으로 출병할 수 있었던 요인으로서 남한강 상류 지역을 이미 장악하고 있었기에 가능했고, 그러한 연장선상에서 볼 때 단양 일대는 고구려 영역이었고, 나아가 온달성이 아단성일 가능성이 높다는 것이다.[12] 그러나 이러한 견해는 정호섭이 인용한 논문에서 필자가 1988년에 이미 제기한 지론이 된다.[13]

정호섭은 "또한 과거부터 단양의 성산고성을 온달산성으로 부르고 있고, 그 아래 동굴도 온달동굴로 불리어 왔다"[14]고 했다. 여기서 '과거부터'가 언제부터인지 명시하지 않았다. 그렇지만 이러한 호칭은 적어도 20세기 이후임은 분명하다. 온달산성과 온달동굴을 그렇게 불러왔던 게 아니다. 성산고성과 남굴을 온달산성과 온달동굴로 작금에 각각 그렇게 명명한 것이다.[15] 정호섭의 주장은 맞지 않은 서술이라고 하겠다.

이어서 정호섭은 "온달산성의 입지로 보아 온달산성은 북서쪽을 방어하기 위해 쌓은 성이 분명한 만큼 적어도 고구려가 축조한 것으로 보이진 않는

---

12) 정호섭, 「삼국사기 온달전을 통해 본 온달의 위상과 아단성」 『한성사학』 29, 2014, 26쪽.

13) 李道學, 「永樂6年 廣開土王의 南征과 國原城」 『孫寶基博士停年紀念韓國史學論叢』, 1988, 101~102쪽.
李道學, 「高句麗의 洛東江流域 進出과 新羅·加耶經營」 『國學研究』 2, 1988; 『고구려 광개토왕릉비문연구』, 서경문화사, 2006, 405~406쪽.

14) 정호섭, 『고구려사와 역사 인식』, 새문사, 2016, 174쪽.

15) 李道學, 「阿旦城 所在地와 溫達城 初築國에 관한 論議」 『한국고대사탐구』 18, 2014, 145~171쪽.

다"[16]고 했다. 이러한 주장도 타당하지 않다. 온달성은 강 북쪽에서 성안이 훤히 보이므로 입지 조건이 북서쪽 방어라고 말하기는 어렵다. 온달성의 방어 방향은 오히려 소백산맥 줄기가 보이는 남동쪽이라고 보아야 마땅하다. 그리고 정호섭은 온달성 안에서 고구려 유물도 출토되지 않았으므로 고구려 축조를 말하기 어렵다고 했다. 그렇다면 서울의 아차산성에서는 백제와 고구려 유물이 출토된 바 있던가?

369년에 고구려가 백제로부터 빼앗은 城 가운데 온달성이 소재한 단양을 비롯한 남한강 상류 지역은 무려 150년간 고구려 영역으로 존재하였다. 그랬기에 고구려 장군 溫達이 한강유역 회복을 위한 출정 명분으로서 "신라가 우리 漢北의 땅을 빼앗아 郡縣으로 삼았으므로 백성들이 痛恨하고 있습니다. 아직까지 부모의 나라를 잊지 않고 있사오니"[17]라고 하였다. 이는 의미심장한 말로서 국원성을 포함한 남한강 상류 지역 옛 고구려 주민들의 정서를 함축해 주고 있다. 이곳은 고구려인들이 故土 개념 속에서 失地回復을 운위할 수 있었다고 본다. 요컨대 고구려사 속에 忠州가 편제되기 시작한 것은 광개토왕의 水軍 작전으로 백제로부터 남한강 상류 일원을 割壤 받은 396년부터였다. 이후 충주는 고구려 國內城 도읍기의 마지막 시점인 427년 이전 어느 때 國原城이라는 행정 지명을 부여받아 別都로서 역할을 하게 되었다. 고구려가 충주에 별도를 설치하게 된 배경은 이곳의 정치·경제·문화·지리적 배경이 고려된 결과였다. 고구려는 국원성을 軸으로 해서 신라 지역으로 진출하여 소백산맥 이남 즉, 죽령의 동남 지역을 직접 지배하였다. 여기까지가 신라가 단양신라적성비를 건립하기 이전까지의 남한강 상류 지역에 대한 지배권의 변화 과정이었다.

---

16) 정호섭, 『고구려사와 역사 인식』, 새문사, 2016, 175쪽.
17) 『三國史記』 권45, 溫達傳.

Ⅲ. 단양신라적성비의 형태와 건립 시기

丹陽新羅赤城碑는 1978년 1월 단국대학교 박물관 조사단(鄭永鎬)에 의하여 단양군 일대에서 溫達과 관련된 유적지를 찾는 과정에서 발견한 것이다. 비의 높이는 93cm, 上幅은 107cm, 下幅은 53cm로서 단단한 화강암을 물갈이하여 비면으로 이용하였다. 비의 上端部는 파손되었으나 좌우 兩側面은 원형을 그대로 보존하고 있으므로 비문이 22行으로 구성되었음을 알 수 있다. 每行의 글자 수도 碑片의 발견으로 20자였던 것으로 짐작해 볼 수 있게 되었다. 다만 20·21·22行은 다른 행에 비하여 글자 수가 적어 대체로 전체 430字 내외로 추정된다. 현재 남아 있는 글자 수는 288字이지만 주변의 발굴을 통하여 수습된 비편 21字를 합하면 현재 알 수 있는 확실한 글자 수는 309字에 달한다. 비의 글자는 字徑이 2cm 내외로 상당히 얕게 새겨져 있으나 오랫동안 땅속에 파묻혀 있었던 탓인지 판독이 불가능한 글자는 거의 없다. 따라서 丹陽新羅赤城碑는 지금까지 알려진 신라 중고기 금석문 가운데 판독상 異見이 가장 없는 비석이다. 비문은 순수한 漢文式이 아니라 신라식 吏讀文과 한문이 混用되어 있다. 비에 사용된 書體는 중국 南北朝時代의 楷書體이지만 隸書의 餘韻이 강하게 남아 있다. 본비는 서체상 南朝의 영향을 받은 듯하다. 글자의 판독은 완벽하지만 상단부가 파손된 관계로 전체의 내용을 완전하게 파악할 수 없는 게 아쉽다.[18]

그러면 단양신라적성비의 형태와 계통은 어떻게 연결 지을 수 있을까? 이와 관련해 우선 中古期 新羅碑의 형태와 글자를 새긴 형식의 변천 과정을 다음과 같이 도표를 만들어 살펴 보도록 한다.

---

18) 한국고대사회연구소, 「단양 적성비」 『譯註 韓國古代金石文』 2권, 1992, 33쪽.

이름	연대	형태	글자 새긴 비면
포항 중성리비	441년/ 501년	모양이 일정하지 않은 화강암의 직사각형	자연석 1면만 새김
영일 냉수리비	503년	사다리꼴 모양 사각형	앞면 · 뒷면 · 윗면 삼면에 글자
울진 봉평신라비	524년	사다리꼴에 가까운 직사각형	앞면만 글자
영천 청제비	536년	장방형의 자연판석	앞면만 글자
단양신라적성비	550년 이전	화강암을 다듬은 위가 넓고 두꺼우며, 아래가 좁고 얇음	앞면만 글자
창녕진흥왕척경비	561년	자연석을 다듬어 글자를 새긴 둘레에 선을 돌려놓음	앞면만 글자
북한산 진흥왕순수비	568년 이후	직사각형의 다듬어진 돌을 사용, 자연암반 위에 2단의 층을 만들고 세움. 碑蓋 碑趺	앞면만 글자
황초령비	568년	직사각형. 碑蓋 碑趺	앞면만 글자
마운령비	568년	직사각형. 碑蓋 碑趺	앞면과 뒷면에 글자

　단양신라적성비와 형태가 가장 근사한 祖形은 536년에 건립된 영천 청제비이다. 그리고 단양신라적성비와 가장 근사한 형태의 후신은 561년에 건립된 창녕진흥왕척경비('창녕비'로도 略記한다)가 된다. 단양신라적성비는 568년에 건립된 碑蓋와 碑趺를 갖춘 진흥왕순수비와 비교하면 그 앞선 단계의 비석이다. 그러면 이제는 다음에 보이는 단양신라적성비의 판독문을[19] 토대로 비석의 건립 시기를 살펴 보고자 한다.

　단양신라적성비의 건립 연대는 '月中' 위의 4글자가 깨진 관계로 확인할 수 없다. 그러나 이 부분은 창녕비의 첫 머리에 '親巳年二月一日立'라고 적혀 있는 구절과 대응한다. 이로 볼 때 '△△△△'은 '△△年△'으로 추독할 수 있다. 연호 없이 干支만으로 표기하였다. 그 다음 글자는 아무개 月이 될 것이다. 현재로서는 단양신라적성비의 건립 연대를 집어서 말할 수는 없다. 그러나

---

19) 한국고대사회연구소, 「단양 적성비」 『譯註 韓國古代金石文』 2권, 1992, 35쪽.

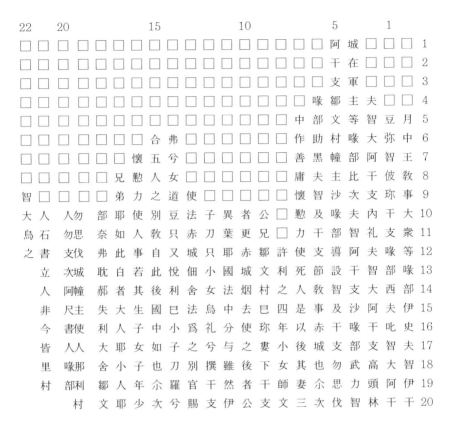

비문에 등장하는 인물들의 관등과 『삼국사기』상의 관등 변화를 통해 어느 정도 가늠이 될 수 있다. 우선 단양신라적성비에 적힌 '比次夫智阿干支'의 경우 『삼국사기』에는 551년에 대아찬이었다. 比次夫가 6관등인 아간 즉 아찬에서 5관등 대아찬으로 승진하였다. 그렇다면 단양신라적성비는 최소한 551년 이전에 건립되었을 것이다.[20]

---

20) 邊太燮, 「丹陽眞興王拓境碑의 建立年代와 性格」『史學志』12, 1978, 33쪽.

202 新羅·加羅史 研究

단양신라적성비에서 이사부는 이간 즉 이찬이다. 그의 官歷은 『삼국사기』에서 다음과 같이 보인다.

  a. 于山國이 귀복하여 해마다 土宜를 바치기로 했다. 우산국은 溟州의 正東쪽 海島에 있는데 혹은 鬱陵島라고도 하는데, 地方이 100里인데, 험한 것을 믿고 귀복하지 않았다. 伊湌 異斯夫가 何瑟羅州 軍主가 되어 생각하되, 于山人은 어리석고 사나워 위세로써 來服케 하기는 어렵지만 木偶師子를 많이 만들어 戰船에 나누어 싣고…(지증마립간 13년).

  b. 6년 7월에는 伊湌 異斯夫가 이르기를 '國史라는 것은 君臣의 善惡을 기록하여 褒貶을 萬代에 보이는 것이니, 史記를 꾸며두지 않으면 후세에 무엇을 보고 알겠습니까?'하니 王이 깊이 동감하면서 大阿湌 居柒夫 等에게 명하여 널리 文士를 모아 國史를 편찬하게 했다(진흥왕 6년).

  c. 정월에 백제가 고구려의 道薩城을 쳐 빼앗고, 3월에는 高句麗가 百濟의 金峴城을 함락시키자 王이 兩國의 병사가 피로한 틈을 타고 伊湌 異斯夫에게 명하여 군사를 내어 이를 쳐 2城을 빼앗고 성을 增築하여 甲士 1천 명을 주둔하여 지키게 했다(진흥왕 11년).

위에서 보듯이 이사부는 적어도 512~550년 3월까지는 이찬 관등이었음을 알 수 있다. 확인된 바에 의하더라도 그는 무려 38년간이나 이찬이었다. 단양신라적성비의 건립 시기도 일단 이러한 시간적 범주 안에 묶어 둘 수 있다.

신라는 551년에 다음에서 보듯이 거칠부 주도로 고구려 영내로 진격한 기사가 보인다.

  d. 12년 신미(진흥왕 12년: 551)에 왕이 거칠부와 大角湌 仇珍·각찬 比台·잡찬 耽知·잡찬 非西·파진찬 奴夫·파진찬 西力夫·대아찬 比次夫·아찬 未珍夫 등 8將軍에게 명하여 백제와 더불어 고구려를 침공하게 하였다. 백제

사람들이 먼저 平壤을 격파하고 거칠부 등은 승리의 기세를 타서 죽령 바깥 高峴 이내의 10郡을 취하였다.[21]

거칠부는 이때 "竹嶺以外高峴以內十郡"을 점령한 것으로 적혀 있다. 그런데 이 구절은 551년에 죽령을 넘어섰다는 의미는 아닌 것이다. 이 범위 안의 10군은 본시 신라 영역이 아닌 신점령 지역이었기에 그렇게 표시한 것 같다. 즉 551년 이전에 이미 적성을 점령했을 가능성이다. 그런데 551년의 10군 점령은 거칠부 주도하에 이루어졌다. 이와는 달리 550년의 소백산맥 이북의 금현성과 도살성 2성의 공취는 이사부 주도였다. 도살성과 금현성을 충청북도 괴산군 增坪과 鎭川으로 각각 지목하는 견해를 취해본다.[22] 이렇듯 적어도 550년에 이사부가 이미 소백산맥 이북으로 진출했다고 한다면, 단양신라 적성비의 冒頭에 적힌 이사부가 작전을 주도하였음을 알 수 있다. 그리고 그 시점은 550년이나 그 이전으로 설정하는 게 자연스럽다. 이와 관련해 다음의 기사가 주목을 요한다.

　　e. 12년(551) 봄 정월에 연호를 開國으로 바꾸었다. 3월에 왕이 巡行하다가 娘城에 이르러, 于勒과 그의 제자 尼文이 음악을 잘한다는 말을 듣고 그들을 특별히 불렀다. 왕이 河臨宮에 머무르며 음악을 연주하게 하니, 두 사람이 각각 새로운 노래를 지어 연주하였다. 이보다 앞서 가야국 嘉悉王이 十二弦琴을 만들었는데, 그것은 12달의 음률을 본뜬 것이다. 이에 우륵에게 명하여 곡을 만들게 하였던 비, 니리기 어지러워지자 [우륵은] 악기를 가지고 우리에게

<hr />

21) 『三國史記』권44, 거칠부전. "十二年辛未王命居柒夫及仇珍大角湌比台角湌耽知迊湌非西迊湌奴夫波珍湌西力夫波珍湌比次夫大阿湌未珍夫奈湌等八將軍與百濟侵高句麗 百濟人先攻破平壤居柒夫等乘勝取竹嶺以外高峴以內十郡"

22) 丹齋申采浩先生紀念事業會,「朝鮮上古史」『丹齋申采浩全集』上卷, 螢雪出版社, 1972, 230~231쪽.

귀의하였다. 그 악기의 이름은 加耶琴이다. 왕이 거칠부 등에게 명하여 고구려에 침입케 하였는데, 이긴 기세를 타고 10개 郡을 빼앗았다.[23]

위의 기사를 보면 진흥왕이 낭성에 행차해서 于勒을 만났음을 알 수 있다. 이러한 낭성의 소재지에 대해서는 몇 가지 견해가 있다. 그 가운데 낭성을 낭비성으로 비정하는 견해를 검증해 본다. 629년까지 고구려군이 주둔했던 낭비성은 충청북도 청원으로 비정되고 있다.[24] 관련 기사를 다음과 같이 인용하였다.

　　f. 本百濟上黨縣[一云娘臂城 一云娘子谷][25]

　　g. 51년 가을 8월에 왕이 대장군 龍春과 舒玄, 부장군 庾信을 보내 고구려 娘臂城을 침공하였다. 고구려인이 성을 나와 진을 벌려 치니 군세가 매우 성하여 우리 군사가 그것을 바라보고 두려워서 싸울 마음이 전혀 없었다. 유신이 말하였다. "내가 듣건대 '옷깃을 잡고 흔들면 가죽옷이 바로 펴지고 벼리를 끌어당기면 그 물이 펼쳐진다'고 했는데, 내가 벼리와 옷깃이 되어야겠다." 이에 말을 타고 칼을 빼들고는 적진으로 향하여 곧바로 나아가 세 번 들어가고 세 번 나옴에 매번 들어갈 때마다 장수의 목을 베고 혹은 깃발을 뽑았다. 여러 군사들이 승세를 타고 북을 치며 진격하여 5천여 명을 목베어 죽이니, 그 성이 이에 항복하였다. 9월에 당나라에 사신을 보내 조공하였다.[26]

---

23) 『三國史記』 권4, 진흥왕 12년 조.

24) 『新增東國輿地勝覽』 권15, 淸州牧 建置 沿革 條. "本百濟上黨縣[一云娘臂城 一云娘子谷]"
　　『旅菴全書』 권5, 疆界考 娘臂城 條. "按娘臂城 一云娘子谷 今淸州"
　　李元根, 「百濟 娘臂城考」 『史學志』 10, 1976, 14쪽.

25) 『新增東國輿地勝覽』 권15, 淸州牧 建置 沿革 條.

26) 『三國史記』 권4, 진평왕 51년 조.

h. 12년 가을 8월에 신라 장군 김유신이 동쪽 변경으로 쳐들어 와서 娘臂城을 깨뜨렸다.[27]

i. 建福 46년 기축 가을 8월에 왕이 이찬 任末里, 파진찬 龍春·白龍, 소판 大因·舒玄 등을 보내 군 사를 거느리고 고구려의 娘臂城을 공격하게 하였다.[28]

j. 熊川州 一云熊津 熱也山縣 伐音支縣 西原一云娘臂城 一云娘子谷[29]

그런데 분명한 것은 娘臂城＝娘子谷＝上黨縣은 동일한 지역을 가리키고 있다. 그러나 그 어디에도 娘城을 청주 지역으로 명시한 기록은 없다. 그리고 娘城이 娘臂城의 略記라는 근거도 없다. 이와 관련해 주목되는 사안은 진흥왕이 우륵을 만난 장소에 河臨宮이 소재했다는 것이다. 河臨宮은 강가에 소재한 행궁이요, 우륵은 충주에서 그의 전설이 전해 오고 있다. 다음의 기사가 그것이다.

k. 月落灘: 주 서쪽 15리에 있는데, 바로 지금의 金遷 月灘으로 于勒이 놀던 곳이다.[30]

l. 彈琴臺: 犬門山에 있다. 푸른 벽이 낭떠러지라 높이가 20여 길이요, 그 위에 소나무·참나무가 울창하여 楊津溟所를 굽어 임하고 있는데, 于勒이 거문

---

27) 『三國史記』 권20, 영류왕 20년 조.
28) 『三國史記』 권41, 김유신전.
29) 『三國史記』 권37, 지리, 웅천주 항.
　　여기서 '娘'은 『三國史節要』 庚申年 백제 멸망 末尾 條에 따라 補入한 것이다.
30) 『新增東國輿地勝覽』 권14, 忠州牧 山川 條.

고를 타던 곳이다. 뒷사람이 인하여 그 대를 탄금대라 이름하였다.[31]

　m. 신라 于勒: 古記에 伽倻國 嘉悉王이 당나라 악기를 보고 거문고를 만들고, 樂師 省熱縣 사람 于勒에게 명하여 12曲을 지었다. 뒤에 우륵이 그 나라가 장차 어지러워질 것을 알고 거문고를 안고 신라로 갔다. 眞興王이 國原에 安置하고 主知·階古·萬德을 보내어 그 기술을 전수하게 하였다. 세 사람이 11곡을 배우고 나서 서로 말하기를, "이것이 번잡하고 또 음란하니, 雅하게 만들지 않을 수 없다"고 하고 드디어 요약하여 5曲을 만들었다. 우륵이 처음에는 듣고 노하였다가, 그 소리를 듣고나서는 눈물을 흘리며 탄식하기를, "즐거워도 흐르지 않고 슬퍼도 비참하지 않으니 바른 소리라 할 수 있다"고 하였다. 왕 앞에서 연주하니 왕이 기뻐하였다.[32]

　위의 기사를 유의한다면 진흥왕이 우륵을 만난 장소를 염두에 둘 때 낭성은 지금의 충주를 가리킨다고 하겠다. 이와 관련해 단재 신채호는 일찍이 진흥왕이 행차한 낭성을 "今 忠州 彈琴臺 부근"[33]이라고 한 바 있다. 실제 탄금대에서는 백제 때 축조한 탄금대 토성의 존재가 확인되었다. 탄금대 토성은 백제가 4세기 중후반에 축조한 불규칙한 장방형 내지 타원형으로 둘레 415~420m 규모이다.[34] 그렇다면 바로 탄금대 토성이 낭성이 분명해진다. 보다 중요한 사실은 우륵이 국원인 지금의 충주에 정착하게 되는 다음의 기사가 된다.

---

31) 『新增東國輿地勝覽』 권14, 忠州牧 古跡 條.

32) 『新增東國輿地勝覽』 권14, 忠州牧 寓居 條.

33) 丹齋申采浩先生紀念事業會, 「朝鮮上古史」 『改訂版 丹齋申采浩全集』 上卷, 螢雪出版社, 1987, 242쪽.

34) (財)중원문화재연구원 충주시, 『충주 탄금대토성 I -2007년도 발굴조사보고』, 2009, 122·132쪽.

n. 新羅古記에서 이르기를 加耶國의 嘉實王이 唐의 악기를 보고 만들었다. 왕이 여러 나라의 방언이 각기 달라 성음을 어찌 일정하게 하는가 하며 이에 省熱縣 사람 악사 于勒에게 12곡을 만들게 하였다. 후에 于勒이 그 나라가 어지러워져 악기를 가지고 신라 眞興王에게 귀부하였다. 왕이 받아들여서 國原에 안치했다. 이에 대나마 注知·階古·대사 萬德을 보내어 그 기예를 전수하게 했다. 세 명이 이미 12曲을 전해받고 서로 일러 말하기를 이것은 번다하고 또 음란해서 우아하고 바르다고 할 수 없다. 마침내 5曲으로 요약하였다. 于勒이 처음 듣고 화를 냈지만 그 다섯 곡의 음을 듣고 눈물을 흘리면서 탄식하여 말하기를 즐거움이 넘치지 않고 애절하면서 슬프지 않으니 가히 바르다고 이른다. 네가 왕의 앞에서 그것을 연주하라. 왕이 듣고 크게 즐거워하였다. 諫臣이 의논하여 아뢰었다. 망한 加耶의 음은 취할 것이 안됩니다. 왕이 말하기를 加耶王이 음란하여 자멸하였으나 음악이 무슨 죄가 있는가. 대개 성인은 음악을 제정하는 것은 인정으로써 연유하여 조절하게 한 것이니 나라의 다스림과 어지러움은 음악의 調로 유래한 것이 아니다. 마침내 행하여 大樂이 되었다.···[35]

앞의 인용과 위의 기사를 놓고 본다면 진흥왕이 낭성에 행차하여 우륵을 만난 것이다. 이때 우륵은 국원에 거주하였다. 여기서 551년 3월 이전에 우륵이 국원 즉 충주에 거주했음을 알 수 있다. 그렇다면 신라가 충주를 점령한 시기는 최소한 551년 이전이 되는 것이다.[36] 진흥왕이 우륵을 만나 기사에 이어 "왕이 거칠부 등에게 명하여 고구려에 침입케 하였는데, 이긴 기세를 타고 10개 郡을 빼앗았다"고 했다. 즉 진흥왕이 낭성 즉 충주에 순행한 후에 거칠부 등이 10개 郡을 점령한 것이다. 이는 앞에서 게재한 d 기사의 시점을 알려준다. 이러한 d 기사는 551년에 해당하는 관계로 이때 비로소 신라가 죽령을 넘어 고구려 영역으로 진출한 것으로 지목했다. 그런 관계로 단양신

---

35)『三國史記』권32, 雜志 1, 樂.
36) 李道學,「新羅의 北進經略에 관한 新考察」『慶州史學』6, 1987, 29쪽.

라적성비의 건립 연대도 551년이나 그 직후로 간주한 것이다. 그러나 신라가 10군을 공취하기 이전에 이미 진흥왕은 낭성 즉 충주에 순행한 바 있다. 그 이전에 우륵은 국원으로 사민된 바 있다. 게다가 단양신라적성비의 比次夫의 관등은 551년의 대아찬보다 낮은 아찬에 불과했다. 따라서 신라는 적어도 551년 3월 이전에 충주 지역을 안정적으로 장악했음을 알게 된다. 그렇다면 '죽령 바깥 高峴 이내의 10郡' 장악은 최소한 550년 이전부터 이루어졌다고 보아야 한다. 신라가 이전부터 장악해 나갔던 '竹嶺以外 高峴以內'의 범주에서 고현을 上限으로 한 10개 郡을 점령한 것으로 보인다. 이곳은 훗날고구려가 실지회복을 표방한 '竹嶺以西'로서 철령 이남 죽령 서북으로 지목된다.[37) 따라서 앞서 논의한 바 처럼 신라의 적성 장악은 최소한 550년이나 그 이전으로 소급될 수 있다. 결국 단양신라적성비의 건립 시기도 이와 엮어서 지목할 수 있게 된다.

그러면 이때 신라군의 北進路는 어떠한 路程을 밟았을까? 이와 관련해 단양신라적성비에 보이는 '鄒文村幢主'의 鄒文村을 『신증동국여지승람』에서 강원도 영월군 동편 40里에 소재한 '注文伊所'에 비정해 본다. 그렇다면 실직주가 설치된 동해안의 三陟 방면에서 西進하여 영월까지 점령하고 있던 신라군 支隊가 적성에서 本隊와 합류하여 충주로 進攻했을 가능성이다. 어떠한 路程을 밟았던 551년 이전에 신라 경영을 위한 고구려의 別都였던 國原城이[38) 함락되었다는 사실은 고구려의 남한강 상류와 하류간의 水運交通은 물론 內陸交通까지도 위협을 안겨 주었을 것이다. 이로 인해 죽령의 西北에 포진하고 있던 고구려군은 결정적인 타격을 입고 퇴축되었을 것으로 보인다. 이같

---

37) 李道學, 「新羅의 北進經略에 관한 新考察」 『慶州史學』 6, 1987, 41쪽.

38) 李道學, 「永樂6年 廣開土王의 南征과 國原城」 『孫寶基博士停年紀念韓國史學論叢』, 孫寶基博士停年紀念論叢刊行委員會, 1988; 『고구려 광개토왕릉비문 연구』, 서경문화사, 2006, 380~382쪽.

은 勝勢를 타고 신라군은 550년에 도살성과 금현성을 공취하게 된다. 결국 소백산맥을 넘어선 신라군의 주공격 방향은 단양→충주→증평→鎭川線으로 이어진 것으로 보인다.[39)]

Ⅳ. 단양신라적성비의 내용

단양신라적성비는 561년에 건립된 창녕 신라진흥왕척경비와 동일하게 비문의 冒頭에 연호가 없다. 신라는 536년(법흥왕 23)의 建元 이래로 연호를 사용하였다. 그럼에도 위의 두 비석에는 연호 대신 干支로만 연대를 표기했다. 이는 확실히 진흥왕 3개의 순수비 가운데 마운령비나 황초령비의 연호 표기와는 구분된다. 북한산순수비의 경우는 연호가 표기되었지만 지금 남아 있지 않은 것일 뿐이다. 신라 비석에서 독자의 연호가 적혀 있는 연호는 568년이 처음이 된다. 문제는 3개의 진흥왕순수비 가운데 북한산비의 건립 시기이다. 이에 대해서는 북한산비의 건립 시기는 555년(진흥왕 16)說[40)]과 568년(진흥왕 29)說[41)] 및 568년 以後說[42)]로 나누어진다. 이러한 주장들은 나름대로의 근거를 지니고 있었다. 그렇지만 북한산순수비의 555년 건립설은 취하

---

39) 李道學, 「新羅의 北進經略에 관한 新考察」『慶州史學』6, 1987, 32쪽.

40) 崔益翰, 「北漢山 新羅眞興王碑(四)」『東亞日報』, 1939.5.19.
　　李丙燾, 「北漢山 文殊寺 內의 石窟」『震檀學報』61, 1986, 1~3쪽.
　　노용필, 『신라진흥왕순수비연구』, 일조각, 1996, 6쪽.

41) 崔南善, 「新羅 眞興王의 在來 3碑와 新出現의 磨雲嶺碑」『靑丘學叢』2, 1930.
　　金允經, 「北漢 眞興王巡狩碑-建立年代 推定에 對한 崔益翰氏의 答을 읽고(四)」『東亞日報』, 1939.9.12.

42) 金正喜, 「僧伽眞興王巡狩碑」『阮堂先生全集』, 1934.
　　葛城末治, 「楊州新羅眞興王巡狩碑」『朝鮮金石攷』, 大阪屋號書店, 1935, 150~151쪽.
　　今西龍, 「新羅眞興王巡狩管境碑考」『新羅史研究』, 近澤書店, 1933.

기 어려운 중대한 맹점이
있다. 碑蓋와 碑趺를 갖춘
북한산순수비는 그 형태로
볼 때 568년에 건립된 황
초령비나 마운령비와 동일
한 형식이다. 그렇다고 할
때 북한산비가 561년에 건
립된 창녕비의 선행 양식
이 될 수는 없다. 북한산비

단양신라적성비

는 적어도 561년 이후에 건립된 것이라야 맞다.

'王敎事'로 시작한 단양신라적성비의 첫 문장은 '王敎事'로 시작한 이사부를 필두로 高官들에게 敎를 내리고 있다. 이는 창녕진흥왕척경비와 나머지 3 순수비에서 진흥왕이 행차한 기사와 차이가 나고 있다. 즉 창녕진흥왕척경비 문 등에는 "寡人幼年承基政委輔弼"과 같은 진흥왕 자신에 관한 문구가 보이고 있지만 단양신라적성비에는 그렇지 않다. 이는 국왕인 진흥왕의 현장 행차 여부와 밀접한 관련이 있다고 볼 수 있다. 단양신라적성비에는 진흥왕이 행차하지 않았기에 왕 자신에 관한 所懷가 피력될 이유가 없었기 때문이다.

단양신라적성비는 진흥왕의 命을 받고 출정한 이사부를 비롯한 장군들이 고구려 지역이었던 적성을 점령하고 난 후 신라를 도와 功을 세운 赤城 출신의 也尒次와 그와 일정한 관계에 있던 인물들을 褒賞하고 이를 증명할 뿐만 아니라 나아가 적성 주민들을 慰撫할 목적에서 건립한 碑였다.[43] 그러한 목적을 지닌 단양신라적성비에는 敎를 내린 주체로서 '王'의 존재가 보인다. 즉 왕의 敎는 일차적으로 伊史夫智 伊干(支)를 비롯한 助黑夫智 及干支에 이르

---

43) 한국고대사회연구소, 「단양 적성비」『譯註 韓國古代金石文』2권, 1992, 34쪽.

기까지 9명의 高官에게 해당한다. 王의 敎는 節敎事와 別敎의 형태로 적성인 也尒次에게 내려지고 있다. 이러한 왕 즉 진흥왕의 敎가 자연석을 다듬은 바위에 刻字되어 있는 것이다. 이는 국왕의 통치권이 변경인 적성 지역 주민들에게 명백히 전달하기 위한 조치로 보인다. 다시 말해 정복지에 王敎를 분명히 인지시켜 이곳에 대한 중앙의 관심이 지대하다는 사실과 더불어 敎令의 침투를 명백히 보여주고자 한 의도였다. 그리고 단양신라적성비가 통치의 거점인 산성에 건립되었다. 이는 비석의 位格을 높여주는 동시에 항구적인 안전을 보장하기 위한 목적을 지녔음을 보여준다.

단양신라적성비에 보이는 官人 名單

관직	출신지	인명	관등
大衆等	喙部	伊史夫智	伊干(支)
	(沙喙部)	豆弥智	伮珎干支
	喙部	西夫叱智	大阿干(支)
		□□夫智	大阿干支
		內礼夫智	大阿干支
高頭林城在軍主等	喙部	比次夫智	阿干支
	沙喙部	武力智	阿干支
文村幢主	沙喙部	導設智	及干支
勿思伐(城幢主)	喙部	助黒夫智	及干支
公兄	文村	巳珎婁	下干支
		烏礼兮	撰干支
		刀羅兮	
	(□□)部	奈弗耽郝失利	大舍
鄒文(村)□□□□			
勿思伐城幢主使人	那利村		
□□□□		人勿支次	阿尺
書人	喙部		
石書立人	非今皆里村		
□□		□□智	大烏

왼쪽 표를 보면 신라 관인들의 출신지는 '喙部'와 같은 '部'를 표기했다. 그러나 영일 냉수리비와 창녕비에는 '部' 字를 삭제하고 '喙'으로만 표기하였다. 이러한 표기는 북한산비에도 동일하게 행해졌다. 그러나 봉평신라비를 비롯하여 황초령비와 마운령비에는 '部' 字를 붙였다. 그런데 남산신성비에는 '部' 字가 붙여진 경우와 기재하지 않은 경우가 병존한다. 따라서 이 사안에는 특별한 의미를 부여하기는 어렵다.

단양신라적성비를 건립하게 된 목적은 적성인 야이차의 유족에 대한 포상과 관련이 있다. 이러한 포상은 창녕진흥왕척경비나 진흥왕 3순수비에도 그대로 보이고 있다. 이러한 점에서 볼 때 진흥왕대의 5碑는 영토 확장과 관련한 피정복민 시책과 연관되었음을 알게 된다. 여기서 금석문을 통해 본 신라의 정복 시책은 단양신라적성비 단계에서는 점령지 확보에 기여한 현지인 褒賞으로 나타난다. 단양신라적성비의 건립 배경과 관련해 비문에 보이는 '赤城田舍法'은 지금까지의 연구에서 고구려의 田舍法으로 해석하였다. 그런데 단양신라적성비에는 '赤城田舍法' 바로 윗 구절에 '△△△使法'라는 문구가 있다. 이와 결부 지어 볼 때 어떠한 件에 대해서는 '使法' 즉 법으로 처리하고, 새로 점령한 적성의 田舍도 법대로 한다는 의미로 해석된다. 이는 신라의 점령지 시책에 속한다고 보여진다. 즉 赤城 지역에 대한 토지와 舍宅을 포함한 재산권에 대한 처리 규정으로 판단된다. 창녕진흥왕척경비에 보이는 경제적 수취에 대한 내용 역시 이에 포함된 것으로 보인다. 요컨대 신라가 적성을 점령한 후 자국의 여러 법을 점령지에 적용하고 있음을 알게 된다. 울진봉평신라비에 보이는 奴人法 이래로 정비된 점령지 법령이 갖추어졌음을 암시해 준다.

정복의 2단계 모습은 창녕진흥왕척경비를 통해서 읽을 수 있다. 우선 관련 비문의 "土地彊時山林/ 海州白田畓/ 山塩河川"라는 구절에 의미를 부여하여 성격을 논의하기도 했다. 즉 신라인들의 경제적 활동에 관한 것은 물론 그 활동에 대한 관할 계통의 수립에 관한 敎事가 국왕에게서 내려졌음을 알려준다. 다시 말해 土地나 山林 등 국가 경제의 중요한 근간이 되는 문제에 관한 국왕의 教를 먼저 적고 이와 관계되는 犯法行爲에 대한 처벌 규정을 명시한 후 그 관련 업무의 실무 계통의 수립과 처벌 결정권의 소재를 밝혀주고 있는 것으로 파악하였다.[44] 이러한 파악은 충분히 의미가 있다고 간주된다.

여기서 한 걸음 나아가 "土地彊時山林/ 海州白田畓/ 山塩河川"라는 구절은 彊域의 설정과 그 안의 경제적 수취에 대한 천명으로 보인다. 山이나 河川과 海라는 자연 속에서 林이나 밭[白田]과 논[畓]과 塩이라는 자원의 존재가 거론되고 있다. 이는 넓어진 영토를 통한 경제적 기반의 확대를 천명하고 四方軍主와 같은 신라 全土를 지키는 사령관을 통해 확보한 영토의 보존과 영토 확장 의지를 재천명하는 목적을 지녔다고 본다. 아울러 이때 진흥왕과 주요 군사령관들의 會同은 이듬해에 단행될 대가라 정벌에 대한 일종의 決議的인 성격도 지녔다고 하겠다. 그러한 決意는 지금까지 점령한 境域에 대한 경제적 비중과 수호 의지의 천명인 것이다.

〈창녕진흥왕척경비문 釋文〉[45]

親巳年二月一日立　　寡人幼年承基政委輔弼侅智　　行悉
事末□□立□赦□□□□四方□改囚□後地土□陜也
古□□□不□□□□□□□□□□□□□□人普山□心□
除林□□□□□□□□□□□□□□□此□州□□□
而已土地彊時山林□□□□□□□也大等与軍主幢主道
使与外村キ審故□□□□□□□海州白田畓□□与
山河川□教以□□□□□□□□□□□□□□□人
之雖不□□□□□□□□□心□□河□□□于之

---

44) 노용필, 『신라진흥왕순수비연구』, 일조각, 1996, 214쪽.

45) 한국고대사회연구소, 「창녕 진흥왕척경비」『譯註 韓國古代金石文』 2권, 1992, 55쪽.

其餘少小事知古□氵□□□□□者□□以上大等与古奈末典

法□人与上□□□□□□□□□□□此以□□看其身受

討　于時日灬大□□□□□智葛文王□□□□者漢只□□

屈珎智大一伐干□喙□□智一伐干□□折夫智一尺干□□

□智一尺干喙□□夫智迊干沙喙另力智迊干喙小里夫智□□

干沙喙都設智沙尺干沙喙伐夫智一吉干沙喙忽利智一□□□

珎氵次公沙尺干喙尒亡智沙尺喙耶述智沙尺干喙□□□□

沙尺干喙比叶□□智沙尺本末□智及尺干喙□□智□□□

沙喙刀下智及尺干沙喙□□智及尺干喙鳳安智□□□□□

等喙居七夫智一尺干□一夫智一尺干沙喙甘力智□□干□

大等喙末淂智□尺干沙喙七聰智及尺干四方軍主比子伐

軍主沙喙登□□智沙尺干漢城軍主喙竹夫智沙尺干碑利

城軍主喙福登智沙尺干甘文軍主沙喙心夫智及尺干

上州行使大等沙喙宿欣智及尺干喙次叱智奈末下州行

使大等沙喙春夫智大奈末喙就舜智大舍于抽悉土可

西阿郡使大等喙北尸智大奈末沙喙須仃夫智奈□

爲人喙德文奈末比子伐停助人喙覓薩智大

奈末書人沙喙導智大舍村主奀聰智述干麻叱

智述干

정복의 3단계 면모는 마운령비와 황초령비에서 확인된다. 즉 "전쟁을 당하여 용감하게 싸워 나라를 위해 충절을 다한 功이 있는 무리들에게는 더욱 賞과 爵을 주어 그 功勳을 표창할 것이다"[46]고 했다. 북한산순수비의 "勞苦를

---

46) 노용필, 『신라진흥왕순수비연구』, 일조각, 1996, 226쪽.

창녕진흥왕척경비

위로하고자 한다. 만약 충성과 신의와 정성이 있다면 … 賞을 더하고"라는 구절도 이와 동일하다.

이러한 맥락에서 볼 때 단양신라적성비는 신라의 정복민 시책에 관한 최초의 선언이라고 하겠다. 울진봉평신라비와는 성격이 동일하지 않다. 이후 신라의 순수비들에서는 단양신라적성비보다는 훨씬 정교해진 내용으로 정복민에 대한 慰撫와 褒賞을 품격 있게 기술하였다.

V. 맺음말

남한강 상류 지역에 소재한 단양 지역은 당초 백제 영역이었다. 충주의 장미산성에서 출토된 백제의 조족문토기를 비롯하여 赤城의 백제 토기편이 그러한 사실을 반영하고 있다. 더욱이 2개의 阿旦城 가운데 남한강 상류 지역인 단양군 영춘면이 그 한 곳이 되었다. 396년에 고구려가 백제로부터 점령한 阿旦城이 바로 이곳이었나. 그런데 396년 이후 단양을 비롯한 남한강 상류 지역의 상당 구간은 고구려 영역으로 귀속되었다. 6세기 중엽 경에 이르러 신라가 고구려 영역이었던 단양 적성을 점령한 것이다.

단양신라적성비가 지닌 의미는 결코 과소 평가할 수 없다. 일단 단양신라적성비는 신라가 소백산맥을 넘어 고구려 領內로 진출하여 건립한 최초의 비석이었다. 즉 신라는 진흥왕대에 유례없는 정복 활동을 정력적으로 펼친 바 있다. 이와 맞물린 신라의 복속민 시책과 관련해 중요한 단서를 제공해 주는 역할을 하였다. 이러한 단양신라적성비의 건립 시기에 대해서는 여러 견해가 있었다. 이 중 550년 이전에 건립된 것은 분명하다고 판단되었다. 단양신라 적성비의 건립 시기에 관한 여러 견해 중 550년 以前說의 타당성을 보강해 주었다. 아울러 신라 국왕의 敎令이 정복지의 주민들에게 침투하는 최초의 書刻이 된 것이다. 단양신라적성비의 건립 배경과 관련해 비문에 보이는 "△ △△使法赤城田舍法爲之"는 어떤 件 과 더불어 적성의 田舍에 대해서도 신라 法대로 처리한다는 내용으로 해석했다. 이는 지금까지의 연구에서 고구려의 田舍法으로 해석한 견해와는 다른 것이다. 신라의 점령지 시책인 것이다.

신라의 비석 발전사와 결부 지어 본다면 단양신라적성비는 기념비의 완결 판인 진흥왕 3巡狩碑의 선행 양식에 속한다. 또 단양신라적성비는 창녕진흥 왕척경비의 선행 양식이지만 형태상으로 유사하다. 그렇지만 단양신라적성 비는 창녕진흥왕척경비나 황초령비와는 달리 外廓線이 없다. 이러한 면에서 보더라도 단양신라적성비는 이들 비석보다는 古形임을 알 수 있다. 참고로 북한산진흥왕순수비의 건립 시기와 관련해 3가지 견해가 제기된 바 있다. 이 중 비석의 형태상으로 판단해 본다면 북한산진흥왕순수비는 561년에 건립된 창녕진흥왕척경비 보다는 후대에 건립된 게 분명하다. 그렇다고 할 때 북한 산비의 555년 건립설은 성립이 어렵다.

2장
磨雲嶺 眞興王巡狩碑의
近侍隨駕人에 관한 檢討

Ⅰ. 머리말

신라 진흥왕대의 순수비로는 창녕·북한산·황초령·마운령순수비가 알려져 있다. 6세기 중반 신라의 영토확장의 산물인 진흥왕순수비는 정치제도사 연구에 매우 중요한 실마리를 제공해 주고 있다. 이 가운데 신라 중고기의 국왕 근시집단에 관한 단서를 제공하고 있는 자료는, 황초령순수비와 마운령순수비이다. 이 두 비석은 진흥왕이 함경도 지방을 순수하면서 568년에 세운 것인데, 양 비문의 내용도 거의 恰似하고 眞興王을 隨駕했던 인물들도 대체로 동일한 것으로 생각되고 있다.[1] 그러므로 두 비석 중 상태가 비교적 양호한 마운령순수비를 택하여 국왕 近侍職의 구성을 살펴보겠다. 부분적으로 황초령순수비에서만 확인되는 職名도 포함시켰다.

마운령순수비에 보이는 隨駕人名은, 신라 중고기 관직·관제를 살피는데 있어 매우 긴요한 자료이므로, 일찍부터 이를 토대로 한 논고들이 나온 바 있다.[2] 그런데 기존의 논고들 가운데는 비록 하급 신료조직에 초점을 맞추어

---

1) 李文基, 「신라 중고의 국왕근시집단」 『역사교육논집』 5, 1983, 68쪽.

2) 이들 논고에 관해서는 일일이 枚擧하지 않는다. 노용필, 「신라 중고기 중앙정치조직

논고를 작성하기도 하였지만 대체로 마운령순수비를 비롯한 금석문상의 상급 신료조직을 중심으로 신라의 정치제도적 측면을 고찰하는데 역점을 둔 감이 있었다. 때문에 필자는, 기존 논고들에는 그 사안의 중대성에 비추어 볼 때 다소 소홀히 다루었다고 판단되는 국왕 근시직 가운데 隨駕人에 관한 개별적인 재검토를 시도하고자 한다. 이 같은 巡狩時의 近侍職 隨駕人에 관한 분석을 통해 순수의 성격 및 그 역할을 재검토하는 계기로 삼고자 하는 것이다. 특히 이 작업을 통하여 신라 중고기의 관직·관제의 정비과정을 이해할 수 있는 단서를 얻을 수 있다고 본다. 또 이들 수가인들은 기실 왕의 근시직이므로 신라 왕권의 전제화 과정을 살피는 데도 긴요한 도움을 주리라고 믿는다.

Ⅱ. 근시조직의 구성

마운령순수비의 釋文은 여러 종류가 있지만 다음과 같이 작성하여 보았다.[3]

마운령순수비의 釋文

太昌元年歲次戊子八月卄一日癸未眞興太王巡狩管境刊石銘記也
夫純風不扇則世道乖眞百化不敷則耶爲交競是以帝王建号莫不脩己以安百姓然联歷數當躬仰紹太祖之基簒承王位兢身自愼恐違乾道又蒙天恩開示運記冥感坤祇應符合因斯四方託境廣獲民土隣國誓信和使交通府自惟忖撫育新古黎庶猶謂道化不周恩施未有於是歲次戊子秋八月巡狩管境訪採民心以欲勞賚如有忠信精誠才超察厲勇敵强戰爲國盡節有功之徒可加賞爵物以章勳效
引駕日行至十月二日癸亥向涉是達非里△廣△因諭邊堺矣

에 대한 연구사적 검토 『충북학』 3, 1990, 21~58쪽을 참고하기 바란다.
3) 1992년 8월 중순 경복궁역에서 북한문화재 사진전이 열렸는데, 그때 전시된 황초령비 탁본 사진을 토대로 釋文을 새로 검토할 수 있었다.

제2부 금석문 | 2장 磨雲嶺 眞興王巡狩碑의 近侍隨駕人에 관한 檢討 219

于是隨駕沙門道人法藏慧忍 太等喙部居杧夫智伊干內夫智伊干沙喙部另力智迊干喙部服冬
智大阿干比知夫知及干夫知大奈末及珎夫知奈末執駕人喙部萬 大舍沙喙部另知大舍裏內從
人喙部沒亍次大舍沙喙部非尸知大舍騶人沙喙部爲忠知大舍㢱人喙部与難大舍藥師薦支次
小舍奈夫通典本部加良知小舍△△本部莫沙知吉之及伐斬典喙部夫法知吉之裏內△△△△△
△△名吉之堂來客裏內客五十外客五十△△△△△△△△喙部悲智沙干助人沙喙部舜知奈末

여기서 마운령순수비의 수가인 구성은 李文基가 작성한 다음의 표가 크게
도움을 주고 있다.[4]

마운령순수비의 隨駕人名

구분집단	순서	職 名	部 名	人 名	官 等	等 級
A	1 2	沙門道人		法 藏 慧 忍		
B	3	太 等	喙 部	居杧夫智	伊 干	2
	4	太 等	喙 夫	內 夫 智	伊 干	2
	5	太 等	沙 喙 部	另 力 智	迊 干	3
	6	太 等	喙 部	服 冬 智	大 阿 干	5
	7	太 等	喙 部	比 知 夫 知	及 干	9
	8	太 等	喙 部	未 知	大 奈 末	10
	9	太 等	喙 部	及 珎 夫 知	奈 末	11
C	10	執 駕 人	喙 部	萬 兮	大 舍	12
	11	執 駕 人	沙 喙 部	另 知	大 舍	12
	12	裏 內 從 人	喙 部	沒 兮 次	大 舍	12
	13	裏 內 從 人	沙 喙 部	非 尸 知	大 舍	12
	14	騶 人	沙 喙 部	爲 忠 知	大 舍	12
	15	㢱 人	喙 部	与 難	大 舍	12
	16	藥 師	(沙 喙 部)	薦 支 次	小 舍	13
	17	奈 夫 通 典	本 部	加 良 知	小 舍	13
	18	△ △	本 部	莫 沙 知	吉 之	14
	19	及 伐 斬 典	喙 部	夫 法 知	吉 之	14
	20	裏 內 △△	△ △ △	△ △ 名	吉 之	14

4) 이문기, 「신라 중고의 국왕근시집단」 『역사교육논집』 5, 1983, 71쪽.

구분집단	순서	職 名	部 名	人 名	官 等	等 級
D	21 22	堂 來 客 裏 內 客	五十			
	23	外 客	五十			
E	24	△ △ △ △ △ 軍 主	喙 部	悲 智	沙 干	8
	25	助 人	沙 喙 部	舜 智	奈 末	11

여기서 B 집단에 속한 太等 관등의 인물들과 성격에 관해서는 이미 많은 논의가 개진된 바 있거니와 또 본고는 기실 국왕 근시직을 주된 검토의 대상으로 삼고 있기 때문에 이것은 논의의 대상에서 배제하고자 한다. 대신 A·C·D·E 집단을 검토할 것이다.

1. 沙門道人

수가인명 가운데서 沙門道人은 가장 먼저 기재되어 있다. 그러므로 그 지위는 太等級에 앞서고 있음을 십분 헤아릴 수 있게 된다.[5] 때문에 沙門道人은 결코 하급 신료층에 해당되지는 않는다. 그러나 沙門道人은 국왕의 근시역이었을터인 만큼 자연히 국정에 일정한 영향력을 미칠 수 있는 위치에 있었다고 판단된다. 따라서 왕권의 전제화 과정에 있어서 정비되는 근시조직의 검토를 위하여 작성된 본고의 궁극적인 주제와도 결부된다는 측면에서 포함시켜 보았다.

沙門道人은 '沙門'이 앞에 보이므로 僧侶로 간주하고 있다. 道人에 관한 기록은 창녕순수비에 "道人 卿之"[6]라고 하였고 북한산순수비에도 "見道人 居

---

5) 이에 대해 金正喜는 "法藏·慧忍이라는 것은 두 사람의 승려 이름이다. 大臣의 위에 기록한 것은 그들을 존중한 때문인지 모르겠다"라고 하였다(崔完秀 譯, 『秋史集』, 玄岩社, 1976, 197쪽).

6) 今西龍, 「新羅眞興王巡狩管境碑考」 『新羅史硏究』, 近澤書店, 1933, 468쪽.

石窟"[7]이라고 하여 보이고 있다. 그리고 蔚州川前里書石 題銘에 "道人比丘僧"[8]이라고 하였으며 낭혜화상비와 지증대사비에도 확인되지만,[9] 도인이 승려를 가리킴은[10] 다음의 지적에서 명확하게 정리된다.

晋宋間佛敎初行 僧徒竝稱道人 …… 本書中凡言道人 皆僧人 非道士[11]

따라서 황초령비에도 보이고 있는 2명의 승려인 法藏과 慧忍의 역할은, 그들이 수가인 가운데 최고의 지위를 차지하였음과 관련지어 보고자 한다. 이러한 측면에서 생각할 때 이들이 국정의 자문역뿐 아니라 영토의 개척과 관련 있는 巡境에 수가하고 있는만큼 전략가로서의 임무도 수행하였으리라고 짐작된다. 沙門道人이 전쟁과 밀접한 관계에 있음은 지적된 바 있지만[12] 이들이 구체적으로 전략가적인 역할을 수행하였음은, 직접 비교하기 어려운 후대의 일이기는 하지만, 승려 寶壤이 고려 태조의 막료로써 청도의 吠城(犬城)을 공략하는데 일정한 역할을 한 데서도 입증이 될 수 있을 것이다. 다음의 기록이 그것이다.

太祖가 東征하러 가서 淸道 地境에 이르렀는데 山賊이 犬城에 모이어 고함

---

7) 허흥식, 『한국금석전문-古代』, 아세아문화사, 1984, 42쪽.

8) 黃壽永, 『韓國金石遺文』 제3판, 일지사, 1981, 30쪽.

9) "胡道人"(낭혜화상비), "數有道人過門誨日 欲兒無聲 忍絶葷腥母從之"(지증대사비) (허흥식, 『한국금석전문-古代』, 아세아문화사, 1984, 249쪽 참조). "悉毁浮圖 殺道人將盡 … 大興佛事"(『建康實錄』 권16)

10) 이에 관해서는 辛鍾遠, 「'道人' 사용예를 통해 본 남조불교와 한일관계」『한국사연구』 59, 1987, 1~26쪽이 참고된다.

11) 徐震堮, 『世說新語校箋』, 中華書局, 1987, 508쪽.

12) 이기백, 『신라사상사연구』, 일조각, 1986, 35~36쪽.

지르면서(산봉우리가 물에 임하여 가파르게 서 있는데 지금 세속에서 그것을 미워하여 이름을 고쳐 犬城이라 하였다) 교만함을 그치지 않았다. 太祖가 山下에 이르자 師(寶壤: 필자)에게 쉽게 制壓할 수 있는 方策을 물었다. 師가 대답하기를 "대저 개라는 것은 밤에 맡고 낮을 맡지 않으며 앞을 지키되 그 뒤를 잊으므로 낮에 그 북쪽을 쳐들어가면 마땅할 것이다"고 하여 太祖가 그것을 따랐다. 과연 (敵이: 필자) 패하여 항복하였다.[13]

그리고 이들 사문도인은 수가인명 가운데 유일하게 部名記載가 없는 것을 볼 때 6部 출신이 아니었음을 생각하게 한다. 惠亮法師의 경우처럼[14] 고구려 등지에서 망명해 온 승려일 가능성도 배제할 수 없는 것이다. 그러나 무엇보다도 그 이유는 이들 승려의 소임이 초부족적인 이데올로기 주재자로서의 역할, 즉 국왕을 축으로 한 신료층의 융합과 국가적 단합을 꾀하는데 있었기 때문이 아닐까 한다. 때문에 승려의 部名 表示가 없었다고 생각된다. 아울러 이들은 정복 지역에 대한 巡撫의 역할도 수행하였으리라고 믿어진다. 그리고 이러한 과정에서 隨駕僧侶들은 물론 불교의 지방 확산에도[15] 일익을 담당하였을 것이다.[16]

2. 執駕人

執駕人은 국왕의 가마와 수레를 관장하는 직책으로 생각된다. 즉 唐의 殿中省 소속 尙輦局, 北齊와 隋의 乘黃龍府와 동일한 기능을 소유하였던 직책

---

13) 『三國遺事』 권4, 寶壤利木 條.

14) 『三國史記』 권44, 거칠부전.

15) 신종원, 「'道人' 사용예를 통해 본 남조불교와 한일관계」 『한국사연구』 59, 1987, 15쪽.

16) 이때 승려의 역할을 占卜과 결부지어 巫佛交替를 논하는 견해도 있지만 同碑文에 보이는 유인이 그러한 역할을 수행하였을 것이다.

으로 보인다.[17) 집가인은 王馬의 시중을 맡은 후세의 御駕師로서 內省 소속의 供奉乘師의 前身으로 생각된다.

3. 裏內從人

고대 倭王의 처소를 內裏라고 하였다.[18) 이러한 점에 비추어 볼 때 裏內역시 大闕 내의 왕의 사적인 생활공간으로서의 건물을 가리킨다고 볼 수 있다. 따라서 '裏內從人은 국왕의 처소에 근무하는 그러니까 국왕과 왕족을 시중하며 諸種의 궁중업무에 종사하던 근시직임을 알 수 있다. 裏內從人에는 舍人層이 해당된다고 하겠다. 이차돈에 관한 기록 가운데 "時年二十二 當充舍人[羅爵有大舍小舍等 蓋下士之秩]"[19)라고 하여 舍人에 관한 기록이 보인다. 또 『삼국사기』 검군전에 "爲沙梁宮舍人 …… 於時宮中諸舍人同謀"[20)라고 하여 궁중 내 舍人의 존재가 확인되고 있다. 비록 舍人은 大舍·小舍 등 하급관등을 가지고 있는 사람으로서 補任되기도 하였으나, 왕의 측근 신료였던 만큼 要職이었다. 이와 관련해 고구려의 관등명에 보이는 中裏小兄·中裏大兄·中裏位頭大兄의 '中裏' 또한 大闕 안의 '中裏'에서 업무를 보던 직책으로써 국왕의 측근 신료였던 만큼 같은 관등 가운데서도 그 격이 높았으리라고 생각된다. 실제 이러한 관등은 고구려 말기의 실권자였던 연개소문의 아들인 男生의 이력에서도 보이거니와[21) 中裏小兄을 宮中 近侍職인 謁者와 같은 직

---

17) 이문기, 「신라 중고의 국왕근시집단」 『역사교육논집』 5, 1983, 71~72쪽.

18) 鬼頭淸明, 「日本における大極殿の成立」 『古代史論叢』 中, 1978, 56~62쪽. 『일본서기』 권14, 雄略 23년 4월 조 등.

19) 『三國遺事』 권3, 원종흥법염촉멸신 조.

20) 『三國史記』 권48, 검군전.

21) 허흥식, 『한국금석전문-古代』, 아세아문화사, 1984, 83쪽.

책으로 비교한데서도[22] 짐작할 수 있는 것이다. 어쨌든 '中'과 '內'는 의미상 상통하므로 中裏는 곧 內裏와 동격이라고 보아 좋을 것 같다. 요컨대 이러한 맥락에서 볼 때 중고기 신라 왕의 사적 공간이 '裏內'라고 불리었음과 더불어 宮城制가 확립되었음을 짐작할 수 있다.

4. 飌人

字典에는 '飌'의 글자가 보이지 않고 있다. 이 같은 예는 「창녕진흥왕척경비문」에서 初見되는 '畓' 字나 신라장적문서의 '畑' 字에서 찾아 볼 수 있다. 모두 신라인들의 造字 내지는 異字體에 속할 가능성도 배제하기는 어렵다. 그러나 字典에서 鵑字가 '昆鳥'의 뜻이라고 한[23] 점에서 단서를 잡는다면, 飌 역시 昆馬의 등식이 성립되므로 다음과 같은 추정이 가능하지 않을까 한다. 즉 昆은 '衆'이나 '여러'의 뜻으로 새겨진다.[24] 그러므로 飌人은 巡狩에 동원된 馬匹의 책임자가 아니었을까 한다. 飌人은 王馬의 먹이 조달을 비롯하여 巡狩에 동원된 전체 馬匹의 관리를 맡았던 직책으로써, 궁중의 乘輿에 관한 官司로 진평왕 6년에 설치된 乘府의 전신격인 역할을 담당하였을 것이다.[25]

5. 卣人

卣는 줄이 달려 있는 酒壺를 가리킨다. 祭器로서 專用되었던 듯하다. 『尚書』洛誥篇의 "以秬鬯二卣" 및 『詩經』大雅篇 江漢 條의 "秬鬯一卣 告于文

---

22) 『三國史記』 권49, 개소문전.

23) 上海辭書出版社, 『字彙字彙補』, 1991, 576쪽.

24) 諸橋轍次, 『大漢和辭典』修政版 5, 1984, 754쪽.

25) 이문기는 내성 소속의 供奉乘師의 前身으로 생각하였다(「신라 중고의 국왕근시집단」 『역사교육논집』 5, 1983, 72쪽).

人"[26] 그리고『春秋左傳』僖公 28년 4월 조의 "秬鬯一卣"에서 알 수 있듯이, 卣는 검은 기장술을 가득 잠은 祭器였음을 알려주고 있다. 즉 "秬黑黍 鬯香 酒也 所以降神 卣器名"이라고 풀이되고 있기 때문이다.[27] 이와 더불어 卣人의 역할을 시사해 주는 명문이 최근 西周時期의 卣에서 확인된 바 있다. 즉 요녕성 喀刺沁左翼蒙古族自治縣 馬廠溝穴藏에서 출토된 高 26.4cm, 口徑 14.3×10.8cm의 卣의 겉면에 "史戌作父壬尊彝"라는 7字가 적혀있다. 이 문구는 "戌이라는 이름의 史官이, 壬이라고 하는 이름의 아버지를 위하여 만든 器"라는 의미가 된다.[28] 여기서 '卣'를 소유하였던 신분이 '史'임을 생각할 때 卣와 史는 상호 불가분의 관계가 있다고 판단된다. 그러므로 卣를 소유한 신분인 '卣人'은 史의 역할[29] 가운데 이를테면 제사나 占卜과 관련한 일을 주관하였음을 알 수 있다. 따라서 卣人은 왕실 소속 卜師로서 日官과 같은 존재로 추정된다. 이문기의 지적처럼 內省 소속 供奉卜師의 전신으로 보인다.[30]

이들은 국왕을 수행하면서 占卜을 주관하였는데, 헌강왕이 開雲浦에 행차하여 東海龍을 만난 설화 등에서도 그 역할이 확인된다.[31] 그런데『史記』1, 五帝本紀 권1과『禮記』5, 王制篇의 巡狩에 대한 기록에 의하면 순수시에는 祭儀가 뒤따랐다고 한다.[32] 그러므로「마운령순수비문」상에서 이와 관련된 역할은 卣人이 주관하였음을 알 수 있다. 나아가 울진봉평신라비의 博士를

---

26) 秬鬯는 검은 기장으로 빚은 술로써 제사 때 降神을 위하여 쓰였으며, 文人은 先祖를 가리키고 있다(河正玉 譯,『詩經』, 평번사, 1976, 730쪽).

27) 洪亮吉,『春秋左傳』僖公 28년 4월 조.

28) 遼寧省博物館,『中國の博物館』第3卷, 1982, 169쪽.

29) 全海宗,「中國人의 傳統的 歷史觀」『史觀의 現代的 照明』, 창작과 비평사, 1978, 185쪽.

30) 이문기,「신라 중고의 국왕근시집단」『역사교육논집』5, 1983, 72쪽.

31)『三國遺事』권2, 처용랑 망해사 조.

32) 최광식,「울진봉평신라비의 석문과 내용」『한국고대사연구』2, 1989, 100쪽.

日官이나 巫로 간주하는 견해는 잘못임을 알게 된다. 대개 博士를 男巫와 관련 시키고 싶은 유혹은, 巫堂인 '박수'의 존재와 그 音이 相似하기 때문일 것이다.

그러나 고대 한국과 관련된 자료에서 博士가 巫의 뜻으로 사용된 예가 없 거니와 ―가령 '博士 衛滿', 백제의 五經博士 · 瓦博士 · 露盤博士, 고구려의 太 學博士 등등과 관련지어 볼 때― 울진봉평신라비의 博士는 '立石碑人喙部博 士'로 적혀있는 만큼[33) 立碑技術者나 律令關聯 관료로 간주하는 견해가 타당 하겠다. 그렇다고 할 때 祭儀的인 내용이 분명히 담겼음에도 불구하고 울진 봉평신라비에는 巫의 존재가 확인되지 않고 있는 셈이다. 그 이유는 牟卽智 寐錦王이 제의를 주재하였기 때문이 아니었을까 생각된다. 매금왕을 선두로 신료들이 天神의 敎를 받고 있는 것도, 매금왕이 주재자였다고 할 때 상황이 부합된다고 하겠다. 울진봉평신라비가 세워지는 524년 당시 매금왕은, 司祭 王的인 성격에서 행정적 통수권자로 이행되어가는 과도기적인 면모를 보여주 는 것이 아닐까?[34)

6. 藥師

藥師는 醫師를 뜻하고 있으므로[35) 御醫에 해당된다. 즉 藥師는 內省 소속 供奉醫師에 비정되는데, 같은 소속의 藥典이라는 관부가 있다. 그러므로 藥 師는 이 두 가지 업무를 동시에 수행했던 존재가 아닐까 추측된다. 『일본서 기』에는 의사를 '醫'로 표기하고 있지만, 백제에서 왜로 파견된 기술직 가운데 採藥師가 보인다.[36)

---

33) 任世權, 「울진봉평비의 금석학적 고찰」 『한국고대사연구』 2, 1989, 79쪽.
34) 매금왕이라는 신라 국왕에 대한 호칭 또한 그 같은 일면을 배제하기는 어렵다고 보 겠다.
35) 諸橋轍次, 『大漢和辭典』 修政版 9, 1985, 994쪽.
36) 『日本書紀』 권19, 欽明 15년 2월 조.

7. 奈夫通典

奈夫通典의 임무는 잘 알 수 없으나 '奈夫通'이 한자어는 아닌 듯하기 때문에 어쩌면 '나팔'의 변용된 표기가 아닌가 하는 느낌마저 든다. 왕의 행차에는 그 성격에 따라 규모의 차이는 있었겠지만 행렬의 정비를 위한 취주악단이나 취주자가 존재하였으리라고 믿어지기 때문이다. 즉 고구려 고분벽화에도 보이지만 취주를 통한 신호의 역할 그러니까 出行을 담당한 관직이 존재하였을 것이다. 이러한 측면에서 볼 때 奈夫通典은 軍中號令用의 鼓角을 관장한 직책으로 추단할 수 있다.

그러나 이보다도 儀式의 引導役을 맡는 引道典의[37] 前身으로 생각된다. 즉 巡幸 및 祭儀를 引導하는 관직으로 보고자 한다. 순행시에는 필시 이 같은 역할을 수행하는 관직이 있었으리라고 믿어지는데, 나부통전을 제외하고는 비정할 만한 곳이 없기 때문이다.

8. 及伐斬典

及伐斬典의 '伐'에는 손이나 무기로써 상처를 준다는[38] 즉 敵이나 도둑·죄인 등을 치고 정벌한다는 의미가 담겨있다. 그리고 '斬'은 목을 벤다는 의미가 있는 만큼, 及伐斬典은 죄인을 丈주고 목을 베는 즉 刑을 집행하는 임무를 띤 자를 가리킨다고 보겠다. 실제로 『禮記』 王制篇을 보면 순수시의 정치 행위에 그 같은 집행이 보인다. 그리고 왕이 행차하여 세운 울진봉평신라비에 의하면 律에 의하여 지방관과 土豪의 책임을 물어 刑을 집행하고 있다.[39] 그러므로 급벌참전은 왕의 순수시 王化作業에 태만하였거나 잘못을 저질렀던 지방

---

37) 이병도, 『國譯 三國史記』, 을유문화사, 1977, 588쪽.

38) 諸橋轍次, 『大漢和辭典』 修政版 9, 1985, 661쪽.

39) 최광식, 「울진봉평신라비의 석문과 내용」 『한국고대사연구』 2, 1989, 105쪽.

관이나, 촌주와 같은 土豪 혹은 왕의 隨駕臣僚들의 잘못을 처벌하는 임무를 맡았던 관직으로 생각된다.

9. 裏內△△

裏內職으로서 '裏內△△'는, 裏內從人과 裏內客 중간에 기재되어 있다. 그런데 그 관등이 14관등인 吉之로서 衛兵集團으로 추정한(후술) 堂來客과 裏內客 집단 앞에 적혀있다. 이 점에 비추어 볼 때 裏內客 집단을 통솔하는 우두머리격의 武官職이 아니었을까 한다.

10. 堂來客

堂來客은 裏內客과 더불어 모두 50人으로 기록되어 있는데 하급 신료집단으로 간주하기도 한다.[40] 그러나 이들의 정확한 성격을 살피기 위해서는 客의 용례를 주목할 필요가 있을 것 같다. 이와 관련해 奴客·幕客을 떠올릴 수 있다. 우선 奴客은 「광개토왕릉비문」이나 「牟頭婁墓誌」 등에서 확인되고 있지만, 중국사의 경우 그 본디 용례는 '客' 字와 奴婢와를 連文으로 하는 侠義의 경우와 '卑賤한 것'을 말하는 일반적인 廣義의 경우로 사용되었다고 한다.[41] 이렇듯 그 용례는 일찍이 云謂된 바 있지만 『晋書』 劉曜傳의 "歲餘飢窘變姓名客爲縣卒"[42]이라는 기록도 주목되어 마땅할 것 같다. 그 뿐 아니라 한국사에서 客의 용례는, 侠客·劍客에서처럼 武士的인 성격이 강하기 때문에 더욱 臣僚層으로 파악하기는 어렵지 않을까 한다. 가령 『신당서』 발해전에 "募客入東

---

40) 이문기, 「신라 중고의 국왕근시집단」 『역사교육논집』 5, 1983, 73~74쪽; 「신라 진흥왕대 신료조직에 대한 일고찰」 『大丘史學』 20·21合輯, 1982, 153쪽, 註 33.

41) 武田幸男, 『高句麗史と東アジア』, 吉川弘文館, 1989, 142쪽.

42) 『晋書』 권103, 劉曜傳.

部狙刺於道門藝格之得不死 河南捕刺客悉殺之"[43]라고 하여 그 用例가 보이고 있다. 그리고 고구려의 무관직인 末客이[44] 그러하거니와 『삼국사기』竹竹傳의 "先是 都督品釋見幕客舍知黔日之妻女色奪之 黔日恨之"[45]라는 구절의 幕客은 都督幕下의 武官을 가리킴이 분명하다.[46] 따라서 堂來客이나 裏內客을 하급신료로 간주하기는 어려울 것 같다.

더욱이 관등별 구성원이 아무리 下厚上薄이라고 하더라도, 12관등에서 14관등까지의 신료가 「마운령비문」상 11명에 불과하고 있다. 이에 반해, 15관등부터 17관등까지에 이들 客집단을 모두 포함시킨다고 할 때, 堂來客에다가 裏內客까지 합하면 무려 50명이나 되어 인적구성의 불균형을 이루고 있기 때문이다. 또한 外客의 구성원 수와 마찬가지로 그 50人이라는 정연한 느낌을 주는 인원은 일정한 집단으로부터 할당받아 차출한 듯한 느낌을 강하게 주고 있으므로, 신료집단의 인적구성으로 보기는 어렵게 한다. 즉 이들은 계획적으로 동원된 인원이라는 느낌을 주고 있을 뿐 아니라 구체적인 직명도 가지고 있지 않기 때문에 그러한 것이다. 따라서 客을 칭한 집단은 近衛職 내지는 그와 관련한 隨駕 중의 제반 雜役을 맡았던 것으로 생각된다.

여기서 堂來客은 '堂'에서 온 즉 堂에서 차출된 客이라는 뜻이다. 그러므로 南堂이나 혹은 그 밖의 政廳을 뜻할 수 있다. 그러나 堂來客이 裏內客보다 먼저 기재되어 있는 것을 볼 때, 그 역시 궁성 안에 있던 '朝堂' 소속 衛兵이 아니었을까 생각된다. 국왕의 집무처인 朝堂은 중국의 宮城制에 보이고 있는데[47]

---

43) 『新唐書』권219, 渤海 條.

44) 이병도, 『한국사-고대편』, 을유문화사, 1959, 540쪽.

45) 『三國史記』권44, 竹竹傳.

46) 이문기는 都督幕下의 臣僚로 해석하였다(이문기, 「신라 진흥왕대 신료조직에 대한 일고찰」 『大丘史學』 20·21合輯, 1982, 153쪽, 註 33).

47) 이문기는 都督幕下의 臣僚로 해석하였다(이문기, 「신라 진흥왕대 신료조직에 대한 일고찰」 『大丘史學』 20·21合輯, 1982, 153쪽, 註 33).

同 碑文에서 그 존재가 분명히 확인되고 있는 '裏內'의 前面에 소재하고 있기 때문이다. 요컨대 堂來客은 궁성 안에 있는 政廳인 朝堂에서 차출한 衛兵으로 생각된다. 물론 당시 신라 궁성 내에 '朝堂'이라는 이름의 政廳이 존재하였다는 기록이 보이지 않는다. 그러나 '內裏'의 존재가 확인된 이상 宮城制에서 그와 짝을 이루는 朝堂 역시 존재하였다고 보아 무방할 듯하다.

설령 6세기 전반기 신라 궁성 내에 朝堂 名의 政廳이 존재하지 않았다고 하자. 그렇더라도 그 격에 해당하는 '堂' 字 名의 政廳이 존재한 것으로 입증되고 있다. 그러므로 이 같은 추정에는 무리가 없다고 본다. 왜냐하면 신라 진흥왕 15년(554)에 해당하는 『일본서기』 흠명 15년 조에 "一本云 新羅留理 明王頭骨 而以禮送餘骨於百濟 今新羅王埋明王骨於北廳階下 名此廳曰都堂"라고 하는, 北廳 곧 都堂의 '堂'이 존재하였기 때문이다.

北廳의 성격에 관해서는 논란이 많고 그것이 과연 궁성 안에 있었는지 단언할 수 있는 자료도 없다. 그리고 北廳과 北宮을 관련시키기에는 주저되는 감이 있다. 그렇지만 北廳은 三星이 떨어졌다고 하는 "北宮庭中"[48]의 '北宮'에 비정된다고 하자. 이 北宮을 『삼국사기』에서는 '王庭'[49]으로 명기하였기 때문이다. 이 밖에도 "前王의 시체를 운반하여 西堂에 모시고"[50]라는 기사에서 알 수 있듯이, 堂은 宮中에 있던 건물 명에 많이 붙여졌던 것이다. 따라서 堂來客의 '堂'은 궁성 내의 政廳으로 보아 좋을 것 같다. 한편 南堂은 "作南堂 於宮南"[51]의 기사에서 짐작되듯이 궁성 바깥에 소재하였거니와 그 기능이 회의처였다.[52] 그랬기에 남당 소속 위병들을 왕의 순수시 차출하였을 지는 회

---

48) 『三國遺事』 권2, 기이편 혜공왕 조.

49) 『三國史記』 권9, 혜공왕 3년 7월 조.

50) 『三國史記』 권12, 경순왕 즉위년 조.

51) 『三國史記』 권2, 첨해니사금 3년 조.

52) 이병도, 「古代 南堂考」 『韓國古代史硏究』, 박영사, 1976, 611~642쪽.

의적인 것이다.

11. 裏內客

裏內客의 성격과 관련하여 비슷한 용례를 찾아본다면 조선 말기에 작성된 『官上下記册』의 "初五日京內客行轎軍四名賞"[53]라고 한 문구의 '京內客'을 꼽을 수 있다. 그러나 京內客은 客主와 연결될 수 있는 바 文官的인 직종이 아닌 것이 분명한 만큼, 裏內客의 역할에 약간의 시사를 던지기는 하지만 결부짓기는 어렵다고 하겠다. 裏內客의 '裏內'는 곧 大闕 내 왕의 처소를 가리키는 '內裏'로 간주된다. 그러므로 裏內客은 왕의 寢殿을 호위하던 근위병으로 생각된다. 裏內從人이 대궐 내에서 사무를 맡아 보던 近侍職이라면, 裏內客은 警護의 임무를 맡아보면서 국왕의 사적공간을 보장해 주던 직책으로 믿어진다. 『續日本紀』 延曆 8년 10월 조에 의하면, 고구려계 유민인 福信에 관한 기록에 "遊戲相撲 巧用其力能勝其敵 遂聞內裏 召令侍內竪所 自是著名 初任右衛士大志……"라고 하여 內裏 곧 裏內에서 필요한 衛兵充員의 한 면모를 엿볼 수 있거니와 內裏에는 반드시 위병이 존재하였음을 확인시켜 준다.

요컨대 堂來客과 裏內客은 국왕 경호요원들로서, 진평왕 46년(624)에 설치된 侍衛府의 전신이라고 하겠다. 侍衛府는 신문왕 원년(681)에 개편되었는데 왕을 수행하는 국왕 친위부대였다. 그런데 이에 소속된 兵員의 수는 將軍 이하 卒까지 합하여 180명에 지나지 않았지만 그 중요성은 컸듯이[54] 堂來客과 裏內客 역시 이와 비슷하지 않았을까 한다.

---

53) 醴泉郡, 『官上下記册』 己亥年 11月朔 初 5日 條. 한편 裏內를 哀內로 판독하는 견해도 있다. 실제 필자도 탁본 사진을 보니까 그러할 가능성을 배제할 수는 없다고 본다. 그러나 異字일 가능성과 더불어 文意로 볼 때, 裏內로 판독하는 게 무난하다고 보겠다.

54) 이기백·이기동, 『한국사강좌—고대편』, 일조각, 1982, 340쪽.

12. 外客

外客의 인원은 50명이 된다. 그 인원과 호칭으로 볼 때 內客으로 분류할 수 있는 堂來客 및 裏內客과는 대응되고 있다. 그러므로 왕궁을 제외한 그 밖의 政廳이나 왕이 행차한 현지에서 차출한 衛兵으로 생각된다.

13. 助人

巡幸의 雜事를 담당한 관직이나[55] 近侍供奉集團의 일원으로 간주하기도 한다.[56] 그러나 창녕진흥왕척경비에 보이는 比子伐停助人은 軍主의 예속관이 분명하다. 그러므로 助人은 후대의 州助와 흡사한 존재로 생각된다.[57]

14. 裏公

裏公은 황초령순수비에 보이고 있다. 이것과 관련있음직한 단양신라적성비의 公兄, 「신라촌락문서」의 公等은 모두 하급관리로 간주되고 있다.[58] 특히 公等은 현에서 파견되어 촌주의 도움을 얻어 租庸調 收取에 관계되는 사항을 파악하여 촌락문서를 작성하고 또 그것을 상부기관에 보고하였다고 한다.[59] 이렇듯 '公'이 하급관리로서 문서의 작성자였던 것이다. 이러한 점을 생각할 때, '內裏의 公'이라는 뜻의 이공은, 국왕의 처소에서 文記를 비롯한 雜事를 담당한 근시직으로 짐작된다.

---

55) 井上秀雄,「朝鮮·日本における國家の成立」『岩波講座世界歷史』6, 學生社, 1971, 24쪽.

56) 三池賢一,「新羅內廷官制考 下」『朝鮮學報』62, 1972, 34쪽.

57) 이문기,「신라 중고의 국왕근시집단」『역사교육논집』5, 1983, 70쪽.

58) 단재 신채호는 "郡府의 세습적인 吏僚를 公兄이라고 하는데, 곧 衙前을 가리킨다"고 하였다(丹齋申采浩紀念事業會,『改訂版 丹齋申采浩全集』改訂版, 別集, 螢雪出版社, 387쪽).

59) 이인철,「신라통일기 촌락지배와 計烟」『한국사연구』54, 1986, 20쪽.

Ⅲ. 맺음말

지금까지 검토한 내용을 요약하면 다음과 같다.

1) 마운령순수비에서 확인되고 있는 道人의 존재를 통하여 이 시기 巫佛의 交替를 논하기도 한다. 그러나 同 碑文에서 道人으로 표기된 僧侶가 隨駕하고 있지만 占人의 존재가 확인되고 있으므로 따르기는 어려울 듯하다. 울진 봉평신라비를 통하여 유추해 볼 때, 신라 왕의 성격은 초기에는 司祭王的인 모습이었다. 즉 울진봉평신라비에는 祭儀的인 내용이 분명히 담겼음에도 불구하고 巫의 존재가 확인되지 않고 있으므로, 그 역할은 寐錦王이 맡았으리라고 짐작할 수 있다. 반면 마운령순수비에는 隨駕臣僚 가운데 卜師로 추정되는 占人의 존재가 확인되고 있다. 그러므로 6세기 중반 신라 국왕은 司祭的인 성격에서 완전히 벗어났다고 볼 수 있다. 진흥왕대에 제정된 것으로 전해지는 花郎徒의 경우 그 기원은 이보다 올라갈 뿐 아니라 당초의 기능이 祭儀的인 역할이었지만, 이때 戰士團으로 개편되었다고 한다.[60] 이 역시 국왕의 성격 변화와 표리 관계에 있다고 보겠다. 그리고 同 碑文의 隨駕僧侶들은 巫的인 기능보다는 戰略家 내지는 巡撫의 역할에 있었다.

2) 裏內從人의 존재를 통해 6세기 중반의 신라는 정연한 宮城制를 갖추고 있었음을 알 수 있었다. 이는 국왕 近侍組織뿐 아니라 중앙 관부의 정비와 밀접한 관련을 맺고 있는 것이라고 하겠다. 同 碑文의 奈夫通典 · 及伐斬典 그리고 창녕진흥왕척경비의 古奈末典과[61] 같은 '典'의 존재가 그것을 잘 시사해 주고 있다. 진흥왕대의 國史編纂은 이 같은 토대 위에서 가능하였음을 알게 된다.

---

60) 李道學, 「新羅 花郎徒의 起源과 展開過程」 『정신문화연구』 38, 1990; 「신라 화랑도의 기원과 성격에 관한 검토」 『신라화랑연구』, 고려원, 1992, 21~27쪽.

61) 今西龍, 「新羅眞興王巡狩管境碑考」 『新羅史研究』, 近澤書店, 1933, 468쪽.

3) 堂來客과 裏內客은 同 碑文의 外客에 대응되는 '內客'으로 분류할 수 있는데, 하급신료라기보다는 國王의 近衛集團으로 추정하였다.

4) 同 碑文의 巡狩는 비록 그 성격에 차이가 있기는 하지만 고구려 고분벽화의 行列圖와 비교해 볼만한 의미가 있다고 생각된다.

(1990년 10월 脫稿)

3장
二聖山城 出土 木簡의 檢討

Ⅰ. 머리말

한양대학교 박물관에서 발굴한 경기도 하남시 춘궁동에 소재한 이성산성에서는 많은 유구가 확인되었거니와 또 다량의 유물도 출토되어 삼국시대 城 뿐 아니라 생활사 연구에 귀중한 실마리를 제공해 주었다. 그런데 지난 1990년 여름 이성산성 내의 저수지에서 목간이 출토되어 학계의 비상한 관심을 끌게 하였다.[1] 그것은 목간에 墨銘이 남아 있는 금석문의 형태로서 출토되었기 때문이다. 그래서 가뜩이나 자료가 영성한 삼국시대사 연구에 조금이라도 도움을 줄 수 있는 정보가 담겨 있을 것으로 기대하게끔 하였다. 이후 같은 발굴 현장에서는 지금까지 모두 20여 점의 목간이 출토되어[2] 우리 나라 木簡學 硏究가 이제는 어느 정도 가능하게 될 수 있을 정도로 양적인 확보

---

1) 漢陽大學校, 『二聖山城-2次發掘調査報告書』, 1987, 164~172쪽.
2) 漢陽大學校, 『二聖山城-4次發掘調査報告書』, 1992, 145~149쪽.
　　3次 報告書 作成 時 12점의 목간이 출토되었고, 4次 보고서 작성 시에는 9점의 목간이 출토되었다. 지금까지 同 山城의 저수지에서 21점의 목간이 수습되었다. 참고로 본고의 이성산성 출토 목간에 대한 설명은 이 『보고서』에 모두 근거하였음을 밝혀둔다.

를 이루게 해 주었다. 지금까지 우리 나라에서 출토된 목간은 경주 안압지의 50여 점과 월성 해자에서 1점 그리고 부여 관북리의 蓮池에서 2점이 보고된 바 있다.[3]

이성산성에서 출토된 목간 가운데 1차 저수지에서 유일하게 수습된 그것이 글자 수도 가장 많을 뿐 아니라[4] 다른 것에 비하면 字劃이 명료한 편에 속하여 연구의 대상이 되기에 족하였다. 특히 '戊辰年'이라는 干支로 시작되는 이 목간에서는 道使·村主와 같은 관직명이 기재되어 있어, 지방 통치문제와 관련한 일정한 시사를 던져 주었다. 그 뿐 아니라 이는 이성산성의 축조 주체 내지는 시기와 관련한 지금까지의 논란을 매듭지어 주는 결정적인 단서가 되기도 하였다. 어쨌든 이 목간은 어느 쪽으로 보나 매우 의미 깊은 금석문이 된다. 그런 만큼 이것을 토대로 한 논고들이 학계에 속속 보고되었다.[5] 즉 이 목간을 토대로 한 2편의 논고들이 최근 보고된 바 있다. 몇 字 안되는 글자 속에 들어 있는 비밀을 알뜰하게 캐내보려고 골몰하여 매달린 노력에는 경의를 표하고자 한다. 그러나 그 釋文에 대한 검토가 전혀 미흡하다는 느낌이 들었다. 이는 연구사가 일백년이 넘은 광개토왕릉비와 칠지도의 경우에도 지금까지 다양한 釋文이 제기되고 있는 점과는 크게 대조되는 바라고 하겠다.

이러한 측면에서 볼 때, 이성산성 출토 목간에 대한 기초적 검증 작업이 소홀하지 않았는가 하는 의구심을 갖게 끔 하였다. 그리고 기존의 이 목간에 관한 연구 가운데는 간혹 해석이 앞서간 듯한 느낌도 지우기 어려웠다. 다시 말

---

3) 문화공보부·문화재관리국, 『雁鴨池-발굴조사보고서』, 1978, 285~297쪽.
   문화재연구소·경주고적발굴조사단, 『월성해자 시굴조사보고서』, 1985, 124쪽.
   權兌遠, 「百濟의 木簡과 陶硯에 대하여」『황수영박사 고희기념미술사학논총』, 1988, 595~601쪽.

4) 묵서한 흔적이 있는 목간은 모두 6점으로 알려지고 있다.

5) 朱甫暾, 「二聖山城 出土의 木簡과 道使」『慶北史學』14, 1991.
   金昌鎬, 「二聖山城 出土의 木簡 年代 問題」『韓國上古史學報』10, 1992.

해 제한된 공간에 작성된 금석문에 대한 해석이라는 것은, 어디까지나 그 당시의 관념과 이해의 수준에 맞추어야만 正鵠을 찌를 수 있지 않을까 하는 것이 평소 필자가 품어 왔던 생각이다.

그래서 필자는 墨痕이 남아 있는 破字일지라도 검토하여 보다 완전한 釋文을 작성하려고 하였다. 즉 干支와 月日 그리고 관직명만 명확하게 판독되고 있는 현재의 상황에서는, 목간의 성격에 대한 이해가 거의 어렵기 때문이다. 그러니까 본고는 목간의 내용을 고유명사의 나열로서가 아니라 문장으로서 이해하기 위한 작업이 되는 것이다. 여기서 확인된 내용을 토대로 이성산성 본래의 城名 그리고 그 당시 이성산성과 그 주변의 상황 등을 함께 구명하여 목간의 작성 배경을 밝히고자 하였다.

Ⅱ. 목간의 내용 검토

1. 이성산성 출토 목간의 종류

이성산성 내의 저수지에서는 지금까지 모두 21점의 목간이 출토되었다. 이 가운데 1점만 1차 저수지에서 출토된 것이다. 그 나머지 20점은 2차 저수지에서 출토되었다. 그리고 墨痕이 있는 목간은 모두 6점이지만, 1차 저수지 것 외에는 거의 판독이 용이하지 않은 상태이다. 또 목간의 형태도 端面에 홈이 있는 것에서부터 없는 것, 그리고 직사각형·원형·삼각형·장방형·타원형·정방형으로 나뉘어진다. 이는 그만큼 목간의 성격이랄까 용도마저 달랐음을 뜻한다고 보겠다. 이와 관련해 이들 목간에 관해 정리해놓은『보고서』의 도표를 인용하면 다음과 같다.

이성산성 출토 木簡

일련번호	크기(cm)			형태(단면)	비고
	길이	폭	두께		
1	15	1.3	0.9	직사각형	일부 결실, 3등분 墨書, 1차 저수지
2	18.5	3.5		원형	일부, 墨書
3	5.1	1	0.55	삼각형	완형, 墨書, 항아리속
4	3.8	1.2	0.45	삼각형	완형, 墨書, 항아리속
5	2.1	1.0	0.36	삼각형	완형, 항아리속
6	3.5	1.2	0.8	삼각형	완형
7	10.3	1.7	0.5	삼각형	반파
8	12.2	1.7	0.7	장방형	일부 결실
9	12.2	1.35	0.5	장방형	일부 결실
10	14.8	1.6	0.6	장방형	완형, 2등분
11	9.7	4.6	2.9	타원형	일부 결실, 소나무껍질
12	33.4	3.3	1.4	타원형	완형, 5등분, 양단면에 홈

(3次 보고서)

일련번호	크기(cm)			형태(단면)	비고
	길이	폭	두께		
1	9.1	1.5	0.3	정방형	2등분 부분 파손
2	8.2	1.6	0.3	정방형	일부 결실 묵서
3	현 6.3	1.5	0.3	정방형	일부 결실
4	8.8	1.4	0.3	정방형	2등분으로 파손
5	7.1	1.5	0.2	정방형	묵서
6	현 6.5	1.6	0.3	정방형	일부 결실
7	현 4.8	1.7	0.4	정방형	일부 결실
8	34.8	2.5	0.9	타원형	3개의 원형구멍이 있으며 아래부분이 파손된 듯함
9	12.5	3.0	0.3	타원형	4부분으로 파손 아래부분이 결실됨

(4次 보고서)

2. 戊辰銘 목간의 검토

1차 저수지에서 출토된 목간을 앞으로 '戊辰銘' 목간이라고 이름하면서 서술하겠다. 『보고서』에 의하면 무진명 목간은 1차 저수지의 바닥에서 1m 정도 높이 되는 지층에서 출토되었으며, 3등분된 상태로서 아래쪽의 일부는 결실되었다. 무진명 목간의 현재 길이는 15cm, 그 폭은 1~4.6cm이고 두께는 0.5~2.9cm이다. 이 목간의 형태는 좁고 길쭉한 장방형인데 면은 정연하지 않고 약간의 굴곡이 있으며, 다른 목간에서 많이 보이는 끈으로 묶기 위한 홈이 없다.[6] 그 표면의 색깔은 황갈색을 띠고 있는데 전면과 측면 그리고 후면 등 3면에 縱書로 墨書가 힘 있는 楷書體로 쓰여 있다. 정면과 측면은 묵서가 선명하게 남아 있어 판독이 대부분 가능하지만 뒷면은 墨痕이 많이 지워져 판독이 어렵다. 전체 글자 수는 아래쪽의 잘려 나간 부분을 제외하고는 모두 35자 정도로 파악되고 있다.[7] 그러나 적외선 사진과 당시 현장에서 필자가 실견하여 작성하였던 메모를 통해 볼 때, 실제 판독할 수 있는 글자는 모두 31字이다.

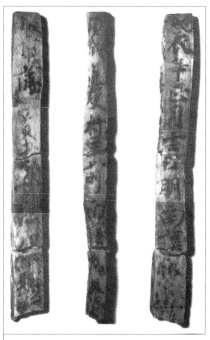

1차 저수지 출토 목간(적외선촬영)

그런데 『보고서』의 석문과 필자가 새로 판독한 그것에는 차이가 있다. 먼저 『보고서』의 무진명 목간의 석문을 옮겨 보고

---

6) 일본열도에서 출토된 목간 가운데 무진명 목간처럼 兩端에 홈이 없는 형태는, 文書木簡으로 분류되고 있다(狩野久 編,「木簡」『日本の美術 9』160, 1979 참조). 따라서 무진명 목간의 성격을 이해하는데 기초적인 시사를 받을 수 있다.

7) 漢陽大學校,『二聖山城-3次發掘調査報告書』, 1991, 164·441쪽.

필자의 그것을 적어 보면 다음과 같다.

　　　　전면 : 戊辰年正月十二日朋南漢城道使(缺失)
　　　　측면 : 須城道使村主前南漢城△△(缺失)
　　　　후면 : △△蒲△△△△△△(缺失)　　　　　〈보고서〉

　　　　전면 : 戊辰年正月十二日朋南漢城道使(缺失)
　　　　측면 : 須城道使村主死則南漢城孤赤(缺失)
　　　　후면 : 城△滿△黃土△△△△△△(缺失)
　　　　　　　　　　　(墓)(南)

　　　　　　　　　　　　　　　　　　〈필자〉

　『보고서』의 석문과 필자의 그것을 비교해 볼 때, 전면의 것은 兩者가 모두 일치된다. 측면의 글자 가운데 『보고서』는 7列의 글자를 '前'으로 판독하였다. 그러나 이 부분은 두 글자로 나누어서 볼 수 있다. 왜냐하면 한 글자로 취급하기에는 '村主'의 '主' 字와 '南漢城'의 '南' 字 사이의 간격이 너무 떨어져 있기 때문이다. 즉 2 字가 기재될 수 있는 공간인 것이다. 그리고 보다 중요한 것은 '前' 字로 간주했던 머리 부분의 劃이라고 하겠다. 이 劃은 적외선 사진을 놓고 묵흔까지 살펴볼 때의 형태가 되는데, 이 글자의 삐침들을 연결시켜 복원하여 보면 오른 편과 같다. 즉 '死' 字가 되는 게 분명해 진다. 그렇다면 '村' 字 밑의 '主' 字는 현재 '王' 字로 보이게 되지만, 맨 위에 있었을 點 1劃은 지워진 것으로 판단된다. 물론 필자가 판독한 '死' 字의 윗 획인 '一' 劃을, '王' 字의 맨 아래 획으로 붙일 수 있겠지만, 그러나 기둥인 'ㅣ' 劃이 맨 아래의 '一' 劃을 뚫고 내려오

기 때문에 연결되지 않는다. 그리고 비록 온전히 부합되지는 않지만 다음과 같은 丹陽新羅赤城碑의 '死' 字와 비교해 볼 때[8] 그 같은 생각이 든다. 그 다음 글자는 '刞' 字가 되는데, 이는 '則'으로 판독할 수밖에 없다. 이 글자는 「隋 淳于儉墓誌銘」에 의하면 '則'의 別字로 밝혀진다.[9] 측면 끝의 2 字는 字劃이 분명하게 남아있는데, 앞 字는 '孤'로 판독된다. 그 뒷 字는 자신하기 어렵지만 '炎'으로 판독하여, '赤'의 異字로 보고자 한다.[10]

후면의 첫 字는 전면과 측면에 기재된 '南漢城'의 '城' 字와 비교해 볼 때, 동일한 글자로 보아 좋을 것 같다. 그리고 그 다음의 글자는 자획은 분명하지만 현재로서는 판독할 수가 없다. 후면 세 번째 글자는 '溝' 字가 되는데, 웅덩이의 뜻인 '潢'과 字形이 닮았지만 삐침이 다르기 때문에 연결시키는 것이 주저된다. 비록 이 글자는 한 劃이 없기는 하지만 '滿' 字와 가장 근사하다고 할 때, 그 本字인 '滿'이 된다.[11] 두 가지 유사한 字形 가운데 일단 후자의 字形을 취하고자 한다. 그리고 '㙛' 字는 '黃'으로, 그 뒤의 글자는 '土'로 판독하여 黃土로 석문할 수 있다. 또한 字劃이 너무 길다는 느낌이 들기는 하지만 '墓'라는 한 글자로 판독하는 것도 가능해 진다. 왜냐하면 이 '墓' 字는 영주시

---

8) 김창호가 그 7행의 13번째 글자를 '死' 字로 판독하였는데(金昌鎬, 「단양적성비의 재검토」『영남고고학』6, 1989, 61쪽) 옳게 지적했다고 보겠다.

9) 羅氏原 著·北川博邦 編, 『偏類碑別字』, 法仁文化社, 1990, 20쪽.
   이 '刞' 字의 왼쪽 劃 밑에 공간이 비어 있다. 이러한 빈 공간의 字劃을 추정하더라도 '則' 字가 유력하므로, 동일한 뜻임은 의심의 여지가 없다.

10) 邢澍·楊紹廉 著·佐野光一 編, 『金石異體字典』, 雄山閣出版社, 1980, 367쪽. 이 글자는 「광개토왕릉비문」제2면 제1행 41字의 城名字에도 확인된다. 즉 蘇城의 '炎'이 그것이다(王健群, 『好太王碑硏究』, 吉林人民出版社, 1984, 124쪽).

11) 羅氏原 著·北川博邦 編, 『偏類碑別字』, 法仁文化社, 1990, 128쪽.

순흥면 읍내리 고분벽화 墨書銘文의 "己
未中墓像…"의 '墓'[12]와도 字形이 거의
흡사하기 때문이다. 후면의 그 이후의
글자는 字劃은 확인되지만 字形은 잡을
수 없다. 그러나 후면의 '黃'字 다음 글
자는 자획을 놓고 볼 때, '南'字로 석문
하는 것도 가능하다. 그렇다면 그 이후

〈무진명 목간〉　〈읍내리 고분〉

의 글자는 '南漢城' 云云의 문구가 기재되어 있었을 것이다.

3. 명문의 해석

무진명 목간의 해석을 시도해 보고자 한다. 그 전면의 글자 가운데 판독에
는 이론이 없다. 그러나 '朋'字의 해석이 가장 큰 걸림돌이 된다. 朋에는 '벗'
의 뜻이 단연 가장 많이 사용되고 있다. 그러나 이 경우는 일종의 公文件인
목간의 내용과 결부지어 볼 때 어색한 해석이라는 느낌이 든다. 또는 '朋'에
'齊'의 뜻이 있다고 하여 '定齊'의 의미로 받아들이는 견해도 있다.[13] 그래서
"무진년 정월 12일에 南漢城의 길을 가지런히 하라"는 해석이 나오기도 하였
다. 그러나 '南漢城道' 다음의 글자는 그 삐침의 字痕만 일부 남아 있지만, 이
것을 볼 때 『보고서』의 석문대로 '使'로 판독하는 게 무난할 것 같다. 곧이어
須城道使라는 관직명이 보이고 있는데서 암시받을 수 있듯이 '南漢城道' 뒤에
도 필시 '使'가 기재되어 있다고 간주하는 게 온당하기 때문이다.

그리고 '朋'字에는 '齊'의 뜻이 담겨있는 지 확인할 수는 없지만 설령 그렇
다고 하더라도 의문이 제기된다. 왜냐하면 무진명 목간은 삼국기의 것임이

---

12) 이명식, 「圖版解說」『신라문화제학술발표회논문집』7, 1986, 도판 5-1 참조.
13) 金昌鎬, 「단양적성비의 재검토」『영남고고학』6, 1989, 437쪽.

분명한데, 그렇다면 당시의 漢文 수준으로서 이토록 어려운 뜻이 담긴 글자를 公文件에 기재할 수 있었을지 의심되기 때문이다. 설령 이것을 한문화가 극성기에 올라 있던 고려나 조선조에 작성했다고 하더라도 의미의 쓰임이 극히 희소할 뿐 아니라 일반적으로 인식하는 의미와는 너무도 큰 차이가 있는 글자를 과연 공문으로 작성할 수 있었을까? 氏의 해석에 의하면 무진명 목간은 '길을 정비하라'는 上命下達式의 문건이 되는데, 하급 관리들의 인식 수준에서 도저히 이해하기 어려운 -당대의 학자라고 하더라도 이해하기 어려웠을 것이다- 의미가 담긴 글자였다고는 보기 어렵다. 이러한 해석의 경우는 그 당시의 지식 수준이나 의식관을 뛰어 넘은 너무나 지나친 해석이라고 하겠다. 따라서 수용하기 어려운 해석이라고 생각된다.

그러면 그 대안은 무엇인가? 문제의 핵심은 역시 '朋' 字에 대한 해석에 있다. '朋'에 대한 의미로 '벗' 외에 많이 쓰이는 것은 '무리'라는 뜻이 된다.[14] '朋黨' 등이 그 저명한 예라고 할 수 있다. 그러므로 이 뜻을 취하여 해석하면 남한성도사 그리고 측면의 수성도사·촌주 등을 모두 포괄하는 게 가능해진다. 이렇게 보아 해석하면 "무진년 정월 12일 무리로 남한성도사 … 수성도사·촌주가 사망한 즉"이 된다. 그러니까 무진년 정월 12일에 남한성도사 … 수성도사·촌주가 떼죽음을 당하였다는 의미라고 하겠다. 이 문구를 이은 측면 하반부의 "南漢城孤赤"은, 그러한 결과 "남한성이 孤赤하게 되었다"는 의미로 풀이된다. 즉 남한성이 외롭고 비게 되었다는 것이다.[15]

마지막 후면의 문구는 "城〈 〉에는 黃土가 찼으므로"라는 뜻이 된다. 혹은 '黃土'를 한 글자의 '墓'로 판독한다면[16] "城〈 〉에는 墓가 찼으므로"라는

---

14) 諸橋轍次, 『大漢和辭典』5권, 1986, 1035쪽.

15) '赤'에는 '비었다'라는 뜻이 담겨 있다(諸橋轍次, 『大漢和辭典』10권, 1986, 810쪽).

16) 諸橋轍次, 『大漢和辭典』12권, 1986, 972쪽에 의하면 '黃土'에는 墓의 뜻도 담겨 있다고 한다.

풀이도 가능하다. 실제 이성산성을 남한성으로 비정한다면, 성 안에는 고분이 존재하고 있으므로[17] 부합되는 상황이라고 하겠다. 혹은 '滿' 字를 웅덩이의 뜻인 '潢' 字로 판독한다면 "城 웅덩이에 황토가(가득하다)"는 의미로 풀이하는 게 가능하다. 실제 이성산성 내에는 2개의 저수지가 확인되고 있거니와 그 저수지에서 이 목간도 출토되었기 때문이다. 그리고 '黃土'의 의미로서 '못 쓰게 되었다'라는 뜻도 생각할 수 있다면, 이 구절은 城이 몹시 피폐해졌음을 의미한다. 그 이후의 문구는 字劃만 확인될 뿐인데, 앞의 해석을 토대로 할 때 남한성에 대한 보수가 시급하다는 내용이 들어 있었을 것으로 짐작된다.

지금까지 검토해 본 해석을 종합해 보면 대체로 다음과 같은 의미로 추정이 가능해진다.

> "戊辰年 正月 十二日에 무리로 南漢城道使 … 須城道使·村主가 죽은 즉 南漢城이 孤赤하게 되었고 … 城〈 〉에는 黃土가 찼으므로〈정비·보수가 시급하다〉"
>
> (墓가 찼으므로)
>
> (웅덩이에 황토가〈가득하므로〉)

요컨대 무진명 목간은 남한성의 정비·보수를 위한 下達文件이라고 하겠다. 이 같은 추정은 목간에 職名만 보일 뿐 人名이 기재되어 있지 않은 점에서도 더욱 뒷받침되리라고 본다. 즉 남한성에서 모종의 회의라든가 사건이 발생했다면 관계된 人名이 누락될 리 만무하기 때문이다. 거꾸로 이것은 이 목간의 문구가 人事에 대한 내용보다는 시설물에 대한 어떠한 조치를 담고 있다고 인식하는 게 온당함을 뜻해 준다. 이 목간이 작성된 시점은 남한성도사 등이 사망한 무진년 정월 12일 이후 어느 때라고 하겠는데, 날짜까지 명

---

17) 漢陽大學校, 『二聖山城-發掘調査中間報告書』, 1987, 174~175쪽; 『二聖山城-2次 發掘中間報告書』, 1987, 207~220쪽.

기되어 있는 것을 볼 때, 무진년의 범위를 벗어났다고 보기는 어려울 듯하다. 그러나 이 목간은 城의 피폐로 정비·보수를 위한 문건인 만큼, 그 것의 작성연대는 남한성이 孤赤하게 된 무진년 이후의 어느 해로 간주하는 것이 더욱 타당할 듯하다. 글자를 쓸 수 있는 면적이 제한된 금석문의 속성상 '무진년'이라는 當年의 年干支를 군이 기재할 필요가 있었을까 하는 의구심이 들기 때문이다. 따라서 무진명 목간은, 무진년 이후의 어느 때 작성되었다고 보겠다. 그러나 이 목간에 月日의 표기까지 있었음은, 남한성도사 등이 전사하는 전투가 목간의 作成時로부터 크게 멀지 않은 과거에 있었고, 또 인상적인 데가 있었음을 암시해 주는 게 아닐까?

4. 무진명 목간의 연대

목간의 연대인 무진년은 어느 때인가? 이 문제와 관련하여 그 해결의 실마리로서 남한성의 위치 비정이 선행되어야만 할 것 같다. 남한성은 문자 그대로 남쪽에 소재한 漢城이라는 뜻이다. 漢城은 백제의 왕성이었다.[18] 백제 당시에 北漢城이 존재하였으므로, 그 상대적 城名으로서 南漢城의 존재를 상정할 수 있다. 그러나 北漢城은 백제의 왕성인 漢城을 염두에 두고 생겨난 城名일 가능성이 높다고 보겠다. 왜냐하면 근초고왕 때 천도한 왕성을 北漢城으로 추정하고 있는 만큼[19] 이는 그와 格이 같았던 漢城에 대한 상대적 이름이라고 짐작되기 때문이다. 따라서 남한성은 백제 당시에는 존재하지 않았을 가능성도 생각하지 않을 수 없다. 그렇다면 남한성의 축조 시기는 고구려나 신라의 한강유역 점령기까지 내려갈 수 있다. 그런데 여기서 주목해야 될 것은 무진명 목간에서 '南漢城'이 2차례나 기재되어 있는 점이다. 특히 "南漢

---

18) 『三國史記』 권25, 개로왕 21년 조. "王都漢城"
19) 李道學, 「百濟 漢城時期 都城制의 檢討」『韓國上古史學報』9, 1992, 30~32쪽.

城이 孤赤"하다는 城의 상태와 또 同城으로 짐작되는 "城△滿△黃土"라는 구절이 있다. 게다가 남한성에 대한 보수시달 문구까지 담겼으리라고 추정되는 만큼, 목간이 출토된 이성산성이 곧 남한성으로 생각된다. 그렇지 않고서는 딱히 이성산성 주변의 성들 가운데 남한성으로 비정할 만한 곳이 분명하지 않기 때문이다. 광주군 남한산의 남한산성은 신라 때 日長城 혹은 晝長城으로 불리어졌으므로[20] 연결지을 수 없다.

그러면 이제는 구명하고자 하는 무진명 목간의 무진년의 정확한 연대를 살펴보아야만 한다. 1차 저수지에서 이 목간과 共伴되어 출토된 유물이 모두 신라의 것이었다. 이 점을 생각할 때, 신라의 한강유역 점령(553) 이후의 무진년을 꼽아야만 한다. 그렇다고 할 때 608년·668년·728년·788년 등을 일단 거론할 수 있다. 그런데 이와 더불어 공반 출토되는 유물들이 통일신라기 이전의 것들이라고 하므로[21] 608년과 668년으로 그 시기를 좁혀 볼 수 있다. 여기서 먼저 608년 정월 12일을 전후한 상황을 검토해 보도록 하자. 『삼국사기』에 의하면 진평왕 30년(608) 조에 다음과 같은 기사가 보인다.

> 왕은 고구려가 자주 강역을 침범함을 근심하여 隋兵을 청하여 고구려를 정벌하고자 하여 圓光에게 乞師表를 지으라고 하였다. 光이 말하되 '자기 보존을 구하면서 남을 없애는 것은 沙門의 행동이 아니나 貧道가 대왕의 土地에 있으면서 대왕의 水草를 먹고도 어찌 감히 명령을 좇지 않겠습니까' 하고 곧 글을 지어 바쳤다. 2월에 고구려가 北境을 침략하여 8천인을 사로잡아 갔다.[22]

위의 기사를 놓고 볼 때 신라는 608년 이전부터 608년 2월에 걸쳐 고구려

---

20) 『三國史記』 권7, 문무왕 12년 조; 『新增東國輿地勝覽』 권6, 廣州 古蹟 條.

21) 한양대학교, 『二聖山城-3차 발굴조사보고서』, 1991, 443쪽.

22) 『三國史記』 권4, 진평왕 30년 조.

의 남진 공격에 극심하게 고전하고 있었음을 알게 된다. 이 같은 점을 염두에
둔다면 608년 정월 12일에 죽게 된 남한성도사·수성도사·촌주는 對高句麗
戰에서 전사한 것으로 풀이될 수 있다. 須城의 위치는 정확히 알 수 없으나
「광개토왕릉비문」에 의하면 백제로부터 略取한 58城名 가운데 하나인 須鄒
城으로[23] 비정한다면[24] 한강유역 어느 곳이 된다.[25] 그러므로 須(鄒)城道使
는 南漢城의 道使와 같이 出陣하여 戰死할 수 있는 정황이 가능해진다. 이 때
신라와 고구려의 경계는 대체로 임진강선으로 지목되고 있다.[26] 603년(진평
왕 25) 8월에는 고구려가 北漢山城까지 공격함에 따라 진평왕이 직접 군대 1
만을 이끌고 출진하여 막은 적이 있었다.[27] 따라서 608년에도 신라와 고구
려의 戰場半徑은 한강 이북선까지는 미쳤다고 볼 수 있다. 그러므로 남한성
(이성산성)의 도사와 그 주변 성들의 장관들이 충분히 출진할 수 있는 상황이
라고 하겠다.

또 한편으로는 이와 관련해 668년 정월을 전후한 상황도 검토해 볼 가치
가 있다. 668년(문무왕 8) 정월의 1개월 前인 667년 12월에 있었던 다음의

---

23) 須城이 須鄒城의 略記임은 그 같은 사례가 확인되고 있기 때문이다. 가령 『삼국사기』
    진훤전의 順州城을, 『삼국유사』 후백제 진훤 조에서는 順城으로 표기하고 있다. 또
    『삼국사기』 온조왕 14년 조의 "春正月遷都"를, 『三國遺事』에는 "丙辰 移都漢山 今廣
    州"라고 하였다. 여기서 漢山으로 천도한 백제 왕성은 漢山城으로 불리었겠지만, 곧
    이 城이 왕성으로 기록에 자주 나오는 漢城임은 두말할 나위 없다.

24) 수추성은 「광개토왕릉비문」에서 新來韓濊 守墓人烟戶로서 나타나고 있다. 영락 6년
    (396) 백제로부터 공취한 58城에도 이 城이 포함되었을 것으로 추정되고 있다(武田
    幸男, 『高句麗史と東アジア』, 吉川弘文館, 1989, 44~48쪽).

25) 신래한에 수묘인 연호의 출신 지역은 경기만도 일부 포함되지만 한강유역으로 그 소
    재지가 대체로 비정된다(李道學, 「永樂 6年 廣開土王의 南征과 國原城」『손보기박사
    정년기념한국사학논총』, 지식산업사, 1988, 106~107쪽).

26) 李道學, 「三國 및 統一新羅時代」『楊州郡誌』上, 1992, 124쪽.

27) 『三國史記』 권4, 진평왕 25년 조.

기사가 주목된다.

> 唐의 留鎭將軍 劉仁願이 天子의 勅命을 전달하여 고구려 원정을 도우라 하고 이내 王에게 大將軍의 旌節을 주었다.[28]

위의 기사에 의한다면 빠르면 668년 정월 쯤에는 신라측에서도 병력을 동원하여 당군의 평양성 포위를 지원하였을 가능성도 있다. 이때 남한성도사 등이 참전하였을 개연성은, 668년 9월 고구려 정벌 유공자의 포상 문구 가운데 "軍師인 南漢山의 北渠가 平壤城北門 戰功이 제일이므로 述干의 位를 주고 粟 1천석을 주었다"[29]라는 기사가 있기 때문이다. 즉 남한산 출신의 北渠가 평양성전투에 참전하고 있는 만큼 남한성도사 등도 일찍부터 對高句麗戰에 투입된 것으로 해석해도 무난하다. 그러나 668년 정월을 전후한 상황으로 좁혀 볼 때, 667년 11월에 李勣이 이끄는 당군이 철수 하였으므로, 신라군도 회군하게 되었다.[30] 그 후 신라·당의 연합군과 고구려 간의 전투는 668년 "3월 比列忽州를 설치하고 파진찬 龍文으로 摠管을 삼았다"[31]라고 한 쯤에서야 가능했다고 볼 수 있다. 더구나 그 전투 지역도 강원·함경남도 해안 지역이어야만 한다. 그러므로 이러한 정황을 무진명 목간에 보이는 해당 정월의 남한성도사 등의 戰死와는 직접 연결 짓기는 어렵지 않을까 한다. 이같은 측면에서 볼 때, 무진명 목간이 암시하고 있는 전투는 전후 상황을 놓고 본다면 608년이 근사하다고 보겠다.

---

28) 『三國史記』 권6, 문무왕 7년 조.
29) 『三國史記』 권6, 문무왕 8년 조.
30) 『三國史記』 권6, 문무왕 7년 조.
31) 『三國史記』 권6, 문무왕 8년 조.

Ⅲ. 맺음말

지금까지의 검토를 통해 볼 때 다음과 같은 사실들을 정리할 수 있게 되었다.

1) 무진명 목간에는 異字體가 확인되고 있었고, 남아 있는 字劃을 통하여서도 글자 판독이 가능하였다. 그 결과 새로운 釋文의 작성이 이루어지게 되었다.

2) 그 명문의 해석은 "戊辰年 正月 十二日에 무리로 南漢城道使…須城道使·村主가 죽은 즉, 南漢城이 孤赤하게 되었고… 성〈　〉에는 黃土(혹은, 墓)가 찼으므로(혹은, 웅덩이에는 황토가 가득하므로) 〈整備·補修가 시급하다〉"라고 되어진다.

3) 목간의 성격은 현지의 일선 지휘관들이 戰死한 관계로 인하여 피폐해진 남한성의 정비·보수를 위한 下達文件으로 해석되었다.

4) 목간에는 남한성에 대한 직접 언급이 2군데, 그리고 간접적으로 가리키고 있는 곳이 1군데가 된다. 이는 그 목간이 출토된 이성산성의 본디 城名이 南漢城임을 나타내준다.

5) 목간의 작성 연대는, 남한성도사를 비롯하여 한강유역에 소재한 것으로 추정되는 須城의 도사와 촌주 등이 參戰하여 전사하게 되는 시점과 결부지어 살펴보아야만 한다. 이러한 측면에서 圓光의 乞師表를 전후한 기록을 살펴 볼 때 607년경에 608년 2월 사이에 고구려와 신라와의 交戰이 있었다고 충분히 짐작할 수 있다. 또 608년 2월에는 고구려 군대가 신라 北境을 침략하여 8천 인을 略取해 가는 戰果를 남기고 있다. 따라서 목간의 무진년 정월 12일은, 608년의 이 戰役으로 보면 무난해진다. 그러나 이것은 어디까지나 목간의 작성 시점으로부터 과거가 된 사실에 대한 언급이므로 그것의 작성 시기는 608년 이후 어느 때로 추정된다.

6) 목간의 작성자에게 명령을 下達者는 누구일까라는 문제가 남는다. 이와 관련해 新州軍主일 가능성이 높다. 그리고 남한성의 위상 내지는 성격에 관해서는 후일의 과제로 넘긴다. 다만 몇 가지 점만을 제기해 두고자 한다. 이 목간의 내용을 볼 때 南漢城과 須城이 어떠한 형태로든 관련을 맺고 있음을 알게 된다. 비록 목간이 출토된 장소가 남한성이기도 하기 때문이겠지만 남한성도사가 수성도사보다 먼저 적혀 있고 남한성에 관한 언급이 주조를 이루고 있다. 이로 볼 때 수성은 남한성의 從的인 존재인 듯한 인상을 준다. 비약해 본다면 남한성은 수성 등과 같은 한강유역 일원 城 가운데 中心城이었을 가능성도 배제하기 어렵다. 그렇다면 남한성에는 道使 뿐 아니라 그 상급 신분의 지방관이 같이 常住했으리라는 추론을 유발시킨다. 이러한 문제 등은 이성산성의 발굴성과에 힘입어 앞으로 면밀히 검토되어야 할 과제라고 보겠다.

4장
堤川 점말동굴 花郎 刻字에 대한 考察

Ⅰ. 머리말

　본 금석문은 구석기 유적으로 널리 알려진 충청북도 제천시 점말의 용굴을
조사한 바 있는 충청북도문화재연구원 張浩秀 院長의 자료 제공으로 조사가
착수되었다. 張 院長의 말에 따르면 1979년에 연세대학교 박물관이 점말동
굴을 조사하는 과정에서 동굴 겉면의 刻字를 탁본하거나 촬영하였다고 한다
(본고에서는 용굴을 포함한 이곳의 동굴을 포괄해서 점말동굴이라고 이름한다). 그런
데 지난 2월 중순에 張 院長은 점말동굴의 刻字를 30년 만에 다시 금 확인·
조사하였다. 그리고 3월 18일에 필자는 충청북도문화재연구원의 조사팀과
함께 점말동굴의 刻字를 조사했다. 이 과정에서 점말동굴의 높은 부분에도
刻字가 존재한다는 사실을 새롭게 발견하였다. 동시에 刻字는 朱漆이 박혀
있는 丹書로 확인되었다. 그 밖에 점말동굴 발굴 현장에서 채집한 片石의 刻
字들도 연세대학교 박물관에 소장된 관계로 본고 작성에 활용하였다. 더욱이
탁본 사진과 刻字 사진이 함께 존재하였기에 兩者를 비교하면서 글자를 판독
하는 데 큰 도움을 입었다. 그리고 2009년 4월 28일 점말동굴 현장에서의
자료 공개시 R 刻字 아랫 부분의 경사진 면석에서 확인된 문자가 S 刻字인

것이다. 5월 11일에 필자는 제천시청 權奇允 선생의 도움으로 曺炅昊 선생과 함께 다시금 현장을 답사하였다. 이때 점말동굴 刻字를 꼼꼼이 살핌으로써 기존의 釋文을 재검토하게 되었다.

지금까지의 작업을 통해 차제에 본 刻字에 대한 전면적인 조사의 필요성을 절감했다. 점말동굴이 소재한 윗편에도 2개의 동굴이 소재한 것으로 알려졌다. 이에 대한 조사도 금명간 이루어져야 할 것으로 믿는다. 어쨌든 현재까지 검토해 본 바에 따르면 본 刻字는 花郎徒 관련 자료임은 분명하다고 본다. 따라서 이러한 자료를 토대로 刻字와 관련된 점말동굴의 성격과 기능을 밝히고자 했다. 그럼으로써 화랑도와 堤川 地域의 관계가 새롭게 밝혀질 것으로 본다. 참고로 필자는 화랑도의 기원에 관한 논문을 일찍이 발표한 바 있음을 밝혀 둔다.[1] 아울러 필자는 「고구려 문화권 속의 제천 지역」이라는 題下의 글을 발표한 바 있다.[2]

Ⅱ. 刻字에 대한 分析

1. 刻字의 釋文

지금까지 확인된 花郎 刻字로는 울주천전리서석을 비롯하여 고성 三日浦 암벽에 붉은 물감을 넣어 새긴 "述郎徒南石行"라는 명문, 강원도 강릉시 자가곡면 하시동리에 소재한 藥硯에 隸書로 새긴 "新羅僊人永郎鍊丹石臼"[3]라

---

1) 李道學, 「新羅 花郎徒의 起源과 展開過程」 『정신문화연구』 13-1(통권 38), 한국정신문화연구원, 1990, 13~18쪽 ; 「신라 화랑도의 기원과 성격에 관한 검토」 『신라화랑연구』, 한국정신문화연구원, 1992, 11~33쪽.
2) 李道學, 「고구려 문화권 속의 제천 지역」 『향토문화발전을 위한 심포지엄』, 제천시 · 제천문화원, 1992; 『고대문화산책』, 서문문화사, 1999, 9~16쪽.
3) 朝鮮總督府, 『朝鮮金石總覽』, 조선총독부, 1920, 108쪽.

는 명문을 꼽을 수 있다. 물론 후자는 후대에 새긴 것으로 보이지만 화랑 관련 유물임은 분명하지 않을까 싶다. 실제 이 명문은 강릉부사였던 尹宗儀가 돌절구 가장자리에 새긴 것으로 전해지고 있다. 그 밖에 『조선환여승람』에 따르면 강원도 원주시 판부면 丹邱里의 촌락 근방에 소재한 石臼를 가리켜 "세상에 전해 오기를 丹邱仙人이 鍊丹한 곳이라고 한다"고 했다. 역시 화랑 관련 유물에 관한 전승이라고 하겠다.

점말동굴 刻字는 동굴 전면의 여러 곳에 새겨져 있었다. 이 가운데 사잇굴 왼쪽 입구 안 벽과 지표와 닿은 그 아랫 부분에서 본 刻字의 가장 핵심적인 내용인 B와 C, 그리고 왼편 벽면에서 A의 명문이 확인되었다. 그리고 A와 E 및 R 刻字 윗 부분에는 둥근 홈이 파여져 있다. 바로 그 앞에 자리잡은 前室의 들보를 박았던 흔적이었다. 곧 이곳은 석굴사원으로 밝혀진 것이다. 이러한 前室 터에서 삼국 혹은 통일신라 때의 石造 誕生佛 等이 출토된 바 있다. 이 사실은 곧 佛堂과 탄생불 등이 서로 연관있음을 뜻한다. 요컨대 점말동굴이 오랜 시일에 걸쳐 신앙 유적으로 자리잡았음을 암시해 준다.

그런데 刻字가 소재한 공간을 중심으로 몇 종류로 분류하여 본 刻字의 분석을 시도하고자 했다. 이와 관련해 본 釋文에서는 刻字를 縱書로 그대로 옮겨 놓았지만 편의상 각 글자의 위치는 붙여서 기재하였다. 그리고 비록 한 종류의 글자 곁에 있는 문자라고 하더라도 필체나 크기 또는 字行의 角度가 어긋날 때는 刻者가 서로 다른 것으로 판단하여 * 표시를 하였다. 한편 P의 경우 탁본상으로는 판독이 어려웠다. 그러나 그 소재지가 확인되었으므로 차후 면밀한 판독이 필요할 것 같다. Q는 탁본으로만 남아 있는데 글자 판독이 되지 않는다. 그리고 재현되지 않는 문자의 경우는 현행 漢字로 옮겨서 釋文했음을 밝혀둔다.

A. *						B. *			*	*	C. *	*	*	*
松	廾	癸	進	三	癸	弓	祥	烏	ㄣ	大	賢	大	一	?
竹	日	亥	慶	日	亥	戟	蘭	郎	徒	守	長	孫	究	? 吉 胥?
ㄣ	陽	年	見	奉	年	宗	徒	?	ㄣ		ㄣ	義	作]	
	才	十	ㄅ	拜	五	得		リ?				節	?|	
ㄣ		一	ㄣ		月	行							リ	
		月												

D. (片石/ 사진탁본) **			E.		F. (片石)	G. (사진)	H.	I.
義	正(西)	決?		郎?	侖	金	香	芒
匹	郎			徒	郎	郎	牟	八
	徒		孝	王	製	道	行	
	陽		弼	長		行		
	月		行	ㄣ				

J. (片石/탁본)	K. (片石/탁본)	L.	M.	N.	O.
礼	庚	△	義	万	史
府	宣	此?	?	孫	ㄣ ?
中	リ	凡	リ	リ	陽

P.	Q.	R.	S.					T. (사진)
ㄣ	?	汝	?	月	?	五?	?	芒
		? 寸?	?	力?	月	扣		
		?	力		六	?		王
		?	主		月	五		
						月?		

본 刻字에서는 異體字가 많이 보인다. 일례로 '年'(A)을 비롯해서 '匹'(D)과 '礼府'(J) 등이 대표작이다. 이들 刻字는「隋 尒朱敞墓誌銘」과「隋 新鄭縣令蕭瑾墓誌銘」및「北魏 穆紹墓誌銘」에 각각 보인다. 그리고 A의 '見'은 見字 위에 'ㅣ'이 붙어 있다. 이러한 경우는 唐 新城府別將 將翼墓誌에서 확인된

다.[4) A의 '才'는 '在'의 이체자로도 사용되고 있다.[5] A의 '慶'은 확인된 바 있다.[6] C의 '宪'는 唐 紀信碑[7]와 '胥'는 唐 程郏造教碑[8]에 의하였다. C의 '作'도 필체가 확인되고 있다.[9] F의 '龠'은 '奔' 字의 이체자 표기일 가능성도 존재한다.[10] 그리고 B의 '刂'는 명백히 '行'의 이체자이다. D의 '正郎'의 '正'은 漢 郭宪碑에 보인다.[11] 그리고 D의 '義' 밑의 글자는 匹이 가장 근사하다.[12] E의 관련 刻字는 唐 獨孤仁政碑에 보이는 글자와 동일하므로[13] '弬'로 석문했다.

B의 '鳥郞徒'의 '鳥' 字는 '烏'와 '鳥'의 중간 형태에 속한다. 어느 글자인지 속단하기 어려운 구석이 있다. 그런데 '烏'의 경우 머리가 'ㅁ' 劃인 반면 '鳥'의 경우 '日' 劃이라는 차이점을 보인다. 이와 더불어 단양신라적성비에 '大鳥'와 '鳥礼'가 보이는데, 전자는 신라 관등명이고 후자는 인명이다. 여기서 大鳥는 신라의 15位 관등인 만큼, 단양신라적성비의 '鳥' 字는 분명한 준거가 된다. 그렇다고 할 때 단양신라적성비의 2곳에서 확인되는 '鳥' 字와 B의 해당 字는 기본적으로 동일한 글자임을 알 수 있다. 따라서 '鳥郞徒'로 판독하는 것이 타당하다고 하겠다.

한편 J는 예서에 가까운 필획인 '礼'와 육조체의 해서풍을 간직하고 있는 '府' 字로 구성되어 있다. 이 글자가 禮府임은 다음에서 확인된다. 우선 '礼'

---

4) 羅氏原 著·北川博邦 編, 『偏類碑別字』, 法仁文化社, 1990, 213쪽.

5) 邢澍·楊紹廉 著·佐野光一 編, 『金石異體字典』, 雄山閣出版社, 1980, 70쪽.

6) 羅氏原 著·北川博邦 編, 『偏類碑別字』, 法仁文化社, 1990, 77쪽.

7) 邢澍·楊紹廉 著·佐野光一 編, 『金石異體字典』, 雄山閣出版社, 1980, 274쪽.

8) 羅氏原 著·北川博邦 編, 『偏類碑別字』, 法仁文化社, 1990, 184쪽.

9) 邢澍·楊紹廉 著·佐野光一 編, 『金石異體字典』, 雄山閣出版社, 1980, 19쪽.

10) 邢澍·楊紹廉 著·佐野光一 編, 『金石異體字典』, 雄山閣出版社, 1980, 86쪽.

11) 邢澍·楊紹廉 著·佐野光一 編, 『金石異體字典』, 雄山閣出版社, 1980, 197쪽.

12) 羅氏原 著·北川博邦 編, 『偏類碑別字』, 法仁文化社, 1990, 24쪽.

13) 羅氏原 著·北川博邦 編, 『偏類碑別字』, 法仁文化社, 1990, 67쪽.

| ①점말동굴 | ②단양적성비 大烏의 烏 | ③단양적성비 烏礼의 烏 | ④ ③의 탁본 |

왼편부터 '烏' 字에 대한 비교

字는 다음 쪽에서 제시한 『中華民國漢字異體字辭典』에서 확인할 수 있다. 또 이와 동일한 글자는 531년에 작성된 北魏 穆紹墓誌에서 찾아진다.[14] 무엇 보다도 이 글자는 6세기 중엽에 세워진 단양신라적성비에서도 다음과 같이 보인다. 즉 烏礼와 內礼夫智라는 인명에서 각각 확인되었다.

'府' 字의 경우는 「魏 鞠彦雲墓誌」에서 동일한 글자가 확인된다.[15] 뒷 쪽에서 제시했으므로 참조하기 바란다.

점말동굴의 '礼府'

위의 점말동굴 刻字를 신라 화랑 관련 각석으로 간주할 수 있는 몇 가지 근거를 다음과 같이 제기해 본다.

첫째 화랑과 郎徒 관련 글자가 보인다. 즉 '烏郎徒(B)'·'正郎 徒(D)'·'侖郎

---

14) 北京圖書館金石組 編, 『北京圖書館藏 中國歷代石刻拓本滙編』 5권, 1989, 153쪽.
15) 羅氏原 著·北川博邦 編, 『偏類碑別字』, 1990, 63쪽.

『中華民國漢字異體字辭典』의 '礼' 字 用例

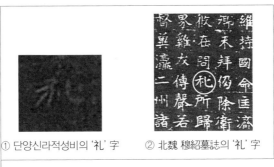

① 단양신라적성비의 '礼' 字   ② 北魏 穆紹墓誌의 '礼' 字

금석문에 보이는 '礼' 字

製(F)'·'金郎行(G)'·'徒(E)'라는 문자에서 화랑의
이름과 郎徒의 존재가 분명히 확인되고 있다. 더
욱이 金郎은 울주천전리서석에서 확인되는 화랑
이다.

둘째 서체 자체가 漢·唐代 필법의 영향을 많이
받는 등 古風을 보이고 있다. 일례로 C의 '究' 字
는 唐 紀信碑와 부합된다. 그리고 A의 '卄' 표기는
'二十'에 대한 한국 고대사회에서의 표기 용례와
부합된다. A의 '亥' 字는 남산신성비 제2비 및 제5
비 그리고 제7비와 흡사하다.

B의 '得' 字는 536년에 세워진 丙辰銘 영천 청
제비와 연결된다. H의 '卒' 字는 영일 냉수리비와
명활산성 작성비에 보이는 '卒彼'의 '卒' 字에서 확
인된다.

그리고 月城 垓字 목간에서도 '卒' 字가 보인다.[16] 16) '卒' 字자는 동해시
추암동 37호분 출토 신라 有蓋高杯에서도 확인된다. R의 '汝' 字 밑의 글자
는 명활산성 작성비에 보이는 喙部의 '喙' 字와 닮았다. 여기서 그 위에 새겨
진 '汝' 字가 '沙'로 판독된다면 '沙喙'가 되어 部名이 되는 것이다.

셋째 서약이 표시되어 있다. 가령 '大究義節(C)'·'松竹(A)'은 서약이나 다짐
을 나타내는 문자이기 때문이다. D의 경우 '義匹'로 판독되므로 "義를 짝한
다"는 의미가 되는 관계로 더욱 그렇게 볼 수 있다. 물론 '大究義節'과 '松竹'
이 인명일 가능성도 고려해야 한다. 그렇더라도 刻者의 가치 지향이 담겨 있
음은 부인할 수 없다. 이와 관련해 화랑들의 순례지였던 강원도 통천을 가리

---

16) 국립부여박물관·국립가야문화재연구소, 『나무 속 암호 木簡』, 예맥, 2009, 164~
165쪽.

키는 金蘭이라는 지명을 상기해 본다.[17] 주지하듯이 金蘭은『易經』繫辭 上에 "두 사람이 마음을 같이 하면 그 날카로움은 쇠를 끊고, 마음을 같이 하는 말은 그 향기가 난초와 같다(二人同心 其利斷金 同心之言 其臭如蘭)"는 말에서 따 왔다. 신의와 우정 즉 交友以信의 정신을 표현한 것이다. 이러한 정신으로 수련을 하던 동해안 일대를 金蘭이라 했다. 또 그러한 장소가 집중된 지역이었기에 金蘭縣으로 불렀다고 한다. 따라서 B에 보이는 祥蘭이라는 인명도 화랑들의 金蘭之交的인 정서와 무관해 보이지 않는다. 이러한 맥락에서볼 때 '大究義節'은 義와 節을 高揚시키는 문구이다. '松竹' 역시 절개와 기상을 상징하는 문자임은 분명하다. 이러한 文意를 지닌 刻字가 여러 곳에 보이는데 指向性이 담긴 글자라고 하겠다.

넷째 이름 뒤에 붙은 '行' 字는 낭도들이 다녀 갔다는 뜻이다. A의 경우 일단 "鳥郞徒인 祥蘭과 宗得이 다녀 갔다"로 해석되어진다. 이는 삼일포의 "述郞徒南石行"이나 울주 천전리서석의 문구처럼 여타 화랑도 관련 금석문 사례와 부합한다.

다섯째 '禮府'라는 관부 이름이 보이는데, 진평왕 8년에 禮部令 2인을 둔바 있다.[18] 그런데 그 禮部와는 비록 '府' 字가 다르지만, 진평왕대에 설치한位和府나 船府·調府와 같은 部署 名과 동일한 '府' 字 표기를 하였다. 그러므로 본 刻字의 '禮府'는 후대의 '禮部'와는 관련 없음을 뜻한다. 그리고 다수 확인되는 'lㄴ'와 'Ʋ' 표시는 정확한 의미를 파악하기 어렵다. 그렇지만 A의 'ㄅ'와 더불어 이들 글자는 백제 佐官貸食記 목간의 그것과 연결되고 있다.[19] 그렇다고 할 때 이 글자는 '行'의 別字가 아닌가 싶다. 그 밖에 본 刻字는 "述郞

---

17)『三國遺事』만 보더라도 金蘭은 화랑의 순례지로 2회나 언급되었다.

18)『三國史記』권4, 진평왕 8년 조.

19) 佐官貸食記에 보이는 人名 '佃首ㄅ'은 '佃首行'으로 釋文하고 있기 때문이다(국립부여박물관·국립가야문화재연구소,『나무 속 암호 木簡』, 예맥, 2009, 60~61쪽).

徒南石行"20)처럼 丹書라는 것이다.

2. '行' 字의 用例

점말동굴 화랑각자에는 '行'에 관한 표기가 이름 뒤에 등장하고 있다. 이는 아무개가 다녀갔다는 뜻을 담고 있을 것이다. 이러한 용례는 울주천전리서석의 "癸亥年二月八日沙喙△凌智小舍婦非德刀遊行時書"라는 구절에 잘 나타난다. 여기서 '遊行時'는 '놀러 왔을 때'로 해석하고 있다.[21] 동일한 울주천전리서석의 "辛亥年九月中芮雄妻幷行"라는 구절도 芮雄이 妻와 함께 왔나 간다로 해석된다. 그 밖에 동일한 금석문에 보이는 "阿郎徒夫知行"이나 "金郎屛行碧△"의 경우에 보이는 '行' 역시 '다녀 간다'의 뜻으로 받아들여진다. 三日浦 동굴에 새겨진 명문에 보면 "述郎徒南石行"[22]라고 하였다. 그런데 이 구절에 보이는 南石을 화랑 이름으로 간주하는 경향이 많았다. 그렇지만 일찍이 이러한 해석에 대한 의문이 다음과 같이 제기되었다.

> (三日)浦 남쪽 벼랑에 述郎徒南石行이라는 丹書로 6字가 새겨져 있다. 鄭西川은 南石이 四仙의 하나로 인식하고 있지만, 내 생각에는 잘못된 해석일 듯 하다.[23]

이에 덧붙여 崔岦(1539~1612)은 詩의 끝 聯에 "당시에 南石 가는 것을 유감으로 여겼을 뿐(應恨當時南石行)"이라고 읊조렸다. 실제 위의 丹書는 述郎徒가 南石에 다녀 간다는 뜻일 것이다. 이와 관련해 筆者의 舊稿를 다음과 같이

---

20) 『四佳集』 권46, '四仙亭上丹書字' 關東行.

21) 한국고대사회연구소, 『譯註 韓國古代金石文』 2, 1992, 167쪽.

22) 『東文選』 권71, 「東遊記」.

23) 『簡易集』 권28, 東郡錄, 又.

소개해 본다.

> (追記) 高城 三日浦의 四仙 遊娛地에는 "述郞徒南石行"이라는 巖刻이 있다. 이 巖刻은 四仙의 파악 및 그 遊娛地와 관련한 귀중한 문구가 된다. 그런데 이 문구의 '南石行'을 종래 "돌 위로 간다(魚叔權, 『稗官雜記』)"로, 혹은 四仙의 한 人名과 관련하여 해석하기도 하였다. 三品彰英 또한 그 의미를 해석하지 못하였다(『新羅花郞の硏究』, 136쪽). 그러나 『眉叟記言』 권28, 下篇, 山川 條 楓嶽 項에 의하면 "楡岾在毘盧東九井南 我惠莊十二年 因古寺增作之最大刹 前川出南石"이라고 하여, '南石'이 내금강산 부근에 소재한 지명임을 밝혀주고 있다. 따라서 三日浦 巖刻의 上記한 문구는 "述郞徒가 (북쪽의) 南石으로 간다"로 해석되어진다.[24]

위의 인용에서 보듯이 南石은 삼일포와는 직접 관련이 없다. 그렇지만 삼일포의 巖刻을 통해 술랑도가 승경 좋은 이곳에서 유오했음은 분명하다. 따라서 기본 논지에는 전혀 지장이 없음을 알 수 있다. 그러면 다시금 점말동굴 각자에 대한 분석을 시도해 보자. 먼저 郞徒의 존재가 보이는 것에 미루어 화랑과 낭도들이 이곳에 왔음을 알 수 있다. 그리고 '行'이라는 문자가 아주 많이 보이는데, 이는 四仙 화랑 관련 글귀에 보이는 '行'과 무관해 보이지 않는다. 화랑도가 점말동굴을 다녀 갔음을 말한다.

그러면 점말동굴에서 화랑도들이 한 일은 무엇이었을까? 이들은 이곳에 '義節'과 절개의 표상인 '松竹'을 새겨 놓았다. 이와 관련해 竹竹의 경우 대야성 전투에서 "죽죽이 남은 병졸을 모아 성문을 닫고 몸소 대항하니 舍知 龍石이 죽죽에게 말하기를 '지금 군대의 형세가 이러한데 반드시 온전할 수 없다.

---

24) 李道學, 「新羅 花郞徒의 起源과 展開過程」 『정신문화연구』 13-1(통권 38), 한국정신문화연구원, 1990, 18쪽.

항복하여 살아서 후일을 도모함만 같지 못하다' 하자 답하기를 '그대의 말이 합당하다. 그러나 우리 아버지가 나를 죽죽이라고 이름지어 준 것은 나로 하여금 추운 겨울에도 시들지 않는 절조를 지켜 부러질지언정 굽히지 말게 한 것이니 어찌 죽음을 두려워 하여 살아서 항복하겠는가?'"25)라고 하였다. 그렇듯이 竹이나 松은 절개의 표상으로 자리잡았던 것이다. 여기서 松竹을 人名으로 파악하더라도 刻者는 이러한 가치 지향점에서 크게 벗어나지 않았을 것이다. 그런데 이러한 유형의 文字는 인명 치고는 뜻이 너무 강하다. 그런만큼 C의 '松竹ㅣㄴ'은 "松竹처럼 行한다"로 해석할 여지를 남겨 뒤야 할 것 같다. 그리고 C의 '大究義節ㅣ'의 경우 "義節을 行한다"는 뜻으로 해석할 소지는 없을까? B의 '烏郎徒 祥蘭宗得行'은 "烏郎徒가 (이곳에서) 상서로운 蘭을 얻어서 갔다"는 의미로도 해석이 가능한지 여부에 대한 打診이 필요하다. 혹은 "烏郎徒인 祥蘭과 宗得이 弓戟을 하다"라는 해석도 가능해 진다.

Ⅲ. 점말동굴의 성격 분석과 화랑도

1. 화랑의 수행처로서 동굴

刻字 장소인 동굴의 존재를 주목하지 않을 수 없다. 동굴 바깥에 刻字한 이유를 찾기 위해서이다. 주지하듯이 단군신화에서 곰과 호랑이가 사람이 되기 위한 苦行處로서 동굴의 존재가 확인된 바 있다. 일본신화에도 石窟에서 神을 영접하는 굿을 하는 사례가 보인다. 北魏 황실의 祖先이 거주했던 石室 곧 石窟에는 神靈이 있다고 해서 백성들이 請願하는 일이 많았다고 한다.26)

---

25) 『三國史記』 권46, 竹竹傳.

26) 『魏書』 권100, 烏洛侯國傳.

고구려의 國東大穴 즉 隧穴은 국가적인 제의처였다.[27]

　고구려가 통치하는 지역의 행정지명인 齊次巴衣縣의 유래가 되었던 바위가 서울시 양천구에 소재한 孔巖이다. 孔巖은 국가적 차원의 제의처로 밝혀졌다.[28] 충청남도 공주시 반포면에 소재한 孔巖窟에도 유명인의 탄생설화가 깃들여 있는데, 생산과 풍요를 기원하는 제사터였다고 한다.[29] 최치원이 지은 글에 보면 삼각산에 바위를 뚫어 굴을 만든 후 국가에서 만일에 천지의 재변이 있다거나 수재나 한재 등 의심스러운 일이 발생하면 기도를 올리어 응답을 받았기에 국가에서 봄·가을에 齋를 베풀었고 연말에는 임금의 옷을 바치는 것을 정상적인 규례로 삼았다고 했다.[30] 이처럼 신라시대의 동굴 가운데는 명백히 기도처가 있었던 것이다. 진흥왕이 북한산에 올라 石窟에서 道人 곧 승려를 만난[31] 것도 이와 무관하지 않았을 게다.

　그런데 신기하게도 동굴과 화랑이 긴밀한 관련을 맺고 있다는 것이다. 예컨대 강원도 통천의 金蘭窟은 화랑의 순례지로서 2回나 기록에 보일 정도로 저명한 聖地였다. 이곳은 후대에도 토착인들의 신앙의 대상이 되었다. 매년 5월 5일에 주민들이 금란굴에 참배했다고 한다.[32] 금란굴의 정체성이 어떤 형태로든 유지되었음을 뜻한다. 그런데 이러한 신성한 동굴에는 당초 화랑

---

27) 『三國志』 권30, 東夷傳 高句麗 條.

28) 李道學, 『백제고대국가연구』, 一志社, 1995, 288~289쪽.

29) 공주시지편찬위원회, 『공주시지』 하, 2002, 1047~1048쪽.

30) 『東文選』 권64, 「三角山重修僧伽崛記」.

31) 辛鍾遠, 「'道人'使用例를 통해 본 南朝佛敎와 韓日關係」 『韓國史硏究』 59, 1987, 1~26쪽.
한국고대사회연구소, 『譯註 韓國古代金石文』 2, 1992, 72쪽.

32) 三品彰英, 『新羅花郎の硏究』, 平凡社, 1974; 三品彰英 著·李元浩 譯, 『新羅花郎의 硏究』, 집문당, 1995, 118~120쪽.

일개인만이 들어 갔다고 한다.[33] 이렇듯 금란굴은 제의나 기도처로서 이용되었다. 신라의 가장 대표적인 화랑인 김유신 역시 중악 석굴이나 열박산 동굴에서 수련하다가 신선으로부터 보검을 하사받거나 계시를 얻었다고 한다. 『삼국사기』에 보이는 다음과 같은 김유신의 행적을 통해 화랑과 동굴과의 관계를 살펴 보도록 하자.

A. 공은 나이 15세에 花郞이 되었는데, 당시 사람들이 기꺼이 따랐으니, 龍華香徒라고 불렀다. 진평왕 건복 28년 신미에 공은 나이 17세로, 고구려·백제·말갈이 국경을 침범하는 것을 보고 의분에 넘쳐 침략한 적을 평정할 뜻을 품고 홀로 中嶽 석굴에 들어가 齋戒하고 하늘에 告하여 맹세하였다. "적국이 無道하여 승냥이와 범처럼 우리 강역을 어지럽게 하니 거의 평안한 해가 없습니다. 저는 한낱 미미한 신하로서 재주와 힘은 헤아리지 않고, 禍亂을 없애고자 하오니 하늘께서는 굽어 살피시어 저에게 수단을 빌려주십시오!" 머문지 나흘이 되는 날에 문득 거친 털옷을 입은 한 노인이 나타나 말하였다. "이 곳은 독충과 맹수가 많아 무서운 곳인데, 귀하게 생긴 소년이 여기에 와서 혼자 있음은 무엇 때문인가?" 유신이 대답하였다. "어른께서는 어디서 오셨습니까? 존함을 알려 주실 수 있겠습니까?" 노인이 말하기를 "나는 일정하게 머무르는 곳이 없고 인연따라 가고 머물며, 이름은 難勝이다"라고 했다. 공이 이 말을 듣고 그가 보통 사람이 아닌 것을 알았다. 두 번 절하고 앞에 나아가 말하였다. "저는 신라 사람입니다. 나라의 원수를 보니, 마음이 아프고 근심이 되어 여기 와서 만나는 바가 있기를 바라고 있었습니다. 엎드려 비오니 어른께서는 저의 정성을 애달피 여기시어 方術을 가르쳐 주십시오!" 노인은 묵묵히 말이 없었다. 공이 눈물을 흘리며 간청하기를 그치지 않고 여섯 일곱 번 하니 그제야 노인은 "그대는 어린 나이에 삼국을 병합할 마음을 가졌으니 또한 장한 일이 아닌가?" 하고, 이에 秘法을 가르쳐 주면서 "삼가 함부로 전하지 말라! 만일 의롭지 못한

---

33) 三品彰英 著·李元浩 譯, 『新羅花郞의 硏究』, 집문당, 1995, 131쪽.

일에 쓴다면 도리어 재앙을 받을 것이다"라고 말했다. 말을 마치고 작별을 하였는데 2리쯤 갔을 때 쫓아가 바라보니, 보이지 않고 오직 산 위에 빛이 보일 뿐인데 오색 빛처럼 찬란하였다(권41, 김유신전(上)).

B. 건복 29년에 이웃 나라 적병이 점점 닥쳐오자, 공은 장한 마음을 더욱 불러일으켜 혼자서 寶劍을 가지고 咽薄山 깊은 골짜기 속으로 들어갔다. 향을 피우며 하늘에 고하여 빌기를 중악에서 맹서한 것처럼 하고, 이어서 "天官께서는 빛을 드리워 보검에 신령을 내려 주소서!"라고 기도하였다. 3일째 되는 밤에 虛星과 角星 두 별의 빛 끝이 빛나게 내려오더니 칼이 마치 흔들리는 듯하였다(권41, 김유신전(上)).

C. 유신이 이미 命을 받고 懸鼓岑의 岫寺에서 재계하고는 곧바로 靈室에 들어가 문을 닫고 홀로 앉아 분향하여 여러 날 밤을 지내고 나와서 사사로이 홀로 즐거워하며 말하기를 "나의 이번 걸음에는 죽지 않을 것이다"고 했다. 장차 떠나려 하니 왕이 손수 쓴 글을 유신에게 주었는데 "국경을 벗어난 후 상벌을 마음대로 하여도 좋다"고 하였다(권42, 김유신전(中)).[34]

위의 인용문을 통해 김유신이 화랑이었을 때 독충과 맹수가 많은 중악 석굴에 들어가 苦行·齋戒했음을 알 수 있다. 그러던 나흘째 되던 날에 홀연히 나타난 노인으로부터 김유신이 秘法을 전수받았다. 혹은 김유신은 咽薄山 깊은 골짜기 속에 들어가 수행 중 3일째 보검에 하늘의 영광이 내리는 영검을 체득하게 되었다. 이처럼 동굴이나 산 중 깊이 들어가 신령으로부터 계시를 받거나 寶劍에 영광이 내리는 수업에 화랑 기능의 일면이 시사되고 있다.[35] 그리고 C는 김유신이 전장에 나가기 직전에 岫寺 즉 '山에 있는 巖穴의

34) 『三國史記』권42, 金庾信傳(上·中).
35) 三品彰英 著·李元浩 譯, 『新羅花郎의 研究』, 집문당, 1995, 59쪽.

절'[36]에 들어가 재계한 이야기이다. 즉 이 巖穴에는 절이 있었다. 穴寺의 존 재가 확인된 것이다. 게다가 이와 연계된 靈室[37] 곧 부처상을 봉안한 佛堂의 존재까지 구체적으로 기록되었다. 따라서 C 기사를 놓고 볼 때 苦行的인 수 행처였던 동굴에는 穴寺까지 들어서 있음을 알려준다. 당초에는 무속적인 성 격의 고행처였던 동굴에 불교라는 고등종교와 褶合된 현상을 살필 수 있다. 693년(효소왕 2)에 國仙 夫禮郞이 낭도 1천여 명과 함께 순례한 금란굴은 관 음보살의 住處로 인식되었다고 한다. 역시 신성한 수도처였던 동굴과 불교와 관련된 사실이 확인된다. 이러한 사례는 많다. 가령 삼일포의 石龕에 석불이 봉안되어져 속칭 미륵당으로 불렸다. 경포대 부근의 문수당과 같은 화랑의 유적지에도 文殊·普賢 등의 불상이 봉안되어 있었다.[38]

이러한 聖域에서의 고행적 수행은 화랑의 특권이기도 했다.[39] 그런데 점 말동굴 역시 깊은 골짜기를 한참 따라 가야만 나타난다. 점말동굴은 깊은 산 중에 소재한 화랑들의 수행처와 입지 조건이 부합된다. 게다가 놀랍게도 점 말동굴에도 寺院이 소재하였다. 穴寺의 존재가 확인된 것이다. 또 동굴 마당 前室 터에서 삼국기나 통일신라기 石造誕生佛을 비롯한 불상이 출토되었기 에 기막히게 兩者는 서로 연결이 된다. 즉 석조탄생불은 대좌 연판이 삼국시 대까지 소급될 수 있는 고식의 특징을 보이고 있다. 그리고 왼손을 들고 있는 모습은 국립중앙박물관 소장의 7세기대 금동탄생불상과 연결된다. 더구나

---

36) 岫는 "岫, 山有穴也(『說文解字』)"·"山有穴曰岫(『爾雅』 釋山 條)"라고 하였다. 그러므 로 岫寺는 穴寺를 가리킨다고 하겠다. 이러한 穴寺는 서울의 삼각산 神穴寺를 비롯 해서 공주의 東穴寺·西穴寺도 동일한 범주에 속한다고 할 수 있다.

37) 韓國精神文化研究院, 『譯註 三國史記』 4, 1997, 675쪽에서 "이는 부처님을 봉안한 佛堂을 의미한다"고 해석하였다. 王勃의 「寶巖寺塔碑銘」에 따르면 역시 佛堂을 가리 키는 것 같다(中文大辭典編纂委員會, 『中文大辭典』 9, 1973, 1546쪽).

38) 三品彰英 著·李元浩 譯, 『新羅花郞의 研究』, 집문당, 1995, 225쪽.

39) 三品彰英 著·李元浩 譯, 『新羅花郞의 研究』, 집문당, 1995, 131쪽.

양자는 모두 素髮인 것이다.[40] 이에 덧붙여 평양 寺洞에서 출토된 7세기대의 고구려 금동탄생불상과의 관련성을[41] 지목해 볼 수 있다. 양자는 짧은 치마와 素髮이라는 점에서 유사성이 보이기 때문이다.

이제는 점말동굴의 성격이 자연스럽게 드러나고 있다. 점말동굴은 신라 화랑들에게는 神靈들과 交感하는 신성처로서 중요한 의미를 지닌 聖地였다. 그랬기에 화랑과 낭도들이 즐겨 찾았던 것으로 보인다. 점말동굴 刻字는 그러한 사실을 웅변해 주고 있다. 점말동굴은 신성처였기에 화랑도의 순례지로서 의미가 지대했던 것으로 보인다. 이와 관련해 "國仙 邀元郎·譽昕郎·桂元·叔宗郎 등이 金蘭을 유람할 때"[42]라는 기사를 통해서도 순례지로서 금란굴을 지목할 수 있다. 실제 점말동굴 刻字 가운데 A를 "癸亥年 5월 3일에 받들어 절하고 갔다. 나아가 기쁘게 보고 갔다"라고 해석된다면 巡禮地요 聖地에 관한 기록으로서는 適格인 것이다.

그리고 점말동굴의 기능에 관한 탐구가 필요할 것 같다. 점말동굴 각석에는 年月을 가리키는 문자로서 A의 '5월 3일'과 '11월 20일'이 각각 보인다. 주지하듯이 5월은 農月로서 播種과 관련한 농경 축제가 있다. 게다가 점말동굴 서남편에는 거대한 저수지인 의림지가 조성되어 있다. 堤川市의 삼국시대 지명인 奈吐는 '내뚝' 곧 川堤를 뜻하는데, 곧 의림지에서 연유했음은 틀림 없다. 더구나 동굴은 농경 신앙과 관련된 제의 장소로 운위되고 있다. 이러한 맥락에서 볼 때 점말동굴에 새겨진 5월이라는 문자는 농경 제의 때 이곳에 들렀던 화랑도의 존재를 암시해 줄 수 있다. 더구나 화랑도의 당초 기능이 제의 집단이었음은 결코 이러한 농경 신앙 유적과 무관할 수 없음을 단적으로

---

40) 金春實, 「제천 점말동굴 광장 출토 石造誕生佛의 고찰」『화랑의 장(場) 점말동굴 그 새로운 탄생』, 충청북도문화재연구원, 2009, 24·26쪽.

41) 강우방, 『원융과 조화』, 열화당, 1990, 79쪽.

42) 『三國遺事』 권2, 제48대 경문대왕 조.

말해준다.

그러면 이제는 J에서 이체자로 표기된 '禮府'의 성격에 대한 분석을 시도해 본다. 禮府는 곧 禮部를 가리킨다. 주지하듯이 禮部는 교육과 外交와 儀禮를 맡아본 官署였다. 이와 관련해 화랑제도의 기원을 『삼국사기』는 다음과 같이 적어 놓았다. 즉 "일찍이 임금과 신하들이 인물을 알아볼 방법이 없어 걱정하다가, 무리들이 함께 모여 놀게 하고 그 행동을 살펴본 다음에 발탁해 쓰고자 하여"[43]라고 했다. 물론 이 구절은 당초 화랑제도의 창설 목적과는 다를 수 있다. 그렇지만 결과적으로 화랑제도는 인재 발탁의 한 방안이었음은 부정할 수 없다. 인재 발탁 수단으로서의 화랑제도는 "賢佐 忠臣이 이로부터 솟아났고, 良將勇卒이 이로 말미암아 생겨났다"[44]라고 평가했을 정도로 지대한 효과를 거두었기 때문이다. 그리고 "그 후 다시 용모가 아름다운 남자를 택하여 곱게 꾸며 花郞이라 이름하고 그를 받드니, 무리들이 구름처럼 몰려들었다. 혹 道義로써 서로 연마하고 혹은 노래와 음악으로 서로 즐겼는데, 산과 물을 찾아 노닐고 즐기니 멀리 이르지 않은 곳이 없었다. 이로 인하여 사람의 사악함과 정직함을 알게 되어, 착한 사람을 택하여 조정에 천거하였다"는 구절도 시선을 멎게 한다. 여기에서 "道義로써 서로 연마하고"는 엄연히 화랑도의 교육을 말하고 있다. 그리고 "노래와 음악으로 서로 즐겼는데"라는 구절은 儀禮와 연관 있는 것이다. 화랑의 기원이 제의 집단이었던 만큼[45] 儀禮의 비중이 지대했음은 두 말할 나위 없다.

이 같은 화랑도의 수련과 제의를 맡아 본 官署가 禮府였다. 신라의 신복속지인 제천의 점말동굴 일원은 禮府에서 관장한 화랑도의 순례지이자 신성처

---

43) 『三國史記』권4, 진흥왕 37년 조.

44) 『三國史記』권4, 진흥왕 37년 조.

45) 李道學, 「新羅 花郞徒의 起源과 展開過程」『정신문화연구』13-1(통권 38), 한국정신문화연구원, 1990, 9~14쪽.

로서 확인되는 것이다.

그러면 이제는 점말동굴 刻字에 보이는 몇몇 인명을 살펴보자. 먼저 G의 金郞은 울주 천전리서석에서 "金郞屛行碧△"[46]라고 하여 보이는 金郞과 동일 인물일 것이다. 양자간의 시점상의 선후 관계는 알 수 없다. 다만 金郞은 울주천전리에는 碧△라는 여성과 함께 다녀 갔다. 점말동굴은 金郞이 平道라는 남성과 함께 다녀갔음을 알 수 있다. 경주에서 비교적 가까울 뿐 아니라 편편한 암반이 많은데다가 편하게 노닐 수 있는 곳은 천전리 일대였다. 그런 관계로 여성들이 수종하는 경우가 많았던 것 같다. 혹은 이 行에는 '平道' 2字만 새겨져 있는 관계로 별 이름과 연결시킬 수도 있다. 화랑 김유신과 관련 있는 天官女의 天官도 별 이름이었음이 상기되기 때문이다. 특히 김유신이 열박산에서 기도할 때 虛星과 角星, 이 두 별빛 끝이 김유신의 칼에 내려 왔다고 한다.

그러한 화랑의 동굴 수행과 관련한 靈星으로서 '平道'의 존재를 생각할 수는 없을까? 그리고 B의 祥蘭은 인명으로 볼 수 있다. 그런데 공교롭게도 필사본 『화랑세기』에 보면 '蘭' 字가 붙는 인명이 적지 않다. 그런데 이 책에서는 冬蘭만 남자 인명일 뿐 그 나머지 蘭若·比蘭·五蘭·昔蘭·明蘭은 여성 인명이다.[47] 그리고 B에 보이는 烏郞은 화랑 이름의 끝 글자일 가능성이 높다. 왜냐하면 "安祥은 俊永郞의 낭도라고 하지만 확실하지 않다"[48]라는 기사에서 보듯이 四仙의 한 명인 永郞은 기실 그 이름이 俊永郞이었음을 알 수 있다. 이 경우 인명의 끝 字로 略記하고 있는 것이다. 화랑 국선의 효시인 薛原

---

46) 황수영·문명대, 『盤龜臺』, 동국대학교출판부, 1983, 196쪽.
　　한국고대사회연구소, 『譯註 韓國古代金石文』 2, 1992, 173쪽.

47) 이종욱 역주해, 『화랑세기-신라인의 신라 이야기』, 소나무, 1999, 124·198·201
　　·205쪽.

48) 『三國遺事』 권3, 백률사 조.

郎을 思內奇物樂을 지은 原郎과 동일 인물로 간주하고 있다.[49] 요컨대 烏郎은 200여 명에 이르렀다는 신라 '三代花郎' 가운데 한 명이었을 것이다.

이러한 烏郎의 실존을 뒷받침해 주는 근거가 月城 垓字 목간의 "大烏知郎足下"에 보이는 '大烏知郎'이라는 人名이다. 여기서 '知'는 於宿知述平의 '知'나 단양신라적성비 등에서 보이는 '智'와 마찬 가지로 이름 뒤에 존칭어미로 붙고 있다. 그러므로 大烏郎이 된다. 그런데 앞에서 언급한 바와 동일한 이름 끝자 略記로 인해 '烏郎'으로 표기되었을 가능성이 지극히 높다. 더욱이 월성 해자 목간은 왕궁 관련 기록물로서 대체로 6~7세기대의 것이라고 한다.[50] 이 같은 월성 해자 목간의 제작 시점은 점말동굴의 刻字 시점과 무리 없이 연결된다.

2. 점말동굴 일대의 경관–화랑도의 유오처로서 적합한가?

화랑의 유오지는 "산과 물을 찾아 노닐고 즐기니 멀리 이르지 않은 곳이 없었다"[51]고 한 만큼 넓은 반경에 걸쳐 그 흔적이 남겨졌을 것이다. 비록 후대의 자료이지만 王弟인 無月郎이 낭도를 이끌고 산수간에서 놀았다는[52] 전설은 화랑의 행적이 오랜 동안 膾炙되었음을 뜻한다. 許均은 "나는 바로 述郎의 무리로 구려(吾是述郎徒)"라고 읊조린 후 "南袞의 白沙汀記에 '阿郎浦는 곧 옛적에 화랑이 놀던 곳이다. 그래서 阿郎浦가 된 것이다'고 하였다"[53]고 했다. 그리고 "阿郎은 述郎을 말한다. 永郎의 무리였다. 지금 阿郎浦가 있는 즉

49) 三品彰英 著·李元浩 譯,『新羅花郎의 硏究』, 집문당, 1995, 86쪽.

50) 국립부여박물관·국립가야문화재연구소,『나무 속 암호 木簡』, 예맥, 2009, 160쪽.

51)『三國史記』권4, 진흥왕 37년 조.

52)『惺所覆瓿藁』권7, 文部 4, 鼈淵寺古迹記.

53)『惺所覆瓿藁』권1, 詩部 1, 白沙汀.

그들이 놀던 곳이다"고[54] 했다. 阿郞이라는 화랑 이름에서 황해도 옹진군에 속한 浦口 이름이 유래했음을 밝히고 있다. 阿郞의 존재는 울주 천전리 서석에서도 그 이름이 확인된다.

고려 말 李穀의 「東遊記」에 보면 총석정의 사선봉·금란굴·삼일포의 석감과 사선정·영랑호·경포대·한송정·월송정 등지가 화랑 四仙의 유오지로 전해진다. 이들 지역은 금강산 내지는 해금강으로 불려지는 경승지를 중심으로 남쪽으로 이어지는 지대로서 예로부터 산수가 뛰어나 신선 취미의 시인 묵객이 감탄을 멈추지 못하던 곳이기도 하다.

서거정은 이곳을 가리켜 "내가 생각하건대 우리 東韓 山水의 뛰어남은 關東을 으뜸으로 삼는다"[55]고 칭송했다. 이러한 海東第一의 仙境은 바로 仙人과 나란히 하는 화랑도의 유오지였던 것이다.[56] 그리고 금강산이나 오대산도 화랑도의 유오지로서 유명하다. 그 밖에 화랑도의 유오지였던 울주 천전리 일대의 승경도 빼어나기 이를 데 없다. 시냇물이 U 字形을 이루며 암벽을 따라 흐르고 있으며, 인근에는 盤龜臺라는 絶景이 소재하였다.

그러면 점말동굴 일대는 화랑의 유오지에 맞게 끔 경관이 수려한 것인가? 충청북도 제천시 송학면 포전리 산68-1에 소재한 점말동굴은 동편으로는 영월의 주천강이 흘러 가고 있고, 서남편으로는 유명한 의림지가 소재하였다. 주천강이나 의림지 양측 모두 화랑들이 며칠간 머물 수 있는 유오지로서는 적격인 환경이라고 할 수 있다. 四仙들이 3일간 머물다 간 곳이라해서 삼일포라는 이름이 붙게 된 호수는 절경으로 정평이 나 있다. 그리고 속초의 영랑호는 영랑이라는 화랑 이름에서 취한 것이 아닌가? 바로 이러한 삼일포와 영랑호에 견줄 수 있는 의림지를 끼고 있을 뿐 아니라 울주 천전리와 유사한

---

54) 『芝峰類說』 권13, 文章部 6, 東詩. "阿郞謂述郞 永郞之徒 今有阿郞浦 卽其所遊處也"

55) 『四佳集』 권1, 江陵府雲錦樓記.

56) 三品彰英 著·李元浩 譯, 『新羅花郞의 硏究』, 집문당, 1995, 114쪽.

주천강에 인근한 점말동굴 일원에서 화랑도가 유오했음은 분명해 보인다.

그런데 단순히 勝景만 놓고서 화랑도가 유오했으리라는 생각은 속단이 될 수 있다. 화랑도들에 대한 誘引 요인이 인근에 소재하고 있을 때 설득력을 얻을 수 있기 때문이다. 이와 관련해 제천시 한수면에 소재한 月岳山이 주목된다. 월악산은 신라 때 국가에서 小祀를 지냈던 月兄山을 가리킨다.[57) 실제 월악산에는 月岳祠라는 사당이 존재하였다.[58)

바로 월악산은 국가적 제의 집단으로서의 성격을 지닌 화랑도를 유인할 수 있는 대상으로서는 適格이 아닐 수 없다. 계립령을 넘으면 나타나는 월악산이라는 국가적 제의 산악, 농경과 연계된 의림지라는 거대 저수지와 관련한 농경 의례 등을 상정해 본다. 더구나 제천 지역은 6세기 중엽 신라의 신복속지였다. 신라가 이곳에 국가적 산악을 설정했음은 그 비중을 헤아린 證左라고 할 수 있다. 경주를 출발해 계립령을 넘어 제천 지역에 들어선 화랑도에게는 신복속지일 뿐 아니라 선배 화랑들의 수도처일 수 있는 점말동굴을 간과하지 않았을 것이다. 이러한 맥락에서 화랑의 흔적과 관련하여 제천시 덕산면에 소재한 多郞山(높이 591m)과 제천시 봉양읍의 侍郞山(높이 691m)이라는 山名이 주목을 요한다. 그리고 제천시 봉양읍 두무실의 성문산에 소재한 제비랑성의 존재이다. 신라의 제비화랑이 이곳에서 陣을 치고 前哨 基地로 삼았다는 전설이 남아 있다.[59) 게다가 제천시 송학면 시곡리에는 '화랑뜰'이 전한다. 요컨대 이러한 전설은 화랑의 발길이 제천 일원에 미쳤음을 뜻하는 유력한 證左일 것이다. 곧 화랑도 순례지로서의 점말동굴이 지닌 성격을 십분 상정해 볼 수 있지 않을까 싶다.

화랑 유적지에는 이곡의 「東遊記」에 보듯이 경포대라는 큰 호수 곁에 세워

---

57) 『三國史記』 권32, 祭祀 條.

58) 『新增東國輿地勝覽』 권14, 忠州牧, 祠廟 條.

59) 제천시지편찬위원회, 『제천시지』 中, 제천, 2004, 171쪽.

진 한송정 가에 四仙의 茶具에 관한 언급이 전하고 있다. 즉 石竈·石池·石井을 가리킨다. 이와 관련하여 國仙花郎이 茶 끓이는 행사를 행한 것으로 추측하고 있다. 그리고 또 많은 자료를 근거로 煎茶가 화랑의 종교적 의례로서 행해졌음이 밝혀졌다.[60] 승려나 화랑들에게 飮茶의 기풍이 있었다고 한다. 그럼으로써 그윽하고 맑은 정신세계를 찾을 수 있었다. 또 이는 修行이나 風流와도 연계되어 있다고 한다. 그리고 경포대에는 仙藥을 만들던 돌절구가 남아 있었다고 한다. 화랑도와 仙藥의 관계를 암시해 주는 것이다. 강릉에 소재했던 "新羅僊人永郎錬丹石臼"라는 명문은 신라 仙人 永郎이 錬丹하던 돌절구라는 뜻이다. 비록 후대인의 인식이더라도 역시 화랑과 錬丹과의 관련성을 말해준다. 丹은 丹砂를 가리키는데, 『抱朴子』에서 영원불멸하는 물질로 운위되고 있다. 이는 화랑과 神仙術 나아가 '神藥'을 결부 지어 해석하는[61] 근거가 되기도 한다. 堤川市 일원에서 화랑과 관련된 錬丹하던 石臼나 煎茶의 흔적을 찾는 일이 앞으로의 과제로 남았다. 그에 앞서 점말동굴 일원에 대한 조사가 선행되어야 할 것 같다.

Ⅳ. 맺음말

구석기 유적으로 유명한 제천 점말의 용굴을 조사·발굴하는 과정에서 동굴 바깥 주변의 刻字가 확인되었다. 이러한 刻字를 분석한 결과 花郎과 郎徒들이 다녀 간 흔적으로 밝혀졌다. 刻字의 書體로 볼 때 남산신성비·병진명 영천 청제비·단양적성비의 그것과 연결되고 있다. 심지어는 중원고구려비의 서체와 동일한 글자도 지목되었다. 이러한 점에 비추어 볼 때 점말동굴 刻

---

60) 三品彰英 著·李元浩 譯, 『新羅花郎의 硏究』, 집문당, 1995, 131~132쪽.
61) 『東文選』 권31, 「八關會仙郎賀表」.

字는 삼국기에 처음 刻石되었음을 알 수 있다. 필시 여러 시기에 걸쳐 다수의 인물들이 남긴 刻字로 판단할 수 있었다. 점말동굴 刻字의 上限으로 지목되는 A의 '癸亥年'은 603년(진평왕 25)으로 비정된다. 더욱이 점말동굴 刻字에 보이는 鳥郞은 월성 해자 목간에 등장하는 大鳥知郞과 동일 인물로 지목할 수 있었다.

동굴은 예로부터 신성처였다. 그랬기에 화랑들이 동굴에서 神靈을 만난다거나 苦行·修道할 수 있는 장소였다. 이 점은 김유신의 사례에서 歷然하게 확인되고 있다. 점말동굴에 화랑 관련 刻字가 남겨지게 된 배경도 이러한 맥락에서 살피는 게 지극히 자연스러워진다. 이와 더불어 刻字에 기재된 5월은 播種期로서 農耕과의 깊은 연관성을 암시해 준다. 점말동굴 서남쪽에는 교과서에 게재될 정도로 유명한 의림지가 소재하였다. 의림지는 두 말할 나위없이 인공 저수지인 것이다. 의림지 역시 농경과의 관련성은 贅言을 필요로 하지 않는다. 더욱이 隧神의 성격을 女性의 農業神으로 간주하는 견해를 취한다고 할 때 더욱 그러한 생각이 든다. 그런데 고등종교인 불교와의 褶合을 통해 신라의 대표 화랑인 김유신의 祈禱處처럼 점말동굴에도 前室이 설치된 석굴사원이 조성된 사실이 확인된다. 더욱이 前室 터에서 불상이 출토되었기 때문이다. 두 말할 나위 없이 穴寺의 존재가 확인된 것이다. 샤먼적인 요소를 바탕으로 한 전통적인 화랑도의 속성에 불교적인 요소가 습합되는 일은 족히 확인되었다. 花郞 金庾信의 龍華香徒가 著例가 아니겠는가? 이와 마찬가지로 점말동굴도 그 기능적 속성이 이와 같이 변화된 것으로 보인다.

신성처이자 화랑의 고행처이기도 했을 점말동굴은 그 동편에 영월의 주천강과 이웃하고 있다. 그 서편에는 승경이 빼어난 의림지와 인접하였다. 이러한 외적 배경으로 인해 점말동굴 일대는 山川을 跋涉했던 화랑도들의 巡禮地요 聖地로 보인다. 刻字에 보이는 '禮府'는 교육과 의례를 관장했던 신라의 禮部를 가리킨다. 나아가 이 禮府가 화랑도의 교육과 의례를 맡아 보았음을 시사받을 수 있다. 戰士團으로서 戰場에 투입되기 이전 수련기의 화랑도는 禮府 소관이었음을 생각하게 한다. 화랑도의 遊娛에는 敎育과 儀禮라는 兩者의 속성과 기능이 내포되었기 때문이다. 이 점 새롭게 밝혀진 사실이라고 하겠다. 화랑도 자체가 임의 단체라고 하더라도 '國仙花郎'이 존재하고 있을 뿐 아니라 국가에서 인재 발탁 수단으로 창설했다. 또 화랑도는 戰士團으로 기능했던 점에 비추어 볼 때 국가에서 화랑도 조직을 관장했음은 필지의 사실이라고 하겠다.

그 밖에 刻字에 보이는 인물의 존재가 다른 금석문이나 문헌에서의 확인 여부이다. 이와 관련해 '金郎'의 존재는 울주천전리서석에서 확인되었다. 이 점 대단히 흥미로운 사실이라고 할 수 있다. 그리고 B의 祥蘭이라는 인명처럼 '蘭' 字가 들어간 이름은 필사본『화랑세기』에만 6명이나 등장한다.

지금까지의 분석을 통해 점말동굴이 화랑도 유적지임이 밝혀졌다. 사실 堤川 地域은 화랑도에 관한 傳乘이 유달리 몰려 있는 곳인데다가 화랑도와 연관 지을 수 있는 祭儀나 遊娛 현장을 갖춘 곳이었다. 이와 더불어 화랑도의 종교적 의례로서 煎茶와 연계된 茶具의 존재를 상정하지 않을 수 없다. 또 화랑도 관련 전설에 대한 폭 넓은 채집이 필요하다. 그럼에 따라 6세기 중반 소백산맥을 넘어 제천 지역을 자국 영토로 복속시킨 신라인들의 기세 속에서 점말동굴의 花郎 刻字가 지닌 역사적 의미가 다각도로 조명될 수 있을 것이다. 나아가 화랑의 연단술이나 煎茶 풍속은 堤川 地域 관련 産業의 뿌리로서 역사적 의미를 한층 깊게 해 준다.

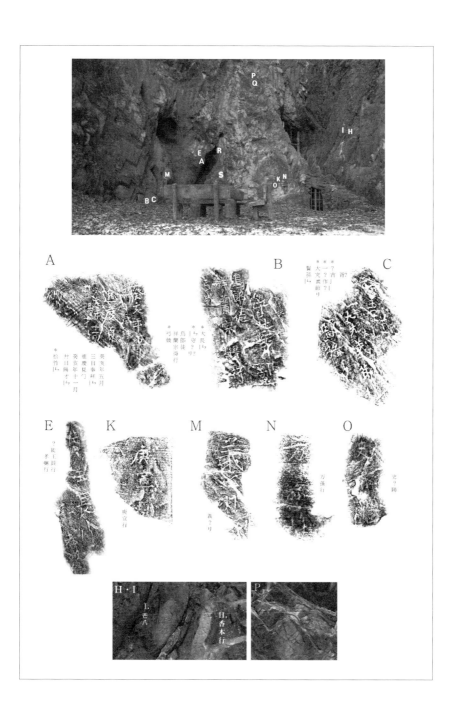

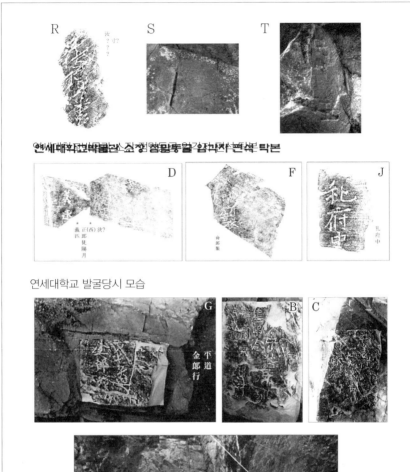

연세대학교박물관 소장 명문등 암각자 면석 탁본

연세대학교 발굴당시 모습

新羅·加羅史 研究

제3부

산성

1장
加羅系 山城의 한 類型에 관한 檢討

Ⅰ. 머리말

삼국시대의 山城은 그 立地的 여건이나 築城 방법에 따라 다양한 형태의 구조를 보이고 있다. 그런데 옛 加羅 지역인 경상북도 高靈과 경상남도 咸安에는 특이한 구조의 山城이 존재하고 있어 일찍부터 주목을 받아왔다. 즉 서로 마주하는 2개의 산봉우리에 각각 2개의 城壁이 축조되어 있으며, 그것을 外城이 둘러싸고 있는 형식이다. 이러한 성곽 구조를 처음으로 주목한 今西龍은 이를 '加羅式 山城'으로 호칭한 바 있다.[1]

그러나 본고에서는 그 성의 구조에 주목하여 '雙內城式 外城'으로 이름하고자 한다. 그러면서 加羅 地域에서 보이고 있는 雙內城式 外城의 기원과 그 출현 배경에 관하여 검토해 보고자 한다. 이러한 검토를 통해 加羅諸國의 발전 과정과 그 사회 구조적 특질 구명에 一助할 수 있으리라고 믿어지기 때문이다.

---

1) 今西龍,「加羅疆域考」『史林』4, 3·4호, 1919, 313·338쪽.
　　今西龍,『大正六年度 古蹟調査報告』, 1920, 281·282·448쪽.

Ⅱ. 雙內城式 外城 구조의 山城

쌍성식 外城 구조의 山城으로서 우선 경상북도 고령의 主山城(耳山城)을 꼽을 수 있다. 主山城은 표고 311m의 主山에 위치하고 있는데, 주산 전면에 있는 대지는 王宮址로 전승되어 오고 있으며 백제계 瓦當이 발견되기도 하였다. 그리고 主山의 남쪽으로 뻗어 있는 丘陵上에는 王陵을 포함한 지산동 古墳群이 밀집되어 있으므로, 主山城은 大加羅의 중심부에 위치한 가장 중요한 山城임을 알 수 있다. 그런데 主山의 산 정상에는 石築의 內城이 둘러 싸여 있으며, 그 西南쪽에 소재한 작은 봉우리에는 土築의 또다른 內城이 둘러 싸고 있다. 그리고 산 정상 부근의 西쪽에서는 두 개의 內城을 연결하는 둘레 1,035m 규모의 外城이 築造되어 있다.[2] 이 外城은 주로 內托法을 사용한 石築 구조물이다.

이처럼 쌍성식 內城과 外城을 갖춘 城壁 構造는 같은 고령 지역인 운수면 월산리의 云羅山에도 보인다. 主山城에서 北쪽으로 4.5km 떨어진 곳에 소재한 標高 266m의 云羅山에는, 그 동쪽과 서쪽으로 약 250m 相距한 봉우리에 각각 테뫼식 石築 구조의 內城이 築造되어 있다. 이 두 봉우리를 7부 능선에서 연결한 石築으로 된 外城이 둘러졌다. 이 外城의 북쪽에는 城壁이 존재하지 않는다고 하지만 그곳은 경사가 가파른 곳이기 때문에 그 築造를 필요로 하지 않았기 때문일 것이다. 경사가 급한 서쪽에 外城壁이 築造되지 않

---

2) 주산성의 이러한 구조에 관해서는 경북대학교 박물관, 『伽耶文化遺蹟保存 및 自然資源開發計劃』, 1986에도 언급되어 있다. 주산성에 관한 정밀조사는 대구박물관, 『主山城地表調査報告書』, 1996에 자세히 서술되어 있다. 그런데 주산성의 本城 자체만 본다면 二重城으로서, 고구려 성인 서흥의 大峴山城이나 신원의 長壽山城 등과 동일한 구조로 간주할 수도 있다. 그러나 이러한 구조 가 돌연한 것이라기 보다는 운라산성이나 봉산성의 그것과 불가분의 관련을 맺고 있다고 판단 되므로, 주산성 本城 내의 小城과 그 서남쪽의 小城은 모두 內城으로 파악하고자 한다.

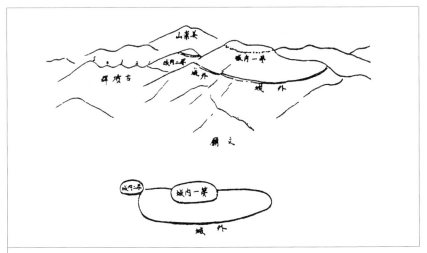
주산성(『대정6년도 고적조사보고』에서)

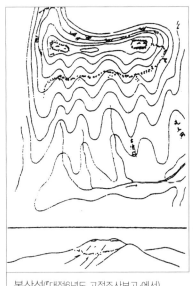
봉산성(『대정6년도 고적조사보고』에서)

은 이유도 이와 같았을 것이다. 이 云羅山城은 북쪽으로는 성주 방면으로 향하는 교통로의 분기점에 자리잡은 교통의 요충지일 뿐 아니라, 그 인근에는 월산동 古墳群이 위치하고 있는 데서 짐작되듯이 단위행정의 거점이기도 하였다.

이 같은 城壁 構造는 咸安의 蓬山城에서도 찾을 수 있다. 咸安邑에서 서북쪽으로 약 8km 떨어진 標高 약 260m의 三蓬山에 위치한 蓬山城은 云羅山城과 유사한 馬鞍形 지형에 築造되어 있다. 이 三蓬山의 양 끝 봉우

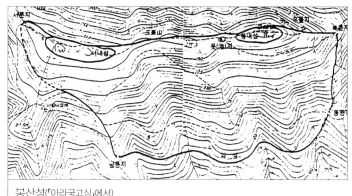

봉산성(『아라국고성』에서)

리에 內城이 각각 築造되어 있으며, 이들 內城의 전면 곧 남쪽에서 연결하는 형태로 外城이 나타난다. 후면에는 外城壁이 나타나고 있지 않지만 이곳은 경사가 가파른 곳이기 때문에 設築하지 않았던 것으로 생각된다. 城壁은 모두 石築이며 동쪽 內城의 길이는 약 250m, 서쪽 內城의 길이는 400m, 그리고 外城의 길이는 2.2km로 알려져 있다.[3]

Ⅲ. 雙內城式 外城 구조 城의 기원

앞에서 열거한 이 같은 城壁 構造의 기원에 관해서는 최근 백제계 山城의

---

3) 고령의 主山城과 云羅山城, 함안의 蓬山城의 입지적 조건과 구조적 특색에 관한 서술은 다음이 참고된다.

今西龍, 『大正六年度 古蹟調査報告』, 1920, 284~289·448~452쪽.

高正龍, 「伽耶末期 山城 改築에 관한 一考察(上)」 『伽倻通信』 15·16합집, 1986, 11~15쪽.

아라가야향토사 연구회, 『安羅國古城』, 1996, 41~45쪽.

대구박물관, 『主山城地表調査報告書』, 1996, 12~25·112쪽.

영향을 강조한 견해가 제기된 바 있다.[4] 즉 백제의 복합식 山城이 加羅의 이 같은 城壁 構造의 기원이 되었으며, 그 동기는 544년 백제의 이른바 任那再建을 위한 三策 가운데 보이는 六城 修繕 제안에 근거하고 있다. 『일본서기』에 의하면 신라는 昌原으로 추정되는 卓淳을[5] 점령한 후 久禮山城을 장악하였다. 이에 대항할 목적으로 백제는 함안 동북방의 낙동강변에 기존 가라 6 城을 修繕하게 된다.[6] 이를 좀 더 부연 설명한다면 낙동강 西岸 지역에 진출하여 신라가 장악한 久禮山 5城에 대항할 목적으로, 백제는 그 접경 지역에 소재한 6城을 수선하여 백제군을 배치한다는 시책에 따라 기존의 加羅山城들이 백제계 城으로 改築되었으리라는 추정에 근거하고 있는 것이다. 그렇다면 앞서 열거한 加羅系 山城은 백제의 낙동강유역 진출의 산물이 되는 셈이다.

그러나 이 같은 견해는 수용하기 어렵지 않을까 한다. 왜냐하면 雙內城式 外城 構造는 그 전형이 백제 지역에서 확인되지 않고 있기 때문이다. 특히 後述하겠지만 이 논자가 주장하듯 본디 內城 하나만 築造된 상태에서 백제계 山城의 영향을 받아 또 다른 內城과 兩 內城을 연결하는 外城이 築造되지 않았음은, 咸安의 門岩山城의 예를 통해 볼 때 드러나게 된다. 왜냐하면 門岩山城은 2개의 마주 보는 산봉우리에 築造된 雙城으로서 外城을 갖추고 있지

---

4) 高正龍, 「伽耶末期 山城築造에 대한 一考察(下)」 『伽倻通信』 17, 1988, 17쪽.
  이 견해는 가라 지역에서 나타나는 특이한 성벽 구조에 주목했고, 그것을 가라에 영향을 미친 백제에서 찾고 있다는 시각 자체는 의미가 큰 것으로 평가된다.

5) 金泰植, 『加耶聯盟史研究』, 일조각, 1993, 186쪽.

6) 『日本書紀』 권19, 欽明 5년 11월 조.
  金泰植, 『加耶聯盟史研究』, 일조각, 1993, 185~186쪽.
  이 6城은 낙동강 하류 西岸 지역으로 추정된다(李道學, 「高句麗의 洛東江流域 進出과 新羅・伽倻經營」 『國學研究』 2, 1988; 『高句麗 南進經營史의 研究』, 1995, 416쪽).

않다.[7] 그러나 이것이 그 본디 형태임을 나타내 주고 있기 때문이다. 그러니까 2 城間의 거리는 불과 200여 m 밖에 되지 않기 때문에,[8] 이 2성은 상호 별개의 성이라기보다는 하나의 단위체로 파악하는 게 타당할 것 같다. 만약 쌍내성식 외성 구조에서, 내성 1개와 외성이 후대에 加築된 것으로 본다면, 쌍내성으로만 남아 있는 문암산성과 같은 성벽 구조에 대해서는 설명이 어렵다.

아울러 이 논자가 주장하듯 가라 지역에 진출한 백제가 修繕하였을지도 모르는 '6城'은, 당시의 對新羅 접경 지역이기 때문에 앞서 소개한 城壁 구조와는 직접 연결짓기 어렵지 않을까 한다. 왜냐하면 雙內城式 外城 構造는 결코 가라제국의 당시 변경이라고 도저히 생각할 수 없는 安羅의 중심부와 더불어 오히려 그 내륙 깊숙이 자리잡은 고령에도 나타나고 있지만, 그 밖의 지역에서는 아직껏 확인되지 않았기 때문이다.

그러면 雙內城式 外城 構造의 기원과 관련하여 咸安의 門岩山城을 다시금 주목하고자 한다. 蓬山城과 東西로 상대하고 있는 산에 자리잡은 門岩山城은 晉州·馬山 街道를 끼고 있는 평야 중에 자리잡은 石築山城이다. 그런데 이 門岩山城은 앞서 지적했듯이 外城이 없는 東西 두 개의 雙城으로만 되어 있는데, 동쪽 城의 標高가 더 높으며, 규모도 더 크다. 이러한 雙城 구조가 主山城이나 蓬山城 및 云羅山城의 본디 형태였을 가능성이 크다고 보겠다. 다시 말해 外城은 後代에 加築되었을 것으로 간주하고자 한다.

이 같은 추정과 관련하여 主山城의 구조를 다시금 주목하고자 한다. 왜냐하면 主山城의 外城은 가라 멸망 이후에 築造되었을 가능성도 존재하기 때문이다. 물론 이 外城 부분의 후대 加築 가능성에 관하여 井上秀雄도 지적한 바

---

7) 今西龍, 『大正六年度 古蹟調査報告』, 1920, 290~292쪽.

8) 아라가야향토사연구회, 『安羅國古城』, 1996, 60~61쪽.
   큰 성은 둘레 1,100m이고, 작은 성은 둘레 330m 규모이다.

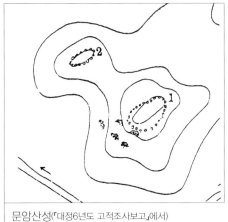
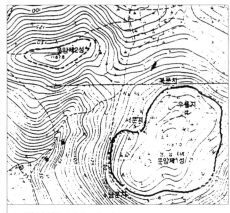

문암산성(「대정6년도 고적조사보고」에서) 문암산성(「아라국고성」에서)

있다. 그는 그 加築 시기를 고령이 대가라의 首都였던 때이거나, 신라의 九州
의 州郡制가 확립되었을 때로 보았지만[9) 正鵠을 찌르지는 못하였다고 생각
된다. 왜냐하면 『三國史記』文武王 13년 9월 조의 다음과 같은 기사를 유의
하지 않았기 때문이다.

> 9월에 國原城(옛 薍長城), 北兄山城, 召文城, 耳山城, 首若州의 走壤城(一
> 名 迭巖城), 達含郡의 主岑城, 居烈州의 萬興寺山城, 歃良州의 骨爭峴城을 쌓
> 았다.[10)

위의 기사는 羅唐 戰爭期에 新羅가 國防上의 요충지에 築造한 山城들을 가
리킨다. 여기서 耳山城은 고령의 主山城으로 간주되고 있다. 그런데 主山城
은 그 인근의 池山洞 古墳群과 관련지어 볼 때 대가라의 중심 城이 분명하다.

---

  9) 井上秀雄, 「朝鮮の山城」 『東北大學日本文化研究所研究報告』 第15集, 1979, 85쪽.
10) 『三國史記』 권7, 문무왕 13년 조.

그런 만큼 이 기사처럼 文武王 13년(673)에 初築되었다고 볼 수는 없을 것이다. 그렇다고 할 때 唐軍의 침공에 대비하여 교통의 요지에 일련의 築城을 전개한 文武王 때의 耳山城 築造는, 결국 外城의 축조를 뜻할 가능성이 높다. 統一期 新羅의 전략적 비중에 비추어 볼 때 소규모 雙城 構造의 主山城으로는 대규모 唐軍의 공격을 방어하기에는 미흡하다고 판단되었기 때문이었을 것이다. 다시 말해 主山城 내 2개의 內城은 대가라 시기에 築造되었고, 그것을 에워싸고 있는 外城은 新羅 統一期에 그 전략적 비중이 증대됨에 따라 築造된 것으로 판단된다. 이 같은 추정은 실제 主山城과 같이 위의 인용문에 보이는 김文城(경북 의성의 금성산성)에서 改築의 흔적이 뚜렷하게 드러나고 있는 데서도[11] 뒷받침된다고 하겠다.

그렇다고 하면 본디 雙城에 불과하였던 云羅山城과 蓬山城이 主山城과 마찬가지로 外城이 加築된 배경을 살펴보아야만 할 것 같다. 앞서 언급했듯이 云羅山城은 교통로에 자리잡은 전략적 요충지임을 생각할 때, 673년 主山城의 增築과 더불어 방어력의 補强을 위하여 外城이 加築된 것으로 보여진다. 主山城과 근거리에 소재한 云羅山城은 상호 하나의 방어단위체가 되기 때문이다. 그리고 蓬山城이 자리잡은 咸安에는 통일신라의 김三停이 설치된 바 있다.[12]

이 같은 軍團의 주둔과 蓬山城의 外城 加築을 관련지을 수 있지 않을까 한다. 그러나 엄밀히 보아 소삼정의 소재지인 군북면 일원에는 防禦山城이라는 성이 확인되고 있다. 게다가 이 성이 삼국 및 통일신라기의 성곽일 가능성은 높다. 그럼에도 봉산성과는 떨어져 있지만 소삼정 군단은 그 주변의 성들을 군사적 시설물로 이용하였을 가능성이 높다. 그렇다면 소삼정은 오히려

11) 大邱大學校博物館,『義城郡 文化遺蹟 地表調査 報告』, 1987, 150쪽.
12)『三國史記』권40, 雜志.
    李文基,『新羅兵制史硏究』, 일조각, 1997, 144쪽.

그 거점인 함안군 군북면에서 창원 마산쪽으로 나가는 가도에 있는 가야읍의 봉산성을 이용하였을 가능성을 높여주고 있다. 실제 소삼정의 소재지에서 가장 가까운 위치에 있는 성곽은 방어산성을 제외하고는 봉산성이 있다. 그리고 이와 관련해 통일신라의 10停이 설치된 곳은 군사적 요충지가 분명한 만큼, 그 주변의 군사적 시설물인 城壁에 대한 改修 내지 增築이 가능하다는 점을 얼마든지 생각할 수 있지 않을까 한다.

이러한 측면에서 생각할 때 蓬山城 또한 통일신라기에 外城이 加築되었다고 보여진다. 특히 기존의 雙城은 蓬山城의 경우 그 둘레가 360~400m에 불과한 데서 알 수 있듯이 대체로 소규모였다. 그러므로 山城 기능의 확대와 방어력의 補强을 위해서는 外城 築造가 필요했을 것이기 때문이다. 그러나 같은 雙城인 門岩山城의 경우 外城이 加築되지 않고 있다. 그 이유는 雙城 각각의 높낮이 차이가 있을 뿐 아니라 산 자체의 해발이 낮기 때문에 外城의 기능이 충분히 발휘될 수 없다고 판단한데 따른 게 아닐까 싶다.[13]

그러나 지금까지의 논지 전개에는 전면적인 의문이 제기되어진다. 왜냐하면 전라남도 해남군 삼산면의 옥녀봉토성의 구조가 주목되어지기 때문이다.[14] 옥녀봉토성은 옥녀봉(해발 200m)의 정상에서 시작하여 서쪽의 매봉(해발 200m)과 그 北麓 밑의 黃山(해발 100m)을 연결한 포곡식 산성이다. 이 산성은 石心土築과 土築의 혼합 양식으로 축조되어 있는데, 고지성집락과 관련하여 기원을 논하여야 될 유구라고 하겠다. 옥녀봉토성 내부인 수리재 정상의 붕괴된 패각층 단면에서는 초기 철기시대 이후의 유물인 대형 옹형토

---

13) 문암산성은 해발 197m의 紫丘山의 支峯인 壯元峯과 북서쪽으로 연 이어진 해발 167m의 산정에 각각 축조되어 있다(아라가야향토사연구회, 『安羅國古城』, 1996, 58쪽).

14) 옥녀봉토성이 그 지역권의 중심지였음은 주변인 남연리의 주술부락에 형성된 고분군이 시사해 준다.

기편·적갈색 경질토기편·회청색 경질토기편 등이 출토되고 있다.[15] 이러한
사실은 옥녀봉토성의 성격을 대표적 고지성집락 유적인 양산패총과 동일시
할 수 있게 하는데, 2개의 마주보는 산봉우리 가운데 한 곳에만 內城이 축조
되었고 外城이 兩 山峰을 둘러싸는 형태로 축조되었다.[16]

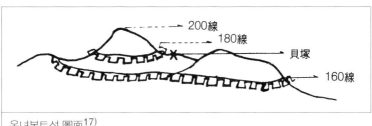

옥녀봉토성 圖面[17]

  이러한 성벽 구조는 해남군 현산면 일평리의 竹禁城에서도 나타난다. 죽금
성은 해발 20m 안팎되는 세 개의 낮은 구릉지가 서로 병립해 있는 곳에 중
간봉을 중심으로 5단 정도의 성벽을 동심원상으로 구축하고 南峰과 東峰을
연결하였다. 中峰의 구릉 정상에는 石心土築城이 확인되고 있다.[18] 즉 죽금
성은 中峰에만 내성이 축조되어 있는 '單內城式 外城' 구조이다. 죽금성의 중
봉 남벽 바깥에서는 가라계 토기와 백제계 토기편이 집중적으로 출토되고 있
다. 그리고 죽금성과 인접한 지역에 형성된 고분군은 산성의 활용 시기에 조
영된다는 점을 주목할 때, 그 축조 시기는 5세기 전반이나 그 이전으로 추정
된다. 왜냐하면 죽금성과 인접한 현산초등학교 뒷편은 고분군이 형성된 지역

15) 裵鍾茂, 「海南地方의 關防遺蹟」『海南郡의 文化遺蹟』, 1986, 308쪽.
16) 李道學, 『백제고대국가연구』, 일지사, 1995, 336쪽.
17) 황도훈, 「해남읍의 古代地名 紗羅二玉山에 대한 고찰」『海南文化』 5, 1987, 86쪽.
18) 裵鍾茂, 「海南地方의 關防遺蹟」『海南郡의 文化遺蹟』, 1986, 315쪽.

으로서 5세기 초반까지 소급 가능한 토기편들이 출토되었기 때문이다. 그 가운데는 透窓高杯·小型器臺·臺附長頸壺·無蓋長頸壺와 같은 가라계 토기가 다량으로 출토되고 있다. 게다가 해남 지역은 가라 문화의 영향을 깊이 받은 곳이었다.[19] 여기서 가라계 토기는 죽금성의 外城 구조에 대한 단서를 제공해 준다는 점에서 의미가 적지 않다.

요컨대 이들 두 지역을 제외하고는 옛 백제 영역에서 '단내성식 외성' 구조의 산성은 확인된 바 없다. 그런데 이러한 양식은 앞서 언급했던 가라 영역인 고령과 함안 지역에서 나타나는 형식과 근본적으로 동일한 것으로 분류된다. 옥녀봉토성은 축성 재료가 석심토축과 토축 내지는 석축으로 다양하게 나타나므로 加築을 짐작할 수 있다.[20] 옥녀봉토성이 加築되었음은 그러한 성벽 구조의 전형인 가라계 산성의 영향을 받았기 때문이라고 하겠다.

지금까지의 검토를 통해 가라계 산성의 양식을 다음과 같이 3 유형으로 나누고 그 변천 과정을 일별해 보고자 한다.

여기서 B式이 가라계 산성의 당초 형태이고, A式은 外城이 加築된 형태이고, C式은 A式이 영향을 받아 外城이 加築된 구조라고 하겠다. 그러므로 쌍내성식 외성 구조의 산성은, B式 → A式으로 발전해 왔고, 그 영향을 받아 C式이 등장한 것으로 보겠다. 요컨대 쌍성을 에워싸고 있는 外城은, 비록 '단

19) 李道學, 『백제고대국가연구』, 일지사, 1995, 345쪽.
20) 裴鍾茂, 「海南地方의 關防遺蹟」『海南郡의 文化遺蹟』, 1986, 308쪽.

내성식 외성' 구조이기는 하지만, 가라 문화의 영향을 깊이 받은 해남 지역에서도 보인다. 그러므로 '外城'은 통일기나 그 이후에 신라가 축조했다기 보다는 加羅 당시에 축조된 것으로 판단된다. 그 시기는 고령과 함안의 가라 세력이 諸國 전체의 領導 세력이 되는 5세기 중반 이후로 추정된다.

Ⅳ. 雙城式 山城의 출현 배경

그러년 이제는 加羅 본디의 城壁 형태인 雙城의 출현 배경을 살펴보고자 한다. 加羅의 城壁 구조인 雙城은 몇 가지 구조적 특징을 지니고 있다. 우선 城壁의 규모가 작기 때문에 築城이 비교적 容易하다는 점을 생각하지 않을 수 없다. 그러나 雙城式 城壁은 규모가 작은 데서 기인하는 취약한 방어력을 補強할 목적으로 대략 비슷한 높이의 상응하는 山峰을 중심으로 城壁을 마주보게 築造하여, 적의 공격을 분산시키는 효과를 기대할 수 있었다. 그 뿐 아니라 적의 공격으로부터 城의 고립 즉 포위에서 벗어나기 쉬운 동시에 挾攻까지 가능한 효과적인 방어 구조물이기도 하였다.

그런데 그 築造 방식의 古拙함에도 불구하고 加羅諸國의 영도세력이었던 大加羅와 安羅의 중심부에 쌍성식 성벽이 상존할 수 있었던 이유는, 斯盧國 지배자의 거처였던 半月城이 통일신라의 王城으로까지 이어졌던 사실과 무관하지 않은 듯 하다. 어쩌면 初期 鐵器時代의 高地性 防護施設에 築造된, 즉 大加羅와 安羅의 초기 정치권력의 발생기에 그것이 築造된 데 따른 현상이 아닐까 한다. 다시 말해 加羅諸國의 영도세력이 소재한 곳에 雙城式 山城이 출현한 배경은, 丘陵地 土城이 아닌 일반 山城築造는 이들 세력이 다른 세력보다 일렀을 가능성과 연결하여 설명할 수 있지 않을까 한다. 가령 大加羅와 安羅는 기존의 雙城式 山城을 改築하거나 확장하지 않은 반면, 관할권 내의 대형 石築山城의 築造에만 계속 진력하여 그 범위를 확대시켜 나간 결과로 보인다. 이 점은 신라 최고의 지배자의 거처인 반월성이 국가 규모의 量과 질적인 발전에도 불구하고 雄偉한 모습으로 방어력을 높이지 않은 데서도 방증되지 않을까 한다.

이와 관련해 新羅의 山城築造를 상기할 필요가 있을 것 같다. 신라는 5세기 후반에 전국적인 규모의 노동력 동원을 통해 일련의 대형 石築山城을 築造해 나갔다. 이는 중앙집권력의 성숙과 무관하지 않은 것이다. 즉 山城의 축조는 삼년산성의 개축이나 남산신성의 축조에서 알 수 있듯이 단위사회의 주민만으로는 어려운 대규모 토목공사가 된다. 그러므로 광범위한 지역의 주민을, 그것도 대규모로 또 조직적으로 동원할 수 있는 집권력이 갖추어져야만 석축산성의 조성이 가능하다고 보겠다. 또한 대형 석축산성의 존재는 중앙집권적 국가권력의 힘을 가늠해 주는 척도로서 볼 수 있다.[21] 그렇다고 할 때 高靈이나 咸安 세력이 築造한 雙城式 山城은, 前期 加羅聯盟에 해당하는 5세기 이전[22] 중앙집권력의 미숙, 특히 聯盟內 盟主國의 영향력이 聯盟 전체를 포괄하지 못하는 시점의 산물로 그 축성 시기를 비정할 수 있지 않을까 한다.

雙城式 山城이 高靈과 咸安의 세력 중심부에 축조되어 있는 것도, 그 축조 시기랄까 淵源이 적어도 이들 國 단위 내의 餘他 山城들보다 일렀음을 시사해주기 때문이다. 더욱이 쌍성식 성벽의 규모가 작고 공법이 서툰 것도 단위 사회 밖의 지역 내 주민을 동원할 수 있는 권력이 형성되지 못한데 기인한 것으로 보여진다. 즉 가라제국 내의 영도세력인 고령과 함안 세력의 정치력이 아마도 5세기 이전에는 대체로 지금의 郡 규모에 해당하는 國 단위를 크게 벗어나지 못했음을 뜻한다고 하겠다. 바로 이같은 측면에서 雙城式 山城의

---

21) 李道學, 「新羅의 北進經略에 관한 新考察」『慶州史學』6, 1987, 28쪽.
   李道學, 『백제고대국가연구』, 일지사, 1995, 321~322쪽.
22) 金泰植, 『加耶聯盟史研究』, 일조각, 1993, 319쪽.

출현 배경과 존재 이유 및 그 구조적 특징을 이해할 수 있지 않을까 한다.

Ⅴ. 맺음말

지금까지 살펴본 바에 따라 다음과 같은 사실들을 알게 되었다. 즉 加羅地域인 高靈과 咸安에서 발견되는 雙內城式 外城 構造의 山城은, 內城인 雙城과 外城의 築造 時期와 주체가 달랐을 가능성이 제기되었다. 雙城은 高靈과 咸安 세력의 초기 정치권력의 발생기에 築造된 山城으로서, 취약한 정치권력에서 기인한 방어력의 효과적인 補强을 위한 시설이었다. 그리고 外城은 新羅가 전략적 요충지에 자리잡은 高靈과 咸安의 雙城式 山城을 확대한 데 따른 결과라고 본다면, 그 시기는 高靈의 경우는 673년이 되며, 咸安의 그것은 김三停이 설치된 통일신라 이후로 생각해 볼 수 있다.

그러나 海路를 통한 交涉으로써 가라 문화의 영향을 부인하기 어려울 정도로 절대적으로 받은 전라남도 해남 지역의 2곳의 삼국기 산성에서 單內城式 外城 구조가 확인되었다. 여기서 '外城'은 여러 면에서 볼 때, 가라계 산성의 영향을 배제하고서는 설명하기 어렵다. 그러므로 가라 지역에서 확인되는 쌍내성식 외성 구조의 '외성'은 가라 당시에 축조된 것이요, 그 자체 집권력 증대의 산물로 해석되어진다. 요컨대 지금까지 논의 되어 온 '가라계 산성'은, 백제의 영향을 받은 게 아니라 오히려 백제의 변방 지역에 영향을 미쳤음이 확인되었다.

2장
醴泉의 上乙谷城考
-신라의 소백산맥 以北 進出據點과 관련하여-

Ⅰ. 머리말

소백산맥 이남의 고구려세력이 축출되는 5세기 후반부터 신라가 丹陽에 진출하는 6세기 중반까지의 적어도 70년 이상 兩國은 소백산맥을 境界로 對峙하게 된다. 이 기간 동안 신라는 북쪽 변경 지역에 통치력을 깊숙이 침투시켜 나갔을 것이다. 아울러 신라는 소백산맥 以北으로의 進出을 위한 거점도 구축하였으리라고 생각된다. 그런데 종래 학계에서는 이 문제에 대한 구체적인 관심을 기울이지 않았다.[1] 그랬기에 본고에서는 범위를 좁혀 신라 북방진출의 거점을 밝혀 보고자 한다. 이 작업은 신라의 北方進出路 뿐 아니라 北進이 지닌 성격을 구명하는 한편, 나아가 北邊 地域에 대한 그 施策까지도 가늠해 보는 데 一助하고자 하는 것이다.

신라의 北方進出 거점은 丹陽으로의 進出路와 깊은 관련을 지닌 곳을 일단 생각지 않을 수 없을 것 같다. 그리고 그 거점은 5세기 후반 소백산맥 以北으

---

1) 이와 관련해 李成市, 「蔚珍鳳坪新羅碑の基礎的研究」『史學雜誌』第98編 第6號, 1988, 1~39쪽이 시사하는 바 있다.

로 퇴각한 고구려 세력의 再南下를 효과적으로 저지할 수 있는 전략적 요충지여야만 하리라고 본다. 아울러 장기적인 신라의 북진 준비를 가능하게 하여 주는 대형 城들의 존재가 확인되어야만 한다. 이와 관련해 소백산맥 南北을 잇는 兩大 交通路인 雞立嶺路와 竹嶺路 以南의 城들을 주목하여 보았다. 그 결과 榮州의 飛鳳山城 및 聞慶의 御留城을 유념할 필요가 있었다. 그러나 영주의 고구려계 신라 고분인 邑內里의 己未銘 壁畵古墳 및 台庄里의 於宿知述干墓[2]와 인접한 비봉산성은, 물론 군사적인 면도 지니고 있지만, 어디까지나 行政 治所의 성격이 강한 及伐山郡城에 불과하다고 보여진다. 그리고 계립령로에 잇대어 있는 어류성은 규모는 크지만 그 방어 대상이 계립령로에 한정되어 있을 뿐 아니라, 소백산맥 以北에 대한 신라의 첫 점령지인 丹陽과는 연결되지 않기 때문에 일단 논외로 하였다. 그 밖에 문경의 麻姑城은 高思葛伊縣(冠文縣)城이 거의 분명한 데다가 규모면에서도 北進의 거점으로서는 주목을 끌지 못한다.

　반면 예천의 北方에는 上乙谷城이라는 대형 城이 소재하였다. 이곳은 계립령로 및 죽령로와 연결되는 2개의 별다른 交通路를 끼고 있는 戰略的 요충지에 축조되어 있다. 그러므로 上乙谷城은 신라 북진경략의 실마리가 되는 유적으로 판단되므로 검토의 대상으로 삼고자 하였다. 上乙谷城은 신라의 소백산맥 以北 進出을 위한 장기적 계획의 산물인데다가 그 본거지일 가능성마저 여러 측면에서 배제할 수 없기 때문이다. 이 같은 豫斷이 타당한 것으로 밝혀진다면, 신라의 北進經略의 성격 구명에도 一助하리라고 생각된다.

---

　2) 金元龍, 『韓國考古學槪說』 第3版, 일지사, 1986, 226쪽.

Ⅱ. 신라와 고구려의 領域變化

1. 4～5세기 신라와 고구려의 관계

문헌에서 확인되는 신라와 고구려의 관계는 4세기 후반까지 거슬러 올라 간다. 신라 사신이 377년과 382년에 고구려 사신을 수행하여 前秦에 朝貢 하고 있기 때문이다.[3] 이 같은 고구려와 신라의 유착은 백제를 背後에서 견 제할 목적으로, 신라를 영향권 내에 묶어 두려는 고구려 南進戰略의 일환이 었다. 그 결과 신라는 고구려에 정치적으로 예속되어, 392년에는 人質까지 보내고 있다.[4] 「광개토왕릉비문」의 辛卯年(391) 條에서 "百殘新羅舊是屬民 由來朝貢"라고 한 기록을 액면대로 모두 수용할 수는 없다.

그렇더라도 고구려와 신라간에 이른바 宗主·屬民 관계가 설정된 것은 부 인하기 어렵다. 더욱이 永樂 10년(400)에는 신라 救援을 名分으로 고구려 步 騎兵 5萬이 出兵하게 되었다. 이를 계기로 고구려는 직접적인 영향력을 신라 에 행사할 수 있었다. 아울러 신라 保衛를 名分으로 殘留한 고구려 군대는 강 대한 군사력을 배경으로 신라의 영토까지 지배하였다. 『三國史記』 地理志에 보이는대로 竹嶺 東南 지역에 분포한 고구려의 행정지명이 그 산물이 된다.[5] 그러나 신라로서는 고구려의 內政 간섭과 國原城(忠州)을 거점으로 하는 영역 지배가 강화되면 될수록 그 영향권에서 벗어나야 하는 절박한 상황에 직면하 게 되었다. 결국 5세기 중반 후엽경 고구려가 宿敵인 백제와 총력전을 전개 한 관계로 신라경영에 소홀하였다. 그 틈을 타고 신라는 고구려 세력을 소백

---

3) 末松保和, 「高句麗との關係」 『新羅史の諸問題』, 東洋文庫, 1954, 136～139쪽.

4) 『三國史記』 권3, 奈勿麻立干 37年 條.

5) 李道學, 「高句麗의 洛東江流域進出과 新羅·伽倻經營」 『國學研究』 2, 1988, 91～96쪽.

산맥 以北으로 驅逐할 수 있었다.[6]

신라경영의 실패를 감내하면서도 백제와의 攻防戰에 총력을 기울이던 고구려는 475년 백제의 王都인 漢城을 함락시킴에 따라 牙山灣까지 진출하는 戰果를 기록하여, 對百濟戰에서 일단의 決算을 보게 되었다. 이때 漢水流域을 完占하게 된 고구려는 다시금 신라경영에 초점을 맞추는 게 가능해졌다. 고구려의 일차적 진출 대상은 문경 지역이 되지 않을 수 없다. 왜냐하면 고구려가 雞立嶺을 넘어 聞慶 방면으로 진출하게 된다면, 大同江에서부터 漢江과 洛東江을 잇는 거대한 水運路를 확보할 수 있게 되기 때문이다. 즉 계립령로를 끼고 있는 문경 지역은, 고구려의 對新羅經營을 위한 일종 교두보가 될 수 있었다. 따라서 고구려의 일차적 공략 대상이었을 것으로 추정하여 좋으리라고 본다.

그러나 고구려는 계립령로를 막은 遮斷城을 비롯한 신라의 견고한 關防設備로 인해 그 진출이 좌절됨에 따라, 迂廻戰術을 시도하였다. 즉 南漢江의 支流인 靑川과 낙동강 上流를 잇는 통로 개척전을 전개하였다. 494년 薩水源(괴산군 청천면)에서 고구려군과 신라군의 攻防戰[7]이 그것을 뜻한다고 하겠다. 그러나 西北 邊境 지역에 대한 신라의 대규모 山城築造를 통한 對應으로 인하여, 고구려군의 迂廻進出 試圖 또한 실효를 거두지 못하였다.[8]

이 같은 상황을 놓고 볼 때 忠州高句麗碑가 세워지는 5세기 중엽을 고비로, 고구려 세력은 소백산맥 以南에서 거의 축출된 게 분명해 진다. 496년의 泥河(강릉 외곽) 戰鬪[9]에서 보듯이, 兩國間의 主戰場이 소백산맥 以北으로 옮겨 가고 있는 것도 동일한 맥락에서 이해될 수 있으리라고 보여진다. 이는

---

6) 李道學, 「新羅의 北進經略에 관한 新考察」 『慶州史學』 6, 1987, 25쪽.

7) 『三國史記』 권3, 照知麻立干 16年 條.

8) 李道學, 「新羅의 北進經略에 관한 新考察」 『慶州史學』 6, 1987, 26쪽.

9) 『三國史記』 권3, 照知麻立干 18年 條.

500년에 신라의 照知麻立干이 竹嶺과 인접한 捺己郡(榮州)에 巡幸한 후 古陁郡(安東)을 거쳐 還宮한[10] 사실에서도 짐작된다. 거듭 말하지만 이는 곧 죽령東南 지역을 장악한 바 있는 고구려 세력의 소멸을 뜻한다. 그런데 고구려 문화의 영향이 현저한 榮州 邑內里 己未銘古墳의 축조 연대를 539년으로 설정하는 견해를 좇아, 6세기 초까지도 신라가 고구려 세력권내에 존재하였다는 견해가 제기된 바 있다.[11] 그러나 己未銘 古墳보다 이른 시기가 되는 535년 축조된 동일한 지역의 고구려계 壁畵古墳인 於宿知述干墓[12]에는 被葬者가 신라 중앙정부로부터 外位를 부여받은 점을 유념할 때, 앞서의 견해는 再考

---

10) 『三國史記』 권3, 照知麻立干 22年 條.

11) 金貞培, 「高句麗와 新羅의 영역문제」 『韓國史研究』 61·62合輯, 1988, 17쪽. 이와 관련해 己未銘 古墳壁畵의 계통을 언급하고자 한다. 이 古墳 羨道 左側壁과 모서리를 접하고 있는 南壁의 羨道쪽 끝부분에는 長袍를 입은 인물이 이른바 魚形旗를 들고 있다. 이 魚形旗畵는 중국이나 고구려 지역에서 그 例를 찾아보기 어렵다고 한다 (李明植, 「圓版解說 -順興 邑內里 古墳 壁畵-」 『新羅文化祭學術發表會論文集』 7, 1986, 331쪽). 그러나 이 魚形旗 人物畵는 遼東 營城子의 第2號墓 壁畵와 연결될 수 있다(東方考古學叢刊, 『營城子』 甲種 第4冊, 1934, 漢代壁畵甄墓). 이 漢代의 營城子 古墳 主室 南外壁 上段에는 왼손에 뱀을 움켜쥔 力士가 꼬리 부분이 둘로 갈라진, 즉 2개의 직삼각형 旗幅을 이어놓은 듯한 旗가 매달린 막대를 오른손에 쥐고 있는데, 이 그림과 상호 연결되기 때문이다. 더욱이 이 營城子 2號墓 壁畵는, 己未銘 벽화고분 羨道 西壁의 뱀을 움켜쥐고 있는 力士畵와도 상통하는 면을 보여주고 있다. 그 뿐 아니라 이 營城子 고분벽화의 主室 南內壁 兩便에 서 있는 두 명의 人物畵도, 己未銘 고분 벽화처럼 魚形旗와 비슷한 형태의 旗가 매달린 막대를 쥐고 있다. 특히 그 오른쪽의 인물은 槍 끝에다 旗를 매달고 있어, 己未銘 벽화고분의 그것과 더욱 가깝게 연결되고 있다. 따라서 己未銘 고분벽화의 계통은 漢代 고분벽화의 내용과 기법에서 찾을 수 있게 된다. 즉 漢代의 고분벽화 양식이 고구려에 전입된 후, 고구려에 의해 신라 지역으로 流入되어 나타난 산물임을 알 수 있다. 이와 더불어 魚形旗를 쥐고 있는 인물이 己未銘 벽화고분의 墓主일 것이라는 견해도 근거가 없게 되었다. 왜냐하면 이와 연결되는 營城子 고분벽화의 그 人物畵는, 主室을 지키는 守門將 格이기 때문이다.

12) 秦弘燮, 「於宿知述干墓와 新發見 己未銘」 『順興 邑內里 壁畵 古墳』, 1986, 41~42쪽.

를 요한다. 문화적 영향과 정치적 세력권이 반드시 일치하지는 않기 때문이다.

2. 신라의 소백산맥 방위선 구축

5세기 후반 이후 소백산맥을 경계로 고구려와 對峙하게 된 신라는, 고구려의 南下를 저지하기 위한 關防施設을 구축하였을 것이다. 470년에서 490년에 걸쳐 신라는 西北邊境 地域에 일련의 대규모 山城築造를 단행하여 강력한 防衛網을 구축한 바 있기 때문이다.[13] 따라서 이 무렵을 전후하여 신라는 소백산맥을 경계로 하는 방위망도 구축하였으리라고 보는 게 자연스러울 듯싶다. 이 방위망은 山城築造의 형태로 나타나게 되었을 것이다. 실제 신라는 6세기를 전후한 對高句麗戰의 소강 국면을 이용하여, 504년 波里·彌實·珍德·骨火 등 12城의 축조[14]를 끝으로 지방의 단위 통치 구역으로서의 山城築造를 완결 짓고 있기 때문이다. 그 이듬해 신라는 山城을 근간으로 하는 전국적인 지방 조직인 州·郡制를 시행하였다.

6세기 전반 신라는 군사와 행정이 일치된 매우 효과적인 지방 조직이라고할 수 있는 산성축조의 완결을 통해 중앙집권화를 촉진하였다. 그런 한편 강력한 국력을 결집시킬 수 있었다. 동시에 신라는 소백산맥 以北으로 진출할수 있는 역량을 배양하였으리라고 보여진다. 이 같은 점에 비추어 볼 때 신라 북방 변경 지역의 山城은 단위 통치구역이 되는 城 외에, 전략적 성격의 城들도 다수 축조되었으리라고 짐작된다. 이를테면 守備 위주의 방어 전략에서 벗어난 北進의 근거지로서, 이 지역이 지닌 의미는 한층 심화 되었을 것이기 때문이다. 그렇다고 할 때 신라가 소백산맥을 넘는 6세기 중반 이전에 北方開拓의 거점이 구축되었을 개연성은 높다고 하겠다. 이 북진 거점은 신라의

---

13) 李道學, 「新羅의 北進經略에 관한 新考察」 『慶州史學』 6, 1987, 25~26쪽.
14) 『三國史記』 권4, 智證麻立干 5年 條.

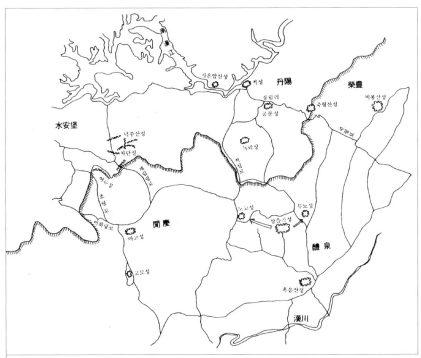

소백산맥 주변의 산성 배치도

北進路와 불가분의 관계에 있을 것으로 여겨지는데, 그 北進路는 계립령로와 죽령로를 우선 지목할 수 있다.

소백산맥 以南 地域을 견고하게 방어하기 위한 신라의 대표적 關防設備로는 계립령로의 遮斷城을 비롯한 주변의 성들을 꼽을 수 있다. 그리고 죽령로 인근에 포진한 성들을 지목하는 게 가능하다. 그러나 머리말에서 지적했듯이 신라의 북진거점이라고 할 만한 성들이 이들 지역에서 특별히 확인된 바 없다. 반면 계립령로와 죽령로 외에, 그 兩路의 중간에 자리잡은 이른바 '赤城路'의 존재를 주목하지 않을 수 없게끔 한다.

赤城路는 지금의 예천군 龍門面과 문경시 山北面에서 시작하여 문경시 東魯面 碩松里에서 합쳐진다. 그리고 북쪽으로 계속 이어지다가, 문경시 동로면 赤城里에서 分岐되어 서쪽으로는 계립령로에, 북쪽으로는 단양 赤城에 이르고 있다. 赤城里의 '벌재'라는 고개만 넘으면 거의 평지에 가까운 길이 丹陽까지 계속된다. 이 赤城路가 古代 交通路임은 논증된 바 있다.[15] 더욱이 赤城路는 신라의 北進路라고 비정한 만큼, 그와 관계된 예천 지역을 주목하고자 한다. 왜냐하면 이러한 北進路 비정이 타당하다면, 신라의 북진거점도 예천 지역에 소재하였을 가능성이 매우 높기 때문이다.

예천은 5세기부터 그 중반 후엽에 걸쳐 행하여진 竹嶺 東南 地域에 대한 고구려의 지배권 밖이었다.[16] 바꿔 말해 이는 일찍부터 예천 지역이 신라 중앙권력과 유기적 관련을 맺으면서 그 각별한 관심권내에 머물렀음을 생각해 준다. 그리고 소백산맥 南北을 잇는 교통로 가운데 예천은 赤城路 뿐 아니라 그 맞은 편이 되는 예천군 下里面 愚谷洞에서 豊基와 丹陽의 竹嶺路에 이어지는 또다른 교통로를 소유하고 있었다. 여기서 赤城路는 계립령로 및 죽령로와도 연결되는 要路임은 앞서 지적한 바 있다. 따라서 예천 지역은 신라의 북진거점으로서 가장 적합한 요충지가 되는 셈이다. 이 같은 추정이 옳다고 한다면 신라의 북방진출에 대한 장기적 계획의 산물이라고 할 수 있는 성들의 성격과 그 포진 상태가 예천 지역에서 구명되어야만 할 것이다.

Ⅲ. 신라의 關防設備와 上乙谷城

1. 上乙谷城의 구조적 특징

신라의 북진경략과 관련하여 예천군 용문면 소재지인 上金谷洞에서 北쪽으로 仙洞의 靑龍寺 가는 길을 따라 약 7km 지점에 소재한 上乙谷城의 존재

---

15) 李道學, 「新羅의 北進經略에 관한 新考察」『慶州史學』6, 1987, 29~31쪽.
16) 李道學, 「新羅의 北進經略에 관한 新考察」『慶州史學』6, 1987, 27쪽.

가 주목된다. 上乙谷城에 관한 가장 오래된 기록은 『新增東國輿地勝覽』 豊基
郡 條의

　　　　上乙谷城 在殷豊縣南三十四里 周九百八十步 高五尺 內有十泉一溪[17]

라는 기록이다. 1914년에 행정구역 개편이 이루어지기 이전, 上乙谷城의 일
부(東城)는 豊基郡에 속하였다. 그리고 『大東地志』의 豊基 城池 條에는

　　　　於凜城 一云氷城 在殷豊古縣南三十里 周九百八十步 有十泉一溪[18]

라고 하여, 上乙谷城을 於凜城(氷城)으로 표기하고 있다. 즉 殷豊古縣(榮州
市 豊基邑) 남쪽 30里에 於凜城이 소재하였다고 했다. 이러한 그 文面과 위
치상 於凜城은 곧 上乙谷城과 동일한 城이 되기 때문이다. 한편 『醴泉邑誌』에
는 上乙谷城을 御臨城으로도 표기하고 있는데,[19] 『大東地志』의 표기와 대략
같은 셈이다. 上乙谷城에 대한 於凜城·御臨城 표기는 '上乙'을 訓讀과 音借
한 '웃을'에서 音轉한 게 아니라면 그 반대일 수 있다.

　　上乙谷城은 築城地形으로 가장 이상적인 栲栳峯 지형에 축조되었다. 즉
중앙부가 낮은 盆地形으로서, 城 안에서는 城 밖의 형편을 잘 알 수 있으나,
城 밖에서는 城 안의 동정을 알 수 없게 된 지형이다. 그리고 上乙谷城은 南
쪽으로 낮아지는 地勢로서 溪谷을 끼고 있으며, 城壁은 北西편의 755m 山
頂과 北東편의 824m 山頂을 중심으로 각각 南쪽으로 이어지는 산능성을 따
라 축조되었다. 城壁은 지형에 따라 削土法과 더불어 거칠게 다듬은 石材를

---

17) 『신증동국여지승람』 권25, 古蹟 條.

18) 『大東地志』 권8, 豊基 城池 條.

19) 『醴泉邑誌』 古蹟 條. "氷城一名御臨城 山在郡三十里 今有城趾 高麗恭愍王時所築."

1989년 1월에 촬영한 상을곡성 내부

이용한 土石混築法을 함께 사용하였다.

　그런데 주목되는 것은 東南쪽으로 뻗은 山稜線을 경계로 그 東쪽과 西쪽에 2개의 盆地가 형성되어 있기 때문에 兩城일 가능성을 제시해 주는 점이다. 실제 東南쪽으로 뻗은 山稜線上에서 거칠게 다듬은 石材로 축조된 城壁 遺構가 확인되고 있으므로[20] 兩城임이 분명해진다. 과거 풍기군에 속한 西쪽 城을 醴泉城으로 각각 나뉘어 불렀던 점[21]에서도 이는 방증된다. 더욱이 『신증동국여지승람』과 『大東地志』의 풍기군 조에 게재된 上乙谷城(於凜城)의 둘레 980步는 환산하면 1,764m로서 東城인 '豊基城'만 가리키는 게 분명하기 때문이다. 왜냐하면 정확하게 실측된 수치는 아니지만 대략 東城의 둘레는 2.9km, 西城은 4.8km에 달하는 대형 城인 점[22]과 견주어 볼 때 그러한 것

20) 1989년 1월 중순의 답사시 확인하였음.
21) 文公部 文化財管理局, 『文化遺蹟總覽』 中卷, 1977, 375쪽.
22) 文公部 文化財管理局, 『文化遺蹟總覽』 中卷, 1977, 375쪽.

이다. 그리고 上乙谷城은 산능선을 중심으로 兩城이 구분되어 있다. 이 경우 兩城 중 한 곳은 後代 加築되었을 수 있지만 처음부터 兩城 構造로 축조되었을 가능성이다. 이는 고구려 長壽山城[23)]의 例를 통해 볼 때 입증된다.

그러나 무엇보다 上乙谷城이 2개의 城이 맞물려 있는 結合式임은 주목되는 점이다. 왜냐하면 이러한 유형은 우리 나라 山城 가운데 희소한 편에 속하기 때문이다. 그렇다면 자연지세를 이용하여 방어력을 높이기 위한 결합식 兩城의 일종인 上乙谷城의 계통은 어디에서 찾아야만 하는가? 이와 관련하여 결합식 兩城의 분포 지역을 살펴볼 필요가 있다. 그것은 백제 지역에서도 나타나고 있지만[24)] 역사·지리적으로 예천과 밀접한 관계에 있는 고구려를 지목하지 않을 수 없다. 왜냐하면 뒤에서 지적하겠지만, 예천 지역에는 모두 3기의 결합식 兩城이 확인되고 있다. 게다가 그 典型은 고구려 지역에서 뚜렷이 나타나고 있기 때문이다. 가령 순천의 자모산성·의주의 백마산성·태천의 농오리산성·新院의 長壽山城, 그 밖에 영변의 철옹성·서흥의 대현산성, 중국 길림성의 羅通山城·요녕성의 高爾山城을 꼽을 수 있다.[25)] 이 같은 고구려의 兩城 構造는 上乙谷城과 마찬 가지로 거의 栲栳峯 地形에 축조되어 있으며 규모도 대형에 속한다. 가령 羅通山城은 東城의 둘레 3,479m, 西城은 3,737m이며 全長 7.5km이다.[26)] 高爾山城도 성벽 둘레가 4km에 이르고 있다.

23) 高正龍, 「伽倻末期 山城改築에 대한 一考察(上)」『伽倻通信』15·16合輯, 1986, 8쪽.

24) 高正龍, 「伽倻末期 山城改築에 대한 一考察(上)」『伽倻通信』15·16合輯, 1~17쪽.

25) 高正龍, 「伽倻末期 山城改築에 대한 一考察(上)」『伽倻通信』15·16合輯, 8~9쪽.
사회과학원고고학연구소, 『고구려문화』 사회과학출판사, 1975, 31쪽; 조선유적유물도감편찬위원회, 『조선 유적 유물도감(3) -고구려편(1)-』, 외국문종합출판사, 1989, 164~219쪽.

26) 吉林省文物工作隊, 「高句麗羅通山城調査簡報」『文物』2, 1985, 39~45쪽.

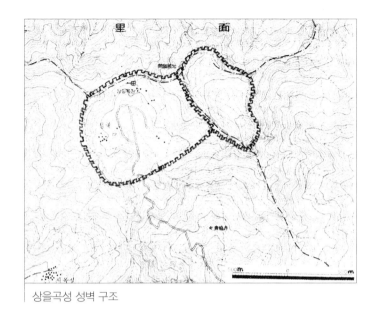
상을곡성 성벽 구조

　그런데 고구려계 結合式 高爾山城와 계통상 연결되는 上乙谷城은 고구려
성으로 간주할 수도 있겠지만, 오히려 몇 가지 점에서 그 가능성은 배제된
다. 우선 수송·공급과 관련된 出入路인 門址의 방향 때문이다. 上乙谷城의
門址는 西城의 南쪽과 東·西 兩城을 잇는 연결 통로 외에는 확인되지 않고
있기 때문이다. 후자의 통로 상에는 많은 瓦片이 散見되고 있는데, 門樓가
있었으리라고 생각된다. 또한 山谷이 중첩된 南쪽보다는 北쪽을 비롯한 東·
西 兩側이 視界에 잘 잡히고 있다. 이러한 점을 생각할 때 上乙谷城은 北쪽으
로부터 공격해오는 敵軍을 방비할 목적으로 축조된 城으로 보인다. 따라서
立地 조건상 上乙谷城은 고구려의 축조 가능성이 희박하다고 판단된다. 자연
신라의 축조로 간주하는 게 온당할 것 같다.
　물론 城內에서는 고려 때의 瓦片 및 自然釉가 입혀진 花瓶 등이 출토되고[27]) 있을 뿐 아니라 공민왕의 축조담이 口傳되고 있지만, 고려 때의 축조 가능성은 희박하다. 上乙谷城은 고구려의 영향을 받은 삼국시대의 兩城 構造이기 때문이다. 더욱이 홍건적의 亂을 피해 福州(安東)로 몽진한 공민왕은 그 1개월 남짓 동안에 대형 城을 축조할만한 여유가 없었다고 판단되기 때문이다.

2. 上乙谷城의 性格

上乙谷城이 소재한 예천은 고구려가 지배한 바 있는 풍기·영주·임하 등과 지리적으로 인접하였다. 그로 인해 상을곡성은 고구려 성들의 영향을 받아 축조된 것으로 밝혀졌다. 이제는 上乙谷城의 성격 구명이 긴요하다. 그 역할을 올바르게 파악하기 위해서이다.

上乙谷城은 삼국시대 성곽의 근간이 되는 군사와 행정이 일치된 단위 통치 구역에 대한 거점으로서의 기능은 없었다고 보여진다. 왜냐하면 上乙谷城은 구릉이나 野山이 아닌 해발 824m 지역을 포함하는 험준한 高山地帶에 축조되었다. 그 뿐 아니라 행정적 기능과 관련하여 聚落이 조성될 수 있는 평야를 끼고 있지 않기 때문이다. 上乙谷城은 첩첩의 群小 山谷 너머의 屹立한 山 위에 축조되어 있다. 특히 上乙谷城이 단위 통치구역의 거점, 가령 예천의 水酒郡城이나 풍기의 赤牙縣城이 아님은, 그 인근에 古墳群이 형성되어 있지 않은 점에서도 짐작된다. 上乙谷城이 군사적 기능만 지녔음은 주변의 성 배치와 관련하여 볼 때 보다 분명해진다.

앞의 그림(상을곡성 성벽 구조)에서 보듯이, 上乙谷城을 중심으로 그 前方 좌우 양편 교통로에 小城이 배치되어 있다. 이 같은 형식의 성 배치는『三國史記』仇首王 4년 조의 "設二柵於沙道城側 東西相去十里 分赤峴城卒戍之"라고 한 기사에서 알 수 있듯이 백제에 나타난 바 있다. 즉 이 기사에 의하면 말

---

27) 금번 답사시 확인한 것임.

갈의 침입로에 축조된 沙道城 兩側에 小城이 날개 형식으로 배치되어 있는 것이다. 마찬가지로 上乙谷城과 하나의 방어 단위를 형성하고 있는 老姑城과 夫老城의 역할에 대한 검토가 필요할 것 같다.

赤城路와 雞立嶺路의 分岐點에서 南쪽 1.5km 도로변 野山(해발 393m)에 축조된 老姑城은 둘레 1km 남짓의 테뫼식 山城이다. 문경군 東魯面 赤城里의 老姑城은 도로변인 北쪽과 西쪽만 割石을 이용한 石築이고 나머지는 土築이다. 그리고 北·西쪽의 石築은 후대 加築일 가능성을 배제할 수 없지만, 입지 조건에 비추어 볼 때 老姑城은 교통로(赤城路)의 방비와 관련하여 축조되었음을 알 수 있다.[28] 반면 이와 대응되는 夫老城은, 죽령로에서 分岐하여 예천을 向하는 교통로의 西便에 자리잡은, 해발 340m 山頂을 중심으로 축조된 테뫼식 山城이다. 土石混築으로 된 둘레 약 600m의 夫老城은, 赤城路와 竹嶺路에서 分岐해 오는 敵軍을 모두 살필 수 있는 要路에 자리잡고 있다. 예천군 下里面에서 愚谷洞에 소재한 夫老城은 소백산맥에 가장 근접해 있기 때문에, 6세기 중반 以前 신라의 최전선에 축조된 城이 된다.

한편 夫老城의 南壁 부근의 건물지에서는 무수한 토기편과 기와편이 散布되어 있다. 특히 東壁에 달린 甕城形의 小城壁 근처에서 신라의 전형적인 波狀文土器가 발견된 바, 신라 성임을 확인시켜 주고 있다. 요컨대 夫老城의 구조와 입지적 조건은 老姑城과 거의 흡사한 편이다. 이 역시 兩城이 비슷한 시기에 축조되었음을 시사해준다. 다만 夫老城 내에서는 초기 철기시대의 무문토기편이 확인되고 있다.[29] 이를 城 밑의 塔洞 支石墓와 殷山洞 立石群과 관련지어 볼 때, 夫老城址는 본디 高地性集落地였음을 알려주고 있다. 고지성집락이 山城의 기원이 되는 例는 얼마든지 있기 때문이다. 가령 수원의 如

---

28) 李道學, 「新羅의 北進經略에 관한 新考察」『慶州史學』6, 1987, 30쪽.
29) 금번 답사시 확인한 것임.

妓山城과 칠곡의 八萬山城이 대표적인 例에 속한다.[30]

지금까지 살펴본 바에 의하면 上乙谷城은 적성로에서 南下하는 한편, 계립령로에서 東進하는 敵軍을 방어하고, 다시금 죽령로에서 分岐하여 南下하는 敵軍을 방어할 수 있는 전략적 요충지로 밝혀졌다. 바꿔 말해 신라는 이 같은 지리적 이점을 이용하여, 上乙谷城을 중심으로 계립령로와 죽령로가 유기적 관련을 맺을 수 있게끔 하였던 것이다. 나아가 上乙谷城이 그것을 총체적으로 관장할 수 있는 위치에 있기 때문에, 신라의 북진 거점으로는 適地가 되는 셈이다. 따라서 당시 신라의 關門을 관장하는 上乙谷城은 각별한 전략적 비중을 지녔음을 알 수 있다. 그런데 그 축조 시기는 고구려에 대비한 관방설비가 마련되는 5세기 중반 후엽이나, 신라의 북진 역량이 축적되어 가는 6세기 전반기의 어느 때로 생각된다. 이와 관련해 上乙谷城의 구조적 특징을 다시금 살펴보고자 한다.

上乙谷城은 규모도 크거니와 盆地를 이룬 栲栳峯 지형에 축조되었으므로, 많은 軍兵의 주둔과 막대한 군사 물자를 비축할 수 있다. 실제 '有十泉一溪'라고 한 바 있듯이, 城內에는 溪川과 많은 地下水가 확인되고 있으므로, 대규모 軍兵의 장기 주둔이 가능하기 때문이다. 城內의 풍부한 水源은 지금도 水稻耕作이 이루어지게 하고 있다. 신라군 주둔 시에도 운송의 난점 등을 고려하여 軍糧을 외부에서 조달받았기 보다는 城內의 넓은 臺地를 활용하여 자체 경작하는 일종의 屯田이 행하여졌으리라고 생각된다. 그 같은 후보지로서는 東城보다 低地帶이며 넓은 대지를 끼고 있는 西城이 適地로 지목될 수 있다. 즉 兩城 중 보다 高地帶에 축조된 東城은 방어의 주된 역할을 담당하였고, 넓은 초원분지가 형성된 西城은 대규모 軍兵의 주둔지가 될 뿐 아니라 물자를 저장하며, 農耕과 家畜을 기르던 곳으로 보인다.

---

30) 漢陽大學校 博物館, 『京畿道 百濟文化遺蹟』, 1986, 9~10쪽.
　　嶺南大學校 博物館, 『鳩岩洞古墳發掘調査擬報』, 1976, 3~39쪽.

어쨌든 上乙谷城은 6세기 중반 이전 신라 성으로는 가장 큰 규모에 속하는데 비례하여 북진 경략의 거점으로서의 비중 역시 증대되었을 것이다. [追記] 上乙谷城에서 출토된 유물은 초기철기시대 주거지~신라와 통일신라, 고려·조선·근현대에 이르고 있다. 이 중 신라 온돌 주거지는 上乙谷城의 축조와 결부 지어 볼 수 있게 한다.[31]

3. 예천 지역의 行政城과 그 주변

신라 중앙정부 주도하에 대규모 노동력을 조직적으로 동원히여 진행된 5세기 중반 이후의 山城築造를 통해 구릉지 土地 중심의 단위사회를 형성하고 있던 三韓 이래 舊小國 중심의 지배 질서는 전면적으로 해체되고 있다.[32] 그에 비례하여 강력한 중앙집권화를 목적으로 한 軍管區的 성격을 띤 山城 중심의 지방행정 조직이 신라 변경까지 확대될 수 있었다. 이로 인해 5세기 전반까지 독자적 세력이 존재하던 水酒村(예천)은[33] 郡으로 편제되는 한편 지방통치구역의 기본적 구성 단위인 山城도 축조되었으리라고 본다.

주지하듯 모든 城은 군사적 성격을 지닌 방어 시설물이지만, 이 중 지방통치 및 수취체계의 기본 단위가 되는 行政城이 몇 개의 村落 중 중심되는 지역이나 방어의 요충이 되는 지역에 축조되어, 단위 지역의 구심적 역할을 하고 있다. 그렇다면 군사와 행정 기능을 함께 지닌 水酒郡(예천군)의 중심 거점 성인 水酒郡城을 구명하는 게 긴요하다. 왜냐하면 上乙谷城의 축조에는 예천 지역 주민들이 주로 동원되었으리라고 생각된다. 그러므로 水酒郡의 行政城과 上乙谷城이 구조상 유사점이 있으리라고 판단되기 때문이다.[34] 또 이로

---

31) 중원문화재연구원, 『예천 어림성』, 2009, 472·458~460쪽.

32) 李道學, 「新羅의 北進經略에 관한 新考察」『慶州史學』6, 1987, 26쪽.

33) 李道學, 「高句麗의 洛東江流域進出과 新羅·伽倻經營」『國學研究』2, 1988, 96쪽.

34) 上乙谷城의 축조는 국가적 次元의 공사이기 때문에 예천 지역 뿐 아니라 다른 지역의

써 上乙谷城의 구조적 특색 및 축조 시기를 보다 분명히 가늠할 수 있을 것이다. 이와 관련해 『신증동국여지승람』 醴泉郡 條에서

- 德鳳山 在郡西三里鎭山 山上有黑鷹城[35]

- 德鳳山城 石築周四千八十尺 高十尺六寸 內有二井一池 有軍倉[36]

라고 한 덕봉산의 흑응산성을 주목하고자 한다. 왜냐하면 흑응산성은 行政城의 입지적 조건을 갖추고 있기 때문이다. 즉 흑응산성은 예천의 鎭山인 덕봉산에 축조되었다. 그리고 평야를 끼고 있을 뿐 아니라 낙동강의 支流인 漢川을 안고 있는 등 그 중심지에 소재하였다. 게다가 흑응산성 인근에는 古墳群이 형성되어 있다. 즉 城의 北西쪽 약 800m 지점에 소재한 栢田洞 古墳群과 城의 南西쪽 약 1km 지점에 분포한 大心洞 古墳群을 지목할 수 있다.

野山 능선에 분포한 栢田洞 古墳群 가운데 1基는 도굴된 바, 그 내부 구조를 살피는 게 용이하다. 이 고분은 南北 長軸 약 20m, 東西 短縮 약 17m, 높이 약 4m이며,[37] 玄室 南壁의 東端에 偏在한 羨道가 있는 'ㄱ'字形 石室墳이다. 이 석실분의 벽면은 장방형의 割石을 쌓아 올려 만들었으며, 천정은 4개의 커다란 돌을 짜 맞추어 올려 놓은 구조이다. 그리고 西壁 上端의 일부에는 灰가 발린 흔적이 있는데,[38] 고구려계 벽화고분일 가능성을 배제할 수

주민들도 동원되었으리라고 생각할 수 있다. 그러나 그 축조에는 현지 예천 지역의 주민들의 역할이 가장 컸으리라고 짐작된다. 地理에도 밝을 뿐 아니라 石材의 採取를 용이하게 할 수 있는 제반 환경에도 익숙하기 때문이다.

35) 『新增東國輿地勝覽』 권24, 예천군, 산천 조.
36) 『新增東國輿地勝覽』 권24, 예천군, 성곽 조.
37) 慶尙北道·嶺南大學校, 『慶尙北道 文化財地表調査擬報(Ⅳ) -尙州市 尙州郡 店村市 聞慶郡 醴泉郡-』, 1987, 209~210쪽.
38) 慶尙北道·嶺南大學校, 『慶尙北道 文化財地表調査擬報(Ⅳ) -尙州市 尙州郡 店村市

없다. 예천과 인접한 영주의 於宿知述干墓와 己未銘墓가 고구려계 石室 壁畵 古墳으로 밝혀지고 있을 뿐 아니라, 낙동강유역 'ㄱ'字形 石室墳은 고구려계 라는 견해[39]가 있기 때문이다. 그 밖에 파괴된 고분을 통해 볼 때, 大心洞古 墳群 역시 모두 장방형 석실분으로 간주된다. 어떻든 예천은 고구려의 別都 인 國原城(忠州)[40]과도 근거리이므로, 그 문화의 영향도 배제하기는 힘들 것 같다. 예천 지역의 고분 뿐 아니라 성곽의 구조면에서 다시금 그 같은 특징이 나타나고 있기 때문이다.

水酒郡城으로 밝혀진 흑응산성은, 비슷한 규모의 동·서 兩城이 연결된 결 합식 兩城構造의 형태이다. 즉 東城의 西壁과 西城의 東壁이 한 개의 城壁으 로 맞물려 있으며, 둘레는 1.9km가 된다. 그리고 현재 西城의 일부에만 石 材가 거친 편이지만 石築 殘構가 나타나고 있는데, 본디 동·서 兩城 모두 石 築이었는지는 알 수 없다. 門址는 東城 남쪽과 西城 서쪽에 각각 1處가 확인 되고 있는데, 북쪽이 主防禦對象임을 암시하고 있다. 그 밖에『신증동국여지 승람』에 기재된 '一池'는 西城의 西門址 안쪽에 자리잡고 있다. 일정한 양의 水源을 보장하기 위한 시설인 '池'는 고구려 산성인 오녀산성·대성산성·龍潭 山城 등에도 소재한다.[41] 그런데 흑응산성의 '池'는 報恩 三年山城의 蛾眉池 처럼 門址에 근접하여 있다. 여기서 가장 주목되는 사실은 上乙谷城과 마찬 가지로 흑응산성도 고구려계의 結合式 兩城이라는 점이다. 이러한 兩城 構造 는 예천군 보문면의 鶴駕山城에서도 확인되고 있다.[42] 해발 870m의 山頂을

聞慶郡 醴泉郡-』, 1987, 210쪽.

39) 金元龍,「順興壁畵古墳의 性格」『順興邑內里壁畵古墳』, 1986, 56쪽.

40) 李道學,「永樂6年 廣開土王의 南征과 國原城」『손보기박사 정년기념 한국사학논총』, 1988, 102~106쪽.

41) 사회과학원고고학연구소,『고구려문화』, 사회과학출판사, 1975, 28쪽.

42) 慶尙北道·嶺南大學校,『慶尙北道 文化財地表調査擬報(Ⅳ) -尙州市 尙州郡 店村市 聞慶郡 醴泉郡-』, 1987, 224~225쪽.

중심으로 축조된 학가산성은 北城과 南城이 서로 결합된 형식이다. 北城의 둘레는 1.5km에 이른다고 한다.

고구려적 요소가 강하게 느껴지는 綜合式 兩城이 예천 지역에서 3개 곳이나 확인되고 있다. 이는 고구려계 벽화고분이 영주시에서 확인된 것과 관련지어 생각해 봄직하다. 이를테면 南進経營의 중심축인 忠州를 중심으로 하여 고구려가 소백산맥 以南까지 세력을 확대한데 편승한 문화의 파급에 기인한 현상으로 생각하는 게 어떨까 싶다. 비록 예천 지역은 고구려의 지배를 받은 경험이 없으나 고구려 세력판도 인근이었기 때문이다. 또 어쩌면 그 축출 과정에서 확보된 고구려인들을 통하여 築城技術이 전파된 게 아닐까 하는 느낌도 든다.

이 같은 추정의 실물 예증은 비록 전형적인 결합식 兩城은 아니지만, 영주시에 소재한 신라의 飛鳳山城[43])과 대치하면서 그 北進勢力을 把守했던 단양군 大崗面 龍夫院里의 고구려 竹嶺山城과 竹嶺 연변인 大崗面 斗音里의 貢文城이 內外 二重城인 점에서 얻을 수 있다.[44]) 그 밖에 제천에서 청풍의 彌勒里를 지나 소백산맥으로 연결된 교통로를 방위하는 고구려계의 城山城[45])도 이와 동일한 유형에 해당하고 있기 때문이다.

Ⅳ. 신라의 北進路와 丹陽 進出

소백신맥 南北을 잇는 교통로 가운데 赤城路는 雞立嶺路와 연결된 교통로였다. 그런데 단양에서 南下한 고구려군에 의해 赤城路가 장악된다면, 계립

---

43) 飛鳳山城 자체도 二重 城의 흔적이 확인된다는 지적도 있다.

44) 忠清北道, 『文化財誌』, 1982, 401~403쪽.

45) 忠清北道, 『文化財誌』, 1982, 399~400쪽.

령로와 죽령로 및 그 인근에 포진한 신라의 관방시설은 고립을 면하지 못하게 된다. 반면 신라는 북방진출과 관련하여 전략적으로 赤城路를 유리하게 활용할 수 있는 위치에 있었다. 신라가 적성로와 그 상대편 교통로변에 老姑城과 夫老城을 각각 축조하였을 뿐 아니라 그 중심 지역에 上乙谷城이라는 대형 城을 축조하여, 계립령로 및 죽령로까지 관장하는 총체적 防衛團位를 구축한 것도 이 점을 이용한 所以라고 생각된다.

그런데 신라의 북방진출로는, 소백산맥 以北에 대한 그 첫 점령지가 丹陽으로 의견이 모아지고 있으므로, 죽령로를 이용한 것으로 생각하게 쉽다. 그러나 고구려의 竹嶺山城이 嶺마루에 포진하고 있기 때문에, 이곳은 신라군의 北進路로는 결코 용이하지 못한 편이다. 왜냐하면 죽령산성에서 사방을 眺望하면 天險의 山岳에 한 줄기 개울처럼 죽령로가 이어져 있는데, 이른바 '一夫當關'·'萬人莫當'의 要地에 축성되어 있기 때문이다.[46] 그 뿐 아니라 비록 그 地勢로 보아, 신라의 축조일 가능성도 있지만 죽령 연변인 大崗面 斗音里의 '성재'에는 총길이 1.3km에 이르는 貢文城이 버티고 있다. 그러므로 고구려의 內紛을 틈탄 6세기 중반 신라의 北方進出路는 전략적인 측면을 熟考해야만 할 것 같다.

이러한 점을 유념할 때 신라는 북진거점인 上乙谷城에서 赤城路와 그 상대편인 夫老城의 연변로를 이용하는 伸縮城을 보이며, 丹陽 방면에 진출하였을 것으로 보인다. 가령 신라군이 夫老城 緣邊路를 이용한다면 죽령로를 배후에서 차단할 수 있으므로, 죽령산성의 고구려군을 고립시킨 채 단양으로 진입할 수 있기 때문이다. 다시 말해 신라군은 赤城 남쪽으로 4km 떨어진 단양군 長林里에 도착하게 되면, 그 東쪽에 포진한 죽령산성의 저항을 무력화시킬 수 있게 된다. 그러므로 신라군이 택한 북진로는 古代 교통로이며, 단양

---

46) 忠淸北道,『文化財誌』, 1982, 402쪽.

으로의 지름길인 赤城路가 분명하다고 생각되며, 夫老城 연변로도 이용되었을 가능성은 높다고 본다.

단양으로 진출한 신라군이 赤城碑를 세운 赤城은 고구려의 赤山縣城으로 흔히 추정하고 있다. 그러나 赤城은 오히려 신라의 所築이거나 廢棄된 백제성의 改築 가능성도 배제할 수 없다. 왜냐하면 赤城의 地形이 北高南低할 뿐 아니라, 北쪽은 急傾斜地로서 南漢江과 인접하여 있다. 그러므로 赤城은 北쪽을 방어하기 위해 축조한 게 분명하기 때문이다. 다시 말해 赤城은 北쪽으로 退路가 전혀 봉쇄된 상태이므로, 고구려 성으로는 기능하기 어렵다고 판단된다. 이러한 측면에서 赤城의 정상부인 서쪽의, 內城처럼 둘러쌓았던 土築臺地를 본디 백제 성의 유구로 간주하고, 赤城의 현 石築城壁은 신라의 축조로 생각하면 어떨까 한다. 이 문제는 결론만 말한다면 赤城의 外觀과 築造방식이 문경의 신라 高思葛伊縣城과 거의 흡사한 점도, 赤城을 신라의 축조로 간주할 수 있는 요인이 아닐까 싶다. 그렇다면 고구려의 赤山縣城은 南漢江 以北인 丹陽郡 赤城面 일대에서 찾아야만 되리라고 본다.

Ⅴ. 맺음말

지금까지 확인된 사실을 정리하면 다음과 같다. 즉 신라는 지역 단위로서의 行政城에 대한 전국적인 築造가 완료되는 6세기 초반에는, 지방지배를 통해 얻어진 집권력을 바탕으로 고구려군의 再南下를 방어하는 역할과 北方進出 거점으로서 일련의 성들에 대한 축조를 단행하였다.

이러한 목적을 지닌 城들은 雞立嶺路 및 竹嶺路와 연결되면서, 兩路 사이에서 丹陽으로 진출할 수 있는 이른바 赤城路 및 夫老城 연변로까지 관장할 수 있는 전략적 요충지에 축조되었다. 해발 824m의 山頂을 둘러싼 高山地帶에 축조된 上乙谷城이라는 대형 城을 중심으로 前面 양편의 교통로에 老姑

城과 夫老城이라는 小城을 각각 배치하여 방어와 공격을 유기적으로 배합할 수 있는 하나의 방위체제를 구축하였다.

그 중심이 되는 上乙谷城은 山城으로서 가장 이상적인 地形에 축조된 栲栳峰形 山城인데, 많은 軍兵의 주둔과 막대한 穀糧을 생산, 비축할 수 있는 조건도 갖추고 있었다. 따라서 上乙谷城은 장기간에 걸친 신라의 북진능력 배양이 가능한 거점이 분명하였다. 구조적인 면에서 볼 때 上乙谷城은 고구려계 성들에 간혹 나타나는 結合式 兩城이다. 이 같은 양식은 동일한 예천 지역의 鶴駕山城과 水酒郡城인 黑鷹山城에도 보이고 있다. 동시에 이러한 築城構造는 신라와 對峙한 고구려의 죽령산성과 공문성 등에 보이는 二重城 양식이, 인접한 예천 지역에 영향을 미친 결과였다. 흑응산성과 인접한 栢田洞 石室古墳에 고구려계 壁畵古墳의 요소가 침투한 것도 이와 관련해 결코 우연한 일은 아니라고 하겠다.

6세기 중반 소백산맥 以北으로 진출하게 되는 신라가 택한 교통로는 雞立嶺路와 竹嶺路 사이에 소재한 이른바 赤城路였다. 이때 丹陽에 진출하게 된 신라는 赤城을 築造 혹은 改築하였다. 이 赤城은 地勢와 관련한 기능적 측면에서 살펴볼 때 고구려의 赤山縣城으로 간주하기는 어렵다. 赤城의 구조가 신라 邊境의 高思曷伊縣城과도 거의 흡사하기 때문이다.

新羅·加羅史 研究

제4부

왕릉

1장
山淸의 傳 仇衡王陵에 관한 一考察
-王陵說에 관한 文獻的 檢討-

Ⅰ. 머리말

경상남도 山淸郡 今西面 花溪里의 王山 밑에는 金官加耶의 마지막 왕인 仇衡王의 陵으로 전하는 유구가 남아있다. 사적 제214호로 지정된 傳 仇衡王陵은 서쪽에서 동쪽으로 흘러내리는 산기슭의 경사면에 자리잡은 높이 7.15m의 피라미드형 石築 구조물이다. 全面은 7개의 층단을 이루고 있으며, 양 측면은 경사로 인해 층단이 높이에 따라 체감되고 있다. 그 뒷면은 타원형의 머리 부분을 제외하고는 산기슭에 잇대어 있는 관계로 층단이 남아 있지 않다. 그리고 이 유구의 제4단 동쪽 면, 곧 전면에는 폭 40cm, 깊이 68cm 정도의 方形 龕室이 설치되어 있다. 외관상으로 볼 때 전 구형왕릉은 만주 集安 通溝와 서울의 석촌동 등에서 볼 수 있는 階段式 積石塚의 형태를 띤다.

본 유구의 석재를 이용하여 쌓아진 것으로 생각되는 높이 1m 안팎의 돌담이 傳 仇衡王陵을 둘러싸고 있는 것이다. 그리고 이 석축 유구의 앞쪽에는 '駕洛國讓王陵'이라고 새겨진 비석과 床石·長明燈이 놓여 있다. 그 좌우에는 文·武人石과 石獅子像이 각각 한 개씩 배치되어 있는 것이다. 이 石物들은 최근에 만들어진 것이 된다.

이 같은 형태의 傳 仇衡王陵은 그 外觀과 더불어 이에 부수된 전설 등으로 인하여 비상하게 관심을 끌만한 유구임에도 불구하고 아직까지 체계적으로 조사된 바 없다. 이 유구의 성격은 발굴을 한다면 명확하게 드러나겠지만, 그러나 기왕의 문헌자료 및 고고학적 지식을 원용하여 그 조영 배경과 성격 등을 검토해 보고자 한다.

Ⅱ. 傳 仇衡王陵의 성격

傳 仇衡王陵의 성격과 관련하여 무엇보다 주목해야 될 점은 그 형태가 된다. 서쪽에서 동쪽으로 흘러내리는 비탈에 축조된 傳 仇衡王陵은 전면이 7계단이며, 양 측면에도 층단이 져 있다. 서쪽 면 곧 뒷면은 산비탈에 붙어있는 관계로 층단이 없는데, 전반적인 그 외관이 만주 집안 通溝의 장군총과 흡사한 느낌을 주고 있다. 장군총의 경우 잘 다듬어진 화강암을 피라미드처럼 7단으로 쌓아 올렸으며, 4단과 5단 사이에는 방형의 일종 감실이 설치되어 있기 때문이다. 즉 傳 仇衡王陵은 비록 거칠게 다듬은 화강암을 쌓아 올리긴 하였지만, 7단의 피라미드형이며, 전면 네 번째 층단에도 장군총과 마찬가지로 일종의 龕室이 설치되어 있는 공통점을 보이고 있다. 이 같은 측면에서 볼 때 傳 仇衡王陵은 외형상 墳墓일 가능성이 높다고 생각된다.

그러나 여기에는 자연 다음과 같은 의문이 제기되지 않을 수 없다. 왜냐하면 고구려가 흥기한 혼강유역과 압록강 중류 지역에서 성행한 바 있는 積石塚은 백제가 성장한 한강유역에서도 확인되고 있지만, 그 분포 남방 한계선인 금강 이남 지역에서는 전혀 확인된 바 없기 때문이다. 다시 말해 산청과 같은 한반도 남부 지역에서 고구려 계통의 階段式 積石塚이 존재하여야 할

산청의 전 구형왕릉

어떠한 역사적 실마리도 선뜻 발견하기 어렵기 때문이다.[1] 실제 그 입지적 조건을 보더라도 장군총을 비롯한 고구려의 積石塚은 대부분 평지에 축조되어 있지만, 傳 仇衡王陵은 구릉의 경사면에 築造되어 있으며, 또 그 뒷면은 산비탈에 붙어있는 차이점을 발견할 수 있다. 그러므로 오히려 傳 仇衡王陵은 고구려의 階段式 積石塚보다는 경상북도 의성군 안평면과 안동시 북후면에서 발견된 방단형 적석탑에 더욱 가깝다는 점을 지적하지 않을 수 없다.

이와 관련해 그 근거가 되는 의성과 안동의 그것을 살펴보면[2] 우선 7개의

---

1) 蔚州 熊村面 銀峴里에서 계단식 적석총형의 유구가 확인되었다고 한다(李道學, 「高句麗의 洛東江流域進出과 新羅·伽倻經營」『國學硏究』 2, 1988, 109쪽). 그러나 이 유구는 공식적인 학술조사가 이루어진 바 없으므로, 그 성격을 단정하기 어렵다.

2) 秦弘燮, 「所謂 方壇式 特殊形式의 石塔數例」『考古美術』 110, 1971, 2~7쪽.
秦弘燮, 「所謂 方壇式 特殊形式의 石塔數例補」『考古美術』 121·122合輯, 1974, 27~33쪽.

層段으로 된 의성군 안평면 石塔洞의 방단형 적석탑은 높이 약 4.2m, 아랫단의 한 변의 길이는 약 11m인데, 네 번째 단 중앙의 사면에 각각 방형의 감실을 만들어 佛像을 안치하고 있다. 그리고 세 개의 층단으로 된 안동시 북후면의 방단형 적석탑은 높이 약 4m, 한 변의 길이는 약 14m가 된다. 그런데 이들 방단형 적석탑이 위치한 곳의 지명이 모두 石塔洞이라는 점, 그리고 의성의 그것에는 石佛이 안치된 점, 그리고 안동 유구의 근처에 石塔寺라는 옛 사찰이 있다. 이러한 점을 傳 仇衡王陵의 외형 및 그 부근에 王山寺라는 옛 절이 있었던 기록과 관련지어 그 성격을 짐작할 수 있기 때문이다.

요컨대 통일신라 말기의 것으로 추정되는 안동과 의성의 방단형 적석탑은 傳 仇衡王陵과 구조면에서 부합되고 있다. 그러므로 전 구형왕릉 또한 이와 비슷한 시기에 조영된 방단형 적석탑의 하나로 간주할 수 있을 것 같다. 그런데 이와 관련해 흥미 있는 사실은 방단형 적석탑이 일본에서도 발견되고 있는 점이다. 가령 岡山縣 赤磐郡 熊山町의 靈仙寺 경내에 소재한 표고 500m의 熊山 山頂에는 세 개의 층단으로 된 奈良時代의 方段形 積石塚이 있다. 이 탑은 정방형의 기단에 3층의 계단이 축조된 것인데, 아랫단 한 변의 길이는 약 7~8m이며, 전체 높이는 3.7m이다. 그리고 적석탑의 가운데 층단의 사방 중앙에는 감실이 각각 개설되어 있다. 또 상단 중앙에는 두 개의 덮개돌이 있는데 그 안에는 陶製筒形 容器가 三彩의 조립식 작은 항아리를 안고 있다. 이 작은 항아리는 사리봉안 용기가 된다.[3]

이처럼 계단을 쌓고 또 감실을 갖춘 方段形 積石塚은 인도네시아의 웅대한 보르부들탑에서 그 祖型을 찾기도 한다.[4] 8세기 후반에 조영된 보르부들탑은 버마 지역의 塔婆에서 계승되고 있을 뿐 아니라, 이러한 형식의 塔이 동남

大邱大學校 博物館, 『義城郡 文化遺蹟地表調査報告』, 1987, 227~232쪽.

3) 日本考古學協會 編, 『日本考古學辭典』, 東京堂出版, 1978, 156쪽.

4) 齋藤忠, 『古代朝鮮文化と日本』, 東京大學出版會, 1981, 201쪽.

아시아 지역에서 많이 발견된다면, 한반도와 일본열도의 방단형 적석탑도 그 영향을 받았을 여지는 있을 것이다. 그러나 보르부들 형의 인도차이나반도의 탑을 방단형 적석탑과 연결 짓는 것은 성급한 느낌이 들지만, 그 계통에 관한 구명 작업은 지속되어야만 할 것 같다.

Ⅲ. 王陵說의 근거와 그 검토

1. 「王山寺記」와 「懸板記」의 발견

傳 仇衡王陵을 방단형 적석탑으로 간주하였지만, 문헌에는 그 왕릉설이 집요하게 제기되고 있다. 그러므로 왕릉설을 단순한 전설로 돌리기에는 석연치 않은 구석이 있을 뿐 아니라, 필시 그러한 전승에는 까닭이 있으리라고 믿어진다. 그러한 만큼 우선 왕릉설을 소개하여 그것을 검토하는 계기로 삼고자 한다.

전 구형왕릉에 관한 현전하는 가장 오래된 기록은 『新增東國輿地勝覽』 山陰縣 山川 條의 다음과 같은 내용이다.

> 王山: 縣의 서쪽 10里에 있다. 산 가운데 돌을 쌓아 만든 언덕이 있는데, 4면은 모두 층계가 있다. 王陵으로 세속에 전한다.[5]

『新增東國輿地勝覽』은 이 석축 구조물이 누구의 왕릉인지는 언급하지 않았다. 그러나 俗傳의 인용인 만큼 왕릉설은 적어도 조선 전기 이전으로 소급되어질 수 있을 것이다. 容齋 李荇(1478~1534)의 「王山弔陵詩」에서도 "쌓은

---

5) 『新增東國輿地勝覽』 권31, 산음현 산천 조.

돌은 어느 왕의 묘이던고, 황량하여 연대를 기록할 수 없구나"6)라고 하였듯이, 이 석축 구조물은 16세기 전반까지도 막연히 왕릉으로만 전해졌음을 알 수 있다. 그런데 이 석축 구조물은 그 靈異함으로 인하여 현지인들의 외경 및 숭앙의 대상이었던 것 같다. 왜냐하면 洪儀泳(1750~1815)의 「王山尋陵記」 및 경욱이 저술한 「嶺南異蹟錄」 등에는 대략 다음과 같은 전승이 기록되어 있기 때문이다.

> 이 왕릉에는 칡넝쿨이 뻗지 않으며 날짐승들도 왕릉 위를 날아가지 않는다. 임진왜란 때 왜구들이 보물을 얻기 위해 무덤을 파자 갑자기 하늘에서 큰 우레가 치고 쏟아져 왜구들이 혼비백산한 적도 있다. 또 마을사람들이 자기 아버지의 시신을 왕릉 백보 남짓한 곳에 묻었더니, 그날 밤 꿈에 아버지가 나타나 "네가 나를 왕릉 가까이에 묻었기 때문에 三刑이 나에게 심히 무겁다. 나를 위하여 속히 내 시신을 파내라"고 거듭 세 번씩이나 말한 후 사라졌다고 한다. 실제 무덤을 파보니 그 아버지의 脛骨이 다 부서졌다고 한다. 그 밖에 마을 노파가 뽕을 따면서 왕릉 앞을 지나가다 혼잣말로 "왕이 자손이 없어 香火가 영원히 끊겼으니 그 덕이 없는 것이다"고 말하자마자 왕릉 가운데에서 바람이 일어나 노파를 언덕 밑으로 떨어뜨려 피를 토하며 죽게 하였다.7)

이 같은 傳 仇衡王陵의 신이함에 대한 전승으로 인하여, 한발이 든다든지 질병이 돌면 마을사람들이 그 앞에 희생제물을 놓고 제사를 지내고는 하였다. 역시 靈驗이 있었던 것으로 전해지고 있다. 그런데 왕릉으로만 전해지던 이 석축 구조물의 내력이 밝혀지게 된 것은 한발로 인한 기우제 때문이었다. 「王山尋陵記」나 戶曹判書 趙鎭寬(1739~1808)이 찬술한 산청의 「首露廟碑銘」

---

6) 『駕洛三王事蹟考』 권5.
7) 『駕洛三王事蹟考』 권5.

등에 의하면 대략 다음과 같은 이야기가 적혀 있다.

1798년 여름 영남 지방에 큰 한발이 들었는데, 그 해 6월 4일 산청의 명망 있는 선비 閔景元이 친구들과 함께 王陵에 가서 祈雨祭를 지냈다. 그런데 기우제를 마치자 곧 소나기가 쏟아졌으므로 閔景元 일행은 비를 피하여 근처의 王山寺에 잠시 들어가게 되었다. 기우제를 지내자마자 비가 내린 것을 신이하게 생각한 민경원은, 이 때 왕산사의 승려들에게 왕릉의 영이함에 관해 이야기하였다. 그러면서 그는 왕릉 관련유물에 관하여 물어 보았다. 승려가 말하기를 "유물은 참으로 많으나 秘藏되었기 때문에 감히 보여줄 수 없다"고 하였다. 그러나 민경원이 강제로 보이게 하므로 그제서야 승려는 오래된 木函을 가지고 나와 열어 보였다. 木函에는 당시로부터 백 년 전의 명승인 坦英이 저술한 「王山寺記」한 권과 초상화 두 폭 및 녹슨 칼, 그리고 좀 먹은 활한 자루와 옷 한 벌이 들어 있었다. 이 가운데 「王山寺記」에는 王山寺 뿐 아니라 왕릉의 유래까지도 소상하게 적혀 있었다고 한다.[8] 민경원이 확인한 「王山寺記」의 내용을 옮겨 보면 다음과 같다.

山陰縣의 서쪽 모서리, 方丈山의 동쪽 기슭에 산이 있는데 王山이라고 하며 절은 王寺라고 한다. 위에는 王臺가, 아래에는 王陵이 있는 까닭에 王山이라고 한다. 陵墓守護를 주관한 까닭에 王寺라고 하였는데 절은 본디 왕의 水晶宮이었다. 陵은 가락국 제10대 仇衡王이 묻힌 玄宮이다. 蕭梁 大通 8년 신라 법흥왕이 駕洛을 來攻하였다. 가락 구형왕은 땅 때문에 백성이 다치는 것을 참지 못하여 나라를 신라에 양보하고 항복하여 金官郡 都督이 되었다. 뒤에 너불어 食邑을 받았지만 이를 버리고 이곳에 와서 살다가 죽었다. 그러므로 그를 장사 지냈는데 돌을 쌓아 구릉을 만들었다. 『東國輿地勝覽』과 『王山誌』에서 "산 중에 돌을 쌓아 구릉을 만들었는데 4면에 층급이 있다. 세속에 왕릉으로 전한다"고

---

8) 『駕洛三王事蹟考』권1 · 권5.

말한 것이 이것이다. 그 후 왕태자 대각간 김서현이 宮을 버리고 절을 삼았다. 왕손인 대장군 흥무왕 庾信이 王臺에 首露王廟를 追封하였다. 이 절에 仇衡王祠를 세운 까닭은 祖父의 冥路를 까는 香火의 願利로 삼은 데 있었다. 인하여 7년이나 侍陵하면서 臺를 쌓고 사격을 익힌 까닭에 지금 절 오른 편에 金將軍射臺라고 말하는 게 있다. 신라 제30대 왕 法敏은 制하여 朕은 구형왕의 외손이라고 말하면서 中使를 보내 匠石을 거느리고 사당에 제사하는 의식을 엄결하여 王寺가 거듭 새로워졌다. 특히 근처 30頃의 밭을 봉하셔서 향화의 밑천으로 받들었다.

그 후 왕릉은 오랫동안 황폐하였고 神宮 또한 폐하어졌으나 물긴은 힝시 파리하지 않는 법이므로 때를 얻어 영화롭게 되었다. 道는 끝내 비색하지 않아 사람을 기다려 흥하게 마련이므로 고려 신종 4년 州郡에 敎旨를 내려 왕릉을 중수하고 겸하여 王寺를 보수하였다. 선조 때인 임진왜란 시기에 이 山寺와 墓는 몰락하였는데, 오랑캐가 들어와 金田을 쓸어버려 이미 잿더미가 되었지만, 무덤은 여전히 남아 있었다. 다만 들건대 산원숭이와 골짜기의 새만 슬피 울 따름이었다. 順治 7년(1650) 僧徒가 또 이 절을 중건하여 사당의 신주를 다른 곳으로 옮겨 묻고 불상은 왕의 사당에 바꾸어 두었다. 공사가 끝나자 사문인 法永이 그 寺墓의 舊蹟을 가지고 와서 나에게 記文을 요청했으므로 감히 글솜씨가 보잘 것 없다고 사양하지 못하였다. 삼가 「本紀」를 살펴보니 山寺가 王으로써 이름한 것은 수로왕의 사당을 세운 땅이며 구형왕이 도피하여 거주한 곳이며, 흥무왕이 창건한 절이고 신라 문무왕이 封한 산이며, 고려 신종대왕이 중건한 곳이며, 위에는 王臺가 있고 아래에는 王陵이 있으며, 가운데는 왕의 畵像·遺衣 및 사용하던 활과 칼이 있었기 때문이다.

옛날 가락국 제왕의 유적과 신라와 고려에서 내린 물건이 매우 많아 왕릉과 같았다. 본적에서 말하기를 "婆娑墓 가운데 舍衛의 白玉이 아직도 祇桓寺 속에 있고 頒達의 黃金이 아직도 남아 있다"는 이 한 구절은 이미 알고 있던 것이다. 지금도 모두 兵火에 잃어버려 단지 두 폭의 화상과 天翼[9] 한 벌 그리고 좀

---

9) 「王山尋陵記」나 「首露王廟碑銘」의 내용을 감안할 때, 구형왕의 '遺衣'를 가리키는 듯

쓴 활과 殘劍이 각각 한 개씩 남아 있을 뿐이다. 이 또한 자손이 사방으로 흩어져 지키지 못한 까닭에 木函 가운데 숨겨두게 하여 백세의 뒤를 기다리게 하였다.[10]

여기서 「王山寺記」를 저술한 坦英이 저본으로 한 文籍이, 「本紀」 곧 「王山寺記」였음을 생각할 때 탄영의 「王山寺記」 집필이 있던 17세기 중반 이전에 이미 왕산사와 구형왕 관련 내용이 「本紀」에 채록되었음을 알 수 있다. 그런데 사적 제214호로 지정된 이 유구가 구형왕릉으로 세상에 널리 알려지게 된 것은 민경원이 「王山寺記」를 읽어본 지 얼마 되지 않아, 왕산사의 먼지 그을음이 가득한 벽 가운데서 「縣板記」가 발견되었기 때문이다. 「縣板記」는 세월이 너무 오래된 탓으로 인멸된 글자가 많았지만 간신히 여러 행을 판독할 수는 있었다고 한다. 「縣板記」가 지어진 시기는 알 수 없지만 그 내용은 대략 다음과 같다.

가락국 구형왕이 신라의 난을 피해 王田에 활과 칼을 남겨 놓았다. 아울러 사당을 세워 추도하는 장소로 삼다가 죽이니 산기슭에 돌을 쌓아 능을 만들었다. 왕손인 대장군 김유신이 7년 동안 왕릉을 지키면서 臺를 쌓아 놓고 활쏘기를 익혔다. 신라 문무왕은 구형왕의 외손이었으므로 사신을 보내 제사를 지내게 하였으며 왕릉을 개축하여 王寺를 거듭 새롭게 하였다. 그러나 세상도 많이

하다. 임진왜란 때 왜군이 가져간 것으로 보이는 天翼(철릭)이 거의 완전한 형태로 일본 仙台市博物館에 보관되어 있다. 그런데 철릭은 조선조 지배층 남성이 입던 겉옷으로 새가 날개를 편 것 같은 형상을 하고 있어 天翼이라 이름 붙여졌다고 한다. 「王山寺記」의 철릭이 구형왕의 그것이 분명하다면, 철릭의 제작 시기는 삼국시대까지 소급될 수 있게 된다. 즉 우리 나라 복식사 연구에 긴요한 자료로써 이용될 수 있지 않을까 한다.
10) 『駕洛三王事蹟考』 권5, 王山寺記.

바뀌고 변도 많아 옛날의 王廟가 지금은 梵王의 宮이 되었다.[11]

위에서 인용한 「縣板記」의 내용 역시 坦英이 저술한 「王山寺記」의 그것과 대동소이하고 있다. 어쨌든 민경원이 王山寺에 보관되어 있는 木函을 열어 보았고 또 「縣板記」가 발견됨에 따라 王山寺나 王陵이 모두 구형왕과 관계있는 것으로 인식되어졌다. 이는 당시 김해 김씨 「家乘」에 적혀 있는 왕산 관련 기록과도 부합되었다고 한다.

그런데 왕산의 유적이 구형왕과 관련 있다는 소문이 남에 따라 마을 사람들이 왕산사로 몰려와 새로 밝혀진 구형왕릉에 참배한 다음, 왕산사의 승려들에게 구형왕의 활과 칼을 보여주기를 요청했다고 한다. 이 때 승려들은 한사코 모르는 일이라고 잡아떼었지만, 「縣板記」에 구형왕의 활과 칼이 이 절에 남아 있다는 문구를 마을 사람들이 제시하자 더 이상 숨기지 못하고 목함을 열어 보여주었다. 그럼에 따라 坦英이 찬술한 「王山寺記」 외에 좀 먹은 활과 녹이 나 이즈러진 칼 한 자루와 영정 두 폭 및 옷 한 벌이 비로소 세상에 널리 알려지게 되었다.[12] 『角干先生實記』에 의하면 이 활과 칼을 가지고 김유신이 이곳에서 무예를 연마했다고 한다.

2. 「王山寺記」의 檢討

지금까지 살펴 본 문헌자료에 의하면 산청군 금서면 화계리의 왕산 일대는 仇衡王과 깊은 관련이 있음을 알게 된다. 그러면 과연 그것이 어떠한 양상을 띠고 있는지 구체적으로 살펴보기 위해서는 그 典據가 되는 「王山寺記」에 대한 검토가 필요할 것 같다.

---

11) 『駕洛三王事蹟考』 권5.
12) 『駕洛三王事蹟考』 권5, 王山尋陵記.

우선「王山寺記」에서 드러나는 오류를 지적해 보면, 仇衡王이 梁 大通 8년에 신라에 항복했다고 기록하였지만, 이는 中大通 4년의 잘못이다. 梁에는 普通·大通·中大通 등의 年號가 있었지만, 普通 8년 3월에 大通으로 改元하고 大通 3년 10월에 中大通으로 改元하였기 때문이다. 그리고 김서현을 구형왕의 왕태자로, 김유신을 손자로 기록하고 있지만, 이는 손자와 증손자의 잘못이다. 이러한 것들은 사소한 착오이기 때문에 논의의 대상이 될 수 없지만 금관가야의 마지막 왕인 구형왕이 무슨 이유로 산청의 심산궁곡에 은신하면서 일생을 마쳤는가 하는 문제에 초점이 모아져야만 할 것 같다. 이와 관련하여『三國史記』법흥왕 19년(532) 조에는 다음과 같이 기록하였다.

> 금관국왕 金仇亥가 왕비 및 세 아들 즉 장남 奴宗·차남 武德·삼남 武力과 함께 國帑寶物을 가지고 항복하였다. 왕은 이들을 예로써 대접하고 上等의 관위를 주었으며, 또 그 본국으로 食邑을 삼게 하였다. 그 아들 武力은 조정에 벼슬하여 角干까지 이르렀다.[13]

위의 기록만으로는 구형왕이 신라에 항복한 후의 행적에 관해서는 알려주고 있지 않다.『三國史記』에도 이와 관련된 어떠한 문자도 제시해 주고 있지 않다. 다만『角干先生實記』에는 구형왕이 경주 북쪽 50리 지점에 있는 杞溪縣에 살았다고만 하였다. 그러나 어떻든 신라에 항복한 구형왕을 비롯한 금관가야 왕족들은 眞骨貴族의 대우를 받았는데 여기에만 그치지는 않았다. 가령 仇衡王의 아들 武力은 신주 군주가 되어 백세 성왕을 전사시킨 관산성진투에서 혁혁한 전공을 세운 바 있다. 武力의 아들 김서현은 梁州大摠管의 관직에, 또 그 아들인 김유신은 太大角干이라는 최극상의 관등에 올랐을 뿐 아니라 삼국통일의 元勳이기도 하였다. 더욱이 태종 무열왕비인 문명왕후 문희

---

13)『三國史記』권4, 法興王 19년 조.

는 김유신의 여동생이 되며, 그 子孫들이 신라 中代王室을 이루고 있다.

이렇듯 仇衡王의 자손들은 현달하였고 급기야 신라 왕실의 외척으로까지 성장해가는 추세였다. 그럼에도 불구하고 구형왕이 구태여 은신 생활을 한 이유가 쉽게 납득되지 않는다. 成大中의 「王陵記」 등에서도 이 점을 의심하고는 있지만, 「王山寺記」의 기록을 배제할 수 있는 근거를 확보하고 있지 않는 만큼 "아마도 仇衡王은 중국의 徐堰王처럼 왕위를 물러난 후 스스로 지리산에서 자유롭게 살았다고 하는 게 옳지 않을까"라는 식으로 추단하였다. 하긴 傳 仇衡王陵에서 산길로 30분쯤 올라가면 약수터 못미쳐 나타나는 샛길 오른쪽의 편편한 대지가 곧 仇衡王이 거주했다는 水晶宮터이다. 지금은 수풀 속에 방형 주춧돌과 우물터만 남아 있지만, 그 입지 조건으로 보아 은신처로 적합한 장소이기는 하다. 그런데 신라에 항복한 구형왕이 은신을 했다면 필시 그럴만한 까닭이 있었을 것이라고 생각되지만, 그것이 신라에게는 달가운 것이 될 수 없었다고 본다. 그런 만큼 과연 이러한 상황에서 구형왕 일족이 신라로부터 예우를 받고 여러 대에 걸쳐 현달할 수 있었는지 의심이 된다. 설령 仇衡王이 산청에서 사망했다고 하더라도 은신해 있는 처지에 많은 인력이 동원되는 방단형 적석탑 형태의 분묘를 남길 수 있을까 하는 의문을 풀기는 어렵다.

그 뿐 아니라 신라가 산청 일대로 진출하게 되는 시기는 일러야 고령의 대가라가 멸망하는 562년 이후의 일이 된다. 이때는 이미 구형왕이 사망하였을 가능성도 배제할 수 없기 때문이다. 또한 기존 백제 영역과 인접한 산청 지역을 신라가 점령하였는지도 단언할 수 없는 실정이다. 「王山寺記」에 의하면 7세기 전반기에 주로 활약하였던 김서현이 仇衡王의 水晶宮을 사찰로 변개시켰다고 하지만, 624년에 백제군은 速含城(함양) 등을 공격하면서[14] 계

---

14) 『三國史記』 권4, 眞平王 46년 조.

속 동쪽으로 진출하는 추세였다. 따라서 7세기 전반기 신라의 판도가 산청까지는 미치기 어려웠으리라는 점과, 설령 미쳤다고 하더라도 불안정한 곳이었음이 분명하다. 그런 만큼 김서현이 산청에 절을 창건하였다는 「王山寺記」의 기록은 쉽게 납득하기 어렵다. 그 밖에 「王山寺記」 뿐 아니라 당시 존재하였던 김해 김씨 「家乘」과 『각간선생실기』에도 김유신이 낭비성전투(629)[15] 이전에 王山寺에서 무예를 익히며 7년간이나 소일하였다고 하지만 이 또한 선뜻 따르기 어려운 내용이다.

요컨대 「王山寺記」의 내용을 중심으로 살펴본 바에 따르면 仇衡王이 산청에 묻혔을 가능성은 희박하다고 판단된다. 그러나 이 같은 전승에는 필시 까닭이 있었을 터인 만큼, 그와 관련해 구형왕의 초상화를 실마리로 하여 그 배경을 구명하는 계기로 삼고자 한다.

3. 구형왕 초상화의 제작 시기

왕산사에서 확인된 구형왕 관련 유품 가운데 그 초상화의 존재가 주목을 끈다. 영정 한 폭의 오른편에는 '駕洛國仇衡王像'이라는 墨書가 있었으며, 그 용모가 대단히 기위했으나 형상은 분별할 만했다고 한다. 또 하나의 영정에는 墨書는 없었지만 부인이 왕후의 옷을 입고 앉은 형상이었는데, 구형왕의 왕비인 桂花王后로 생각된다고 하였다.[16]

그런데 1798년 이후 왕산사에서 보관해 왔던 이들 구형왕 유품의 행방에 관한 기록은 남아있지 않다. 다만 왕산사는 뒤에 이웃 사찰과의 분규로 인해 폐사가 되었고 그 유품은 藏寶庵이라는 암자로 옮겨 보관 되었다고 전해진다. 지금은 이 장보암도 없어졌지만, 전 구형왕릉이 있는 왼편 산기슭에서

---

15) 『三國史記』 권4, 眞平王 51년 조.
16) 『駕洛三王事蹟考』 권5, 王陵記.

바라보면 그 터에 대문
의 돌기둥 두 짝만 남아
있다. 그리고 장보암에
보관되어 왔던 구형왕의
유품은 도난당하였으나
구형왕과 왕비의 영정은
회수되었다고 한다.

구형왕 부부 영정. 지금 본 영정은 도난당했다.

전 구형왕릉 입구에
구형왕의 齋室인 德讓殿
영정각에 구형왕과 왕비
의 초상화가 봉안되어
있었다. 영정각 문을 열
고 들어선 후 주황색 휘
장을 열어젖히면 왼쪽에
는 구형왕의 초상화가, 오른쪽에는 계화왕후로 짐작되는 여인의 초상화가 걸
려 있다. 구형왕의 초상화 오른편 귀퉁이에는 '駕洛國仇衡王影幀'이라는 묵
서명이 남아 있었다. 이 영정은 「王山寺記」에 기록되어 있고, 1798년에 공개
된 그 초상화임을 알려주고 있다. 左顔7分面의 全身交椅坐像인 구형왕 영정
은 後唐 太祖 李克用이나 後唐 莊宗의 초상화와 비교된다. 즉 흉배가 없는 미
색 관복에 날개가 위로 들린 사모를 구형왕이 착용하고 있다. 한편 계화왕후
의 영정은 앞서의 기록에서처럼 묵서명은 없지만, 구형왕 영정과 나란히 걸
린 것을 생각할 때 그 왕비인 계화왕후의 영정으로 짐작되는 것이다. 이 초상
화는 미인형의 용모인 계화왕후가 머리에 화관을 쓰고 돗자리에 앉은 모습이
다. 계화왕후가 입고 있는 짙은 초록색 저고리는 양섶과 끝동 및 깃과 옷고름
은 자주색인데 소매폭이 좁은 몽고식 저고리이며, 주름이 잡힌 분홍색 치마
를 입고 있다.

이들 초상화는 그 服飾으로 보아 삼국시대 작품이 아님을 알 수 있다. 다만 구형왕 영정의 복식을 생각할 때 신라 말에 그려진 그 초상화를 후대 다시금 模寫한 일종의 상상화로 생각된다. 왜냐하면 이 초상화는 後唐時期 帝王의 服飾을 하고 있거니와, 실제 海恩寺 영정각에 奉安된 수로왕과 허황후의 초상화에 나타난 복식보다 고식을 띠지 못하고 있기 때문이다. 그리고 계화왕후가 입고 있는 저고리는 16세기 후반의 민묘에서 출토된 복식과 유사한 면이 보인다.[17] 그렇다면 이는 앞서 존재하였던 구형왕 초상화와 짝을 맞추기 위하여 조선시대에 그려진 것으로 간주된다. 어쨌든 이들 초상화는 의습이나 외곽선을 동일한 계통의 짙은 색선을 사용할 정도로 뛰어난 색감 이해력을 보여주고 있는 조선 전기 초상화의 특징에 해당되는[18] 改畫本이라고 하겠다.

요컨대 구형왕의 초상화에 나타난 그 복식을 통해 볼 때, 초상화 眞像의 제작 시기는 통일신라 말엽으로 추단되어질 수 있을 것 같다. 나아가 구형왕의 초상화가 제작되는 시점이야말로 그것을 가능케 한 일련의 움직임이 산청지역에 배태되었다고 보아 좋을 것 같다.

Ⅳ. 傳 仇衡王陵 조영의 역사적 배경

傳 仇衡王陵이 통일신라 말기에 조영된 방단형 적석탑이라고 하더라도 구형왕과 관계된 「王山寺記」의 내용을 전면 부정할 수만은 없다. 王山寺의 「縣板記」도 그러하거니와 구형왕의 유품으로 전하는 활과 칼 및 옷 뿐 아니라 비록 후대의 작품이기는 하지만 구형왕의 영정이 왕산사에 보관되어 왔다는 것

---

17) 忠北大學校博物館, 『出土遺衣 및 近代服飾論攷』, 1987 참조.
18) 趙善美, 『韓國의 肖像畫』, 열화당, 1983 참조.

은, 구형왕과 왕산사가 깊은 관련을 지니고 있음을 시사해주고 있기 때문이다. 즉 금관가야의 마지막 왕인 구형왕의 수정궁터에 왕산사를 창건하였고, 방단형 적석탑을 구형왕릉으로, 그리고 김서현과 김유신을 왕산사와 관련시키고 있고, 금관가야의 시조인 수로왕의 사당까지 곁들여 이곳에 세워졌다고 한「王山寺記」의 기록이 好事家의 조작이 아닌 바에야 필시 그럴 만한 까닭이 존재하였을 것이다.

산청의 王山寺를 仇衡王과 관련시킨 전승은 통일신라 말기까지 그 상한을 설정해 볼 수 있지 않을까 한다. 왜냐하면 傳 仇衡王陵 곧 방단형 적석탑의 축조 시기가 통일신라 말기로 간주되고 있으며, 구형왕의 초상화에 보이는 服飾이 後唐 時期의 것인 점을 생각할 때 그러한 것이다. 그렇다고 할 때 구형왕과 관련된 사찰을 비롯한 관련 기념물들이 산청 지역에 남게 된 배경이 궁금해진다. 이와 관련해 통일신라의 태종무열왕계 왕실이 그들 家系의 마지막 聖骨 男王이었던 眞智王을 추념할 목적으로 眞智王大寺라는 寺刹을 건립하여 왕실의 정통성과 결속을 도모하였던[19] 사실을 주목하고자 한다. 왜냐하면 이는 금관가야의 마지막 왕이었던 仇衡王이 그들 가계 내에서 점하는 비중과 상호 연결될 수 있는 성격의 것이라고 할 때, 금관가야계 곧 新金氏 세력도 그들의 결속과 관련한 구심적인 사찰을 조영하였을 가능성을 배제할 수 없기 때문이다. 물론 이 같은 추정이 타당성을 얻으려면 통일신라의 금관가야계 귀족들이 王山寺라는 願刹을 창건하여 그 결속을 필요로 하였던 배경이 설명되어야만 할 것이다. 그런데 가계 결속의 응집력은 그들 공동의 위기의식과 맞물려 있는 경우가 많다. 실제 770년에 김유신의 후손인 대아찬 金融이 혜공왕 때의 반란에 연루되어 죽임을 당한 사건은[20] 사회적·정치적으

19) 蔡尚植,「新羅統一期의 成典寺院의 구조와 기능」『釜山史學』8, 1984, 18쪽.
20) 『三國史記』권9, 惠恭王 6년 조.

로 몰락해가고 있던 금관가야계 귀족들에게 큰 충격을 안겨 주었다. 『三國史記』 김유신전이나 『三國遺事』 미추왕 죽엽군 조에서 김유신이 무덤에서 나와 미추왕릉에 들어가 김융의 억울함을 호소했다는 사화는 이를 잘 반영하고 있다.

그렇지만 혜공왕대까지는 금관가야계의 피를 이은 그 외손들이 왕위를 계승하였으므로 그 위상은 여전히 유지되었을 것이다. 그러나 혜공왕을 끝으로 태종무열왕계의 왕통이 단절됨에 따라 금관가야계 귀족과 신라 왕실간의 인연이 끊어지고만 셈이었다. 이러한 정치적 변화는 중앙 정계에서 소외되어 몰락해가는 금관가야계 귀족들로 하여금 위기의식을 불러 일으켜 그 결속체로서 그들 가계의 마지막 왕인 仇衡王을 추념하는 王山寺의 창건을 유도하지 않았을까 싶다. 실제 신라 왕실과 구분되는 '新金氏'를 금관가야계 귀족들이 표방하는 예가 9세기의 금석문에 현저하게 보이고 있다.[21] 이러한 현상도 그들 가계의 결속을 뜻하는 자료가 아닐까 한다.

그러면 王山寺라는 願刹이 금관가야와 연고가 없는 산청에 자리 잡게 된 배경은 어디에 있었을까? 금관가야의 근거지인 김해는 왕도였던 경주에서 가까운 곳인 관계로, 금관가야계 귀족들의 결속과 관련 있는 願刹의 창건이 중앙정부의 간섭과 제재를 받았을지 모른다. 때문에 멀리 산청 지역을 택하여 願刹을 창건하였을 수도 있을 것이다.

그러나 이 같은 이유보다는, 仇衡王이 묻혔다는 산청이 가야연맹의 서쪽 접경인 지리산에 접하고 있는 사실에서 찾는 게 온당할 것 같다. 『三國遺事』에 인용된 「가락국기」에 의하면 가야연맹의 범위를 북쪽은 가야산, 동쪽은 낙동강, 서쪽은 지리산이라고 하였다.[22] 따라서 가야연맹의 서쪽 경계인 지리

---

21) 872년에 작성된 「皇龍寺九層木塔刹柱本記」는 그것이 잘 표출된 대표적인 金石文의 하나이다.

22) 『三國遺事』 권2, 駕洛國記.

산 근처에 仇衡王이 묻힐 수 있었다는 것은 물론 역사적 사실과는 거리가 있지만, 금관가야의 영향력이 멸망할 때까지도 가야연맹 전체에 미쳤고 줄곧 맹주로 군림했다는 사실을 나타내려는 데 목적이 있지 않았을까? 말할 것도 없이 옛 금관가야 왕실의 권위와 정통성을 과시하려는 의식의 발로가 아닐까 한다. 즉 8세기 후반 이후 몰락해가고 있던 금관가야계 귀족들은 혜공왕 피살로 인해 신라 왕실과의 인연이 끊어지게 되었다. 이들은 더 이상 보호받을 수 없는 입장에 처해짐에 따라 독자적인 활로를 모색하였으리라고 짐작된다.

이 같은 분위기 속에서 9세기경 어느 때인가 王山寺가 창건되었을 것이다. 아울러 仇衡王 관련 유품도 이곳에 함께 보관되었으리라고 생각된다. 이에 걸맞게 仇衡王의 수정궁 은거 및 김서현과 김유신 관련 이야기도 후대에 와서 보태어졌을 것이다. 요컨대 王山寺의 창건은 옛 금관가야의 영예와 권위를 후광으로 자체 세력을 보존하면서 再起하려는 新金氏 귀족들의 염원을 반영하고 있는 것이다. 이 때 仇衡王을 追念하기 위한 방단형 적석탑이 조영되었다고 본다. 그 후 어느 때 仇衡王陵으로 그 전승이 바뀌지 않았을까 생각된다. 이는 塔 자체가 墳墓의 성격을 지닌 것과도 관련 있겠지만, 王山寺가 仇衡王을 위한 願刹이라는 강한 이미지가 그 附會에 一助하였으리라고 믿어진다.

王山寺는 고려 말에 지리산을 본거지로 남원·운봉·함양 등지에 창궐하고 있던 倭寇의 침공을 충분히 받을만한 위치에 있었다. 그렇다고 할 때 王山寺에 보관 중이던 仇衡王 관련 유품들의 손실을 막기 위해 木函에 넣어 일괄 비장하였을 것으로 생각할 수 있다. 이로 인해 조선 전기에 와서는 王山寺와 仇衡王과의 관계는 세간에 망각되었을 것이다. 때문에 방단형 적석탑 역시 단순히 왕릉으로만 전해졌다고 생각된다. 그 후 17세기에 접어들어 坦英이「寺記中本紀」를 상고하여「王山寺記」를 찬술하였고, 이것을 仇衡王의 유품이 보관된 목함에 함께 넣어 두었다. 그러다가 1798년 세상에 공개됨에 따라 王山寺의 유래가 밝혀지게 된 것으로 추정할 수 있다.

Ⅴ. 맺음말

이상과 같이 하여 문헌적인 측면에서 仇衡王陵으로 전하는 방단형 적석탑의 조영 배경을 살펴보았다. 그 결과 이 방단형 적석탑이 소재한 王山寺는 仇衡王을 追念하기 위한 금관가야계 귀족들의 願刹로 추정할 수 있었다. 王山寺의 창건 시기는 방단형 적석탑의 양식과 仇衡王 초상화의 服飾을 감안해볼때 9세기 이후로 간주되어진다. 그러나 傳 仇衡王陵의 실체인 방단형 적석탑의 계통과 성격에 관해서는 금후의 연구과제로 여전히 남겨두게 되었다.

2장
傳 金庾信墓의 檢證

Ⅰ. 머리말

경주시 孝子洞 松花山에 소재한 사적 제21호인 김유신묘는 1,300년이 경과한 현재에 이르기까지 별반 異同이 없이 인지되어 왔었다. 그러나 이러한 종래의 인식에 대한 의문은 일본인 關野貞에 의하여 『朝鮮美術史』에서 최초로 제기되었다.[1] 근래에 와서 李丙燾에 의하여 체계적으로 현재의 송화산상의 김유신묘에 대한 강한 의문을 제기하는 논문이 나왔다.[2] 김유신묘를 두 번씩이나 답사한 경험도 있는 필자는 이 문제에 강한 흥미를 느껴 오다가 근래 이병도의 지론에 지나침이 있음을 발견하고 혼란이 가중되고 있는 김유신묘에 대한 올바른 인식이 시급함을 통감하고 송화산상의 김유신묘가, 김유신묘에 틀림없다는 확신이 서자 필자 나름대로의 소견을 정립해 보았다.

물론 이병도 논문 이외도 김유신묘에 대한 논문은 몇 편 있기는 하나 正鵠

---

1) 關野貞, 『朝鮮美術史』石碑 條(『朝鮮史講座』朝鮮總督府, 1924, 所收)에서 傳 金陽墓를 김유신묘로 간주하였으며, 같은 책 신라능묘 조에서 송화산의 김유신묘를 김인문묘로 추정하였다.

2) 李丙燾, 「金庾信墓考」『韓國古代史研究』, 박영사, 1976, 710~735쪽.

을 찌르지 못한 아쉬움도 있고 해서 중점적으로 이병도의 견해에 대한 반론을 제시하면서 諸說의 미흡점을 보완하는 의미에서 평소의 견해를 피력해 보았다.

II. 문헌에서 본 김유신묘의 위치

김유신묘에 대하여 언급한 最古의 문헌인 『삼국사기』는 그 위치에 관하여 다음과 같이 기록하였다.

出葬于金山原 命有司立碑 以紀功名[3]

여기에서 金山原의 위치는 뒤에서 언급하기로 하고 다시 『삼국사기』 김유신전에서는

庾信碑亦云 … 按庾信墓云 …

라고 한 데서 『삼국사기』 편찬 당시에는 김유신의 功名을 기록한 墓碑가 엄연히 존재하였다는 사실을 알 수 있다. 때문에 『삼국사기』의 찬자는 명확히 그 위치를 파악하고서 그 소재지를 기록하였다는 것을 알 수 있다.[4] 따라서 『삼국사기』 김유신묘의 소재지에 관한 기록은 신빙할 수 있다는 결론에 이르게 된다. 적어도 12세기 중엽까지는 김유신묘의 소재지는 정확히 인지되었다는

---

3) 『三國史記』 권43, 金庾信傳 下.
4) 『三國史記』 권41, 金庾信傳 上에는 "按庾信碑云 考蘇判金逍衍 不知舒玄或更名耶 惑逍衍是字耶 疑故兩存之"라는 기술이 보인다. 김유신의 父인 舒玄의 이름 是非에서 실제 비석을 보고 열전에 기록하였음을 확실히 알 수 있다.

것을 쉽게 짐작할 수가 있다. 그러나 이병도는『삼국사기』의 김유신묘의 소재지에 관한 기록에 강한 불신을 나타냈다.[5] 그 후 약 1세기 반을 경과해서 출간된『삼국유사』김유신 조에는 그 위치를 다음과 같이 기록하였다.

陵在西山 毛只寺之北 東向走峯

지금에 와서 毛只寺의 위치는 알지 못하지만 西山이니 또 동쪽으로 향한 봉우리 등과 같은『삼국유사』찬자의 자신 있는 위치 기록은 현재의 송화산상의 김유신묘를 지칭하고 있는 것 같다. 이 점에 있어서는 일단 李丙燾도 동의하고 있다. 물론 그는 撰者의 오인으로 판단하고 있을 뿐이다.[6] 어쨌든 13세기 후반기에 접어들어서도 김유신묘의 위치에 대한 인식에는 별반 변동이 없었음을 알았다. 그리고 15세기 중반기의 기록인『세종실록』지리지에도 다음과 같이 기록하여 별다른 변동이 없었음을 나타내 주고 있다.

新羅太大角干金庾信墓在毛只寺北峯 距府西四里

그런데 그 후 약 30년 후에 편찬된『동국여지승람』에는 다음과 같이 기록되어 있다.

金庾信墓在府西西岳里

이에 대해서 이병도는 金仁問墓를 김유신묘로 바꾸려는 의도적 선입견에서 西岳里라면 대체로 西岳下에 전개된 原野 즉 무열왕릉, 角干墓 및 西岳書

---

5) 李丙燾, 「金庾信墓考」『韓國古代史硏究』, 박영사, 1976, 720쪽.
6) 李丙燾, 「金庾信墓考」『韓國古代史硏究』, 박영사, 1976, 720쪽.

院 일대를 포함한 지역으로 한정하였다. 즉 이와 구별되는 구역인 송화산 일대에까지 미치는 지명이 아니라고 하겠다.[7] 그러나 西岳里의 범위는 광범위하여 金山原(송화산)이 서악리의 범위 안에 포함되고 있다. 인조 20년(1642) 壬午에 鄭克後가 편찬한『西岳誌』營墓 條에

開國公墓[8]在今慶州府 西五里 西岳里卽 所謂金山原也

라고 하였다. 일제강점 초기에도 금산원 즉 송화산이 서악리에 속하였다.[9] 또 今西龍이 작성한「慶州近郊踏査假製圖」[10]에 의하면 태종 무열왕릉 및 角干墓(김인문묘), 서악서원은 府(경주성)의 서쪽 4·5리가 될 수가 없다. 송화

김유신 장군묘

산상의 김유신묘가 부의 서쪽 4·5리의 서악리에 속함을 알 수 있게 된다. 그리고 壬辰·丙子 兩亂 이후에도 그 위치에는 변동이 없었다.[11] 조선 숙종 36년에 이르러 경주부윤 南至熏에 의해 '新羅太大

7) 李丙燾,「金庾信墓考」『韓國古代史研究』, 박영사, 1976, 720쪽.

8) 唐 高宗은 麟德 2년(665)에 사신을 보내어 김유신을 奉常正卿 平壤郡開國公 食邑 二千戶에 封하였다(『三國史記』권43, 김유신전 下).

9) 今西龍,「新羅舊都慶州の地勢及其遺蹟遺物」「慶州に於ける新羅の墳墓及遺物に就て」『新羅史研究』, 近澤書店, 1933에서 김유신묘가 서악리의 송화산에 있다고 하였다.

10) 今西龍,「慶州近郊踏査假製圖」『新羅史研究』.

11) 金庠基,「金庾信墓의 異說에 대하여」『考古美術』101, 1969, 8쪽

角干金庾信墓'라고 쓴 碑石이 무덤 정면 즉 魂遊石 오른쪽에 세워졌다. 이 비석은 현재 남아 있다.

결국 김유신묘에 관한 가장 오래된 기록인『삼국사기』이래 현재까지 그 위치에는 별반 변동이 없었다고 하겠다. 또한『동국여지승람』에 처음 보이는 西岳里의 범위 문제도 해결되었으므로, 서악리를 발단으로 한 어떠한 비약도 용인될 수 없게 되었다.

Ⅲ. 松花山과 金山原의 관계

다음의 기록을 통해『삼국사기』에 언급된 금산원과 김유신묘가 소재한 송화산과의 관계를 살펴보도록 하자.

> 金氏宗財買夫人死 葬於靑淵上谷 因名財買谷 每年春月 一宗士女會宴於基谷之南澗 于時百卉敷榮 松花滿洞府林 谷口架 築爲庵 因名松花房 傳爲願刹[12]

위의 기록에는 송화산이라는 산 이름이 생겨난 연유를 밝히고 있다. 그런데 이곳이 '金氏宗財買夫人'의 葬地였던 점과 김유신가의 원찰이 소재한 곳임을 생각할 때[13] 송화산 일대는 김유신의 祖宗과 관련을 가진 곳임을 알 수 있다. 따라서 이곳에 김유신묘가 소재한다는 것은 지극히 자연스러운 일이 된다.

---

12)『三國遺事』권2, 김유신 조.

13) 願刹과 陵墓와의 관계는 "盜發武陵王命禮部隸諸陵署 巡審諸陵 又有盜發者五六 卽命中使 各令願刹僧修之 有司劾罷諸陵署 配陵戶人于遠島"(『高麗史節要』희종성효대왕 4년 8월 조)라는 기사에서 느낄 수 있듯이 서로 근접된 지역에 있었음을 짐작하게 하는 동시에 원찰과 능묘 간의 거리상의 관련 이상의 것을 엿보여준다.

금산원이 현재의 송화산 일대였으리라는 것은 지금도 송화산을 '옛쇠두미'라고 부르고 있는 데서 알 수 있다. 즉 '옛쇠두미'의 '옛'은 '古·昔'의 뜻이 된다. 그리고 '쇠'는 '金'의 訓이고 '두미'는 '山' 또는 '山峽'을 의미하기 때문이다. 그 밖에 신라 말에 송화산상에 창건되었던 '金山寺'도 金山原에서 그 명칭을 취한 것으로 생각된다. 김유신묘 바로 동쪽 '金藏山'에 있는 골을 '금산골'로 부르며, 송화산에 김유신을 제사지내는 '金山齋'가 있었던[14] 사실을 상기할 때 현 송화산 일대가 『삼국사기』에 기록된 금산원 일대임이 명백해졌다.

Ⅳ. 墓碑 問題

김유신묘의 고증에 있어 관건이 되는 그 묘비의 존속 시기를 살펴보도록 하자. 이와 관련해 조선 영조 때 洪良浩가 저술한 『耳溪集』 권16 가운데 '題金角干墓碑'라는 章이 주목된다. 그것에 의하면 홍양호는 李書九家의 『東方金石帖』散帙을 빌려 읽던 중 뜻밖에 金角干墓碑의 탁본 數幅이 그 중에 들어 있는 것을 발견했다고 한다. 글자는 몹시 마멸되어 알아보기 어려운 정도이지만 대체로 김유신 비문임이 의심 없으며 字體도 唐의 구양순의 필법과 같다고 하였다. 여기서 탁본의 글자가 몹시 마멸된 상황과 더불어 문헌에서 김유신비에 관한 언급이 없는 것을 생각할 때, 꼭 原碑에서 탁본하였다고는 보기 어렵다.

사실 성종대 梅溪 曺偉의 詩[15]에 의하면 태종 무열왕릉 앞의 능비가 파괴된 상태로 잡초 속에 뒹굴고 있었던 사실과 李滉이 西岳精舍를 건립할 때 태종능비의 비편을 탁본하라고 한 점을 상기하면, 김유신묘비도 임진왜란 이전

---

14) 한글학회, 『韓國(古今)地名總覽』 5, 경북 편(Ⅰ), 1978, 192쪽.

15) "穹窿如伏獸 斷碣臥荒草 昂然見龜首 … 摩娑讀碑文 缺落難實究 茫茫歲月荒"

에 이미 파괴되어 殘碑로 남아 있었다고 보여진다. 어쨌든 조선 중기 이전에 김유신비는 逸失된 것 같다. 그렇지만 李書九家의『東方金石帖』[16) 중에 碑片이라도 탁본될 수 있었던 것은 적어도『세종실록』지리지나『동국여지승람』의 편찬 시에는 그 소재지를 확실하게 인식하였음을 시사해 준다. 따라서 김유신묘비가 파괴된 시기는 정확히 알 수 없지만 대략 麗末鮮初인 14세기 말에서 16세기 초로 추정된다.

Ⅴ. 金庾信墓 前 石獸의 正體

이병도는 詩書 등에 나오는 '石獸'를 현재 角干墓(金仁問墓)에 있는 碑身 잃은 龜趺로 생각하고 있으며 이곳을 김유신묘로 확신하고 있다.[17) 그러면 김인문묘와 관련해서 우선 그 石獸의 정체로부터 확인하고 넘어가기로 하겠다. 徐居正의「慶州十二詠」에는 "金老墳前石獸危"라는 구절이 있고 魚世謙의「過金庾信墓」라는 詩에는 "三尺荒墳一杯酒"라는 구절이 보인다. 이병도는 서거정의 詩에 보이는 石獸를 碑身을 잃은 돌거북이 危座(端座)하고 있는 모습을 읊은 것이라고 하였다.[18) 그러나 이것은 그렇지가 않은 것 같다. 서거정이 만일 碑身을 잃은 돌거북이를 보았다면 梅溪 曺偉가 태종 무열왕릉 앞에 그 龜趺와 이수만 남은 것을 보고 "昂然見龜首"라고 한 것처럼 명확하게 돌거북의 형상을 묘사하지 못하고 石獸라는 모호한 표현을 하였을까?

이것만으로는 태종릉 근처에 있는 角干墓와 그 앞에 있는 돌거북을 가리킨다고 확언할 수 없다. 그러면 모호하고도 상징적으로 표현된 石獸는 과연 어

---

16)『耳溪集』권16에서 洪良浩는, 原碑의 소재는 壬亂 당시에 어떻게 된 것 같다고 하고, 탁본은 임란 전의 舊搨일 것이라고 하였다.

17) 李丙燾,「金庾信墓考」『韓國古代史研究』, 박영사, 1976, 718쪽.

18) 李丙燾,「金庾信墓考」『韓國古代史研究』, 박영사, 1976, 721쪽.

떠한 動物일까? 이와 관련해 俞好仁의 詩 「雜詠」에서 "浮世石羊興武墓"라고 한 문구가 시사를 준다. 즉 '石羊'이라고 하였다. 그러므로 서거정이 읊었던 石獸는 적어도 돌거북이가 아닌 것으로 확인되었다. 그런데 유호인이 石獸를 石羊으로 묘사한 것은 등덜미에 곱슬한 털 등이 조각된 石獅子를 羊으로 잘못 판단한 게 아닐까? 즉 羊이라는 동물 자체가 그리 상징적인 모습이 아니므로 세월의 변천에 따라 마모가 되어 사자형태가 羊의 모습으로 잘못 보여지기도 한 게 아닐까? 그랬기에 서거정처럼 石獸라는 추상적인 표현을 사용한 것이 아닐까?

사실 통일신라의 왕릉 앞의 좌우측에는 石獅子가 배치된 점을 생각할 때, 김유신묘 앞의 석사자를 石羊으로 잘못 보았으리라는 것은 지나친 추측은 아닐 것이다. 특히 서거정·어세겸·유호인 3人이 모두 同時代人이라는 점을 든다면 재론의 여지가 없을 것 같다. 따라서 당시 김유신묘 앞에 있었던 石獸는 흥덕왕릉이나 괘릉에서 볼 수 있는 石獅子와 같은 형상으로 생각된다.

태종 무열왕릉 앞의 角干墓가 김유신묘라는 이병도의 주장에서 제기된 게 碑身과 碑坐穴(角干墓) 문제였다. 이에 대해서도 태종릉 앞의 각간묘가 김인문묘임은 새삼 증명된 바 있다.[19]

VI. 封墳의 形式에 대한 諸 疑問

이병도 논지의 초점이 되었던 것은 김유신묘의 Circle Stone 문제이다. 즉 태종 무열왕릉이 원시적인 護石을 군데군데 박아놓은데 비해 불과 21년 후에 조영된 김유신묘의 屛石 및 護石은 통일신라 중기에 비로소 보이는 발전된 封墳의 형식을 취한 것이라는 점에 의문을 제기하고, 송화산상의 김유

---

19) 朴日薰, 「金庾信墓와 金仁問墓」 『考古美術』 100, 1968.

신묘를 神武王陵으로 억측하였다.[20] 그렇지만 김유신묘는 흥덕왕 시기에 '興
武大王'으로 추존되었으므로[21] 이 때 왕릉에 맞게끔 봉분을 改修하였을 가능
성도 배제할 수 없을 것 같다.[22] 다시 말하면 十二支神像 護石이나 屛石 등
이 새로 만들어진 것이라 할 수 있다. 앞에서 서술한 石獸도 같은 맥락에서
생각할 수 있다. 실제 김유신묘는 흥덕왕릉과 봉분 양식이 거의 닮았다는 점
에서, 이 같은 추측이 가능하다고 보겠다. 김유신묘가 왕릉급이라는 것은 이
미 문무왕 때 최고의 禮로서 葬禮를 치른 점에서 예상된 것이었다.[23]

한편 이병도는 어느 때부터인가 神武王陵이 興武大王陵 즉, 김유신묘로 잘
못 인식되었다고 주장하였다. 이에 대한 金庠基 박사의 反論이 수긍할 만하
다.[24]

Ⅶ. 김유신묘에 대한 전반적 인식

김유신묘 즉 太大角干墓에는 祈雨所가 설치되어 적어도 조선 중기 이후까

---

20) 李丙燾, 「金庾信墓考」『韓國古代史研究』, 박영사, 1976, 733~734쪽.

21) 追尊 연대에 대하여 『三國史記』는 "後興德大王封公爲興武大王"이라고 하였다. 『三國
遺事』에는 "至五十四景明王 追封公爲興虎(武)大王"이라고 하여 서로 달리 기록하고
있다. 필자는 『三國史記』의 기록을 좇는 바이다.

22) 10세기에 撰한 신라 「진경대사비문」에 의하면 "俗姓新金氏 其先任那王族 … 我國遠
祖興武大王鷲山稟氣"라고 한 것이나 『三國遺事』에서 '興武大王陵'라고 기록한 것은,
김유신이 왕으로 追封됨에 따라 조정에서나 그의 후손인 김해 김씨 일문에서는 신하
에서 대왕으로 신분이 바뀌어진 만큼 그 분묘도 그에 맞게 왕릉으로 조영되었으리라
는 것을 의미한다. 이는 追封 이후의 김해 김씨 일문과 일반의 김유신에 대한 인식의
상황을 반영하는 간접적인 물증으로 해석된다.

23) 『三國史記』 권43, 金庾信傳 下. "大王聞訃震慟 贈賻彩帛一千匹租二千石 以供喪事 給
軍樂鼓吹一百人 出葬于金山原 命有司立碑 以紀功名 又定入民戶以守墓焉"

24) 金庠基, 「金庾信墓의 異說에 대하여」 『考古美術』 101, 1969, 7쪽.

지도 祭祀를 지냈었다. 따라서 慶州人이라면 누구나 알고 있는 名所였다. 그러한 김유신묘가 신라 멸망 2~300년이 경과되었다고 해서 쉽사리 경주인의 기억에서 사라질 수 있었을까? 특히 『삼국사기』를 편찬할 때인 12세기 중엽까지만 하더라도 김유신의 유명함에 관하여 모르는 사람이 없다고 김부식이 말할 정도였다.[25] 김유신에 대한 이 같은 경주인들의 흠앙은 그 후대까지 계속된 것이 분명하다. 이러한 점을 생각할 때 김유신묘의 소재지가 잘못 전해져 왔을 가능성은 거의 없다고 하겠다. 또 祈雨所가 조선 중기 이후에까지 존속하였다는 사실만 보더라도, 그 묘의 移轉이란 생각할 수 없는 것임을 알 수 있다. 즉 『삼국사기』의 찬자는 이러한 상황에서 김유신묘비의 존재를 확인시켜 주는 동시에 그 묘에 대한 신빙성 있는 기록을 남겨준 것이다.

『삼국유사』의 기록 또한 『삼국사기』의 기술보다는 다소 자신 있는 구체적인 표현을 사용한 것 뿐이었다. 김유신묘에 대한 所傳의 변동을 의미하는 문자는 아니었다. 그 후의 기록에도 김유신묘의 변동에 관한 서술은 없었기 때문이다. 그럼에도 불구하고 이병도는 앞에서 언급했듯이 『동국여지승람』의 "金庾信墓在府西西岳里"라는 기록을 토대로 김인문묘 옆에 있는 이른바 角干墓가 원래의 김유신묘라고 주장하고 있다. 그러나 『세종실록』 지리지와 『동국여지승람』은 편찬 간격이 불과 30년의 근소한 시간적 차이 밖에 없는데 그 사이에 김유신묘의 소재지에 대한 획기적인 근거가 불쑥 튀어나왔다고도 생각되지 않는다. 또 그것을 시사하는 기록도 없다. 그리고 앞서 언급했지만 『동국여지승람』의 '西岳里'가 西岳精舍가 있는 태종 무열왕릉 뿐 아니라 송화산상의 김유신묘에까지도 미친다는 것이 증명되었다. 그런 만큼 이병도의 주장은 더 이상의 설득력을 잃게 된다. 조선조 후반에 와서 다시금 所傳이 변동되어 현재 송화산상의 傳 金庾信墓를 김유신묘로 오인하게 된 원인을 임진·병

---

25) 『三國史記』 권43, 金庾信傳 下. "若庾信則鄕人稱頌之 至今不亡士大夫知之可也 至於 蒭童牧 亦能知之 則其爲人也 必有以異於人矣"

자의 양란 때문이라고 생각하고 있는 이병도의 주장에 대한 반론은, 이미 김
상기에 의해 제기된 바 있다.

Ⅷ. 맺음말

이상과 같은 필자 나름대로의 다각적인 측면에서의 고찰을 통해 송화산상
의 傳 金庾信墓가 이병도나 關野貞에 의해 제기된 신무왕릉이나 혹은 김인문
묘가 아닌 김유신묘가 틀림없다는 것을 확신하게 되었다.

(1979년 脫稿)

참고문헌

1. 기본사료

『三國史記』『三國遺事』『高麗史』『高麗史節要』『世宗實錄』『東文選』『新增東國興地勝覽』『東國通鑑』『四佳集』『東京雜記』『亂中雜錄』『旅菴全書』『續東文選』『惺所覆瓿藁』『芝峰類說』『史佳集』『東事』『眉叟記言』『白江集』『練藜室記述 別集』『耳溪集』『簡易集』『興地圖書』『駕洛三王事蹟考』『文獻備考』『大東地志』『官上下記冊』『醴泉邑誌』『春秋左傳』『三國志』『晋書』『宋書』『南齊書』『魏書』『周書』『北史』『續高僧傳』『翰苑』『通典』『隋書』『舊唐書』『新唐書』『資治通鑑』『日本書紀』

2. 단행본

국립김해박물관, 『한국 고대의 갑옷과 투구』, 2002.
국립부여박물관·국립가야문화재연구소, 『나무 속 암호 木簡』, 예맥, 2009.
국사편찬위원회, 『고등학교 국사』, 2002.
과학백과사전종합출판사, 『조선전사』 3, 1991.
경북대학교 박물관, 『伽耶文化遺蹟保存 및 自然資源開發計劃』, 1986.
慶尙北道·嶺南大學校, 『慶尙北道 文化財地表調査擬報(Ⅳ) -尙州市 尙州郡 店村市 聞慶郡 醴泉郡-』, 1987.
공주시지 편찬위원회, 『공주시지』 하, 2002.

金正喜, 『阮堂先生全集』, 1934.

葛城末治, 「楊州新羅眞興王巡狩碑」『朝鮮金石攷』, 大阪屋號書店, 1935.

今西龍, 『新羅史研究』, 近澤書店, 1933.

今西龍, 『朝鮮古史の研究』, 近澤書店, 1937.

金壽泰, 『新羅中代政治史研究』, 일조각, 1996.

金元龍, 『韓國考古學槪說』 第三版, 일지사, 1986.

金雲泰, 『政治學要論』, 박영사, 1976.

金泰植, 『加耶聯盟史』, 일조각, 1993.

吉林省文物工作隊, 「高句麗羅通山城調査簡報」『文物』 2, 1985.

奈良國立博物館, 『正倉院展』, 1982.

羅氏原 著 · 北川博邦 編, 『偏類碑別字』, 法仁文化社, 1990.

노용필, 『신라진흥왕순수비연구』, 일조각, 1996.

노태돈, 『삼국통일전쟁사』, 서울대학교 출판부, 2009.

니오라쩨 著 · 이홍직 譯, 『시베리아 제민족의 원시종교』, 신구문화사, 1976.

丹齋申采浩先生紀念事業會, 『改訂版 丹齋申采浩全集』 中卷, 螢雪出版社, 1977.

丹齋申采浩先生紀念事業會, 『改訂版 丹齋申采浩全集』 上卷, 螢雪出版社, 1987.

大邱大學校 博物館, 『義城郡 文化遺蹟地表調査報告』, 1987.

대구박물관, 『主山城地表調査報告書』, 1996.

東方考古學叢刊, 『螢城子』 甲種 第4冊, 1934.

류렬, 『세 나라시기의 리두에 대한 연구』, 과학백과사전출판사, 1983.

文暻鉉, 『增補 新羅史研究』, 도서출판 춤, 2000.

武田幸男, 『高句麗史と東アジ"ア』, 吉川弘文館, 1989.

文公部 文化財管理局, 『文化遺蹟總覽』 中卷, 1977.

문화공보부 · 문화재관리국, 『雁鴨池-발굴조사보고서』, 1978.

權兌遠, 「百濟의 木簡과 陶硯에 대하여」『황수영박사 고희기념미술사학논총』, 1988.

문화재연구소 · 경주고적발굴조사단, 『월성해자 시굴조사보고서』, 1985.

朴海鉉, 『新羅中代政治史研究』, 국학자료원, 2003.

白南雲, 『朝鮮社會經濟史』, 改造社, 1933.

白承玉, 『加耶各國史研究』, 혜안, 2003.

백제문화개발연구원, 『忠南地域의 文化遺蹟』 제3집 扶餘郡篇, 1989.

사회과학원고고학연구소, 『고구려문화』, 사회과학출판사, 1975.

上海辭書出版社, 『字彙字彙補』, 1991.

三品彰英, 『新羅花郎の研究』, 三省堂, 1943; 平凡社, 1974.

三品彰英 著 · 李元浩 譯, 『新羅花郎의 研究』, 집문당, 1995.

孫晋泰, 『朝鮮民族史槪論』, 乙酉文化社, 1948.

徐震堮, 『世說新語校箋』, 中華書局, 1987.

狩野久 編, 「木簡」 『日本の美術 9』 160, 1979.

申瀅植, 『韓國古代史의 新研究』, 일조각, 1984.

심경호, 『한시로 엮은 한국사기행』, 범우사, 1994.

아라가야향토사 연구회, 『安羅國古城』, 1996.

楊伯峻 · 徐堤 編, 『春秋左傳詞典』, 中華書局, 1985.

양주동, 『增訂 古歌研究』, 일조각, 1965.

嶺南大學校 博物館, 『鳩岩洞古墳發掘調査擬報』, 1976.

오경환, 『종교사회학』, 서광사, 1976.

遼寧省博物館, 『中國の博物館』 第3卷, 1982.

유동식, 『한국종교와 기독교』, 기독교서회, 1969.

王健群, 『好太王碑研究』, 吉林人民出版社, 1984.

이기백, 『신라사상사연구』, 일조각, 1986.

이기백 · 이기동, 『한국사강좌─고대편』, 일조각, 1987.

李基白, 『新修版 韓國史新論』, 일조각, 1990.

李道學, 『백제고대국가연구』, 일지사, 1995.

李道學, 『꿈이 담긴 한국고대사 노트』 하, 일지사, 1996.

李道學, 『진훤이라 불러다오』, 푸른역사, 1998.

李道學, 『고구려 광개토왕릉비문 연구』, 서경문화사, 2006.

李道學, 『백제 한성 · 웅진성시대 연구』, 일지사, 2010.

李道學, 『백제사비성시대연구』, 일지사, 2010.

李文基, 『新羅兵制史研究』, 일조각, 1997.

李丙燾, 『韓國史 古代篇』, 乙酉文化社, 1959.

李丙燾, 『韓國古代史研究』, 博英社, 1976.

李丙燾, 『譯註 三國史記』, 乙酉文化社, 1976.

Ibn Khaldun, Mugudima 著 · 金容善 譯, 『이슬람思想』, 삼성출판사, 1976.

李鎔賢, 『가야제국과 동아시아』, 통천문화사, 2007.

이이화, 『한국사 이야기』 4, 한길사, 1998.

李鍾旭, 『신라의 역사』 2, 김영사, 2002.

이종욱 譯註解, 『화랑세기-신라인의 신라 이야기』, 소나무, 1999.

이태길 譯, 『花郎世紀』, 民族文化, 1989.

日本考古學協會 編, 『日本考古學辭典』, 東京堂出版, 1978.

張光直 著 · 尹乃鉉 譯, 『商文明』, 민음사, 1988.

齋藤忠, 『古代朝鮮文化と日本』, 東京大學出版會, 1981.

(財)중원문화재연구원 충주시, 『충주 탄금대토성 I -2007년도 발굴조사보고』, 2009.

諸橋轍次, 『大漢和辭典』 권6, 大修館書店, 1969.

諸橋轍次, 『大漢和辭典』 修政版 5, 1984.

諸橋轍次, 『大漢和辭典』 修政版 9, 1985.

제천시지편찬위원회, 『제천시지』 中, 2004.

전제헌, 『동명왕릉에 관한 연구』, 사회과학출판사, 1994.

전해종, 『동이전의 문헌적 연구』, 일조각, 1980.

조나단 하스 著 · 崔夢龍 譯, 『원시국가의 진화』, 민음사, 1989.

조선유적유물도감편찬위원회, 『조선 유적 유물도감(3)-고구려편(1)-』, 외국문종합
　　　출판사, 1989.

朝鮮總督府, 『朝鮮金石總覽』, 1920.

朝鮮總督府, 『大正六年度 古蹟調査報告』, 1920.

중원문화재연구원, 『예천 어림성』, 2009.

趙善美, 『韓國의 肖像畵』, 열화당, 1983.

조영제 外, 『합천 옥전고분군5-M4 · M6 · M7호분』, 1993.

津田左右吉, 『津田左右吉全集』 第11권, 1964.

井上秀雄, 『新羅史基礎研究』, 東出版, 1974.

忠北大學校博物館, 『出土遺衣 및 近代服飾論攷』, 1987.

忠北大學校博物館, 『中原 薔薇山城』, 1992.

忠淸北道, 『文化財誌』, 1982.

崔秉鉉, 『新羅古墳硏究』, 일지사, 1992.

崔完秀 譯, 『秋史集』, 玄岩社, 1976.

河正玉 譯, 『詩經』, 평범사, 1976.

한국고대사회연구소, 『譯註 韓國古代金石文』 2권, 1992.

한국고대사연구회, 『한국고대사연구-古代와 中世 韓國史의 時代區分-』 8, 1995.

韓國佛敎硏究院, 『新羅의 廢寺』 I, 일지사, 1974.

漢陽大學校 博物館, 『京畿道 百濟文化遺蹟』, 1986.

漢陽大學校, 『二聖山城-發掘調査中間報告書』, 1987.

漢陽大學校, 『二聖山城-2次發掘中間報告書』, 1987.

漢陽大學校, 『二聖山城-2次發掘調査報告書』, 1987.

漢陽大學校, 『二聖山城-3次發掘調査報告書』, 1991.

漢陽大學校, 『二聖山城-4次發掘調査報告書』, 1992.

허흥식, 『한국금석전문-古代』, 아세아문화사, 1984.

邢澍·楊紹廉 著·佐野光一 編, 『金石異體字典』, 雄山閣出版社, 1980.

黃壽永, 『韓國金石遺文』 제3판, 일지사, 1981.

황수영·문명대, 『盤龜臺』, 동국대학교 박물관, 1984.

3. 논문

강종훈, 「7세기 통일전쟁기의 순국인물 분석」 『신라문화제학술논문집』 25, 2004.

권덕영, 「필사본 『화랑세기』의 사료적 검토」 『역사학보』 123, 1989.

권주현, 「'樂師 于勒과 宜寧地域의 加耶史' 종합 토론」 『악사 우륵과 의령 지역의 가
　　　야사』, 의령군, 2009.

高正龍, 「伽耶末期 山城 改築에 관한 一考察(上)」 『伽倻通信』 15·16합집, 1986.

高正龍, 「伽耶末期 山城築造에 대한 一考察(下)」 『伽倻通信』 17, 1988.

關野貞, 「朝鮮美術史; 石碑 條」 『朝鮮史講座』, 朝鮮總督府, 1924.

鬼頭淸明, 「日本における大極殿の成立」 『古代史論叢』 中, 1978.

今井堯, 「古墳の樣相とその變遷」 『日本考古學』 (1), 1978.

金洸鎭, 「高句麗社會の生産樣式-國家の形成過程お中心として」 『普專學會論集』 3, 普成專門學校, 1937.

金庠基, 「金庾信墓의 異說에 대하여」 『考古美術』 101, 1969.

김상현, 「고려시대의 화랑 인식」 『신라문화제학술발표회논문집』 10, 1989.

金允經, 「北漢 眞興王巡狩碑-建立年代 推定에 對한 崔益翰氏의 答을 읽고(四)」 『東亞日報』 1939.9.12.

김영관, 「三國爭覇期 아단성의 위치와 영유권」 『고구려연구』 5, 1998.

金元龍, 「丹陽 赤城의 歷史・地理的 性格」 『史學志』 12, 1978.

金元龍, 「順興壁畵古墳의 性格」 『順興邑內里壁畵古墳』, 1986.

金裕哲, 「中國史書에 나타난 高句麗의 國家的正體性」 『高句麗硏究』 18, 2004.

金貞培, 「高句麗와 新羅의 영역문제」 『韓國史硏究』 61・62合輯, 1988.

金廷鶴, 「任那日本府에 대하여」 『韓國上古史硏究』, 범우사, 1992.

金鍾璿, 「新羅花郎の性格について-特にその遊びに關して-」 『朝鮮學報』 82, 1977.

金鍾璿, 「新羅社會統制의 宗敎的・思想的 背景」 『아시아문화』 8, 1992.

金昌鎬, 「단양적성비의 재검토」 『영남고고학』 6, 1989.

金昌鎬, 「二聖山城 出土의 木簡 年代 問題」 『韓國上古史學報』 10, 1992.

金哲埈, 「新羅上代 社會의 Dual Oragnization (上)」 『歷史學報』 1, 1952.

金泰植, 「加耶의 社會發展段階」 『한국 고대국가의 형성』, 민음사, 1990.

나희라, 「신라초기 왕의 성격과 제사」 『한국사론』 23, 서울대학교 국사학과, 1990.

남재우, 「文獻으로 본 安羅國史」 『가야 각국사의 재구성』, 혜안, 2000.

노용필, 「신라 중고기 중앙정치조직에 대한 연구사적 검토」 『충북학』 3, 1990.

盧泰敦, 「高句麗 漢水流域 喪失의 原因에 대하여」 『韓國史硏究』 13, 1976.

末松保和, 「高句麗との關係」 『新羅史の諸問題』, 東洋文庫, 1954.

武田幸男, 「新羅 '毗曇の亂'の一視覺」 『三上次男博士喜壽記念論文集』 歷史編, 平凡社, 1985.

문경현, 「울주 신라 서석명기의 신검토」 『경북사학』 10, 1987.

朴日薰, 「金庾信墓와 金仁問墓」 『考古美術』 100, 1968.

裵鍾茂,「海南地方의 關防遺蹟」『海南郡의 文化遺蹟』, 1986.

邊太燮,「丹陽眞興王拓境碑의 建立 年代와 性格」『史學志』12, 1978.

邊太燮,「中原高句麗碑의 內容과 年代에 대한 檢討」『史學志』13, 1979.

베네데토 크로체著·李相信 譯,『歷史의 理論과 歷史』, 삼영사, 1978.

浜田耕策,「新羅の城村設置と州郡制の施行」『朝鮮學報』84, 1977.

山尾幸久,「任那に關する一試論」『古代東アジア史論集』下, 吉川弘文館, 1978.

三池賢一,「新羅內廷官制考 下」『朝鮮學報』62, 1972.

上田正昭,「日本古代の王權と巫覡」『東北アジア世界における日本古代史講座』10, 學生社, 1982.

서영교,「高句麗 倭 連和와 아단성 전투」『軍史』81, 2011.

신종원,「삼국사기 제사지 연구-신라사전의 변혁·내용·의의를 중심으로」『사학연구』38, 1984.

辛鍾遠,「'道人' 사용예를 통해 본 남조불교와 한일관계」『한국사연구』59, 1987.

魏存成,「集安 高句麗王陵 硏究」『廣開土好太王碑硏究100年』, 학연문화사, 1996.

梁起錫,「5世紀初 韓半島 情勢와 大加耶」『5~6세기 동아시아 국제정세와 대가야』, 2007.

李基東,「新羅 花郎徒의 起源에 관한 一考察」『歷史學報』69, 1976;『新羅骨品制社會와 花郎徒』, 韓國硏究院, 1980.

李基東,「新羅 花郎徒의 社會學的 考察」『歷史學報』82, 1979;『新羅骨品制社會와 花郎徒』, 韓國硏究院, 1980.

李基東,「高句麗史 발전의 劃期로서의 4世紀」『講座 美術史』10號, 1998.

李基東,「韓國 古代의 國家權力과 宗敎」『東國史學』35·36合輯, 2001.

이기백,「신라 5악의 싱립과 그 의의」『진단학보』33, 1972;『신라정치사회시연구』 일조각, 1974.

李道學,「漢城末·熊津時代 百濟王位繼承과 王權의 性格」『韓國史硏究』50·51合 輯, 1985.

李道學,「羅唐同盟의 性格과 蘇定方被殺說」『新羅文化』2, 1985.

李道學,「唐橋 '蘇定方被殺說'의 역사적 의의」『김갑주 박사 화갑기념 한국사학논총』, 김갑주박사기념논총간행위원회, 1994.

李道學, 「당교와 소정방피살설의 재조명」『우리문화』, 한국문화원연합회, 1988, 12
　　월호.

李道學, 「소정방은 당교에서 피살되었다」『불교춘추』2, 1995.

李道學, 「소정방은 피살되었는가?」『꿈이 담긴 한국고대사 노트(하)』, 일지사, 1996.

李道學, 「소정방 사당터가 있는 충남 예산」『새교육』, 한국교육신문사, 1999-9.

李道學, 「소정방은 신라에서 피살되었나」『한국고대사, 그 의문과 진실』, 김영사,
　　2001.

KBS, 「미스터리 추척, 신라의 소정방 피살 사건」『역사스페셜(44)』1999.10.23.

李道學, 「新羅의 北進經略에 관한 新考察」『慶州史學』6, 1987.

李道學, 「永樂6年 廣開土王의 南征과 國原城」『孫寶基博士停年紀念韓國史學論叢』,
　　지식산업사, 1988.

李道學, 「高句麗의 洛東江流域 進出과 新羅·伽倻經營」『國學研究』2, 1988.

李道學, 「泗沘時代 百濟의 四方界山과 護國寺刹의 成立」『百濟研究』20, 1989.

李道學, 「筆寫本『花郎世紀』發見의 意義」『우리文化』, 전국문화원연합회, 1989-12.

李道學, 「新羅 花郎徒의 起源과 展開過程」『정신문화연구』38, 한국정신문화연구원,
　　1990.

李道學, 「百濟의 起源과 國家形成에 관한 재검토」『한국고대국가의 형성』, 민음사,
　　1990.

李道學, 「百濟 集權國家形成過程 研究」, 한양대학교 박사학위논문, 1991.

李道學, 「百濟의 交易網과 그 體系의 變遷」『韓國學報』63, 1991.

李道學, 「磨雲嶺眞興王巡狩碑의 近侍隨駕人에 관한 檢討」『新羅文化』9, 1992.

李道學, 「고대 중세의 역사」『일산 새도시 개발지역 학술조사보고』2, 1992.

李道學, 「百濟 漢城時期 都城制의 檢討」『韓國上古史學報』9, 1992.

李道學, 「부여 능산리 고분군 출토 사리감 銘文의 의의」『서울신문』1995.11.6.

李道學, 「古代國家의 成長과 交通路」『國史館論叢』74, 1997.

李道學, 「加羅聯盟과 高句麗」『가야와 광개토대왕』, 제9회 가야사 국제학술회의,
　　2003.

李道學, 「韓國史에서의 天下觀과 皇帝體制」『전통문화논총』창간호, 한국전통문화
　　대학교, 2003.

李道學, 「三國의 相互 關係를 通해 본 高句麗의 正體性」 『高句麗研究』 18, 2004.

李道學, 「주몽왕을 통해 본 고구려왕의 성격」 『다시 보는 고구려사』, 고구려연구재단, 2004.

李道學, 「檀君 國祖 意識과 境域 認識의 變遷 -『舊三國史』와 관련하여-」 『韓國思想史學』 40, 2012.

李道學, 「광개토대왕의 영토 확장과 광개토대왕릉비」 『고구려의 정치와 사회』, 동북아역사재단, 2007.

李道學, 「阿旦城 所在地와 溫達城 初築國에 관한 論議」 『한국고대사탐구』 17, 2014.

李文基, 「신라 진흥왕대 신료조직에 대한 일고찰」 『大丘史學』 20 · 21合輯, 1982.

李文基, 「신라 중고의 국왕근시집단」 『역사교육논집』 5, 1983.

李文基, 「百濟 遺民 難元慶 墓誌의 紹介」 『慶北史學』 23, 2000.

李明植, 「圓版解說-順興 邑內里 古墳 壁畵-」 『新羅文化察學術發表會論文集』 7, 1986.

李丙燾, 「北漢山 文殊寺 內의 石窟」 『震檀學報』 61, 1986.

李元根, 「百濟 娘臂城考」 『史學志』 10, 1976.

李元根, 「三國時代 城郭研究」, 단국대학교 박사학위논문, 1980.

李殷昌, 「伽倻古墳의 編年研究」 『韓國考古學報』 12, 1982.

李永植, 「6世紀 安羅國史研究」 『國史館論叢』 62, 1995.

李泳鎬, 「新羅 中代의 成立과 展開」 『慶北史學』 23, 2000.

李泳鎬, 「新羅의 王權과 貴族社會」 『新羅文化』 22, 2003.

李泳鎬, 「新羅의 遷都 문제」 『韓國古代史研究』 36, 2004.

이인철, 「신라통일기 촌락지배와 計烟」 『한국사연구』 54, 1986.

이재호, 「『화랑세기』의 사료적 가치-최근 발견된 필사본에 대한 검토」 『정신문화연구』 36, 1989.

이종욱, 「신라 화랑도의 편성과 조직 · 변천」 『신라문화제학술발표회논문집』 10, 1989.

李賢惠, 「加耶의 交易과 經濟」 『한국 고대사 속의 가야』, 혜안, 2001.

이형기, 「제3장 대가야시대의 고령」 『고령문화사대계』 1-역사편, 2008.

林炳泰, 「新羅小京考」 『歷史學報』 35 · 36合輯, 1967.

任世權, 「울진봉평비의 금석학적 고찰」『한국고대사연구』2, 1989.

全海宗, 「中國人의 傳統的 歷史觀」『史觀의 現代的 照明』, 창작과 비평사, 1978.

朱甫暾, 「二聖山城 出土의 木簡과 道使」『慶北史學』14, 1991.

秦弘燮, 「所謂 方壇式 特殊形式의 石塔數例」『考古美術』110, 1971.

秦弘燮, 「所謂 方壇式 特殊形式의 石塔數例補」『考古美術』121·122合輯, 1974.

秦弘燮, 「於宿知述干墓와 新發見 己未銘」『順興 邑內里 壁畵 古墳』, 1986.

鮎貝房之進, 「花郎考」『雜考』4, 朝鮮印刷株式會社, 1932.

井上秀雄, 「朝鮮·日本における國家の成立」『岩波講座世界歷史』6, 學生社, 1971.

井上秀雄, 「朝鮮の山城」『東北大學日本文化研究所研究報告』第15集, 1979.

井上直樹, 「고구려의 남진과 백제와 가야제국」『5~6세기 동아시아의 국제정세와 대가야』, 2007.

존·씨 재미슨, 「羅唐東盟의 瓦解」『歷史學報』44, 1969.

池內宏, 「新羅人の武士精神について」『史學雜誌』40-8, 1929;『滿鮮史研究』上世篇 2, 1960.

池內宏, 「新羅の花郎について」『東洋學報』, 1936;『滿鮮史研究』上世篇 2, 1960.

蔡尙植, 「新羅統一期의 成典寺院의 구조와 기능」『釜山史學』8, 1984.

최광식, 「신라의 신궁 설치에 대한 신고찰」『한국사연구』43, 1983.

최광식, 『한국고대의 제의연구-정치·사상사적 고찰을 중심으로』, 고려대학교 박사학위논문, 1989.

최광식, 「울진봉평신라비의 석문과 내용」『한국고대사연구』2, 1989.

崔南善, 「新羅 眞興王의 在來 3碑와 新出現의 磨雲嶺碑」『靑丘學叢』2, 1930.

崔南善, 「檀君神典의 古意」『六堂崔南善全集』2, 현암사, 1973.

崔永俊, 「조선시대의 영남로 연구-서울~상주의 경우-」『지리학』11, 1975.

崔益翰, 「北漢山 新羅眞興王碑(四)」『東亞日報』1939.5.19.

최재석, 「신라의 화랑과 화랑집단」『민족문화논총』8, 1987;『한국고대사회사연구』, 1987.

崔弘昭, 「神文王代 金欽突亂의 再檢討」『大丘史學』58, 1999.

洪思俊, 「新羅 文武王陵 斷碑 追記」『考古美術』26, 1962 ;『考古美術』合輯本, 상권, 통문관, 1979.

출전 목록

제1부 정치사

1. 「新羅 花郎徒의 起源과 展開過程」『정신문화연구』 38, 한국정신문화연구원, 1990;『신라화랑연구』(정신문화문고 22), 한국정신문화연구원, 1992.
2. 「新羅의 北進經略에 관한 新考察」『慶州史學』 6, 東國大學校 國史學會, 1987.
3. 「古新羅期 靈護寺利의 機能擴大 過程」『白山學報』 52, 백산학회, 1999.
4. 「任那諸國內 加羅聯盟의 勢力 變遷과 對外關係」『白山學報』 86, 백산학회, 2010.4.
5. 「三國統一期 新羅의 北界 確定 問題」『東國史學』 57, 東國大學校 史學會, 2014.
6. 「羅唐同盟의 性格과 蘇定方被殺說」『新羅文化』 2, 東國大學校 新羅文化研究所, 1985.
7. 「신라사의 시대구분과 '中代'-중세로의 전환 시점에 대한 접근」『新羅文化』 25, 東國大學校 新羅文化研究所, 2005.

제2부 금석문

1. 「新羅의 丹陽 經營과 丹陽赤城碑」『세계사속에서의 韓國』, 주류성, 2016.
2. 「磨雲嶺眞興王巡狩碑의 近侍隨駕人에 관한 檢討」『新羅文化』 9 , 東國大學校 新羅文化研究所, 1992.

3. 「二聖山城出土 木簡의 檢討」『韓國上古史學報』 12, 韓國上古史學會, 1993.

4. 「제천 점말동굴 화랑 각자에 대한 고찰」『화랑의 장 점말동굴 그 새로운 탄생』, 충청북도문화재연구원, 2009.4.28.;『충북문화재연구』 2호, 충청북도문화 재연구원, 2009.

제3부 산성

1. 「加耶系 山城의 한 類型에 관한 檢討」『한국고대사와 고고학』, 김정학교수정년논 총간행위원회, 2000.

2. 「醴泉의 上乙谷城考」『慶州史學』 8, 東國大學校 國史學會, 1989.

제4부 왕릉

1. 「山淸의 傳仇衡王陵에 관한 一考察」『鄕土文化』 5, 嶺南大學校 鄕土文化硏究會, 1990.

2. 「傳 金庾信墓에 對하여」『문화재학』 6, 한국전통문화대학교 문화재관리학과, 2009.